承德国土资源与利用

CHENGDE GUOTU ZIYUAN YU LIYONG

承德市第三次全国国土调查领导小组办公室
承德市自然资源和规划局
河北省区域地质调查院（河北省地学旅游研究中心）　编著
河北省区调地质勘查有限公司

图书在版编目(CIP)数据

承德国土资源与利用/承德市第三次全国国土调查领导小组办公室等编著.—武汉:中国地质大学出版社,2023.10
ISBN 978-7-5625-5668-8

Ⅰ.①承… Ⅱ.①承… Ⅲ.①国土资源-资源调查-承德 ②国土资源-资源利用-承德 Ⅳ.①F129.992.3

中国国家版本馆 CIP 数据核字(2023)第 162546 号

| 承德国土资源与利用 | 承德市第三次全国国土调查领导小组办公室
承德市自然资源和规划局
河北省区域地质调查院(河北省地学旅游研究中心)
河北省区调地质勘查有限公司 | 编著 |

责任编辑:武慧君	选题策划:毕克成 段 勇 张 旭	责任校对:徐蕾蕾
出版发行:中国地质大学出版社(武汉市洪山区鲁磨路388号)		邮编:430074
电　　话:(027)67883511	传　　真:(027)67883580	E-mail:cbb@cug.edu.cn
经　　销:全国新华书店		http://cugp.cug.edu.cn
开本:880毫米×1230毫米　1/16		字数:618千字　　印张:19.5
版次:2023年10月第1版		印次:2023年10月第1次印刷
印刷:湖北睿智印务有限公司		
ISBN 978-7-5625-5668-8		定价:169.00元

如有印装质量问题请与印刷厂联系调换

《承德国土资源与利用》
编辑委员会

主　　任：王鹤松　宋朝辉
副 主 任：白晓东　吴双麒　刘东达　张　锐　李潇泉
主　　编：白晓东　徐连勇　李潇泉
编　　委：钱秋蒙　郭晓河　黄晓阳　高晓光　李丽伟
　　　　　李　博　张　悉　倪志宗　付云强　韩晓明
　　　　　王晓峰　李震宇　张婉怡　刘恒彬　刘　蕊
　　　　　王明娇　程海英　张　琳　温　鹏

编写单位：承德市第三次全国国土调查领导小组办公室
　　　　　承德市自然资源和规划局
　　　　　河北省区域地质调查院（河北省地学旅游研究中心）
　　　　　河北省区调地质勘查有限公司

前 言

　　土地是极其宝贵的自然资源，是人类赖以生存和发展最基本的物质基础。为了全面摸清土地资源家底，查清各类土地资源的数量、质量及其分布和利用现状，为制订经济社会发展规划及国土空间规划提供科学依据，承德市根据《国务院关于开展第三次全国土地调查的通知》（国发〔2017〕48号）、《河北省人民政府关于开展第三次全国土地调查的通知》（冀政字〔2017〕55号）和《承德市人民政府关于开展第三次全国土地调查的通知》（承市政字〔2018〕9号）的统一部署，按照《第三次全国国土调查技术规程》的统一要求，从2018年1月到2021年10月开展了县级第三次全国国土调查工作。这次调查工作以2019年12月31日为标准时点，全面使用分辨率优于1m的卫星遥感影像作为调查底图，运用移动互联定位、无人机等先进技术手段，创新"国土调查云"在线举证核查方式，全流程严格管控质量，全面查清了全市县级土地利用现状，掌握了各类土地资源家底。全部县级调查成果于2021年10月29日通过了河北省第三次全国国土调查领导小组办公室组织的专家验收。

　　为全面汇总、准确掌握承德市土地利用现状的基础数据，为制订市级国民经济和社会发展规划以及相关规划提供基础资料，满足自然资源和规划管理信息化的要求，承德市第三次全国国土调查领导小组办公室与承德市自然资源和规划局共同组织，河北省区域地质调查院（河北省地学旅游研究中心）具体承担，于2021年1—11月在县级第三次全国国土调查成果的基础上进行了市级汇总工作，并取得了以下成果：调绘1∶1万外业底图1794幅，调查地类图斑74.05万个；编绘1∶1万标准分幅土地利用现状图1794幅，1∶5万标准分幅土地利用现状图138幅，1∶10万标准分幅土地利用现状图45幅；编绘县、乡级各类土地利用图252幅；编绘全市1∶20万土地利用现状图、基本农田分布图、坡耕地分布图和土地利用分区图；建立了县级土地利用数据库和市级土地利用数据库、市级多源多分辨率遥感影像数据库及管理系统；编写了《承德国土资源与利用》《承德市第三次全国国土调查工作报告》《承德市第三次全国国土调查技术报告》《承德市第三次全国国土调查专题报告》。全部市级汇总成果于2021年11月23日通过了河北省第三次全国国土调查领导小组办公室组织的专家验收。

　　《承德国土资源与利用》是市级汇总的主要成果之一，以承德市第三次全国国土调查资料为依据，根据《第三次全国国土调查技术规程》的要求，在各县（市、区）第三次全国国土调查成果的基础上，借鉴相关部门的研究成果，力求体现调查成果的系统性、科学性、适用性和资料性。

　　《承德国土资源与利用》的具体编写工作，是在承德市第三次全国国土调查领导小组办公室及承德市自然资源和规划局组织领导下进行的。参加本书编写的人员有承德市自然资源和规划局及河北省区域地质调查院（河北省地学旅游研究中心）从事国土调查工作的有关专家和技术人员。本书由白晓东同志主笔并负责统稿，郭晓河等同志参加了部分章节的编写和制图制表等工作。

《承德国土资源与利用》分为土地环境条件、土地利用现状综述、土地利用分区、耕地与基本农田保护、建设用地节约集约利用、土地生态环境保护、土地资源开发利用与保护战略7章,全面、系统地汇总了承德市第三次全国国土调查的成果资料,客观、详细地阐明了承德市土地利用现状分类系统以及土地资源分布规律、利用特点、存在问题、有利条件和不利因素,提出了合理开发利用与保护土地资源的战略方针和对策。

《承德国土资源与利用》涉及的地类统计计算,均不包括裸岩石砾地和裸土地面积,涉及全市及各县(市、区)土地总面积数据来源均为中国统计出版社出版的《承德统计年鉴2020》。

本书在编写过程中得到了河北省自然资源厅、河北省自然资源利用规划院和市直有关部门专家的大力支持,参考了有关专家的专题研究成果,河北民族师范学院党委副书记高俊虎专门为本书封面提供了照片,在此一并表示衷心感谢! 由于编著者水平所限,加之时间紧促,书中难免存在疏漏和不妥之处,敬请读者批评指正。

编辑委员会
2023年5月5日

目 录

第一章 土地环境条件 (1)
  第一节 地理位置与行政区划 (1)
    一、地理位置 (1)
    二、行政区划 (1)
  第二节 自然环境条件 (3)
    一、地质构造 (3)
    二、地形地貌 (3)
    三、气候与水文 (5)
    四、土壤资源 (9)
    五、生物资源 (14)
    六、矿产资源 (15)
    七、旅游资源 (18)
  第三节 经济社会条件 (18)
    一、人口民族状况 (18)
    二、社会经济状况 (19)
    三、城镇建设状况 (22)
    四、生态环境状况 (22)

第二章 土地利用现状综述 (24)
  第一节 总体状况 (24)
    一、土地利用现状分类系统 (24)
    二、土地利用现状构成特点 (25)
  第二节 地类各论 (31)
    一、耕地 (31)
    二、园地 (53)
    三、林地 (58)
    四、草地 (66)
    五、城镇村及工矿用地 (73)
    六、交通运输用地 (85)
    七、水域及水利设施用地 (93)
    八、湿地 (105)
    九、其他土地 (111)

第三节　土地权属状况 ·· (117)
　　　一、土地所有权权属结构 ·· (117)
　　　二、国有土地 ·· (117)
　　　三、集体土地 ·· (119)
　　第四节　区域土地利用现状 ·· (121)
　　　一、双桥区土地利用现状 ·· (121)
　　　二、双滦区土地利用现状 ·· (130)
　　　三、营子区土地利用现状 ·· (138)
　　　四、承德县土地利用现状 ·· (146)
　　　五、兴隆县土地利用现状 ·· (155)
　　　六、滦平县土地利用现状 ·· (165)
　　　七、隆化县土地利用现状 ·· (175)
　　　八、丰宁县土地利用现状 ·· (186)
　　　九、宽城县土地利用现状 ·· (196)
　　　十、围场县土地利用现状 ·· (205)
　　　十一、平泉市土地利用现状 ·· (221)

第三章　土地利用分区 ·· (231)
　　第一节　土地利用分区的目的、原则和依据 ·· (231)
　　　一、土地利用分区的目的 ·· (231)
　　　二、土地利用分区的原则 ·· (232)
　　　三、土地利用分区的依据 ·· (233)
　　第二节　土地利用分区的系统与方法 ·· (234)
　　　一、土地利用分区系统 ·· (234)
　　　二、土地利用分区的方法 ·· (234)
　　　三、土地利用分区方案 ·· (235)
　　第三节　土地利用分区评述 ·· (235)
　　　一、坝上高原土地利用区（Ⅰ） ·· (235)
　　　二、冀北及燕山山地土地利用区（Ⅱ） ·· (241)

第四章　耕地与基本农田保护 ·· (248)
　　第一节　耕地保护现状与对策 ·· (248)
　　　一、耕地保护现状 ·· (248)
　　　二、耕地保护中存在的突出问题 ·· (249)
　　　三、加强耕地保护的对策 ·· (249)
　　第二节　永久基本农田现状与保护对策 ·· (251)
　　　一、永久基本农田划定状况 ·· (251)
　　　二、永久基本农田的结构与布局 ·· (252)
　　　三、加强永久基本农田保护的对策 ·· (254)

第五章 建设用地节约集约利用 (256)
第一节 建设用地现状与变化 (256)
一、建设用地现状 (256)
二、建设用地变化 (258)
三、建设用地面临的主要问题 (259)
第二节 建设用地节约集约利用评价 (259)
一、全域建设用地节约集约利用评价 (259)
二、开发区土地节约集约利用评价 (261)
第三节 建设用地节约集约利用对策 (263)
一、完善节约集约用地管理制度 (263)
二、健全节约集约用地激励机制 (265)
三、强化节约集约用地考核机制 (265)

第六章 土地生态环境保护 (267)
第一节 土地生态系统 (267)
一、土地生态系统的主要类型 (267)
二、土地生态环境状况 (273)
第二节 生态用地分析 (277)
一、生态用地概念及分类 (277)
二、生态用地现状 (279)
三、生态用地变化分析 (280)
第三节 生态用地保护与可持续发展对策 (281)
一、主要土地生态问题分析 (281)
二、加强生态用地保护的对策 (283)

第七章 土地资源开发利用与保护战略 (285)
第一节 土地资源开发利用特点及存在的主要问题 (285)
一、土地资源开发利用特点 (285)
二、土地资源开发利用存在的主要问题 (287)
第二节 经济社会发展与土地资源开发利用 (287)
一、经济社会发展对土地资源开发利用的要求 (287)
二、土地资源开发利用面临的机遇和挑战 (290)
第三节 土地资源开发利用与保护的战略目标及对策 (291)
一、土地资源开发利用与保护的战略目标 (291)
二、合理开发利用与保护土地资源的战略及对策 (293)

主要参考文献 (299)

第一章 土地环境条件

第一节 地理位置与行政区划

一、地理位置

承德市位于河北省东北部,地处燕山山脉东段,长城北侧。地理坐标为东经115°54′—119°15′,北纬40°11′—42°40′。承德市南邻京津,北靠辽蒙,东和东南与省内的秦皇岛、唐山两个沿海城市接壤,西与张家口市相邻,是燕山腹地、渤海之滨重要的区域性城市和连接京津冀辽蒙的重要节点,具有"一市连五省通三港"的独特区位优势。全市地域面积约为3.95万 km^2,是河北省面积最大的设区市。市政府驻地距首都北京约225km,距天津约304km,距省会石家庄约435km,距秦皇岛港约220km,距曹妃甸港约220km,距天津港约275km。

二、行政区划

承德古称"热河"(源自蒙语"哈伦告鲁")。承德北部是大兴安岭余脉以及内蒙古高原的边缘(俗称"坝上"),历来是少数民族游牧之地;它的南部越过燕山山脉的山谷通道,既是肥沃的华北大平原,也是文化发达、开发历史最悠久的农业区之一。因此,承德一带自古以来就是中原汉族和北方少数民族政治、经济和文化交流非常活跃的地区。中原地区先进的文化,通过这里向东北和内蒙古大草原传播,从而使这一地区的古代文化呈现出相互交错、绚丽多彩的特征。

承德历史悠久,据历史文献记载和出土文物考证,早在5000多年前的新石器时代就开始有人类活动的痕迹。但在漫长的历史时期内,承德在朝代不断更替、社会不断发展的历史进程中,隶属不断变化。

承德市下辖3个市辖区:双桥区、双滦区和鹰手营子矿区(以下简称营子区);1个县级市:平泉市;4个县:承德县、兴隆县、滦平县和隆化县;3个少数民族自治县:丰宁满族自治县(以下简称丰宁县)、宽城满族自治县(以下简称宽城县)和围场满族蒙古族自治县(以下简称围场县);1个开发区:承德高新技术产业开发区;1个牧场管理区:御道口牧场管理区。市政府驻双桥区。全市共有219个乡级行政区划单位,其中包括110个建制镇、95个乡、14个街道,共有2459个行政村、177个居民委员会,详见表1-1。

表 1-1　2019 年承德市行政区划统计表

县（区、市）	乡镇街道名称
双桥区	辖 7 个镇、7 个街道，90 个行政村。 狮子沟镇、牛圈子沟镇、水泉沟镇、大石庙镇、双峰寺镇、冯营子镇、上板城镇；新华路街道、西大街街道、中华路街道、桥东街道、潘家沟街道、头道牌楼街道、石洞子沟街道
双滦区	辖 5 个镇、1 个乡、3 个街道，63 个行政村。 滦河镇、双塔山镇、大庙镇、偏桥子镇、西地镇；陈栅子乡；元宝山街道、钢城街道、秀水街道
营子区	辖 4 个镇、1 个街道，15 个行政村。 鹰手营子镇、汪家庄镇、北马圈子镇、寿王坟镇；铁北路街道
承德县	辖 12 个镇、11 个乡，378 个行政村。 下板城镇、甲山镇、六沟镇、三沟镇、头沟镇、高寺台镇、鞍匠镇、三家镇、磴上镇、上谷镇、新杖子镇、石灰窑镇；东小白旗乡、刘杖子乡、孟家院乡、大营子乡、八家乡、满杖子乡、五道河乡、岔沟乡、岗子满族乡、两家满族乡、仓子乡
兴隆县	辖 15 个镇、5 个乡，289 个行政村。 兴隆镇、半壁山镇、挂兰峪镇、青松岭镇、六道河镇、平安堡镇、北营房镇、孤山子镇、蓝旗营镇、雾灵山镇、李家营镇、大杖子镇、三道河镇、蘑菇峪镇、大水泉镇；安子岭乡、陡子峪乡、上石洞乡、八卦岭满族乡、南天门满族乡
滦平县	辖 10 个镇、10 个乡、1 个街道，199 个行政村。 滦平镇、长山峪镇、红旗镇、金沟屯镇、虎什哈镇、巴克什营镇、张百湾镇、付营子镇、大屯镇、火斗山镇；安纯沟门满族乡、小营满族乡、西沟满族乡、五道营子满族乡、付家店满族乡、马营子满族乡、邓厂满族乡、平坊满族乡、涝洼乡、两间房乡；中兴路街道
隆化县	辖 10 个镇、15 个乡、1 个街道，357 个行政村。 隆化镇、韩麻营镇、中关镇、七家镇、汤头沟镇、张三营镇、唐三营镇、蓝旗镇、郭家屯镇、步古沟镇；荒地乡、章吉营乡、茅荆坝乡、尹家营满族乡、庙子沟蒙古族满族乡、偏坡营满族乡、山湾乡、八达营蒙古族乡、太平庄满族乡、旧屯满族乡、西阿超满族蒙古族乡、白虎沟满族蒙古族乡、碱房乡、韩家店乡、湾沟门乡；安州街道
丰宁县	辖 10 个镇、16 个乡、1 个街道，310 个行政村。 大阁镇、大滩镇、鱼儿山镇、土城镇、黄旗镇、凤山镇、波罗诺镇、黑山嘴镇、天桥镇、胡麻营镇；万胜永乡、四岔口乡、苏家店乡、外沟门乡、草原乡、窟窿山乡、小坝子乡、五道营乡、南关蒙古族乡、选将营乡、西官营乡、王营乡、北头营乡、石人沟乡、汤河乡、杨木栅子乡；新丰路街道
宽城县	辖 10 个镇、8 个乡，205 个行政村。 宽城镇、峪耳崖镇、龙须门镇、板城镇、汤道河镇、碾子峪镇、桲罗台镇、亮甲台镇、化皮溜子镇、松岭镇；塌山乡、孟子岭乡、独石沟乡、铧尖乡、东黄花川乡、苇子沟乡、大字沟门乡、大石柱子乡

续表 1-1

县(区、市)	乡镇街道名称
围场县	辖12个镇、25个乡,312个行政村。 围场镇、四合永镇、克勒沟镇、棋盘山镇、半截塔镇、朝阳地镇、朝阳湾镇、腰站镇、龙头山镇、新拨镇、御道口镇、城子镇;大头山乡、哈里哈乡、燕格柏乡、新地乡、银窝沟乡、兰旗卡伦乡、四道沟乡、黄土坎乡、下伙房乡、牌楼乡、南山嘴乡、西龙头乡、老窝铺乡、大唤起乡、三义永乡、山湾子乡、宝元栈乡、张家湾乡、郭家湾乡、杨家湾乡、育太和乡、广发永乡、道坝子乡、石桌子乡、姜家店乡
平泉市	辖15个镇、4个乡,241个行政村。 平泉镇、黄土梁子镇、榆树林子镇、杨树岭镇、七沟镇、小寺沟镇、党坝镇、卧龙镇、南五十家子镇、北五十家子镇、梓栌树镇、柳溪镇、平北镇、青河镇、台头山镇;王土房乡、七家岱满族乡、茅兰沟满族蒙古族乡、道虎沟乡
全市合计	共110个建制镇、95个乡、14个街道、2459个行政村

注:1. 为叙述方便,书中的民族乡统一使用简称,如"茅兰沟满族蒙古族乡"简称"茅兰沟乡"。
　　2. 冯营子镇和上板城镇由承德高新技术产业开发区管理委员会托管。

第二节　自然环境条件

一、地质构造

承德市在大地构造上处于中朝准地台北缘与兴蒙地槽褶皱带两个Ⅰ级构造单元内。以北纬42°线的康保-围场深断裂为界,以北是内蒙古-大兴安岭地槽褶皱系,以南是中朝准地台。区内构造、岩浆活动强烈,太古宙结晶基底广泛出露,古生代、中生代、新生代沉积盖层发育,岩石种类繁多,成矿地质条件优越,资源潜力较大。

区域内地层较发育,出露面积约占全市总面积的1/3,其中包括太古宇迁西群、单塔子群、朱杖子群,元古宇长城系、蓟县系、青白口系,古生界寒武系、奥陶系、石炭系、二叠系,中生界三叠系、侏罗、白垩系,新生界第三系(古近系+新近系)。第四系仅有全新统和上更新统发育。其中,太古宙地层是"鞍山式"铁矿产出的主要层位,也是金、银、铅、锌等多种金属的矿源层。

区域内岩浆活动强烈,规模较大,种类较多,分布遍及全市。活动时间自太古宙至新生代。形成的岩石类型复杂,超基性岩类、基性岩类、中性岩类、酸性岩类和碱性岩类均有出露。岩浆活动以侵入活动为主,伴随其他各类岩浆活动,生成了各种矿产。其中,与超基性岩、基性岩有关的钒钛磁铁矿是本市的优势矿种。

二、地形地貌

承德市为华北平原与内蒙古高原的过渡地带,东猴顶山、宜肯坝、豪松坝、塞罕坝从西部伸向东北,把全市分割成两大部分。西北部为内蒙古高原的边缘,俗称"坝上",东北部为七老图岭、努鲁儿虎和杜岭山脉,西南部与南部为燕山山脉,构成了全市西北高、东南低的地势。就地貌单元而论,全市分为坝上高原与冀北山地两大地貌类型。冀北山地由高到低依次按中山、低山、丘陵和盆地顺序排列。这种由西北向东南呈阶梯式下降的地势,明显地影响了全市的气候、水文、土壤和植被等自然因素,从而形成了土地利用上的地域差异。这种特定的土地资源条件,对农业生产的立体布局,充分和合理利用土地资源具有重要意义。承德市地形见图1-1。

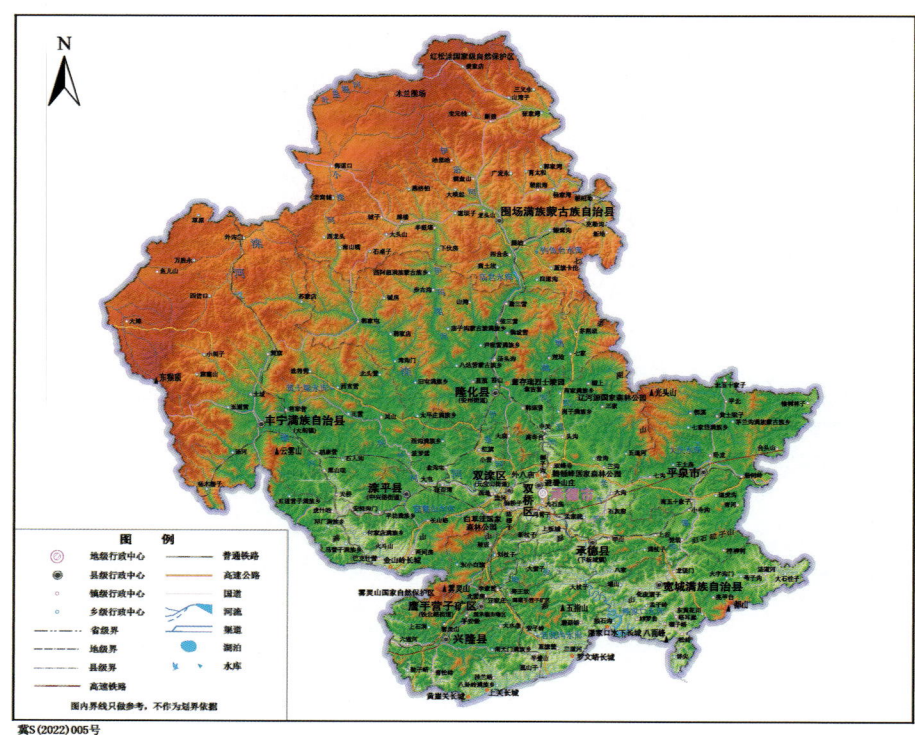

图1-1　承德市地形示意图

（一）坝上高原

坝上高原位于丰宁县、围场县两县的西北部,属于内蒙古高原的一部分,其南缘以东猴顶山、老窝铺、姜家店一线为界,其他部分止于省、市界,总面积为663.65万亩(1亩≈666.67m²),占全省坝上高原总面积的25.9%。坝上高原平均海拔为1000～1700m,地势南高北低,坝缘翘起,属典型的波状高原。坝头地带切割较碎,多呈垄状低山,相对高度在200m左右,坡较陡,坡度一般为20°～40°。坝头以北为低山和缓丘相间分布,丘陵坡度一般为5°～10°,多呈台状分布,相对高度为50～100m。山丘之间有黄土分布,河谷两侧为耕地分布区。高原内分布固定和半固定沙丘,风蚀洼地和花岗岩、变质岩残丘,加之湖泊(泡子)点缀其间,使高原呈现出舒缓丘陵散布的景象,不仅具有一般高原的特点,还具有多湖淖滩梁的特点。坝上高原夏季绿草如茵,百花盛开,争奇斗艳,令人流连忘返,被称为"水的源头,林的海洋,花的世界,鸟的天堂,云的故乡",是不可多得的避暑胜地和旅游景点。

（二）冀北山地

冀北山地主要由燕山、七老图岭和阴山山脉的余脉构成,总面积为5264.04万亩。其地貌由中山、中低山、低山及河流谷地、山间盆地组成。其中,中山、低山面积较大。境内有海拔为1000～2000m的山峰30余座,海拔为2000m以上的山峰10座。东猴顶山海拔达2293m,为全市最高峰;其次为小梁山,海拔达2206.5m,两座高山都分布于丰宁县的西部边陲。位于兴隆县境内的雾灵山为燕山主峰,海拔达2 116.2m,居第6位。纵观整个山区,群山环绕,流水切割侵蚀作用强烈,地表支离破碎,沟谷纵横,河流交错,构成了复杂的山区地貌,影响太阳辐射和水热资源的再分配,形成了不同的小气候,使全市土地利用和农业生产呈现出多样性的特点。

冀北山地又可分为坝下山地和燕山山地两大部分。

(1)坝下山地:主要由中山、低山、丘陵、山间盆地和河流谷地组成。坝下山地包括丰宁、围场两县的坝下地区,以及隆化县、滦平县、承德县、平泉市和双桥区、双滦区的大部分地区,总面积为4 483.8万亩,占坝下地区总面积的85.18%。全区地势自西北向东南呈阶梯式倾斜,一般海拔为1 300~1 500m,相对高度在500~800m之间,山势坡度多在25°以上。北部坝根地区,河谷多为"V"形谷且狭窄,阶地不发育,山体阴坡森林植被保存较多。中南部地势降低,由低山丘陵和较宽的河流谷地组成,耕地多分布在滦河、潮河等干流及其支流的两侧阶地上,是全市农产品的主产区。

(2)燕山山地:位于承德市的最南部,长城北侧,包括兴隆、宽城两县和营子区,总面积为780.24万亩,占坝下地区总面积的14.82%,属长城以北燕山山脉主脉区。该区域山地面积较大,海拔一般为400~1 200m,高差多在150~700m之间,坡度在40°以上,山高谷深,沟川并列,地势复杂。燕山主峰雾灵山位于本区西部,海拔达2 116.2m,为最高控制点。其东部最高峰为都山,海拔达1 846m。该区耕地较少,且多为坡地,水土流失严重。

三、气候与水文

(一)气候

承德市气候属于寒温带向暖温带过渡、半干旱向半湿润过渡的大陆性季风型气候,具有"冬冷夏凉,四季分明,雨热同期,昼夜温差大"的特点。承德市夏季受南来暖湿气团影响,温和多雨,盛行东南风;冬季受蒙古国、西伯利亚干冷气团控制,严寒少雪,盛行偏北风;春季为冷、暖气团过渡地区,风向多变,天气复杂,气温变化剧烈,造成春季回暖快,干燥少雨;秋季气温速降,多为晴朗天气。

1. 太阳辐射能

太阳辐射能是土壤和大气热量的主要来源,是大气中一切物理过程和现象形成的基本动力,是形成一地气候的决定性因子。

承德市年太阳辐射量为511 755.244~589 706.936J/cm^2,与全国各地比较,仅比青藏高原偏少,平均日照时数为2 705.6~2 987.5h,日照百分率为61%~67%。作物生长期间4—9月的日照时数为1 473~1 558h,平均每天日照时数为8.2h,能满足单季作物对光照的需求。一年之中,一般5月、6月的太阳辐射量最大,每月平均为6 123.699 4~7 069.316 8J/cm^2,12月最少,平均为2 183.417 6~2 576.901 6J/cm^2。按季节分,以春、夏最多,秋季次之,冬季最少。

承德市为春播大田作物一年一熟栽培区。4—9月为作物生长期,太阳辐射量为324 548.952~377 799.058J/cm^2,占年辐射总量的63.4%~64.1%。按光热生产潜力计算,南部兴隆县全年生产潜力为981kg/亩,北部围场县为846kg/亩。

2. 热量

热量是作物生长发育的必要条件之一。承德市热量较河北省内中、南部偏少,在市内呈现南多北少的特点。常年北部坝上高原气温为-1.4~15℃,北部为4.9~6.9℃,中部为7.6~9.0℃,南部为7.5~8.8℃,南北相差约10℃。全市平均气温为7.5℃。其中,1月气温最低,在-9~21.5℃之间;7月气温最高,在17.4～24.4℃之间。坝下年极端最高气温介于35.8～41.3℃之间,坝上为32.8～33.0℃;坝下年极端最低气温介于−23.3～−32.8℃之间,坝上为−37.4～−42.9℃。按大于或等于0℃积温统计,中南部为3 556.4～4 059.8℃,北部为3029～3 403.1℃,坝上为2 198.4～2 336.3℃;按大于或等于10℃积温统计,中南部为3 107.5～3 668.7℃,北部为2 548.0～2 955.4℃,坝上为1 642.6～1 733.1℃。无霜期时长由北向南递增,坝上为73～80d,坝下北部为124～140d,中部为130～170d,南部为160～180d。

3. 降水

全市年平均降水量为402.3～882.6mm,由北向南递增。坝上为411.6～514.0mm,最多时可达706mm;北部为402.3～515.4mm,最多时可达705mm;中部为501.0～609.1mm,最多时可达855mm;南部为627.1～882.6mm,最多时可达1087mm。雾灵山和七老图山因受地形的抬升作用分别形成全市的多雨中心。从降水情况看,雨量较充沛,但雨量分配不均匀,时空分配差异大,冬季少雨雪,夏季多雷雨。降水大部分集中在汛期的6—8月,降水量占年降水总量的70%左右,尤以7月、8月最为集中,降水量占年降水总量的53%。这种雨热同季的良好条件有利于农作物生长发育,但春季少雨常导致干旱。全市多年平均陆面年蒸发量在1 147.6～1 815.9mm之间,平均为1 493.2mm。

4. 气象灾害

受山区地形等条件的影响,全市农业气象灾害较多,主要有干旱、冰雹、大风、霜冻、低温冷害等。全市十年九旱,春旱、初夏旱最多,尤以夏旱和卡脖旱危害最为严重,往往造成农作物大幅度减产。7月、8月多雷雨,时常发生暴雨和洪涝灾害。冰雹灾害北部多于南部,山地多于平川,春季多于秋季,4—10月均有发生。霜冻危害也较严重,尤其北部的早霜危害更甚。大风在冬春最多,7月、8月雷雨大风危害最大。低温冷害时有发生,主要危害水稻、玉米等作物及果树等。

(二)水文

1. 河流水系

承德市大部分地区属于滦河流域。根据水利部海河水利委员会的分区标准,承德市属于河北滦河流域亚区,在亚区之下又划分4个独立的水资源分区,即滦河水系、北三河(潮河、白河、蓟运河)水系、辽河水系和大凌河水系,且为诸水系之上源,是京津唐的重要供水源地。四大水系中流域面积为50km²及以上的河流共229条,总长7 327.42km。其中50～200km²的河流160条,200～1000km²的河流49条,1000km²及以上的河流共有20条,包括滦河、小滦河、兴洲河、伊逊河、蚂蚁吐河、武烈河、老牛河、柳河、瀑河、撒河、青龙河、吐力根河、潮河、洵河、州河、老哈河、白岔河、阴河、西路嘎河、大凌河。河流水系分布详见图1-2。

1)滦河水系

滦河发源于丰宁县西北大滩镇东猴岭界牌梁,向西流经张家口沽源县,上源称闪电河,向北流经内蒙古自治区(以下简称内蒙古)多伦县,称滦河,而后再转向南流经承德市的丰宁县、隆化县、滦平县、双滦区、双桥区、承德县、兴隆县、宽城县,汇入潘家口水库,是天津、唐山两地的生活饮用水水源地。干流全长877km,其中在承德市境内河长374km,河道平均纵坡为2.43‰。滦河水系在承德市境内的流域面积为28 858.20km²,约占全市流域总面积的72.53%。在承德市境内流域面积在1000km²以上的支流有9条,100km²以上的支流有80条,10km²以上的支流有654条。其中,流域面积较大的支流主要有小滦河、兴洲河、伊逊河、武烈河、老牛河、柳河、瀑河、洒河等。

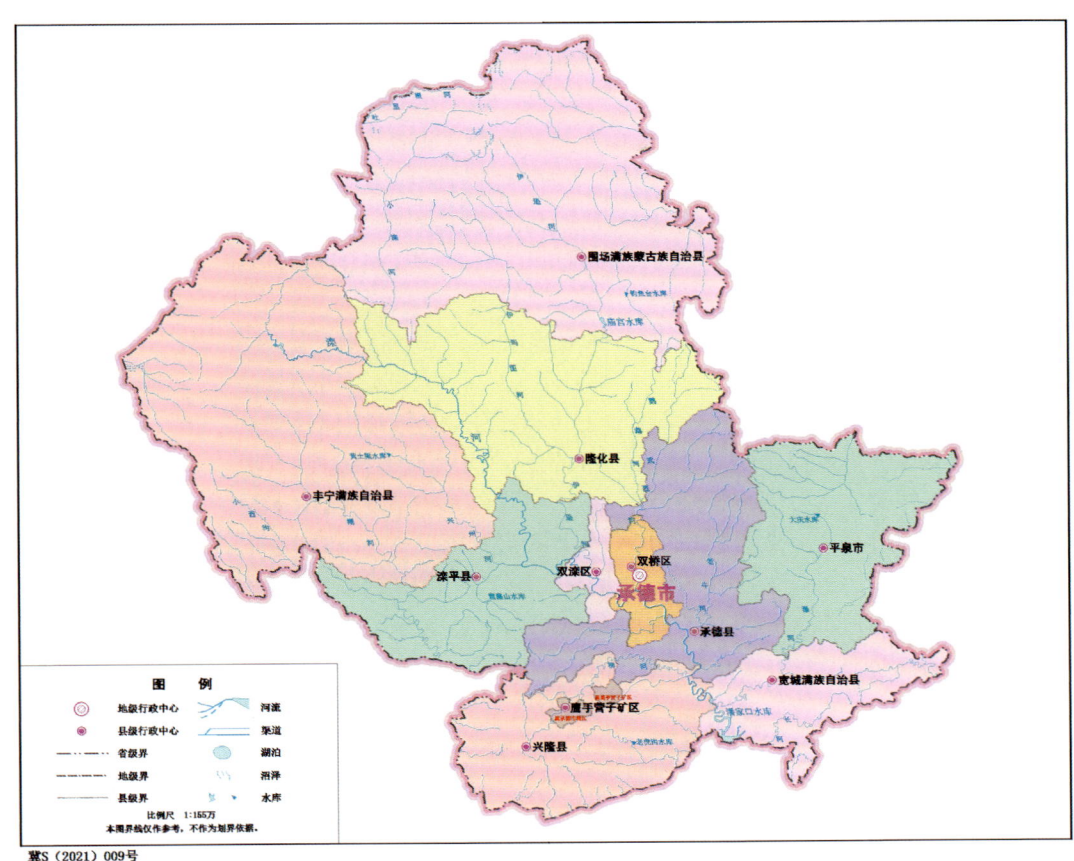

图1-2 河流水系分布图

小滦河：滦河一级支流，发源于围场县西北部老岭山西麓，流经围场县、隆化县，于隆化县郭家屯镇上游1km处汇入滦河。河长142.5km，平均坡度为3.47‰，流域面积为2 009.7km²。

兴洲河：滦河一级支流，发源于丰宁县选将营乡杨树底下村，流经丰宁县、滦平县，在滦平县张百湾镇张百湾村汇入滦河。河长113.33km，平均坡度为10.1‰，流域面积为1 970.88km²，多年平均径流量为0.744 2亿 m³。

伊逊河：滦河一级支流，发源于围场县台子水川三道窝铺分水岭。其中一支流不澄河发源于围场县兰旗卡伦乡川草帽梁，通过钓鱼台水库后流入伊逊河；另一支流蚁蚂吐河发源于围场县城子桃儿山分水岭，流经围场县、隆化县后在隆化县城西南山嘴村汇入伊逊河。伊逊河流经围场县、隆化县、滦平县，在承德市双滦区双塔山镇大龙庙村汇入滦河。河长222.7km，平均坡度为6.84‰，流域面积为6789km²。

武烈河：滦河一级支流，发源于隆化县鹦鹉川娘娘庙分水岭，流经隆化县、承德县和双桥区，于双桥区汇入滦河。河长106.23km，平均坡度为10.8‰，流域面积为2 590.94km²。

老牛河：滦河一级支流，发源于承德县獾子沟分水岭，流经平泉市、承德县，于承德县下板城镇胡杖子汇入滦河。河长72.8km，平均坡度为13.09‰，流域面积为1 712.74km²。

柳河：滦河一级支流，发源于雾灵山东南八拨子分水岭，流经兴隆县、营子区、承德县，于兴隆县柳河口汇入滦河。河长120.5km，平均坡度为5.62‰，流域面积为1 199.15km²。

瀑河：滦河一级支流，发源于平泉市安杖子乌呼马梁，流经平泉市、宽城县，于宽城县瀑河口汇入潘家口水库。河长110.75km，平均坡度为7.87‰，流域面积为1 989.53km²。

洒河：滦河一级支流，发源于兴隆县东八品叶，流经兴隆县，于迁西县园楼汇入大黑汀水库。承德境内河长58.36km，平均坡度为10.6‰，流域面积为965.85km²。

柴白河：滦河一级支流，发源于承德县两益城，流经承德县、双桥区，于双桥区上板城镇白河南汇入滦河。河长66.3km，流域面积为702.42km²。

暖儿河：滦河一级支流，发源于承德县李杖子村，整条河流均在承德县境内，于承德县彭杖子汇入滦河。河长40.5km，流域面积为232.82km²。

青龙河：滦河一级支流，发源于平泉市倪杖子村，流经平泉市，经辽宁省凌源市进入宽城县，经宽城进入秦皇岛市青龙满族自治县，承德市境内河长32km，流域面积为862.38km²。

长河：滦河一级支流，发源于宽城县亮甲台大汉沟，经宽城县进入唐山市迁西县，承德市境内河长57.6km，平均坡度为10.4‰，流域面积为391.06km²。

2）北三河水系

北三河水系包括潮河、白河和蓟运河。承德市境内河长236.4km，流域面积为6 776.74km²，约占全市流域面积的17.03%。

潮河：发源于丰宁县上黄旗哈拉海沟，经丰宁县和滦平县，与潮白河的另一支流安达木河汇合后经古北口入北京市密云区，注入密云水库，是北京市的生活饮用水水源地。干流全长253km，承德市境内河长157km，平均坡度为5.7‰，流域面积为5 281.88km²，多年平均出境水量为2.847亿m³。

白河：干流发源于张家口市大马群山，其中一条支流汤河发源于丰宁县西部五道营乡南台子村盘梁南麓，在汤河乡大草坪村进入北京市怀柔区喇嘛沟门满族乡帽山沟门，在汤河口汇入白河，承德市境内河长54km；另一支流天河，发源于丰宁县西南端的杨木栅子乡东沟门村北，在该乡后店村出境，进入北京市怀柔区，至宝山寺汇入白河。承德市境内河长35km。两支流平均坡度为13.2‰，流域面积为819.62km²。

蓟运河：主要一级支流有洵河、沙河等，均发源于兴隆县南部。河长22.4km，河道平均坡度为1.7‰，流域面积为675.24km²。

3）辽河水系

辽河水系包括老哈河、阴河、西路嘎河。承德市境内河长157.50km，流域面积为3 718.88km²，约占全市流域面积的9.35%。

老哈河：发源于平泉市柳溪镇九神庙川光头山，承德市境内河长57km，平均坡度为13.1‰，流域面积为914.23km²。

阴河：发源于围场县新拨镇，境内河长48.75km，平均坡度为23.2‰，流域面积为1 483.14km²。

西路嘎河：发源于围场县朝阳湾镇、朝阳地镇，境内河长51.75km，平均坡度为6.25‰，流域面积为1 321.51km²。

4）大凌河水系

大凌河水系发源于平泉市榆树林子镇九神庙分水岭，境内河长24km，平均坡度为14.6‰，流域面积为434.90km²，约占全市流域面积的1.09%。

2. 水资源总量

承德市水资源由地表水和地下水两部分组成。地表水主要来自河川径流，绝大部分为自产水；地下水多贮存于第四纪松散层中，属于河谷地下水。由对长期水文观测资料的分析计算可知，承德市多年平均河川径流总量为36.0亿m³，其中河川基流量为16.1亿m³，约占地表水资源总量的44.7%。地表水资源量在各地区分布不均匀，总趋势为由南向北、由上游向下游递增；径流量年内分配不均匀，全年径流近70%集中在汛期；年际变化大，全市大部分地区天然年径流量的变异系数在0.5以下。承德市多年平均地下水资源量为17.11亿m³，河川基流量约占地下水资源量的94.1%。扣除重复计算的地表水资源量与地下水资源量后，承德市多年平均水资源总量为37.6亿m³，占京津冀地区的15%。潘家口水库83.7%的蓄水量和密云水库38.7%的蓄水量均来自承德市。承德市是京津唐重要的水源地。

承德市人均水资源量为1 008.8m³，远高于河北省人均水资源量（304m³），为河北省人均水资源量最高的地区。但承德市人均水资源量仍低于全国人均水资源量（2200m³），也低于国际公认的人均水资源紧张警戒线(1700m³)。承德市属于水资源紧张地区。承德市亩均水资源量为308.2m³,高于河北省亩均水资源量平均水平(230m³),低于全国亩均水资源量平均水平(434m³)。全市水资源空间分布差异较大,北部围场县和丰宁县面积较大,且位于滦河、潮白河等主要河流的发源地及上游地区,水资源总量大于5.0亿m³,承德县水资源总量为4.95亿m³,中部隆化县、平泉市水资源总量在3.0亿～4.0亿m³之间,南部兴隆县水资源总量最大,为7.49亿m³。

四、土壤资源

土壤是自然和人类活动综合作用的产物,是土地的重要组成部分。土壤的不同类型及其物理化学特征在很大程度上影响着土地的利用方式。受地质、地形、母质、气候、植被、水文等自然条件和人类农耕历史的影响,承德市存在多种土壤类型。据第二次全国土壤普查成果,全市土壤共有淋溶土、半淋溶土、均腐殖土、钙层土、初育土、水成土、半水成土7个土纲,13个土类,29个亚类,127个土属,283个土种。全市土壤总面积为5 686.46万亩。其中,灰色森林土、黑土是河北省独有的两个土类。棕壤及褐土土壤面积在全市所占比例较大,分别占土壤总面积的45.76%和32.04%,粗骨土占9.12%,灰色森林土及栗钙土占比不到3%,其他各类土壤面积占比均在2%以下,全市土壤类型、面积及所占比例详见表1-2。

表1-2 承德市土壤类型、面积及占比

序号	土类名称	面积/万亩	占全市土壤总面积的比例/%
1	棕壤	2 601.85	45.76
2	灰色森林土	158.27	2.78
3	褐土	1 822.28	32.04
4	黑土	2.34	0.04
5	草甸土	58.77	1.03
6	栗钙土	159.54	2.81
7	新积土	16.67	0.29
8	风沙土	112.46	1.98
9	石质土	85.26	1.50
10	粗骨土	518.47	9.12
11	沼泽土	19.46	0.34
12	潮土	75.60	1.33
13	山地草甸土	55.49	0.98

(一)土壤分布

1. 土壤的地域分布

承德市土壤的地域分布主要受地形、成土母质、水文地质以及人为作用的影响,土壤类型依次更替组合,并呈现出一定的规律性。其分布形式主要有以下几种。①树枝状分布。由于沟谷的发育,形成的水系呈树枝状伸展,不同类型的土壤组合亦呈树枝状分布。坝下山地由顶部到谷地,沿河系形成了不同类型的土壤组合,依次为山地草甸土、棕壤、褐土、沼泽土、潮土。②坡向分布。由于地形影响着水热再分配条件,虽然处于相同地形部位,但因坡向不同,土壤性状亦不一致。在阳坡,山势陡,植被差,土层较薄,甚至母质裸露于地表;阴坡则条件较好,阴坡阳坡差异明显。此外,棕壤和褐土的分界线随着坡向不同,表现为上升或下移。在阳坡,棕壤、褐土过渡带较宽,而在阴坡较窄。一般阴坡、阳坡位置相差200m左右。③盆形分布。在坝上东部丘间盆地,由于地形由四周向中心倾斜,水热条件亦发生相应变化,因而土壤类型也从中心向四周扩展变化,依次出现泥炭沼泽土、草甸沼泽土、草甸土、灰色森林土。④不同地形部位分布。处于不同部位土壤的性质、类型有明显差异。例如,在褐土带谱上,一般上部为淋溶褐土,但由碳酸盐岩类、黄土母质发育而成的碳酸盐褐土及褐土分布部位有时较高,有时与淋溶褐土交错分布。⑤孤立型、镶嵌状分布。如山地草甸土呈孤立型分布在中山山顶平缓地带。在坝上东部,土壤分布类型主要为以灰色森林土为背景的、与风沙土呈镶嵌状分布的类型。

2. 土壤的水平分布

坝上东部为黑土区和灰色森林土区,西部为栗钙土区。坝下山地褐土是水平地带主要土类,从南部的兴隆县、宽城县,向北一直延伸到围场县、丰宁县的坝缘地区,主要分布于河谷、沟谷的开阔地域。在河谷地带,由于洪水为动力的搬运堆积作用以及地下水的影响,延缓或加速了土壤的形成和发育过程,因而该地带分布着隐域性土壤。

3. 土壤的垂直分布

本市土壤类型受山地地形、气候、植被等成土条件的垂直变化影响,具有明显的垂直分布规律。坝下地区从南到北,在海拔600~1000m之间均发育棕壤。棕壤下限为褐土,河流低洼地部位多为隐域性潮土。海拔1600m以上的山顶平缓台地上分布山地草甸土。

(二)土壤类型及性状

1. 棕壤

棕壤又称棕色森林土,是承德市最主要的山地森林土壤,属淋溶土纲,包括棕壤、棕壤性土2个亚类,23个土属,59个土种。在垂直带谱中,上限与山地草甸土相接,下限与褐土相连。成土母质以各种岩石残积物、坡积物和黄土状沉积物为主。棕壤是在夏季暖热多雨的季风气候影响下,在由阔叶林和真菌、好气性细菌组成的木本植物群落下形成的土壤。棕壤主要分布于坝下海拔600m以上的中低山上部。全市棕壤面积为2 601.85万亩,占土壤总面积的45.76%。棕壤分布区夏季暖热多雨,冬季寒冷干燥,年平均气温为5~16℃,大于或等于10℃积温为2000~4000℃,无霜期为100~170d,年均降水量为500~1200mm,干燥度为0.8~1.15。棕壤的水热特点主要表现为淋溶较强和有利于有机质积累。原生植被主要为中温生的落叶阔叶林,在海拔1500m处开始出现落叶松、云杉等针叶树。目前原始森林多已不复存在,多生长天然次生林或人工抚育油松林。主要乔木为栎属和松属,常见辽东栎、蒙古栎、槲树、麻栎、栓皮栎、油松、落叶松、云杉、杨树、桦树、椴树、槭树等。灌木为中生灌丛,常见映山红、北京丁香以及平榛、毛榛、胡枝子、酸刺等。常见的草本植物有白头翁、薹草、苍术、柴胡等。

由于夏季暖热多雨,土壤风化程度较高,在形成大量黏土矿物的同时,释放出许多游离铁和活动性二氧化硅。黏土矿物再经重力水的机械淋移作用,棕壤淀积层中黏粒含量升高,呈现较明显的脱钙淋溶、黏化及腐殖化。棕壤的基本特点不仅包括强烈的盐基淋洗和黏化作用,还包括强烈的生物累积作用。因此,典型的棕壤剖面通体无石灰反应,整个土层呈中性至酸性反应。棕壤表层腐殖质积累较多,含量一般大于5%,高者达10%以上。落叶阔叶林凋落物及草灌植被灰分含量较高,有助于土壤中盐基的生物循环。虽然棕壤有机质含量较高,适宜发展林果生产,但因山高坡陡,易遭雨水冲刷,水土流失较严重,应注意水土保持,综合利用。

2. 灰色森林土

灰色森林土又称灰黑土,是发育在温带森林、草原地区森林植被下的一种独立土壤,属淋溶土纲,包括暗灰色森林土和灰色森林土2个亚类,9个土属,14个土种。它在垂直带谱中处于棕壤和山地草甸土之间。成土母质以风积沙和玄武岩风化物为主,另有花岗岩、凝灰岩的残坡积物。全市灰色森林土面积为158.27万亩,占土壤总面积的2.78%。灰色森林土主要分布于丰宁、围场两县海拔为1400~1700m的坝上高原,集中分布在围场县塞罕坝机械林场和御道口牧场一带。灰色森林土分布区的气候属于半干旱大陆性季风高原气候,年平均气温小于1℃,大于或等于10℃积温为1800~2000℃,年均降水量为450mm,无霜期达80d左右。自然植被以华北落叶松、云杉、桦树和杨树为主,有时混有樟子松。林下草类繁茂,主要有薹草、地榆、柴胡、黄芩和委陵菜等。

灰色森林土成土过程一般表现为高度的腐殖质积累过程(即生草化过程),伴有较弱的淋溶作用及某种程度的残积淀积黏化。灰色森林土具有森林和草原的土壤特点,土层深厚,植被较好,腐殖质含量可达4%~6%,碳氮比为10~11,胡敏酸与富里酸比值接近1.0。但土壤沙性较重,表层肥土易遭风蚀,受地形和海拔影响,利用适宜性范围较窄,宜用于林业生产。春麦、马铃薯等耐寒作物虽能生长,但经常因遭到冻害而减产。在土壤利用方面,应积极发展经济价值较高的优良树种,如云杉、华北落叶松和樟子松等,实行林牧结合,以林护草,以草促牧。

3. 褐土

褐土又称褐色森林土,是承德市分布最广的地带性土壤,属半淋溶土纲,包括淋溶褐土、褐土、碳酸盐褐土、潮褐土及褐土性土5个亚类,54个土属,139个土种。在垂直带谱中,褐土位于棕壤之下。成土母质主要为黄土和黄土性冲积物,以及一部分沉积岩、变质岩的残坡积物。褐土的形成过程主要有黏化和碳酸盐淋溶淀积过程。全市褐土面积为1 822.28万亩,占土壤总面积的32.04%。褐土主要分布于坝下自南至北海拔900m以下的低山、丘陵及高阶地带。褐土分布区属暖温带季风影响下的半湿润半干旱气候,春季干旱多风,夏季暖热多雨,冬季寒冷干燥。年平均气温为6.5~9℃,大于或等于10℃积温为3000~4400℃,年均降水量为500~700mm。自然植被为旱生森林和灌木草原,主要树种有油松、侧柏、辽东栎、蒙古栎、刺槐、黄榆、山杨、五角枫、山杏等。灌木以荆条、酸枣、达乌里胡枝子为主。草本植物种类甚多,有菅草、白羊草、鹅冠草、唐松草、披碱草、柴胡、白头翁、菊科蒿属、禾本科杂草等。已开垦为农田的褐土以种植粮、果为主,作物多为一年一熟的品种。

褐土的典型剖面构型为腐殖质层-黏化层-母质层,腐殖质层厚度约为20cm,有机质含量为1%~3%,淋溶作用较弱,土壤表现为中性或微碱性,盐基饱和度高。褐土排水性能良好,土层较厚,质地沙黏适中,褐土分布区是全市粮食、蔬菜、果品的主要产区。但褐土分布区普遍受侵蚀沟的分割,地形比较破碎,存在的主要问题是干旱瘠薄、水土流失严重。在利用改良方面,应加强水土保持,用养结合,培肥地力,建设稳产高产田。

4. 黑土

黑土是承德市面积最小的土类,属均腐殖土纲,只有黑土1个亚类,2个土属,2个土种,在垂直带谱中居高。成土母质以玄武岩或凝灰岩残坡积物和风积沙为主。全市黑土面积为2.34万亩,占土壤总面积的0.04%。黑土集中分布在围场县坝上红松洼一带。黑土分布区属寒温带半湿润高原气候,年平均气温为0.5℃,大于或等于10℃积温为1700~2000℃,无霜期为62~80d,年均降水量为400mm左右,干燥度小于或等于0.8。自然植被属寒温带森林草原植被,以灌丛、草甸草原型的植被为主,常见的植物有山榆、黄柳、山丁子等灌木和地榆、冷蒿、百里香、委陵菜、薹草以及中生杂类草等草原草甸草本植物。

黑土主要是在腐殖质累积的过程中形成的,是在草原草甸植被下形成的一种土壤。其养分含量高,腐殖质层厚度在50cm左右,腐殖质含量在5%以上,表土层有机质含量一般在2%以上,全钾含量在1%以上,通体无石灰反应,pH值在6.5左右。自然植被根系较发达,结构良好。根据黑土的特点和土壤的环境条件,黑土分布区一般不宜开垦为农田,在土壤利用方面,应充分发挥草场资源优势,发展畜牧业。已开垦地区要注意防止土壤水蚀和风蚀。

5. 草甸土

草甸土又称暗色草甸土,是在草甸化作用下形成的一种土壤,属均腐殖土纲,包括草甸土、石灰性草甸土、沼泽化草甸土、盐化草甸土4个亚类,7个土属,15个土种。成土母质多种多样,以河流冲击物为主,多为近代最新沉积物,成分从粗沙至黏土均有。西北部山区受黄土母质影响,草甸土的母质多为碳酸盐淤积物。全市草甸土面积为58.77万亩,占土壤总面积的1.03%。草甸土主要分布在丰宁、围场两县坝上淖泡周围、下湿滩地及坝下河谷低地的狭长地带上。草甸土分布区生长草甸植被或湿生草类,多辟为农田。自然植被主要为中生—湿生型和以莎草科为主的草甸草本植物。坝上高原草甸植物主要有委陵菜、车前子、蒲公英、两栖蓼、金莲花和黄花等。北部山区草甸植物主要有唐松草、马唐、白头翁、薹草、羊草和狼尾草等。

草甸土多分布在地势较低、地下水汇集而水位较高的地形部位和地表径流弱而排水不畅的地形部位。地下水位常在1~3m之间,雨季在0.5~1.0m之间,一年中有半年左右土体保持水分饱和状态。地下水参与成土过程,草甸土常与沼泽土、盐渍土构成复区。在地下水矿化度大于2g/L地区,易发育盐化草甸土。草甸土(亚类)一般比较肥沃,其水分、养分均较丰富,多为砂壤或轻壤,通透性良好,土壤表层有机质含量可达5%以上,耕种的草甸土耕层有机质含量可达2%左右,适宜多种作物生长,特别是适合需水多的蔬果作物和苗木生长,但因地下水位高,应注意防止土壤盐渍化。

6. 栗钙土

栗钙土是承德市地带性土壤之一,属钙层土纲,包括暗栗钙土、栗钙土、草甸栗钙土、栗钙性土4个亚类,13个土属,18个土种。成土母质复杂多样,有玄武岩和凝灰岩等的残坡积物、黄土状沉积物、风成沙及洪冲积物。全市栗钙土面积为159.54万亩,占土壤总面积的2.81%。栗钙土主要分布在丰宁县坝上地区,在东北部与灰色森林土相接,在西南部与张家口市典型栗钙土比邻。栗钙土是在温带半干旱地区草原植被下形成的,该分布区气候特点是夏季短促温热,雨水集中,冬季漫长严寒少雪。年平均气温为0.6℃,大于或等于10℃积温为1600~1800℃,年均降水量为400mm左右。植被为典型草原类型,由旱生多年生草本植被组成,主要有大针茅、羊草、冰草、贝加尔针茅、冷蒿、马莲、委陵菜、酸模和羊草等。农作物以小麦、莜麦、马铃薯、蚕豆等单熟制的中温作物为主,因受气候条件限制,产量较低。啮齿动物活动频繁,地表和剖面经常出现动物穴和填土动物穴,典型的啮齿动物是巴氏田鼠、北黄鼠和花背仓鼠。

栗钙土特征主要表现为弱腐殖质累积、弱黏化和弱钙化,剖面分化明显,主要由腐殖质层和碳酸钙淀积层组成。发育在风积物母质上的栗钙土钙积层不明显,石灰反应微弱,而发育在黄土状沉积物和基性岩风化物上的栗钙土钙积层明显。栗钙土有机质和全氮含量较高,但由于气候干旱,积温较低,风蚀严重,因而在利用方面应大力营造防护林带,以利防风、抗旱,保护牧场和农田;应进一步改良现有草场,禁止过度开垦和放牧,推广农业新技术,不断提高作物单位面积产量。

7. 新积土

新积土是在新近流水沉积物上发育起来的一种幼年土壤类型,属初育土纲,仅有新积土1个亚类,2个土属,2个土种。全市新积土面积为16.67万亩,占土壤总面积的0.29%。新积土主要分布于宽城县、平泉市和承德县各水系的河漫滩上。新积土是河流冲积物和洪积物,多为砂质、砾质。土壤表层无腐殖质层，土体无剖面发育，沉积层次明显。表土可见稀疏草灌，有的分布区种植杨树、柳树等，大部分为荒滩。新积土分布区土层的有机质和矿物质含量差异较大。表层有机质含量不超过1%，全氮含量不超过0.05%，但速效磷、钾含量不低。新积土分布区在汛期易被洪水淹没，在枯水季节生长稀疏草灌，大部分为未利用地，有一定的开发潜力。在土壤利用方面应因地制宜，采取增施有机肥等措施，改良新积土理化性质，提高生产能力。

8. 风沙土

风沙土是在风沙地区风积沙母质上发育起来的土壤，属初育土纲，包括半固定风沙土和固定风沙土2个亚类，2个土属，2个土种。成土母质是由空气流动转运形成的沙质再沉积物（风积物），成土作用微弱，并经常被风蚀和沙压作用所打断，由于吹蚀、堆积，成土过程很不稳定。全市风沙土面积为112.46万亩，占土壤总面积的1.98%。风沙土主要分布于丰宁和围场两县坝上地区。风沙土分布区处于寒温半干旱高原气候带，全年降水量在400mm左右，干燥度低于0.9。气候最大特点是风大，全年大风日数平均为51～84d。风沙土分布区的植被稀疏低矮，覆盖度很低。风沙流动在很大程度上限制了植物生长。植被组成以灌木或半灌木为主，主要植物有沙柳、扁蓿豆、列当、芨芨草和拐枣等。风沙土养分含量低，保水保肥能力差，对耕地和农业生产可能形成风蚀、沙压、沙打等诸多障碍因素，应采取人工植树育草等措施防风固沙。在农林地上应注意增施有机肥，增加土壤的黏粒和有机质含量，同时采取免耕法，以减少风蚀。

9. 石质土

石质土为幼年土壤，属初育土纲，包括钙质石质土和硅质石质土2个亚类，2个土属，2个土种。成土母质为硅质岩、砾岩、砂砾岩残坡积物，呈酸性反应。全市石质土面积为85.26万亩，占土壤总面积的1.50%。石质土主要分布于石质山地和丘陵顶部，常与粗骨土镶嵌分布，与裸岩并存。石质土的主要特点是土质很粗，肥力低，含有很多石砾和碎石。分布区目前为荒山，地表生长稀疏草灌。在土壤利用方面，应以牧业为主，采取封山养草或人工种草措施，发展牧业。有条件的地方可种植一些灌木，如荆条、山枣和紫穗槐等。

10. 粗骨土

粗骨土属初育土纲，包括硅铝质粗骨土1个亚类，3个土属，3个土种。粗骨土与石质土相似，突出特点是呈显著粗骨性。成土母质为花岗岩残坡积物和片麻岩残坡积物。全市粗骨土面积为518.47万亩，占土壤总面积的9.12%。粗骨土主要分布于易遭风蚀的石质山丘。其土层薄，颗粒粗，砾石含量大于30%，以山地的阳坡、丘陵处居多，侵蚀严重，薄腐殖质层以下为不同厚度的风化岩层。风化岩层松散处生长稀疏的洋槐、山杏、杨树、桦树、栎等，风化岩层薄处生长稀疏的草灌。粗骨土剖面发育差，构型简单，含砾石多，多为荒山荒坡未利用地，农用价值较低。在土壤利用方面，应以植树造林为主。

11. 沼泽土

沼泽土为非地带性土壤，属水成土纲，包括草甸沼泽土、泥炭沼泽土2个亚类，3个土属，3个土种。成土母质多为第四纪静水沉积物，成分为轻壤和砂壤。全市沼泽土面积为19.46万亩，占土壤总面积的0.34%。沼泽土主要分布于围场和丰宁两县坝上河谷的河漫滩低地、淖泡周围低地及山间洼地。植被为喜湿植物，常见的植物有薹草、地榆、狭叶芹、毛茛、水木贼和蒲草等。由于地势低洼，沼泽土分布区地表季节性或常年积水，地下水位高，土壤长期处于水分饱和或过剩状态，通气性差，微生物活动较弱，植物有机体分解缓慢，养分呈有机质状态存在，易于积累。在土壤利用方面要重点解决水分过多和养分呈有机态存在的问题。沼泽土分布区一般不宜种植农作物，应以栽植耐湿树种和发展牧业为主。

12. 潮土

潮土又称浅色草甸土,为地带性土壤,属半水成土纲,包括潮土和盐化潮土 2 个亚类,5 个土属,21 个土种。成土母质是河流多次沉积物。全市潮土面积为 75.60 万亩,占土壤总面积的 1.33%。潮土主要分布在坝下河流两岸的低阶地上。潮土是发育在河流沉积物上,受地下水活动影响,经过耕种熟化而成的土壤。其地下水埋藏较浅,一般为 1~3m。潮土分布区地处半湿润半干旱季风气候区,年平均气温为 12~15℃,年降水量为 500mm 左右。潮土分布区的自然植被为喜湿性草甸植物,由于人为耕作,自然植被为农作物和田间杂草所取代。潮土分布区已成为全市重要的粮、果、蔬的主要生产区。田间杂草有委陵菜、两栖蓼、芦苇等。

潮土是在潮化过程和旱耕熟化过程中形成的土壤。潮化过程是由地下水水位常年变动,引起土壤发生氧化还原交替反应而形成土壤的过程。一年旱湿季节的交替变化,导致地下水水位发生季节性的升降,而随着地下水水位的变动,土层受氧化还原交替作用,引起土壤中某些物质的溶解、移动和淀积,从而在土体内产生锈纹、锈斑。旱耕熟化包括不利因素的改造和培肥熟化两个密切联系的过程,通过深耕、施肥和灌溉使土壤肥力特性发生显著变化。潮土中速效钾含量高,速效磷和有机质含量低,在利用时要注意增施有机肥,提高土壤肥力,协调氮磷比例。同时,要控制地下水水位上升幅度,防止土壤发生次生盐渍化。

13. 山地草甸土

山地草甸土是暖温带半湿润地区的山地土壤,属半水成土纲,只有山地草甸土 1 个亚类,2 个土属,3 个土种。成土母质以酸性硅铝质残坡积物和基性硅铝质残坡积物为主。在垂直带谱中,山地草甸土位于棕壤之上。全市山地草甸土面积为 55.49 万亩,占土壤总面积的 0.98%。山地草甸土主要分布在坝上高原缓丘顶部和坝下海拔 1600m 以上的中山山顶平缓地带。山地草甸土分布区气候寒冷,冻结期和积雪期均较长。大于或等于 10℃ 积温小于 2000℃,年均降水量为 400~600mm,无霜期为 70~100d。植被为中生杂类草草甸或灌丛草甸,主要有石生蓼、长苞石竹、翠雀、草芍药、唐松草、委陵菜、紫沙参、五脉百里香、风毛菊、黄花菜、薹草、贝母和铃兰等。此外,还有一些稀疏的灌木分布在山地草甸土的下限区。

山地草甸土是在湿润季风中灌丛草甸植被下形成的,由于气候冷凉,土体湿润,有机质累积强烈且分解慢,其成土过程主要表现为腐殖质累积过程。山地草甸土区的土层较厚,腐殖质层一般可达 50cm 左右,全剖面层次过渡不明显。表层为团粒结构,成分多为轻壤和中壤,土壤呈酸性,无石灰反应,有机质含量高,营养元素丰富,自然肥力较高。山地草甸土分布区是承德市天然草地的主要分布区域,适宜林、牧利用。

五、生物资源

承德市自然地理环境复杂,地域差异明显,气候类型多样,适合多种生物生长,具有生物资源丰富、分布较广的特点。

(一)植物资源

承德市植物区系属泛北极植物区系,中国-日本亚区。原生植被为落叶阔叶林,现残存于边缘山地。全市植物种类繁多,共有 204 科,940 属,2800 多种。其中,蕨类植物有 21 科,占全国蕨类植物总科数的 40.4%;裸子植物有 7 科,占全国裸子植物总科数的 70%;被子植物有 144 科,占全国被子植物总科数的 49.5%。温带区系成分占绝对优势,菊科、禾本科、豆科、蔷薇科植物种类最多,其次是莎草科、百合科、唇形科、伞形科、毛茛科、十字花科、石竹科、壳斗科、拌木科、松科、槭树科、杨柳科植物,分布也比较广泛。植被分布随着地势升高和水热条件的变化，呈现明显的纬度地带性和经度地带性及垂直分布的规律性。低山丘陵地带阔叶林被破坏后形成旱生灌草丛，以荆条、黄背草、酸枣、白羊草为主；山地植被呈垂直分布，其中，海拔1200m以下多为落叶栎林，1200～1600m以桦树、山杨林为主，1600～2000m为山地针阔叶混交林或山地针叶林，2000m以上的亚高山地带为亚高山草甸。全市植物资源按经济用途可分为以下几类。

（1）木材植物：约80种，主要有华北落叶松、云杉、油松、樟子松、侧柏、山杨、桦树、柞树、椴树、楸树、杨树、柳树、榆树、槐树、椿树等。

（2）果树植物：约70种，其中鲜果类主要有苹果、梨、桃、李、杏、红果、沙果、葡萄、海棠等；干果类主要有板栗、核桃、柿子、杏仁等；野生种主要有山葡萄、沙棘、猕猴桃、山梨、山樱桃、山丁子、酸枣、榛子、山杏等。

（3）纤维植物：约100种，主要有椴树、桑树、南蛇藤、芦苇等。

（4）鞣科植物：约70种，主要树种有壳斗科的栎属、栗属，以及白桦、虎榛子、黄花儿柳、酸模、地榆、鼠李等。

（5）药用植物：约570种，主要有热河黄芩、柴胡、金莲花、枸杞、玫瑰、人参、党参、黄芪、葛根、苦杏仁、山楂、知母、苍术、防风、白芍、赤芍、远志、白屈菜、秦皮、椴树花等。有的药用植物还是名贵药材，如热河黄芩驰名中外。

（6）野生食用植物：约200种，主要有蕨菜、黄花、黑木耳、白蘑、口蘑、榛蘑、松蘑、升麻、百合等。

（7）栽培植物：粮食植物主要有玉米、谷子、高粱、豆类、薯类（甘薯、马铃薯）、水稻、小麦、莜麦、荞麦以及黍稷等；经济植物主要有花生、芝麻、向日葵、胡麻、蓖麻、大麻、青麻、甜菜、烟叶等；蔬菜主要有白菜、甘蓝、芹菜、番茄、瓜类、豆角、菠菜、韭菜、辣椒、萝卜、葱、蒜等。

（8）牧草饲用植物：约500种，其中饲用价值较高的优等牧草主要有羊草、细叶薹草、披碱草、胡枝子、小糠草、兰花棘豆、歪头菜、黄芪、紫花苜蓿、草木樨、沙打旺、无芒雀麦、冰草、糙隐子草等。

（二）动物资源

承德市共有陆生脊椎动物500余种，其中鸟类400余种，兽类80余种。全市有国家重点保护动物91种，其中国家一级保护动物18种（兽类1种、鸟类17种），二级保护动物73种（兽类11种、鸟类62种）；国家保护的有益的或具重要经济、科学研究价值的陆生野生动物有79种，其中两栖类3种、爬行类5种、鸟类71种。主要野生动物有山鸡、野猪、马鹿、沙半鸡、百灵、野兔、狍子、黄羊、青羊、獾子、狐狸、豹子、狼等。主要家畜家禽有马、牛、驴、骡、猪、羊、鸡、鸭、鹅、兔、狗等。

全市共建成省级以上自然保护区14处（国家级5处），省级以上森林公园27处（国家级8处），省级以上湿地公园20处（国家级5处），省级以上地质公园3处（国家级2处），省级以上沙漠公园2处（全部为国家级）。

六、矿产资源

承德市位于华北地台北缘，地层出露齐全，地质构造发育，岩浆活动频繁、规模大、种类多，良好的地质条件孕育了优越的成矿条件。矿产资源较为丰富，矿种较为齐全，部分矿种在全省乃至全国均处于重要地位。承德市是全省矿产资源大市之一。

承德市的矿产资源具有以下特点：分布广泛，区域特色明显，成矿条件优越，矿产种类多，矿床（点）多，小型矿床多，大中型矿床少，共、伴生矿床多，单一矿床少，贫矿多，富矿少等。全市已发现矿产100种（其中，能源矿产6种、金属矿产30种、非金属矿产62种、水气矿产2种），数目约占全省153种矿产总数的 65.36%,约占全国 237 种矿产总数的 42.19%。其中,已探明储量的矿产有 59 种,数目约占全省 122 种矿产总数的 48.36%。探明储量的矿产地有 353 处,其中大型 17 处,数目约占矿产地总数的 4.82%;中型 100 处,数目约占矿产地总数的 28.33%;小型 236 处,数目约占矿产地总数的 66.85%。铁、金、银、铅、锌、钼、铜和煤、水泥用石灰岩、萤石、饰面用花岗岩、铸型用砂等是承德市的主要矿种和优势矿产。其中,钒钛磁铁矿储量居全国第 2 位,钼和萤石储量居全国第 4 位,铅、银、铂、钯、磷矿储量居河北省首位,承德市是我国仅次于攀枝花的第二大钒钛磁铁矿资源基地。承德市还拥有丰富的风能、水能、太阳能、地热能、生物质能等可再生能源,新能源产业发展空间广阔。

截至 2019 年 10 月底,全市有探矿权的矿山有 184 个,采矿权总数为 688 个。正常生产的固体矿山有 146 个,其中有露天开采采矿权的固体矿山有 77 个,有地下开采采矿权的固体矿山有 45 个,有露天/地下联合开采采矿权的固体矿山有 24 个。按矿种分,在金属矿床中,铁矿有 58 个,金矿有 8 个,银矿有 2 个,有色金属矿有 4 个(铜矿 1 个、铅矿 3 个),煤矿有 1 个;非金属矿有 73 个。

液体矿产采矿权有 2 个(矿泉水 1 个、地热 1 个)。停产矿山有 542 个(有露天开采采矿权的矿山有 172 个,有地下开采采矿权的矿山有 308 个,有露天/地下联合开采采矿权的矿山有 62 个),其中停产的固体矿山为 528 个。矿产资源开发不可避免地会对周围生态环境造成破坏,包括露天采场、采坑、工业场地、矿山道路和采矿硐口等对地形地貌景观的破坏。其中露天采场、采坑等对原有地形地貌景观破坏尤为严重。在矿区,基本都存在土地资源被占用的情况,使得部分土地难以再次利用,变为矿山废弃地。承德市矿产资源分布见图 1-3。

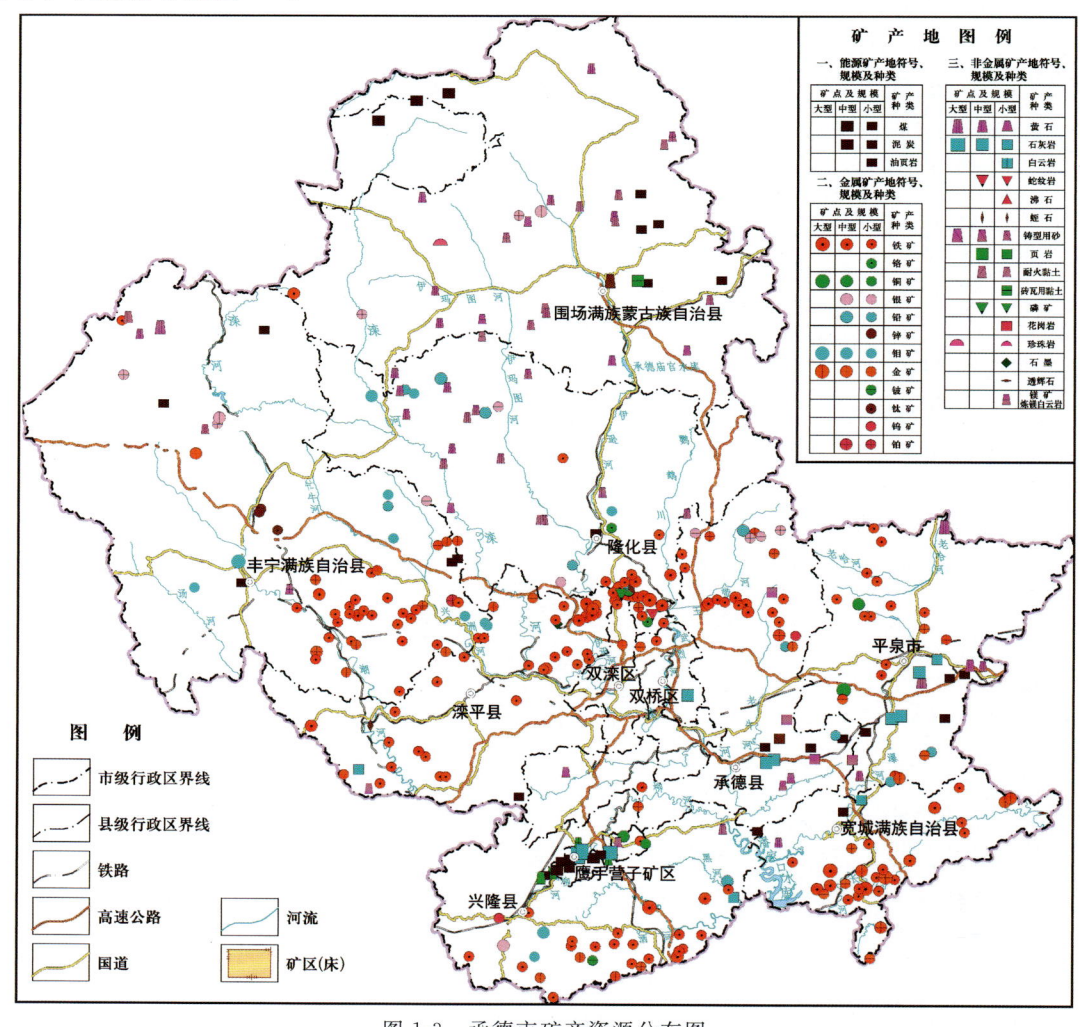

图 1-3　承德市矿产资源分布图

1. 能源矿产

承德市能源矿产主要有煤、油页岩、铀、地热等。承德市的煤炭资源虽然储量、规模及分布有限,但在一定时期内仍为本市主要开发矿种之一。全市共有煤炭产地33处,煤矿大多已进入开采末期,保有储量小,约占全省保有储量的0.5%。截至2015年底,全市累计探明上表资源储量2.24亿t,保有上表资源储量1.24亿t。煤炭主要分布在鹰手营子矿区一带的石炭系、二叠系中,部分分布在宽城县、平泉市中生代盆地中。代表性煤矿有鹰手营子煤矿,建设规模为中型,其他煤矿建设规模均为小型或小小型。兴隆县、营子区、平泉市、宽城县、承德县为主要产煤县(市、区),隆化县、滦平县、围场县有少量产出。已查明油页岩资源储量为1.08亿t,占全省储量的94%,列河北省第1位。油页岩矿主要分布于丰宁、围场两县。因其开采成本较高,开发利用受到限制,目前基本上未开发利用,只有少量砖瓦厂将油页岩作为烧制砖瓦的配料。铀矿仅在平泉市松树台发现1处,属低品位含铀砂岩型矿石,铀金属含量为165.9t,为小型铀矿床。承德市地热资源丰富,主要是以地下水为载体的水热型地热田热能系统,多以中低温热泉形式分布于山区,天然总流量为6 290.16 m^3/d。目前政府已发现10处地热产地,其中隆化县5处,丰宁县、围场县、平泉市、滦平县和承德县各1处。

2. 金属矿产

承德市内已探明的黑色金属矿产主要有铁矿、钒钛矿、铬铁矿、锰矿等。承德市铁矿资源十分丰富,查明的资源储量居全省第2位,是全市首要矿产资源和主导开发矿种。铁矿按成因类型主要分为四大类:沉积变质铁矿(鞍山式铁矿)、岩浆型铁矿(大庙式铁矿、超贫铁矿)、接触交代铁矿(矽卡岩型铁矿)和沉积型铁矿(宣龙式铁矿)。这4类铁矿在全市均有不同规模分布。大庙式铁矿和超贫铁矿是全市的特色矿产,除可回收铁外,还可综合回收钒、钛、磷等,综合开发利用潜力巨大。从全市看,宽城县、滦平县、隆化县、平泉市、双滦区、丰宁县、兴隆县、承德县8个县(市、区)是铁矿资源分布的重点地区,勘查开发前景广阔。钒钛矿主要以伴生矿形式出现,即赋存在钒钛磁铁矿中,没有独立的钒矿。独立的钛铁矿仅发现1处,为丰宁县南关平顶山钛铁矿。钒钛矿产资源主要集中在大庙式钒钛磁铁矿和超贫钒钛磁铁矿中。全市保有钒钛磁铁矿资源储量为13.49亿t,其中五氧化二钒为95.28万t、二氧化钛为3 011.02万t。承德市不仅钒钛矿资源储量居全省第①位,还是除四川省攀枝花市之外全国排名第②的大型钒钛资源产地。铬铁矿主要产于超基性岩中,经地质勘查提交有承德县高寺台铬铁矿小型矿产地,同时在平泉市罗匠沟、兴隆县挂兰峪等地的超基性岩体中也发现了铬铁矿。锰矿在承德市内仅发现1处,位于围场县哈里哈乡扣花营村、三义号村和大唤起乡满汉土村,属中低温热液矿床,储量较小。

承德市内已探明的有色金属矿产主要有铜、钼、铅、锌、镁、钴等。铜矿主要分布在寿王坟-小寺沟成矿带和刘巴店-下营房成矿带中。代表性矿山有寿王坟铜矿和小寺沟铜矿。全市保有铜金属量为24.14万t,储量居全省第2位。全市钼矿资源丰富,主要分布在丰宁县、平泉市、兴隆县等县(市)的上黄旗-乌龙沟、平坊-桑园、丰宁-隆化3条断裂带上。代表性矿山为丰宁县撒岱沟门钼矿、兴隆县蘑菇峪钼矿、平泉市柴家沟钼矿等。全市保有钼金属资源储量为39.89万t,居全省第1位。铅锌矿多为共生矿,为全市的优势矿产,已探明的铅资源储量居全省第1位,锌矿资源储量居全省第3位。铅锌矿主要分布在丰宁-隆化深断裂带、上黄旗-乌龙沟深断裂带、兴隆县高板河及隆化县郭家屯等地。代表性矿山有隆化县北岔沟门铅锌矿、承德县轿顶山铅锌矿、兴隆县高板河硫铁铅锌矿等。全市保有铅金属资源储量为50.2万t,锌金属量为100.2万t。钨矿、镁矿、铝土矿、钴矿资源在市内仅发现各1处,储量较少,目前尚未开发利用。

承德市内贵金属矿产主要有金、银、铂等。金矿资源丰富,但矿点分散,成型甚少,主要类型有岩金、伴生金和砂金三大类,分布在峪耳崖-汤道河、丰宁大西沟、红石垃-大庙-五道河、朝阳湾-内蒙古红花沟、隆化-喀喇沁旗等主要成矿带上。全市保有金金属资源储量为118.83t,居全省第1位。承德市银矿主要为中、低温热液型矿床,类型多为多金属共生矿或伴生矿,主要分布在承德市北部的上黄旗构造岩浆银多金属成矿带和烟筒山银铅锌成矿带上。代表矿山为丰宁县牛圈子银金矿、营房银矿,承德县姑子沟银铅锌矿,围场县小扣花营银矿等。全市保有银金属资源储量为2564t(未计伴生银),居全省第1位。

3. 非金属矿产

承德市非金属矿产主要有水泥用石灰岩、萤石、氟石、磷等。承德市萤石矿产丰富,保有资源储量为640.8万t,居全省第1位。承德市共有萤石上表矿产地7处,典型矿产产地位于平泉市郝家楼、双洞子、杨树岭,围场县广发永乡及丰宁县万胜永乡等处。经过多年开采,这些典型矿山目前资源紧缺,均属危机矿山。磷矿资源丰富,储量位居全省第1位,现有6处矿产地:承德县罗锅子沟、马营、黑山、头沟,丰宁县招兵沟、隆化县大乌苏沟。其中罗锅子沟、招兵沟的磷矿规模为大型,其他为中型。水泥用石灰岩是全市非金属矿产的主导优势矿产,保有资源储量大,质量好,分布面积广,主要产于平泉市、宽城县、兴隆县、营子区、承德县等县(市、区),保有资源储量为7.96亿t,居全省第4位。沸石矿资源丰富,在围场县、丰宁县、隆化县、平泉市、滦平县等县(市)均有产出。全市沸石矿点共有57处,主要位于中生代地层中,与燕山期火山活动关系密切。

七、旅游资源

承德市素有"紫塞明珠"之美称,有全国重点文物保护单位9处,省级重点文物保护单位35处,市县级重点文物保护单位500余处。承德山清水秀,气候宜人,自然景色妙趣天成,人文古迹荟萃云集,是全国首批24座历史文化名城之一、首批中国优秀旅游城市之一,拥有中国十大风景名胜之一、全国首批十个文明风景旅游区示范点之一的避暑山庄,拥有全国旅游胜地四十佳之一的避暑山庄-外八庙、全国首批44处重点风景名胜区之一的避暑山庄-外八庙风景名胜区,是享誉中外的旅游避暑胜地。市政府驻地双桥区有全国现存最大的皇家园林——避暑山庄和规模宏大的寺庙群——外八庙,1994年被联合国教育、科学及文化组织列入《世界遗产名录》,2007年被评为全国首批AAAAA级旅游景区。位于滦平县的金山岭长城,构筑奇巧,别具一格,被誉为"万里长城之精粹"。被称为"京北第一草原"的丰宁县大滩草原,围场县境内塞罕坝机械林场和木兰围场,以自然风光和优越的地理位置而见长。宽城县东南有国家投资兴建的引滦入津控制性工程——潘家口水库,水面面积达70多平方千米,整个库区山水清秀,碧波荡漾,被誉为"塞外桂林"。兴隆县雾灵山为燕山主峰,山高风险,林深草密,为国家级自然保护区,有"仙人塔""一线天""清凉界"等奇观。位于丰宁县潮河畔云雾山中的白云古洞群既有华山之险,又有桂林之秀、黄山之奇。分布在市区周围和各县的罗汉山、磬锤峰、蛤蟆石、鸡冠山、双塔山、天桥山等奇峰异石和朝阳洞、辽河源头等自然景观,景色优美,令人流连忘返。此外,众多的古遗址、古战场、古御道、行宫等历史古迹,也非常具有观赏和考证价值。

第三节 经济社会条件

一、人口民族状况

2019年承德市总人口为3 825 261人,其中农村人口为2 443 504人,占63.88%,城镇人口为1 381 757人,占36.12%。全年出生人口为33 267人,死亡人口为14 293人,人口自然增长率为5‰。2019年末常住人口为358.27万人,其中城镇人口为190.81万人,城镇化率为53.26%。全市共有满族、蒙古族、回族等53个少数民族成分(缺少乌孜别克族和撒拉族),少数民族人口为177.4万人,占全市总人口的46.38%,占全省少数民族人口总数的47.31%。承德市有丰宁满族自治县、宽城满族自治县和围场满族蒙古族自治县3个少数民族自治县,以及隆化县、滦平县和平泉市3个省政府批准的民族县(市)。全市有23个民族乡,1775个民族村,占全市行政村总数的72.18%。承德市是河北省少数民族人口和民族自治区划最多的设区市。

二、社会经济状况

(一)国民经济综合实力

2019年,全市生产总值达到1471亿元,比2009年第二次全国土地调查时的760.11亿元增长了93.52%。人均GDP从2009年的20 534元增加到2019年的38 455元,增长了87.27%,经济结构日趋优化。2010年,三次产业产值分别为139.41亿元、453.70亿元、295.85亿元,三次产业产值比为15.68∶51.04∶33.28。到2010年,三次产业产值分别为297.99亿元、488.51亿元、684.51亿元,三次产业产值比为20.26∶33.21∶46.53。由产值比的变化可以看出:第一产业得到加强,第二产业产值比重明显下降,第三产业产值比重明显提升,第三产业成为国民经济的主导产业。

财政收入显著提高。2019年全市全部财政收入达230亿元,是2009年的2.3倍。2019年全市城镇居民人均可支配收入达32 365元,是2009年的2.7倍;2019年农村居民人均可支配收入达12 101元,是2009年的3.1倍。

(二)农村经济

农村经济体制改革的不断深化和各项惠农政策的实施,极大地调动了广大农民的生产积极性。农业投入不断增加,农业基础设施建设不断加强,农业产业化水平不断提高,农村经济稳步发展,农村经济整体实力显著增强。2019年全市实现农林牧渔业总产值456.10亿元,是2009年的2.4倍。其中,农业产值为261.12亿元,是2009年的2.9倍;林业产值为33.39亿元,是2009年的2.1倍;牧业产值为150.69亿元,是2009年的1.9倍;渔业产值为0.59亿元,比2009年减少了67.76%。

2019年全市农作物总播种面积为386 229 hm²(1 hm²=10⁴ m²),其中,粮食作物播种面积为280 502 hm²,总产量为144.62万t,比上年增长3.3%,粮食平均亩产344 kg,比2018年增长1.7%;油料播种面积为11 876 hm²,总产量为25 830 t;中草药材播种面积为21 958 hm²,总产量为16.11万t,比2018年增长4.7%;蔬菜及食用菌播种面积为62 191 hm²,总产量为402.60万t,比2018年增长7.9%;瓜果播种面积为1802 hm²,总产量为6.70万t,比2018年增长76.2%。

农业基础设施条件进一步改善。2019年,全市农业机械总动力达263.59万kW,其中:大中型拖拉机有17 437台,拖拉机配套农具有68 920台,农用水泵有57 410台,节水灌溉机械有5910套。2019年机耕面积达25.91万hm²,机播面积达23.14万hm²,机收面积达10.84万hm²。农用化肥施用量(折纯量)为10.04万t,农药施用量为1114 t,农用塑料薄膜使用量为7325 t。2019年末实有机电井33 841眼,有效灌溉面积14.23万hm²,旱涝保收面积为56 209 hm²。

2019年全市园林水果、食用坚果产量分别为98.6万t、17.3万t。其中,苹果产量为60.0万t,增长1.4%;梨产量为11.8万t,下降4.8%。受冰雹、干旱等自然灾害影响,红果、板栗、核桃产量分别为20.6万t、14.7万t、1.1万t,分别下降14.6%、21.5%、3.6%。全年肉类总产量为38.1万t,下降2.0%。其中,猪肉产量为13.8万t,下降7.9%;牛肉产量为10.8万t,增长2.6%;羊肉产量为2.2万t,增长4.8%；禽肉产量为11.4万t,增长4.7%。禽蛋产量为10.9万t,增长11.6%；奶类总产量为9.7万t,下降2.7%。年末牛存栏71.2万头,增长4.0%；羊存栏90.5万只,增长5.8%；家禽存栏2 302.6万只,增长1.6%。全年肉牛出栏65.4万头,增长3.4%；羊出栏156.2万只,增长3.0%；家禽出栏7 750.5万只,增长8.0%。全年水产品养殖面积为2.6万亩,比2018年下降1.5%。其中,水库养殖面积为1.4万亩,下降30.7%。水产品总产量为0.4万t,下降10.1%。

（三）工业和建筑业

2019年,364家规模以上工业企业工业增加值比2018年增长1.4%。从控股情况和登记注册类型看,国有控股企业增加值同比增长3.2%,股份制企业增加值同比增长0.8%；从门类看,采矿业增加值同比增长6.2%,制造业增加值同比下降1.4%,电力、热力、燃气及水生产和供应业增加值同比增长4.2%；从轻重工业看,轻工业增加值同比下降4.4%,重工业增加值同比增长1.9%。

在规模以上工业企业中,68家黑色金属矿采选业增加值同比增长6.3%,6家黑色金属冶炼及压延业增加值同比下降0.9%,两行业增加值占规模以上工业增加值的比重为53.1%,拉动规模以上工业同比增长1.0%。食品制造业增加值同比下降8.1%,农副食品加工业增加值同比增长21.8%,酒和饮料制造业增加值同比下降13.1%,电力、热力生产和供应业增加值同比增长4.5%,装备制造业增加值同比下降3.9%,医药工业增加值同比增长5.5%,煤炭开采和洗选业、石油加工炼焦和核燃料加工业、化学原料和化学制品制造业、非金属矿物制品业、黑色金属冶炼和压延加工业、电力热力生产和供应业六大高耗能行业增加值同比增长0.8%。93家高新技术产业企业实现增加值同比增长2.2%,其中新能源增加值占比高达50.04%。

规模以上工业企业产品产量中,铁矿石原矿产量为22 611.8万t,同比增长14.6%；生铁产量为1 223.2万t,同比增长3.6%；粗钢产量为1 227.3万t,同比增长2.6%；钢材产量为1 070.1万t,同比增长8.9%；水泥产量为1 211.8万t,同比增长19.6%；发电量为169.8亿kW·h,同比增长3.3%,其中风力发电量为80.2亿kW·h,同比增长5.2%,光伏发电量为8.7亿kW·h,同比增长12.5%；中成药产量为2 932.5t,同比下降23.0%；白酒产量为3 021.5万L,同比下降10.8%。

全年建筑业增加值为106.5亿元,比2018年增长2.3%。资质等级以上总承包及专业承包建筑企业为178家,有施工活动的企业达161家,签订合同总额为227.8亿元,比2018年下降14.7%。房屋建筑施工面积为778.9万m^2,同比下降3.2%。

（四）固定资产投资

2019年固定资产投资额(不含农户)比2018年增长6.1%。其中,城乡建设项目投资额增长7.5%。从产业看,第一产业投资额下降16.7%；第二产业投资额增长8.5%,其中工业投资额增长8.4%。工业投资中,黑色金属矿采选业投资额增长40.3%,黑色金属冶炼及压延业投资额下降3.4%,医药制造业投资额下降47.5%,农副食品加工业投资额下降21.1%,汽车制造业投资额增长490.1%,电力热力生产及供应业投资额增长8.1%,工业技术改造投资额下降5.0%。第三产业投资额增长7%。其中,交通运输、仓储和邮政业投资额增长46.7%；水利、环境和公共设施管理业投资额下降26%。国有投资额增长11.1%,民间投资额增长10.1%。全年房地产开发投资额为181.6亿元,比2018年增长3.5%。其中,商品住宅投资额为136.5亿元,增长2.7%。房屋施工面积为1 771.9万m^2,增长17.8%；房屋竣工面积为292.5万m^2,增长2.4%。商品房屋销售面积为237.4万m^2,下降19.2%。

（五）贸易和金融业

2019年，全市社会消费品零售总额为691.7亿元，比2018年增长8%。其中，城镇消费品零售额为503.3亿元，增长7%；乡村消费品零售额为188.3亿元，增长10.8%。全市实际利用外资5456万美元，比2018年下降73%。其中，外商直接投资2618万美元，比2018年下降84.8%。年末实有三资企业117家，比2018年末增加12家。全年新批三资企业13家，比2018年末减少1家；新批合同总金额为4.7亿美元，比2018年下降65.4%，其中新批合同外资额为2.1亿美元，比2018年下降54.8%。全市进出口总值为3.3亿美元，比2018年增长1.9%，其中出口额为2.7亿美元，比2018年下降12.1%。

2019年末金融机构人民币各项存款余额为2 907.5亿元，比2019年初增长8.8%。其中，住户存款为2 084.6亿元，增长14.8%；非金融企业存款为377.7亿元，下降1.5%。年末金融机构人民币各项贷款余额为2 470.2亿元，比2019年初增长12.1%。住户贷款余额为1 007.0亿元，增长19.2%。其中，短期贷款金额为348.8亿元，增长33.6%；中长期贷款金额为658.2亿元，增长12.8%。非金融企业及机关团体贷款金额为1 463.2亿元，增长7.6%。全市人身险保费收入为54.4亿元，比2018年增长8.0%；赔款、给付金额为11.1亿元，下降16.6%。财产险保费收入为17.4亿元，增长11.6%；财产险赔付金额为8.2亿元，增长18.9%。

（六）交通、邮电

承德市交通便利。全市各级公路总里程达23 496km。其中，高速公路里程达759km，国家干线高速公路长（春）深（圳）线和大（庆）广（州）线在承德交会，并以此为基础形成了"一环七射"高速公路网（即环城高速公路和京承、承朝、承唐、承赤、承秦、承张、承围高速公路）。普通干线公路里程达2787km，农村公路里程达19 950km。行政村主街道硬化率达100%。境内有京承、锦承、京通、承隆、张唐、京沈6条国家铁路，线路全长1000余千米。承德普宁机场累计开通12条航线，通达14个城市，其中2019年新开通航线3条，全年旅客吞吐量达42.4万人次。

2019年承德市实现快递业务总量1284.09万件，与2018年相比下降28.9%；邮政业务总收入5.52亿元，增长4.2%；快递业务总收入3.12亿元，增长2.2%。全市共有邮政局（所）225处，邮路总长度（单程）达4292km，增长17.6%。电信业务总收入（移动、联通、电信公司）22.3亿元，下降0.9%。移动电话年末用户总数为405.4万户，增长4.6%；互联网宽带接入用户总数为90.7万户，增长12.0%。

（七）文教卫生

承德市的科技事业稳步推进。2019年全市新认定高新技术企业55家，新增科技型中小企业381家，科技型"小巨人"企业9家；争取国家级和省级科技项目46项，争取项目资金4165万元，争取示范区专项资金6000万元，创历史新高。创新示范区纳入国家战略，承德市建设国家可持续发展议程创新示范区获国务院正式批复，该示范区是全国6个创新示范区之一和我市第一个全域性国字号创新发展平台。科技创新服务平台建设工作取得长足进步，新建省级科技创新服务平台22家，全市各级科技创新服务平台达264家，为推进产业创新发展提供了有力支撑。

教育事业在改革中不断发展。截至2019年底，全市共有幼儿园999所，学前三年毛入学率达88.9%。义务教育阶段入学率达到100%，巩固率达到98.2%，超过全省平均水平1%。高中阶段毛入学率达91.8%。全市拥有普通高等学校6所，专任教师2966人，在校学生54 874人；中等职业教育学校25所，专任教师2290人，在校学生36 894人；普通中学127所，专任教师14 089人，在校学生20.48万人；小学452所，专任教师19 338人，在校学生27.20万人。

文化、广播事业得到长足发展。截至2019年末,全市拥有广播电台9座,广播节目11套,中、短波发射台和转播台4座,广播覆盖率达96.03%;电视发射台和转播台10座,电视发射功率为17.65kW,电视覆盖率为98.21%;有线电视用户数达41.9万户,入户率达30.0%;拥有文化馆10个,文化站205个,剧院9个,体育场馆171个,公共图书馆图书总藏量达95.63万册。承德市全年接待境内外游客8271.09万人,比2018年增长18%;实现旅游收入1055.67亿元,增长22%。

承德市的卫生事业不断加强。截至2019年末,全市拥有公立卫生健康机构2843个,其中医院34家;公立卫生健康机构医生(执业医师和执业助理医师)8707人,注册护士8324人;公立卫生健康机构床位2.24万张,其中医院拥有1.49万张;公立卫生健康机构在岗职工2.72万人,其中卫生技术人员2.08万人。

三、城镇建设状况

承德市始终以协调推进乡村振兴战略和新型城镇化战略为抓手,以缩小城乡发展差距为目标,加快推动城乡融合高质量发展体系建设;大力推进"一带三区"城市发展战略,中心城市带动力明显提升,南北新城建设速度加快,中心城区新建、改造道路115km,新增和改造供排水、供气供热管网815km,建成上板城热电厂等一批热源工程,新增集中供热面积883万m^2。承德市的城市功能不断完善,城市品质与形象不断提升,跻身全国文明城市提名城市,被中华人民共和国住房和城乡建设部列为新型城市基础设施建设6个专项试点市之一。

县城建设成效显著,8个县(市)共谋划县城建设重点项目254项,累计完成投资286.7亿元,平泉市完成撤县设市,与承德县先后被确定为第一批和第二批省级新型城镇化综合试点地区。中心城区和县城污水集中处理率分别达到98.5%和95.6%,生活垃圾无害化处理率分别达到100%和99%。

城乡环境面貌持续改善。承德市成功创建省级园林县城7个,省级卫生县城实现全覆盖。兴隆县半壁山镇被评为全国美丽宜居小镇,宽城县化皮溜子镇被评为第二批全国特色小镇。城乡交通一体化快速发展,平泉市、双滦区实现公交全覆盖,平泉市获评首批"四好农村路"全国示范县。主要乡镇通达三级及以上公路,建设农村公路5930km。农村人居环境不断改善,116个村达到美丽乡村建设标准。2019年全市常住人口城镇化率达到53.26%,比"十二五"末全市常住人口城镇化率提高6.46%。

四、生态环境状况

承德市始终坚定不移地走生态优先、绿色发展之路,坚决承担"生态支撑、水源涵养"重大政治责任,"两区"建设取得显著成就;统筹推进山水林田湖草系统治理,"十三五"期间累计完成营造林617万亩,草地治理修复133.8万亩,水土流失治理3035m^2,森林覆盖率从56.7%提高到60%,居华北首位。全市自然保护区达到14个,其中国家级5个,省级9个,总面积达3145.82m^2。森林公园有16个,其中,国家级7个,省级9个,总面积达1033.21m^2。承德市全力打好"碧水、蓝天、净土、环境安全"四大保卫战,19个地表水国、省考监测断面水质优良率由88%提高到100%;市区PM2.5年均浓度由"十二五"末的43$\mu g/m^3$下降到27$\mu g/m^3$,优良天数由275d增加到322d;建设用地和受污染耕地安全利用率达到100%;累计关停取缔矿山企业291家,压减矿业权608个,修复矿山面积62km^2,建成国家级绿色矿山32个。承德市被自然资源部正式确定为国家绿色矿业发展示范区。作为全国设区市中首个公开发布自然资源资产负债表的城市,承德市积极推进生态经营,组建承德塞罕坝森林生态开发集团有限公司和承德山水生态农业集团有限公司,加快推进自然资源资本化、生态产品市场化,出台首部地方性法规《承德市水源涵养功能区保护条例》,推动建立滦河、潮河流域上下游横向生态补偿机制,累计争取生态补偿资金23.68亿元。承德市成功创建国家森林城市,河北省塞罕坝机械林场入选全国首批"绿水青山就是金山银山"实践创新基地,兴隆县获得全省首个"国家生态文明建设示范县"称号。

第二章 土地利用现状综述

第一节 总体状况

一、土地利用现状分类系统

自1984年开展全国土地详查工作以来,在不同历史阶段,为满足经济建设和社会发展的需要,国家建立了不同土地分类标准,各标准在分类等级、数量、含义方面有诸多不同。

(一)城乡二元化分类体系

我国在1984年发布的《土地利用现状调查技术规程》中制定了《土地利用现状分类及含义》,在1989年9月发布的《城镇地籍调查规程》中制定了《城镇土地分类及含义》。这两个土地分类的文件虽然自发布实施以来,基本满足了土地管理及社会经济发展的需要,但在实际工作中仍存在城乡二元分类割裂的问题,不利于城乡土地统一管理。

(二)土地分类

随着新的《中华人民共和国土地管理法》的颁布实施,政府需要依照法律的规定,进一步明确农用地、建设用地和未利用地的范围及与土地分类的衔接。同时,近年来市场经济的发展和土地使用制度的改革,尤其是土地有偿使用以及第三产业用地的发展,也要求对原有城市土地分类进行适当调整。随着城乡一体化进程的加快,科学实施全国土地和城乡地政统一管理已提上议事日程,实施统一管理的基本条件亦已基本具备,普遍要求在原有两项土地分类和调查成果的基础上,进行城乡土地统一分类,汇总出全国城乡统一的土地数据成果和其他调查成果,以利于全国城乡土地的统一管理和调查成果的扩大应用。根据上述要求,承德市在研究、分析两项现行土地分类的基础上,修改、归并成城乡统一的全国土地分类体系。2001年8月21日中华人民共和国国土资源部(现已归入中华人民共和国自然资源部)发布了《土地分类》,自2002年1月1日开始试行。

(三)土地利用现状分类

2007年8月10日,中华人民共和国国家质量监督检验检疫总局(现已归入中华人民共和国国家市场监督管理总局)和中国国家标准化管理委员会联合发布了《土地利用现状分类》(GB/T 21010—

2007),标志着我国土地资源分类第一次拥有了全国统一的国家标准。该标准确定了的土地利用现状分类,严格按照管理需要和分类学的要求,对土地利用现状类型进行归纳和划分。该标准一是区分"类型"和"区域",按照类型的唯一性进行划分,而不是根据"区域"确定"类型";二是按照土地用途、经营特点、利用方式和覆盖特征4个主要指标进行分类,一级类主要按土地用途进行分类,二级类按经营特点、利用方式和覆盖特征进行续分,所采用的指标具有唯一性;三是体现城乡一体化原则,按照统一的指标,城乡土地同时划分,实现了土地分类的"全覆盖"。这个分类系统既能与各部门使用的分类系统相衔接,又与时俱进,可以满足当前和今后的需要,为土地管理和调控提供基本信息,具有很强的实用性;同时,还可根据管理和应用需要进行续分,开放性强。该分类系统能够与以往的土地分类系统进行有效衔接。

《土地利用现状分类》(GB/T 21010—2007)国家标准采用一级、二级两个层次的分类体系,共分12个一级类,57个二级类。其中一级类包括耕地、园地、林地、草地、商服用地、工矿仓储用地、住宅用地、公共管理与公共服务用地、特殊用地、交通运输用地、水域及水利设施用地、其他土地。

2017年,由国土资源部组织修订并颁布了国家标准《土地利用现状分类》(GB/T 21010—2017),该标准经中华人民共和国国家质量监督检验检疫总局、中国国家标准化管理委员会批准发布并实施。新版标准秉持满足生态用地保护需求、明确新兴产业用地类型、兼顾监管部门管理需求的思路,完善了地类含义,细化了二级类划分,调整了地类名称,增加了湿地归类。

新版标准规定了土地利用现状的类型、含义,将土地利用现状类型分为耕地、园地、林地、草地、商服用地、工矿仓储用地、住宅用地、公共管理与公共服务用地、特殊用地、交通运输用地、水域及水利设施用地、其他土地12个一级类,73个二级类,适用于土地调查、规划、审批、供应、整治、执法、评价、统计、登记及信息化管理等。

(四)第三次全国国土调查工作分类

为了配合第三次全国国土调查工作,兼顾农、林、水、交通、城市管理等相关部门的管理需求,自然资源部在《第三次全国国土调查技术规程》中规定将采用《第三次全国国土调查工作分类》对部分地类进行归并或细化。该分类体系以《土地利用现状分类》(GB/T 21010—2017)为基础,将土地利用现状类型共分为12个一级类,73个二级类,此外还将部分二级地类细化为三级地类。作者为了方便分析与讨论,以第三次全国国土调查工作分类为基础,将一级地类中的商服用地、工矿仓储用地、住宅用地、公共管理与公共服务用地、特殊用地等综合为城镇村及工矿用地,即9个一级地类,其中,将工作分类中的"种植园用地"简称为"园地"。同时,对二级地类进行压缩,删除了国家统一分类中承德市没有的地类(如橡胶园、茶园、竹林地等)。此外,对地类含义中承德市没有的植被等含义予以删减(如可可、咖啡等)。经综合、删减后,承德市土地利用现状分类及含义见表2-1。

二、土地利用现状构成特点

承德市土地利用现状的总体构成既反映了承德市土地资源的自然状况(气候、地形地貌、土壤、水文、水文地质、植被),又反映了承德市目前社会、经济结构状况。

(一)土地利用现状一级地类构成

按国家统一分类标准,承德市共有9个一级地类。其中,耕地面积为413 734.38 hm^2,占全省耕地总面积的6.86%;园地面积为144 688.02 hm^2,占全省园地总面积的14.38%;林地面积为2 678 890.79 hm^2,占全省林地总面积的41.69%;草地面积为455 314.90 hm^2,占全省草地总面积的23.38%;城镇村及工

表 2-1 承德市土地利用现状分类表

一级地类	二级地类	含义
耕地		指种植农作物的土地,包括熟地,新开发、复垦、整理地,休闲地(含轮歇地、休耕地);以种植农作物(含蔬菜)为主,间有零星果树、桑树或其他树木的土地;平均每年能保证收获一季的已垦滩地和海涂。耕地中包括宽度<2.0m固定的沟、渠、路和地坎(埂);临时种植药材、草皮、花卉、苗木等的耕地,临时种植果树和林木且耕作层未破坏的耕地,以及其他临时改变用途的耕地
	水田	指用于种植水稻、莲藕等水生农作物的耕地。包括实行水生、旱生农作物轮种的耕地
	水浇地	指有水源保证和灌溉设施,在一般年景能正常灌溉,种植旱生农作物(含蔬菜)的耕地。包括种植蔬菜的非工厂化的大棚用地
	旱地	指无灌溉设施,主要靠天然降水种植旱生农作物的耕地,包括没有灌溉设施,仅靠引洪淤灌的耕地
园地		指种植以采集果、叶、根、茎、汁等为主的集约经营的多年生木本和草本作物,覆盖度大于50%或每亩株数大于合理株数70%的土地。包括用于育苗的土地
	果园	指种植果树的园地
	其他园地	指种植桑树、胡椒、药材等其他多年生作物的园地
林地		指生长乔木、灌木的土地。包括迹地,不包括森林沼泽、灌丛沼泽,城镇、村庄范围内的绿化林木用地,铁路、公路征地范围内的林木,以及河流、沟渠的护堤林
	乔木林地	指乔木郁闭度≥0.2的林地,不包括森林沼泽
	灌木林地	指灌木覆盖度≥40%的林地,不包括灌丛沼泽
	其他林地	包括疏林地(0.1≤树木郁闭度<0.2的林地)、未成林地、迹地、苗圃等林地
草地		指以生长草本植物为主的土地,不包括沼泽草地
	天然牧草地	指以天然草本植物为主,用于放牧或割草的草地,包括实施禁牧措施的草地,不包括沼泽草地
	人工牧草地	指人工种植牧草的草地
	其他草地	指树木郁闭度<0.1,表层为土质,不用于放牧的草地
城镇村及工矿用地		指城乡居民点、独立居民点以及居民点以外的工矿、国防、名胜古迹等企事业单位用地,包括其内部交通、绿化用地
	城市	即城市居民点,指市区政府、县级市政府所在地(镇级)辖区内的,以及与城市连片的商业服务业、住宅、工业、机关、学校等用地,包括其所属的,不与其连片的开发区、新区等建成区,以及城市居民点范围内的其他各类用地(含城中村)
	建制镇	即建制镇居民点,指建制镇辖区内的商业服务业、住宅、工业、学校等用地,包括其所属的,不与其连片的开发区、新区等建成区,以及建制镇居民点范围内的其他各类用地(含城中村),不包括乡政府所在地
	村庄	即农村居民点,指乡村所属的商业服务业、住宅、工业、学校等用地,包括农村居民点范围内的其他各类用地

续表 2-1

一级地类	二级地类	含义
城镇村及工矿用地	采矿用地	指城镇、村庄用地以外的采矿、采石、采砂（沙）场，砖瓦窑等地面生产用地及尾矿堆放地
	特殊用地	指城镇、村庄用地以外的用于军事设施、涉外、宗教、监狱、殡葬等的土地及风景名胜景点
交通运输用地		指用于运输通行的地面线路、场站等的土地，包括民用机场、汽车客货运场站、港口、码头、地面运输管道和各种道路以及轨道交通用地
	铁路用地	指用于铁道线路及场站的用地，包括征地范围内的路堤、路堑、道沟、桥梁、林木等用地
	公路用地	指用于国道、省道、县道和乡道的用地，包括征地范围内的路堤、路堑、道沟、桥梁、汽车停靠站、林木及直接为其服务的附属用地
	农村道路	指在农村范围内，2.0m≤宽度≤8.0m，用于村间、田间交通运输，并在国家公路网络体系之外，以服务于农村农业生产为主要用途的道路（含机耕道）
	机场用地	指用于民用机场、军民合用机场的用地
	管道运输用地	指用于运输煤炭、矿石、石油、天然气等管道及其相应附属设施的地上部分用地
水域及水利设施用地		指陆地水域，沟渠、水工建筑物等用地，不包括滞洪区
	河流水面	指天然形成或人工开挖河流常水位岸线之间的水面，不包括被堤坝拦截后形成的水库区段水面
	湖泊水面	指天然形成的积水区常水位岸线所围成的水面
	水库水面	指人工拦截汇集而成的总设计库容≥10万 m^3 的水库正常蓄水位岸线所围成的水面
	坑塘水面	指人工开挖或天然形成的蓄水量＜10万 m^3 的坑塘常水位岸线所围成的水面
	沟渠	指人工修建，宽度≥2.0m用于引、排、灌的渠道，包括渠槽、渠堤、护路林及小型泵站
	水工建筑用地	指人工修建的闸、坝、堤路林、水电厂房、扬水站等常水位岸线以上的建（构）筑物用地
湿地		指天然的或人工的，永久的或间歇性的沼泽地、泥炭地，盐田，滩涂等
	森林沼泽	指以乔木森林植物为优势群落的淡水沼泽
	灌丛沼泽	指以灌丛植物为优势群落的淡水沼泽
	沼泽草地	指以天然草本植物为主的沼泽化的低地草甸、高寒草甸
	内陆滩涂	指河流、湖泊常水位至洪水位间的滩地；时令湖、河洪水位以下的滩地；水库、坑塘的正常蓄水位与洪水位间的滩地。包括海岛的内陆滩地。不包括已利用的滩地
	沼泽地	指经常积水或渍水，一般生长湿生植物的土地，包括草本沼泽、苔藓沼泽、内陆盐沼等。不包括森林沼泽、灌丛沼泽和沼泽草地

续表 2-1

一级地类	二级地类	含 义
其他土地		指上述地类以外的其他类型的土地
	设施农用地	指直接用于经营性畜禽养殖生产设施及附属设施用地；直接用于作物栽培或水产养殖等农产品生产的设施及附属设施用地；直接用于设施农业项目辅助生产的设施用地；晾晒场、粮食果品烘干设施、粮食和农资临时存放场所、大型农机具临时存放场所等规模化粮食生产所必需的配套设施用地
	田坎	指梯田及梯状坡地耕地中，主要用于拦蓄水和护坡，宽度≥2.0m 的地坎
	沙地	指表层为沙覆盖、基本无植被的土地，不包括滩涂中的沙地
	裸土地	指表层为土质，基本无植被覆盖的土地
	裸岩石砾地	指表层为岩石或石砾，覆盖面积≥70% 的土地

矿用地面积为 110 184.91hm²，占全省城镇村及工矿用地总面积的 5.24%；交通运输用地面积为 33 325.11hm²，占全省交通运输用地总面积的 8.19%；水域及水利设施用地面积为 44 351.74hm²，占全省水域及水利设施用地总面积的 7.77%；湿地面积为 20 590.69hm²，占全省湿地总面积的 14.43%；其他土地面积为 41 103.36hm²（不包含裸岩石砾地、裸土地地类面积）。全市土地利用现状一级地类构成见表 2-2。

一级地类土地利用现状构成的比例关系：通过标准化处理（即以面积最大的地类比例基数为 1000，其他地类面积进行比例换算），得出承德市耕地、园地、林地、草地、城镇村及工矿用地、交通运输用地、水域及水利设施用地、湿地、其他土地的比例为 154∶54∶1000∶170∶41∶12∶17∶8∶15。

（二）农用地、建设用地和未利用地分类构成

按照土地利用性质划分，全市土地利用类型可分为农用地、建设用地和未利用地三大类。

第三次全国国土调查成果显示，承德市农用地总面积为 3 472 921.95hm²。按内部结构划分，林地面积所占比例最大，占农用地总面积的 77.14%；其次为耕地面积，占农用地总面积的 11.91%；再次为草地（天然牧草地和人工牧草地）面积，占农用地总面积的 4.60%；最后为园地面积，占农用地总面积的 4.17%；其他农用地面积较小，占农用地总面积的 2.18%。按县级行政区划分，农用地最多的行政区是围场县，面积为 830 869.88hm²，占全市农用地总面积的 23.92%；其次为丰宁县，面积为 799 160.33hm²，占 23.01%；再次为隆化县，面积为 462 894.02hm²，占 13.33%；其他县（市、区）农用地面积占全市农用地总面积的比例均不足 10%，其中营子区农用地面积最小，为 13 315.35hm²，仅占全市农用地总面积的 0.38%。

承德市建设用地面积为 129 284.96hm²。按内部结构划分，城镇村及工矿用地面积所占比例最大，占建设用地总面积的 85.22%；其次为交通运输用地（不含农村道路），面积占建设用地总面积的 14.45%；再次为水工建筑用地，面积占建设用地总面积的 0.33%。按县级行政区划分，建设用地最多的行政区是丰宁县，面积为 19 434.55hm²，占全市建设用地总面积的 15.03%；其次为围场县，面积为 16 877.59hm²，占 13.05%；再次为隆化县、平泉市和承德县，建设用地面积分别为 15 504.26hm²、15 393.31hm² 和 13 678.41hm²，分别占全市建设用地总面积的 11.99%、11.91% 和 10.58%；其他县（区）建设用地面积较小，占全市建设用地总面积的比例不足 10%，其中营子区建设用地面积最小，为 1 286.73hm²，仅占全市建设用地总面积的 1.00%。

表 2-2 承德市不同行政区土地利用现状一级地类构成面积表

单位：hm²

行政区	耕地面积	园地面积	林地面积	草地面积	城镇村及工矿用地面积	交通运输用地面积	水域及水利设施面积	湿地面积	其他土地面积
承德市	413 734.38	144 688.02	2 678 890.79	455 314.90	110 184.91	33 325.11	44 351.74	20 590.69	41 103.36
双桥区	5 615.62	3 357.09	40 800.07	5 730.73	5 956.66	1 158.98	1 469.61	414.41	535.94
双滦区	3 812.34	1 489.22	17 388.49	15 849.90	4 398.46	1 058.87	452.23	229.73	437.64
营子区	605.15	1 195.67	11 383.18	200.02	1 183.32	136.47	142.10	0	74.2
承德县	35 719.83	19 809.94	268 162.08	18 775.13	11 443.15	3 098.55	4 257.12	143.01	3 276.95
兴隆县	5 721.24	66 788.40	213 315.59	8 510.45	8 658.62	2 588.27	4 646.19	194.78	701.52
滦平县	27 288.10	5 049.93	202 556.25	44 874.68	10 709.58	3 165.15	3 314.95	128.08	1 731.42
隆化县	56 705.69	5 894.45	390 771.85	61 743.99	13 550.69	3 623.24	3 637.78	3 523.29	7 427.28
丰宁县	99 617.86	2 540.74	588 877.26	135 913.71	15 504.58	7 423.11	5 642.05	5 185.76	10 780.98
宽城县	12 268.22	29 374.92	101 068.40	30 087.60	10 571.55	1 780.71	6 871.77	85.62	1 117.54
围场县	112 037.00	3 170.08	624 468.35	111 649.53	14 808.21	6537.15	9 788.74	10 584.79	8 513.74
平泉市	54 343.33	6 017.58	220 099.27	21 979.16	13 400.09	2 754.61	4 129.20	101.22	6 506.15

注：其他土地面积汇总不包含裸岩石砾地、裸土地地类面积。

承德市未利用地面积为 339 976.99hm²（不包含裸岩石砾地、裸土地地类面积，各县面积同上）。按内部结构划分，其他草地面积所占比例最大，占未利用地总面积的 85.20%；其次为河流水面面积，占未利用地总面积的 9.76%；再次为内陆滩涂面积，占未利用地总面积的 2.21%。按县级行政区划分，未利用地面积最大的行政区是隆化县，为 68 479.98hm²，占全市未利用地总面积的 20.14%；其次为围场县，面积为 53 810.12hm²，占 15.83%；再次为丰宁县，面积为 52 891.17hm²，占 15.56%；滦平县未利用地面积为 47 892.07hm²，占 14.09%；其他县（市、区）未利用地面积较小，占全市未利用地总面积的比例不足 10.00%。全市农用地、建设用地和未利用地分类构成见表 2-3 和图 2-1。

表 2-3　承德市第三次全国国土调查三大类面积汇总表

行政区划	农用地		建设用地		未利用地	
	面积/hm²	占全市农用地比例/%	面积/hm²	占全市建设用地比例/%	面积/hm²	占全市未利用地比例/%
承德市	3 472 921.95	100.00	129 284.96	100.00	339 976.99	100.00
双桥区	51 201.74	1.47	6 913.05	5.35	6 924.32	2.04
双滦区	23 510.53	0.68	5 256.53	4.06	16 349.82	4.81
营子区	13 315.35	0.38	1 286.73	1.00	318.03	0.09
承德县	328 072.83	9.45	13 678.41	10.58	22 934.52	6.74
兴隆县	288 596.29	8.31	10 327.16	7.99	12 201.61	3.59
滦平县	238 036.08	6.85	12 889.99	9.97	47 892.07	14.09
隆化县	462 894.02	13.33	15 504.26	11.99	68 479.98	20.14
丰宁县	799 160.33	23.01	19 434.55	15.03	52 891.17	15.56
宽城县	148 817.33	4.29	11 723.38	9.07	32 685.62	9.61
围场县	830 869.88	23.92	16 877.59	13.05	53 810.12	15.83
平泉市	288 447.57	8.31	15 393.31	11.91	25 489.73	7.50

注：未利用地面积汇总不包含裸岩石砾地、裸土地地类面积。

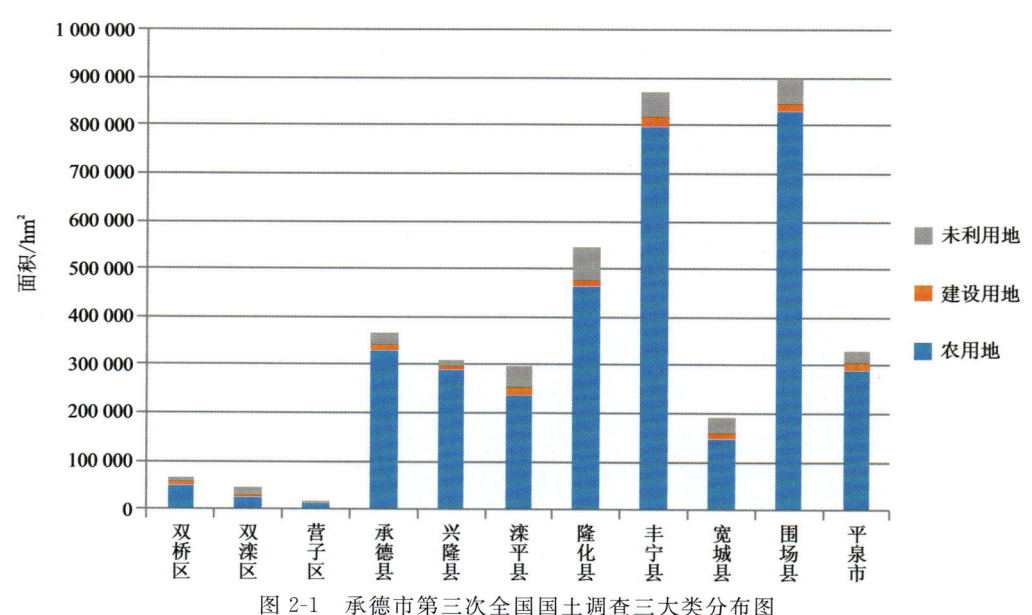

图 2-1　承德市第三次全国国土调查三大类分布图

第二节 地类各论

一、耕地

承德市第三次全国国土调查结果显示,截至 2019 年 12 月 31 日,承德市耕地总面积为 413 734.38hm²(约 620.60 万亩),占河北省耕地总面积的 6.86%,居承德市一级土地利用类型的第 3 位。承德市耕地分布情况见图 2-2。

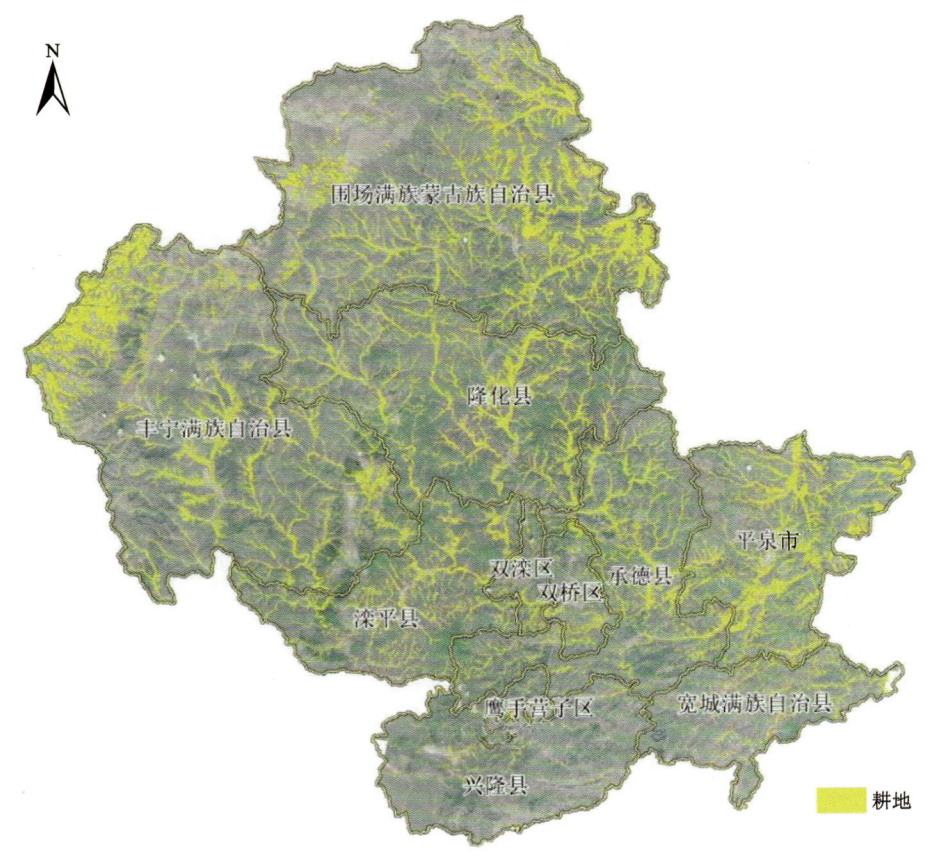

图 2-2 承德市耕地分布示意图

(一)耕地区域分布特点

1. 行政区分布特点

承德市 11 个县(市、区)均有耕地分布。其中:耕地分布最多的行政区是围场县,耕地面积为 112 037.00hm²,占全市耕地总面积的 27.08%;其次为丰宁县,耕地面积为 99 617.86hm²,占全市耕地面积的 24.08%;再次为隆化县,耕地面积为 56 705.69hm²,占全市耕地面积的 13.71%;平泉市耕地面积为 54 343.33hm²,占全市耕地面积的 13.13%。4 个县(市)耕地面积合计 322 703.88hm²,占全市耕地总面积的 78%。其余县(市、区)耕地面积合计 91 030.50hm²,仅占全市耕地总面积的 22%。其中,耕地面积最小的行政区是营子区,耕地面积为 605.15hm²,仅占全市耕地总面积的 0.15%。全市耕地面积统计分析情况见表 2-4 和图 2-3。

表 2-4 承德市耕地情况统计表

行政区	耕地面积/hm²	占全市耕地总面积的比例/%
承德市	413 734.38	100.00
双桥区	5 615.62	1.36
双滦区	3 812.34	0.92
营子区	605.15	0.15
承德县	35 719.83	8.63
兴隆县	5 721.24	1.38
滦平县	27 288.10	6.59
隆化县	56 705.69	13.71
丰宁县	99 617.86	24.08
宽城县	12 268.22	2.97
围场县	112 037.00	27.08
平泉市	54 343.33	13.13

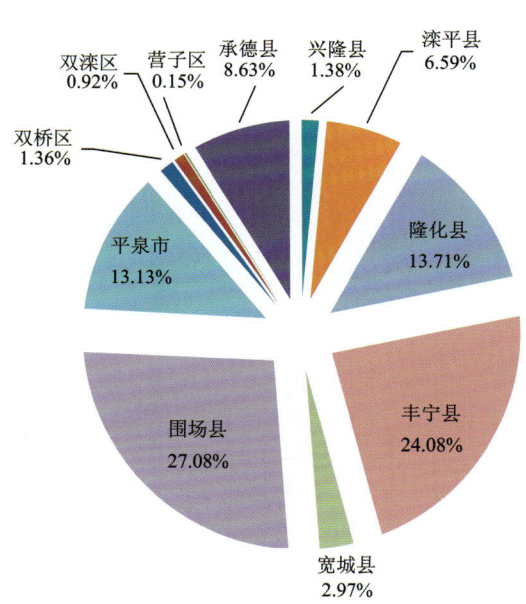

图 2-3 承德市耕地面积分布统计图

2. 自然区域分布特点

承德市耕地在坝上高原、坝下山地和山麓平原三大地貌类型区均有分布,其中以坝下山地区耕地所占比例最大。

1) 坝上高原区

承德市坝上高原区耕地面积为 63 268.35hm²,占全市耕地总面积的 15.29%。坝上高原区由古老的花岗岩、片麻岩、石英岩长期风化,在天然草原基础上垦殖而成,土层薄,干旱多风,光、热、水条件较差,受风蚀影响,土壤沙化较严重,农业生产水平较低。主要农作物有马铃薯、莜麦、春小麦、油菜、胡麻等。图2-4为坝上高原区耕地景观。

图 2-4　坝上高原区耕地景观

2) 坝下山地区

承德市坝下山地区耕地面积为 232 113.10hm²,占全市耕地总面积的 56.10%。耕地分布在北部七老图山山脉和中南部燕山山脉的山间盆地、谷地、丘陵和坡地。地势西北高、东南低,植被较茂盛,土层较厚,但多为坡地,农业设施条件差,基本靠天收。水土易流失,多为中低产田。主要农作物有春玉米、谷子、高粱、豆类和小杂粮等。图2-5为坝下山地区耕地景观。

图 2-5　坝下山地区耕地景观

3）山麓平原区

承德市山麓平原区耕地面积为118 352.93hm²，占全市耕地总面积的28.61%。该区耕地由滦河、北三河、辽河、大凌河四大水系洪积和冲积而成。该区地面平坦，土壤肥沃，地上、地下水源条件较好，排水通畅，是全市农业稳产高产区。主要农作物有春玉米、水稻、蔬菜等。图2-6为山麓平原区耕地景观。

图2-6　山麓平原区耕地景观

（二）耕地构成特点

1. 耕地二级地类构成

按国家统一分类标准，承德市耕地由水田、水浇地和旱地3个二级地类构成，其面积、比例、分布情况如下。

1）水田

全市水田面积为5 640.07hm²，占河北省水田总面积的5.81%，占全市耕地总面积的1.36%。

水田主要分布在滦河及其支流伊逊河下游的两岸。按所在行政区划分，水田主要分布在隆化县，面积为4 553.97hm²，占全市水田总面积的80.74%；其次是滦平县，面积为770.49hm²，占全市水田总面积的13.66%；第三位是承德县，面积为111.59hm²，占全市水田总面积的1.98%。3个县水田面积合计5 436.05hm²，占全市水田总面积的96.38%。其余县（市、区）水田面积仅为204.02hm²，仅占全市水田总面积的3.62%。其中，营子区没有水田。全市水田面积统计分析情况见表2-5和图2-7。

表2-5　承德市水田面积统计分析表

行政区	水田面积/hm²	占本辖区耕地总面积的比例/%	占全市水田总面积的比例/%
承德市	5 640.07	1.36	100.00
双桥区	78.50	1.40	1.39
双滦区	10.48	0.27	0.19
营子区	0	0	0
承德县	111.59	0.31	1.98
兴隆县	12.07	0.21	0.21

续表 2-5

行政区	水田面积/hm²	占本辖区耕地总面积的比例/%	占全市水田总面积的比例/%
滦平县	770.49	2.82	13.66
隆化县	4 553.97	8.03	80.74
丰宁县	18.77	0.02	0.33
宽城县	26.28	0.21	0.47
围场县	12.15	0.01	0.22
平泉市	45.77	0.08	0.81

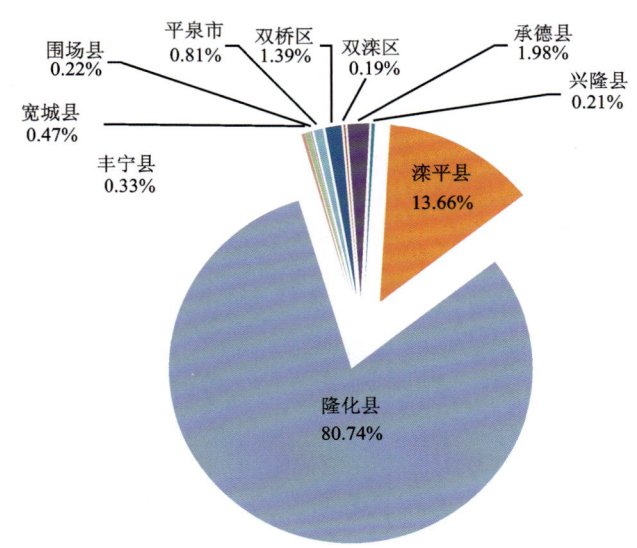

图 2-7　承德市水田面积分布统计图

2）水浇地

全市水浇地面积为 49 566.10hm²,占河北省水浇地总面积的 1.28%,占全市耕地总面积的 11.98%。

水浇地在坝上地区连片分布,山地、丘陵沿坡麓和河谷地区蜿蜒分布。按行政区划分,丰宁县的水浇地最多,面积为 24 985.09hm²,占全市水浇地总面积的 50.41%;其次为围场县,有水浇地 7 661.33hm²,面积占全市水浇地总面积的 15.46%;再次为隆化县,有水浇地 7 096.29hm²,面积占全市水浇地总面积的 14.32%。3 个县水浇地面积合计 39 742.71hm²,占全市水浇地总面积的 80.18%。其余县(市、区)水浇地面积合计 9 823.39hm²,仅占全市水浇地总面积的 19.82%。水浇地面积较小的行政区为营子区、兴隆县和宽城县,分别只有水浇地 41.96hm²、157.34hm² 和 159.97hm²,面积仅占全市水浇地总面积的 0.08%、0.32% 和 0.32%。按水浇地面积占本辖区耕地总面积的比例分析,占比最高的行政区是丰宁县,为 25.08%,其次是双滦区,占比为 22.09%,再次为双桥区,占比为 19.55%。宽城县、兴隆县和平泉市占比较低,分别为 1.30%、2.75% 和 4.38%。全市共有面积为 50 亩及以上的灌区 592 个,面积约为 53 万亩,2000 亩以上的灌区共 15 个,渠道总长度为 588km,其中 4 个中型灌区的面积约为 21.7 万亩,分别为平泉市大庆灌区、丰宁县凤山灌区、隆化县庙宫灌区和兴隆县老虎沟灌区。其中庙宫灌区为市管重点中型灌区,灌区设计灌溉面积 10 万亩,实际灌溉面积 6.5 万亩。全市水浇地面积统计分析情况见表 2-6 和图 2-8。

表 2-6 承德市水浇地面积统计分析表

行政区	水浇地面积/hm²	占本辖区耕地总面积的比例/%	占全市水浇地总面积的比例/%
承德市	49 566.10	11.98	100.00
双桥区	1 097.98	19.55	2.22
双滦区	842.22	22.09	1.70
营子区	41.96	6.93	0.08
承德县	3 184.44	8.92	6.42
兴隆县	157.34	2.75	0.32
滦平县	1 959.99	7.18	3.95
隆化县	7 096.29	12.51	14.32
丰宁县	24 985.09	25.08	50.41
宽城县	159.97	1.30	0.32
围场县	7 661.33	6.84	15.46
平泉市	2 379.49	4.38	4.80

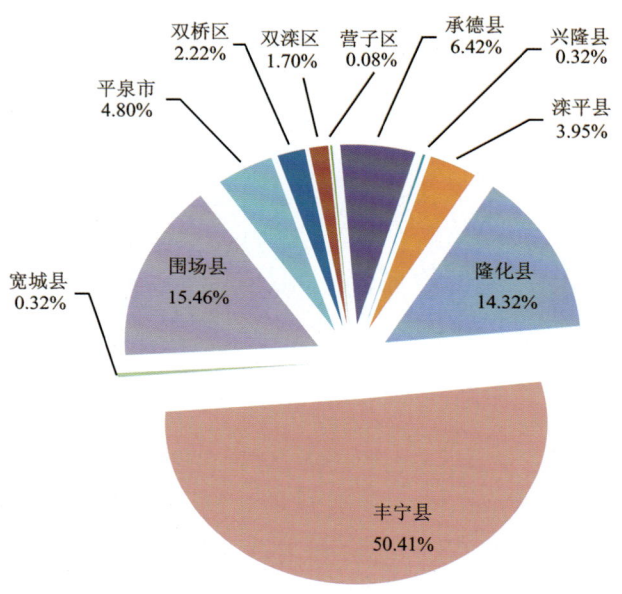

图 2-8 承德市水浇地面积分布统计图

3) 旱地

全市旱地在耕地二级地类中占比最大,面积为 358 528.21hm²,占河北省旱地总面积的 17.36%,占全市耕地总面积的 86.66%。

旱地遍布全市各地,坝上地区和坝下山地丘陵地区均有分布。按行政区划分,围场县的旱地最多,面积为 104 363.52hm²,占全市旱地总面积的 29.10%;其次为丰宁县,有旱地 74 614.00hm²,占全市旱地总面积的 20.81%;再次为平泉市,有旱地 51 918.07hm²,占全市旱地总面积的 14.48%;隆化县有旱地 45 055.43hm²,占全市旱地总面积的 12.57%。4 个县(市)旱地面积合计 275 951.02hm²,占全市耕地总面积的比例达到 77%,其余县(市、区)旱地面积合计 82 577.19hm²,仅占全市耕地总面积的 23%。旱地面积较小的 3 个区分别是营子区、双滦区和双桥区,旱地面积分别为 563.19hm²、2 959.64hm² 和

4 439.14hm²,各占全市旱地总面积的 0.16%、0.83% 和 1.24%。按旱地面积占本辖区耕地总面积的比例分析,占比最高的行政区是宽城县,为 98.48%;其次为兴隆县,占比为 97.04%;再次为平泉市,占比为 95.54%。丰宁县、双滦区和双桥区旱地面积占本辖区耕地总面积的比例较小,分别为 74.90%、77.63% 和 79.05%。全市旱地面积统计分析情况见表 2-7 和图 2-9。

表 2-7　承德市旱地面积统计分析表

行政区	旱地面积/hm²	占本辖区耕地总面积的比例/%	占全市旱地总面积的比例/%
承德市	358 528.21	86.66	100.00
双桥区	4 439.14	79.05	1.24
双滦区	2 959.64	77.63	0.83
营子区	563.19	93.07	0.16
承德县	32 423.80	90.77	9.04
兴隆县	5 551.83	97.04	1.55
滦平县	24 557.62	89.99	6.85
隆化县	45 055.43	79.45	12.57
丰宁县	74 614.00	74.90	20.81
宽城县	12 081.97	98.48	3.37
围场县	104 363.52	93.15	29.10
平泉市	51 918.07	95.54	14.48

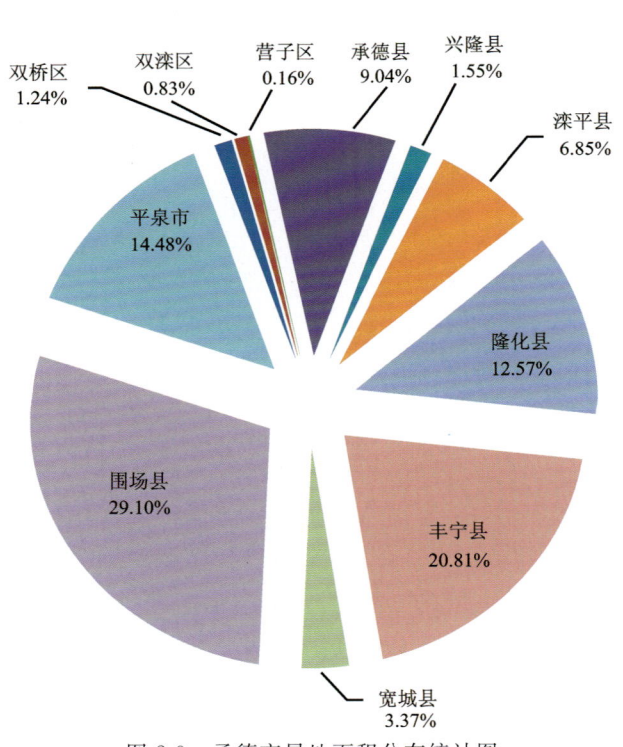

图 2-9　承德市旱地面积分布统计图

2. 耕地的坡度分级构成

根据《第三次全国国土调查技术规程》(TD/T 1055—2019),耕地分为 5 个坡度等级(上含下不含):≤2°、>2°~6°、>6°~15°、>15°~25°、>25°,坡度≤2°的视为平地,其他分为梯田和坡地两类。各坡度级耕地面积及分布情况如下。

1) ≤2°坡度级耕地

第三次全国国土调查结果显示,承德市有≤2°坡度级耕地 181 621.28hm², 占全市耕地总面积的 43.90%, 占河北省≤2°坡度级耕地总面积的 3.55%。≤2°坡度级耕地大部分分布在山麓平原和河流两岸阶地。这些耕地地势平坦,土层较厚,质地较好,土壤肥沃,是全市粮、油、菜的主要生产区。

按行政区分析,≤2°坡度级耕地在各县(市、区)均有分布。其中,丰宁县≤2°坡度级耕地最多,面积为 43 573.63hm², 占全市≤2°坡度级耕地总面积的 24.00%;其次为围场县,有≤2°坡度级耕地 35 549.20hm², 占全市≤2°坡度级耕地总面积的 19.57%;再次为隆化县,有≤2°坡度级耕地 28 628.52hm², 占全市≤2°坡度级耕地总面积的 15.76%。营子区和双滦区≤2°坡度级耕地的面积较小,分别为 254.73hm² 和 1 727.89hm², 仅占全市≤2°坡度级耕地总面积的 0.14% 和 0.95%。此外,双桥区和兴隆县≤2°坡度级耕地也较少,面积分别为 3 197.03hm² 和 3 222.55hm², 分别占全市≤2°坡度级耕地总面积的 1.76% 和 1.77%。

从≤2°坡度级耕地占本辖区耕地总面积的比例分析,占比最高的行政区是滦平县,为 57.05%;其次是双桥区,为 56.93%;再次是兴隆县,为 56.33%。围场县、营子区和平泉市≤2°坡度级耕地面积占耕地总面积的比例较小,分别是 31.73%、42.09% 和 42.87%。承德市≤2°坡度级耕地面积分析情况见表 2-8 和图 2-10。

表 2-8 承德市≤2°坡度级耕地面积统计分析表

行政区	≤2°坡度级耕地面积/hm²	占本辖区耕地总面积的比例/%	占全市≤2°坡度级耕地总面积的比例/%
承德市	181 621.28	43.90	100.00
双桥区	3 197.03	56.93	1.76
双滦区	1 727.89	45.32	0.95
营子区	254.73	42.09	0.14
承德县	19 762.80	55.33	10.88
兴隆县	3 222.55	56.33	1.77
滦平县	15 568.32	57.05	8.57
隆化县	28 628.52	50.49	15.76
丰宁县	43 573.63	43.74	24.00
宽城县	6 837.93	55.74	3.77
围场县	35 549.20	31.73	19.57
平泉市	23 298.68	42.87	12.83

2) >2°~6°坡度级耕地

第三次全国国土调查结果显示,承德市共有>2°~6°坡度级耕地 63 335.13hm², 面积占全市耕地总面积的 15.31%, 占河北省>2°~6°坡度级耕地总面积的 14.67%。其中梯田面积为 20 624.58hm², 坡地面积为 42 710.55hm², 分别占全市 2°~6°坡度级耕地总面积的 32.56% 和 67.44%。

按行政区分析,丰宁县>2°~6°坡度级耕地的面积最大,为 23 459.03hm², 占全市>2°~6°坡度级耕

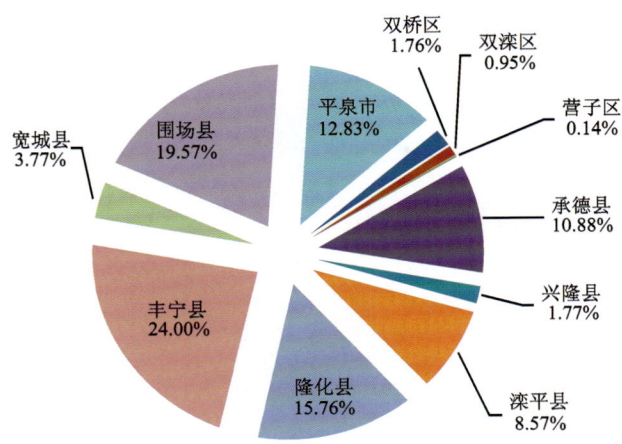

图 2-10　承德市≤2°坡度级耕地分布统计图

地总面积的 37.04%；其次为围场县，有>2°~6°坡度级耕地 15 905.05hm²，面积占全市>2°~6°坡度级耕地总面积的 25.11%；再次为平泉市，有>2°~6°坡度级耕地 9 814.21hm²，面积占全市>2°~6°坡度级耕地总面积的 15.50%。>2°~6°坡度级耕地面积最小的行政区是营子区，有>2°~6°坡度级耕地 50.64hm²，面积仅占全市>2°~6°坡度级耕地总面积的 0.08%。此外，分布在双桥区和双滦区的>2°~6°坡度级耕地也较少，面积分别为 247.38hm² 和 298.96hm²，分别占全市>2°~6°坡度级耕地总面积的 0.39% 和 0.47%。

从>2°~6°坡度级耕地面积占本辖区耕地总面积的比例分析，占比最高的行政区是丰宁县，为 23.55%；其次是平泉市，为 18.06%；再次是兴隆县，为 15.85%。双桥区、双滦区和滦平县>2°~6°坡度级耕地面积占耕地总面积的比例较小，分别是 4.41%、7.84% 和 7.88%。承德市>2°~6°坡度级耕地面积分析情况见表 2-9 和图 2-11。

表 2-9　承德市>2°~6°坡度级耕地面积统计分析表

行政区	>2°~6°坡度级耕地面积/hm²			占本辖区耕地总面积的比例/%	占全市>2°~6°坡度级耕地总面积的比例/%
	合计	梯田	坡地		
承德市	63 335.13	20 624.58	42 710.55	15.31	100.00
双桥区	247.38	75.64	171.74	4.41	0.39
双滦区	298.96	4.03	294.93	7.84	0.47
营子区	50.64	2.21	48.43	8.37	0.08
承德县	3 415.42	1 239.45	2 175.97	9.56	5.39
兴隆县	906.55	906.55	0	15.85	1.43
滦平县	2 149.80	0	2 149.80	7.88	3.40
隆化县	5 705.15	5 705.15	0	10.06	9.01
丰宁县	23 459.03	8 244.14	15 214.89	23.55	37.04
宽城县	1 382.94	359.14	1 023.80	11.27	2.18
围场县	15 905.05	0	15 905.05	14.20	25.11
平泉市	9 814.21	4 088.27	5 725.94	18.06	15.50

3）>6°~15°坡度级耕地

第三次全国国土调查结果显示，承德市>6°~15°坡度级耕地面积为 152 390.82hm²，占全市耕地总

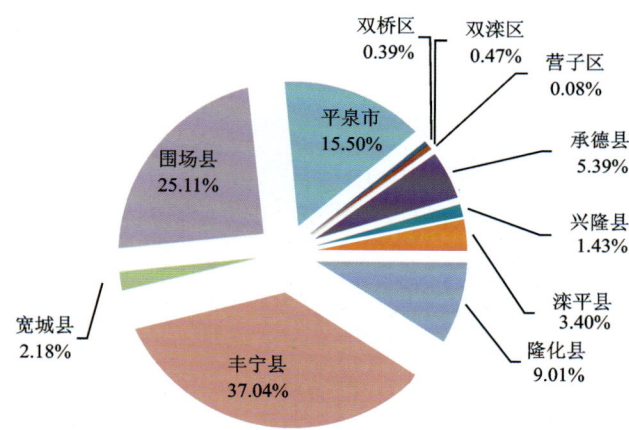

图 2-11　承德市＞2°～6°坡度级耕地分布统计图

面积的 36.83%，占河北省＞6°～15°坡度级耕地总面积的 36.34%。其中梯田面积为 60 741.64hm²，坡地面积为 91 649.18hm²，分别占全市＞6°～15°坡度级耕地总面积的 39.86% 和 60.14%。

按行政区分析，围场县＞6°～15°坡度级的耕地面积最大，为 58 355.39hm²，占全市＞6°～15°坡度级耕地总面积的 38.29%；其次为丰宁县，有＞6°～15°坡度级耕地 30 694.02hm²，面积占全市＞6°～15°坡度级耕地总面积的 20.14%；再次为隆化县，有＞6°～15°坡度级耕地 19 914.89hm²，面积占全市＞6°～15°坡度级耕地总面积的 13.07%。＞6°～15°坡度级耕地最少的行政区是营子区，有＞6°～15°坡度级耕地 229.32hm²，面积仅占全市＞6°～15°坡度级耕地总面积的 0.15%。此外，双滦区和兴隆县＞6°～15°坡度级耕地也较少，面积分别为 992.23hm² 和 992.28hm²，二者均占全市＞6°～15°坡度级耕地总面积的 0.65%。

从＞6°～15°坡度级耕地占本辖区耕地总面积的比例分析，占比最高的行政区是围场县，为 52.09%；其次是营子区，为 37.89%；再次是平泉市，为 35.69%。兴隆县、宽城县和滦平县＞6°～15°坡度级耕地面积占耕地总面积的比例较小，分别是 17.34%、21.34% 和 25.11%。承德市＞6°～15°坡度级耕地面积分析情况见表 2-10 和图 2-12。

表 2-10　承德市＞6°～15°坡度级耕地面积统计分析表

行政区	＞6°～15°坡度级耕地面积/hm²			占本辖区耕地总面积的比例/%	占全市＞6°～15°坡度级耕地总面积的比例/%
	合计	梯田	坡地		
承德市	152 390.82	60 741.64	91 649.18	36.83	100.00
双桥区	1 589.35	943.47	645.88	28.30	1.04
双滦区	992.23	490.04	502.19	26.03	0.65
营子区	229.32	94.52	134.80	37.89	0.15
承德县	10 756.66	4 451.13	6 305.53	30.11	7.06
兴隆县	992.28	990.66	1.62	17.34	0.65
滦平县	6 851.99	173.13	6 678.86	25.11	4.50
隆化县	19 914.89	19 914.89	0	35.12	13.07
丰宁县	30 694.02	22 132.17	8 561.85	30.81	20.14
宽城县	2 618.24	1 259.00	1 359.24	21.34	1.72
围场县	58 355.39	0	58 355.39	52.09	38.29
平泉市	19 396.45	10 292.63	9 103.82	35.69	12.73

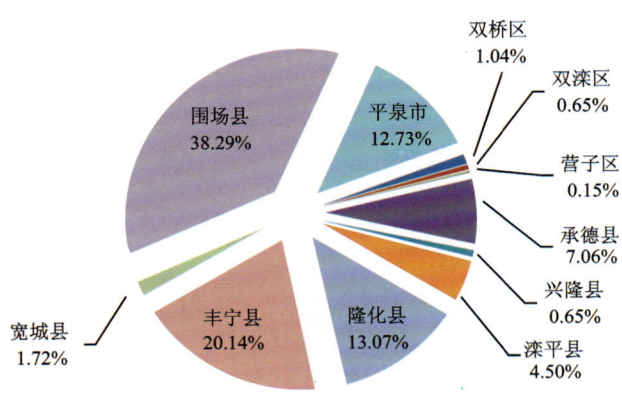

图 2-12 承德市＞6°～15°坡度级耕地分布统计图

4) ＞15°～25°坡度级耕地

第三次全国国土调查结果显示，承德市＞15°～25°坡度级耕地面积为 15 077.22hm²，占全市耕地总面积的 3.64%，占河北省＞15°～25°坡度级耕地总面积的 27.28%。其中梯田面积为 7 286.38hm²，坡地面积为 7 790.84hm²，分别占全市＞15°～25°坡度级耕地总面积的 48.33% 和 51.67%。

按行政区分析，滦平县＞15°～25°坡度级的耕地最多，面积为 2 455.58hm²，占全市＞15°～25°坡度级耕地总面积的 16.28%；其次为隆化县，有＞15°～25°坡度级耕地 2 360.11hm²，面积占全市＞15°～25°坡度级耕地总面积的 15.65%；再次为围场县，有＞15°～25°坡度级耕地 2 146.35hm²，面积占全市＞15°～25°坡度级耕地总面积的 14.24%。＞15°～25°坡度级的耕地面积最小的行政区是营子区，有＞15°～25°坡度级耕地 65.69hm²，仅占全市＞15°～25°坡度级耕地总面积的 0.44%。此外，兴隆县和双桥区的＞15°～25°坡度级耕地也较少，分别有 362.40hm² 和 561.79hm²，面积分别占全市＞15°～25°坡度级耕地总面积的 2.40% 和 3.73%。

从＞15°～25°坡度级耕地面积占本辖区耕地总面积的比例分析，占比最高的行政区是双滦区，为 19.86%；其次是营子区，为 10.86%；再次是双桥区，为 10.00%。丰宁县、围场县和平泉市＞15°～25°坡度级耕地面积占耕地总面积的比例较小，分别是 1.83%、1.92% 和 3.32%。承德市＞15°～25°坡度级耕地面积分析情况见表 2-11 和图 2-13。

表 2-11 承德市＞15°～25°坡度级耕地面积统计分析表

行政区	＞15°～25°坡度级耕地面积/hm²			占本辖区耕地总面积的比例/%	占全市＞15°～25°坡度级耕地总面积的比例/%
	合计	梯田	坡地		
承德市	15 077.22	7 286.38	7 790.84	3.64	100.00
双桥区	561.79	320.61	241.18	10.00	3.73
双滦区	757.14	404.65	352.49	19.86	5.02
营子区	65.69	50.62	15.07	10.86	0.44
承德县	1691.01	589.98	1101.03	4.73	11.22
兴隆县	362.40	362.40	0	6.33	2.40
滦平县	2 455.58	51.45	2 404.13	9.00	16.28
隆化县	2 360.11	2 360.11	0	4.16	15.65
丰宁县	1 818.49	1 770.84	47.65	1.83	12.06
宽城县	1 052.93	405.89	647.04	8.58	6.98
围场县	2 146.35	0	2 146.35	1.92	14.24
平泉市	1 805.73	969.83	835.90	3.32	11.98

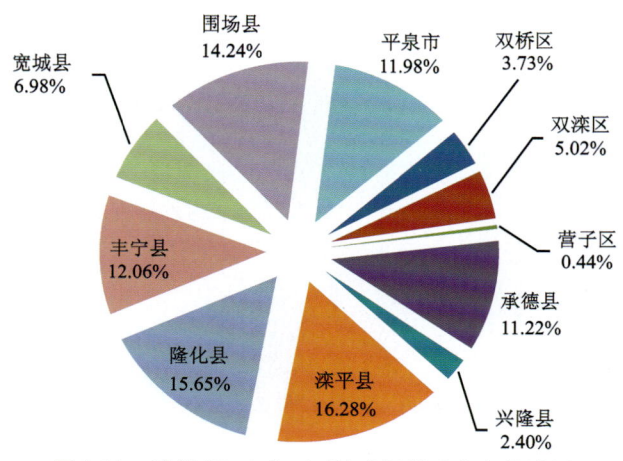

图 2-13 承德市＞15°～25°坡度级耕地分布统计图

5）＞25°坡度级耕地

第三次全国国土调查结果显示，承德市有＞25°坡度级耕地 1 309.93hm²，占全市耕地总面积的 0.32%，面积占河北省＞25°坡度级耕地总面积的 15.56%。其中梯田面积为 522.96hm²，坡地面积为 786.97hm²，分别占全市＞25°坡度级耕地总面积的 39.92% 和 60.08%。该坡度级耕地存在地形坡度陡、土层薄、砾石含量高、养分缺乏、水土流失严重等问题，农业生产水平较低。

按行政区分析，宽城县＞25°坡度级的耕地面积最大，为 376.18hm²，占全市＞25°坡度级耕地总面积的 28.72%；其次为滦平县，有＞25°坡度级耕地 262.41hm²，面积占全市＞25°坡度级耕地总面积的 20.03%；再次为兴隆县，有＞25°坡度级耕地 237.46hm²，面积占全市＞25°坡度级耕地总面积的 18.13%。营子区＞25°坡度级的耕地面积最小，有＞25°坡度级耕地 4.77hm²，面积仅占全市＞25°坡度级耕地总面积的 0.36%。

从＞25°坡度级耕地占本辖区耕地总面积的比例分析，占比最高的是兴隆县，为 4.15%；其次是宽城县，为 3.07%。其他县区的占比均不足 1%。其中，平泉市＞25°坡度级耕地面积占耕地总面积的比例最小，为 0.05%。承德市＞25°坡度级耕地面积分析情况见表 2-12 和图 2-14。

表 2-12 承德市＞25°坡度级耕地面积统计分析表

行政区	＞25°坡度级耕地面积/hm²			占本辖区耕地总面积的比例/%	占全市＞25°坡度级耕地总面积的比例/%
	合计	梯田	坡地		
承德市	1 309.93	522.96	786.97	0.32	100.00
双桥区	20.07	4.45	15.62	0.36	1.53
双滦区	36.12	9.31	26.81	0.95	2.76
营子区	4.77	3.76	1.01	0.79	0.36
承德县	93.94	32.63	61.31	0.26	7.17
兴隆县	237.46	237.46	0	4.15	18.13
滦平县	262.41	3.47	258.94	0.96	20.03
隆化县	97.02	97.02	0	0.17	7.41
丰宁县	72.69	70.67	2.02	0.07	5.55
宽城县	376.18	58.03	318.15	3.07	28.72
围场县	81.01	0	81.01	0.07	6.18
平泉市	28.26	6.16	22.10	0.05	2.16

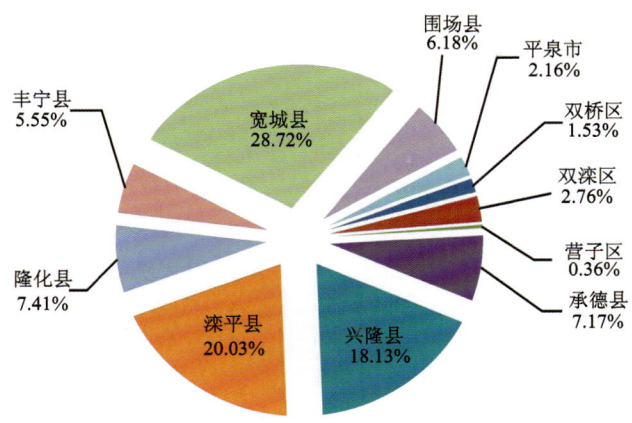

图 2-14　承德市＞25°坡度级耕地分布统计图

（三）耕地变化

1. 耕地面积变化

2009 年第二次全国土地调查结果显示，全市耕地面积为 402 952.18hm²，2019 年第三次全国国土调查结果显示，全市耕地面积增加至 413 734.38hm²，增加了 10 782.20hm²，增幅为 2.68％。在全市 11 个县（市、区）中，2019 年与 2009 年相比，耕地面积增幅最大的行政区是滦平县，增加了 4 406.60hm²，增幅为 19.26％；平泉市次之，增加了 5 626.71hm²，增幅为 11.55％；第三为丰宁县，增加了 6 431.18hm²，增幅为 6.90％。耕地面积减幅最大的行政区是兴隆县，减少了 4 127.57hm²，减幅为 41.91％；双滦区次之，减少了 1 168.29hm²，减幅为 23.46％；第三为营子区，减少了 133.18hm²，减幅为 18.04％。2009—2019 年承德市耕地面积变化趋势见图 2-15 和表 2-13。

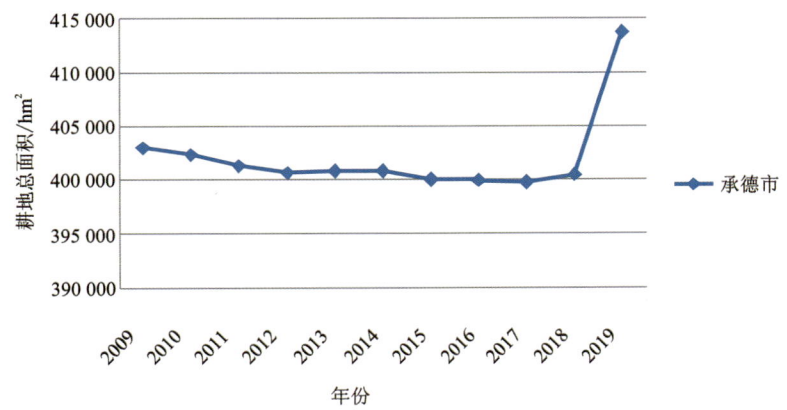

图 2-15　2009—2019 年承德市耕地面积变化趋势图

表 2-13　2009—2019 年承德市各县（市、区）耕地面积变化表

行政区	2009 年/hm²	2019 年/hm²	变化量/hm²	增减比例/％
承德市	402 952.18	413 734.38	＋10 782.20	＋2.68
双桥区	6 674.73	5 615.62	－1 059.11	－15.87
双滦区	4 980.63	3 812.34	－1 168.29	－23.46
营子区	738.33	605.15	－133.18	－18.04
承德县	33 562.70	35 719.83	＋2 157.13	＋6.43

续表 2-13

行政区	2009年/hm²	2019年/hm²	变化量/hm²	增减比例/%
兴隆县	9 848.81	5 721.24	−4 127.57	−41.91
滦平县	22 881.50	27 288.10	+4 406.60	+19.26
隆化县	57 643.55	56 705.69	−937.86	−1.63
丰宁县	93 186.68	99 617.86	+6 431.18	+6.90
宽城县	13 119.59	12 268.22	−851.37	−6.49
围场县	111 599.04	112 037.00	+437.96	+0.39
平泉市	48 716.62	54 343.33	+5 626.71	+11.55

2. 耕地结构变化

2009年第二次全国土地调查结果显示，全市耕地面积为402 952.18hm²，其中水田面积为13 262.80hm²，占耕地总面积的3.29%；水浇地面积为23 382.48hm²，占比为5.80%；旱地面积为366 306.90hm²，占比为90.91%。2019年第三次全国国土调查结果显示，全市耕地总面积为413 734.38hm²，其中：水田面积为5 640.07hm²，占全市耕地总面积的1.36%；水浇地面积为49 566.10hm²，占比为11.98%；旱地面积为358 528.21hm²，占比为86.66%。从耕地二级构成变化看，2019年与2009年相比，全市水田面积减少了7 622.73hm²，减幅为57.47%；水浇地面积增加了26 183.62hm²，增幅为111.98%；旱地面积减少了7 778.69hm²，减幅为2.12%。空间上表现为坝上和山地丘陵区旱地大量减少。为保证北京市生活用水，政府在丰宁县和滦平县的潮河流域实施"稻改旱"，压减了用水量较大的稻田（水田）面积；同时，在水稻生产大县隆化县实施种植结构调整，压减了大量水田面积。水浇地主要分布在河流两岸平川区域，一部分为种植结构调整用地，由水田调整为水浇地，另一部分为近10年来国家实施的土地整治、高标准基本农田建设成果。这一举措效果显著，使得耕地结构逐步优化，旱地变为水浇地，耕地质量有所提高，对稳定农业生产、保障粮食安全具有重要意义。

从各县（市、区）耕地结构变化情况看，在水田二级地类上，除了营子区没有变化，兴隆县水田面积占耕地总面积的比例略有提高外，其他县（市、区）的水田面积占耕地总面积的比例均有所降低。其中，降幅最大的行政区是隆化县，为8.59%；其次为承德县，降幅为3.02%；再次为双桥区，降幅为2.92%。在水浇地二级地类上，除了双桥区、双滦区和滦平县外，其他县（市、区）的水浇地面积占耕地总面积的比例均有所增大。增幅最大的行政区是丰宁县，为15.70%；其次为隆化县，增幅为7.90%；再次为承德县，增幅为6.68%。在旱地二级地类上，增幅最大的行政区是双桥区，为10.32%；其次为双滦区，增幅为4.67%；再次为滦平县，增幅为2.57%。降幅最大的行政区是丰宁县，为15.61%；其次为承德县，降幅为3.66%；再次为兴隆县，降幅为1.85%。承德市2009年与2019年各县（市、区）耕地结构变化情况见表2-14。

表 2-14 承德市 2009年与 2019年各县（市、区）耕地结构变化情况表　　单位：%

行政区	2009年			2019年			2019年与2009年比较		
	水田比例	水浇地比例	旱地比例	水田比例	水浇地比例	旱地比例	水田增减比例	水浇地增减比例	旱地增减比例
承德市	3.29	5.80	90.91	1.36	11.98	86.66	−1.93	+6.18	−4.25
双桥区	4.32	26.95	68.73	1.40	19.55	79.05	−2.92	−7.40	+10.32
双滦区	1.37	25.66	72.97	0.27	22.09	77.64	−1.10	−3.57	+4.67
营子区	0	6.17	93.83	0	6.93	93.07	0	+0.76	−0.76

续表 2-14

行政区	2009 年			2019 年			2019 年与 2009 年比较		
	水田比例	水浇地比例	旱地比例	水田比例	水浇地比例	旱地比例	水田增减比例	水浇地增减比例	旱地增减比例
承德县	3.33	2.24	94.43	0.31	8.92	90.77	－3.02	＋6.68	－3.66
兴隆县	0.13	0.98	98.89	0.21	2.75	97.04	＋0.08	＋1.77	－1.85
滦平县	4.15	8.42	87.42	2.82	7.19	89.99	－1.33	－1.23	＋2.57
隆化县	16.62	4.61	78.77	8.03	12.51	79.46	－8.59	＋7.90	＋0.69
丰宁县	0.12	9.38	90.51	0.02	25.08	74.90	－0.10	＋15.70	－15.61
宽城县	0.52	0.97	98.51	0.21	1.30	98.49	－0.31	＋0.33	－0.02
围场县	0.48	4.53	94.99	0.01	6.84	93.15	－0.47	＋2.31	－1.84
平泉市	1.08	1.87	97.06	0.08	4.38	95.54	－1.00	＋2.51	－1.52

3. 人均耕地变化

根据人口统计数据，2009 年末承德市总人口为 3 719 107 人，耕地面积为 402 952.18hm²（约 604.43 万亩），人均耕地面积约为 1.625 亩。2019 年末全市总人口为 3 825 261 人，耕地面积为 413 734.38hm²（约 620.60 万亩），人均耕地面积约为 1.622 亩，减少 0.18%，与 2009 年相比基本持平，但各县（市、区）的数据变化较大。其中，人均耕地面积增幅最大的行政区是承德县，为 13.19%；其次为滦平县，增幅为 12.98%；再次为平泉市，增幅为 10.40%。减幅最大的行政区是兴隆县，为 42.54%；其次为双滦区，减幅为 26.81%；再次为双桥区，减幅为 25.77%。承德市 2009 年与 2019 年各县（市、区）人均耕地面积变化情况见表 2-15。

表 2-15 承德市 2009 年与 2019 年各县（市、区）人均耕地变化情况表

行政区	2009 年人均耕地面积/亩	2019 年人均耕地面积/亩	增减比例/%
承德市	1.625	1.622	－0.18
双桥区	0.291	0.216	－25.77
双滦区	0.526	0.385	－26.81
营子区	0.164	0.147	－10.37
承德县	1.107	1.253	＋13.19
兴隆县	0.456	0.262	－42.54
滦平县	1.094	1.236	＋12.98
隆化县	1.993	1.895	－4.92
丰宁县	3.540	3.649	＋3.08
宽城县	0.800	0.700	－12.50
围场县	3.147	3.132	－0.48
平泉市	1.539	1.699	＋10.40

（四）耕地质量状况

受地形地貌、土壤、水文地质、气候条件的差异性影响，耕地质量有较大的差别，加之各县（市、区）多年

形成的种植习惯不同,耕地的利用强度和经济效益也有较大差异,导致各等别耕地在空间分布上有较大差异并具有规律性。为全面掌握各地耕地质量情况,按照国家要求,河北省开展了耕地分等工作。耕地分等是依据耕地的自然属性和社会属性及其在社会经济活动中的地位与作用,按照一定方法和程序进行耕地质量的综合评定并划分等级。耕地等别可分为耕地自然质量等别、耕地利用等别、耕地经济等别3类。

1. 耕地自然质量等别

耕地自然质量等别是依据作物产量形成原理,以耕地的光温生产潜力为农用地生产潜力的最高值,选择与耕地自然质量形成密切相关的土壤、地形因素等指标综合测试得出的。耕地自然质量是土地生产力形成的根本因素,其本底值决定了土地生产力状况。国家耕地自然质量分为15等,1~4等为优等地,5~8等为高等地,9~12等为中等地,13~15等为低等地。

承德市地处燕山山脉,地形地貌以山地、丘陵为主,海拔较高,气候较干燥,地形复杂,耕地自然质量等别较低。根据承德市自然资源和规划局的工作成果——《承德市2018年度耕地质量等别年度更新评价分析报告》测算,承德市2018年度耕地自然质量共分4个等别,其中12等地面积为35 658.25hm²,占耕地总面积的8.90%;13等地面积为164 866.28hm²,占比为41.14%;14等地面积为200 237.23hm²,占比为49.96%;15等地面积仅为8.97hm²。从以上信息可以看出,承德市没有优等地和高等地,少部分为等别较低的中等地(12等),面积仅占耕地总面积的8.90%,大部分为13~15等的低等地,面积占耕地总面积的91.1%。

按行政区划分,12等地主要分布在丰宁县,面积为32 816.92hm²,占全市12等地总面积的92.03%,其他县(市、区)面积较小,合计面积为2 841.33hm²,仅占全市12等地总面积的7.97%,其中,平泉市和隆化县没有12等地。13等地分布最多的行政区是平泉市,面积为42 135.61hm²,占全市13等地总面积的25.55%;隆化县次之,面积为39 759.69hm²,占比为24.11%;第三位为丰宁县,面积为23 005.37hm²,占比为13.95%。营子区是13等地分布最少的行政区,面积仅占全市13等地总面积的0.30%。14等地分布最多的行政区是围场县,面积为106 729.55hm²,占全市14等地总面积的53.30%;丰宁县次之,面积为37 533.14hm²,占比为18.74%;第三位为承德县,面积为17 993.56hm²,占比为8.99%;隆化县有14等地17 874.56hm²,占比为8.93%。双滦区没有14等地,营子区14等地较少,面积为313.74hm²,仅占全市14等地总面积的0.16%。15等地仅在承德县和宽城县少量分布,面积分别为8.20hm²和0.77hm²,分别占全市15等地总面积的91.42%和8.58%。全市耕地自然质量等别分布情况见表2-16。

表2-16　承德市耕地自然质量等别分布统计表　　　　　　　　　　　　　单位:hm²

行政区	12等地面积	13等地面积	14等地面积	15等地面积	合计面积
承德市	35 658.25	164 886.28	200 237.23	8.97	400 790.73
双桥区	364.71	3 158.37	1 655.29	—	5 178.37
双滦区	877.37	3 440.62	—	—	4 317.99
营子区	21.25	499.26	313.74	—	834.25
承德县	138.14	14 906.07	17 993.56	8.20	33 045.97
兴隆县	26.28	6 740.90	2 853.69	—	9 620.87
滦平县	703.08	17 948.39	3 541.91	—	22 193.38
隆化县	—	39 759.69	17 874.56	—	57 634.25
丰宁县	32 816.92	23 005.37	37 533.14	—	93 355.43
宽城县	22.00	7 305.20	5 484.59	0.77	12 812.56
围场县	688.50	5 986.80	106 729.55	—	113 404.85
平泉市	—	42 135.61	6 257.20	—	48 392.81

2. 耕地利用等别

耕地利用等别是在耕地自然质量等别的基础上,通过区域平均实际产量与潜在理论产量的比值构造农用地利用系数测算而得。该等别可反映区域农耕水平、耕地利用强度与生产者的劳动态度等对耕地资源质量的影响,主要体现在土地质量与潜力水平相同时,由利用水平的差异造成的耕地资源质量的差异。

根据承德市自然资源和规划局的工作成果——《承德市 2018 年度耕地质量等别年度更新评价分析报告》测算,承德市 2018 年度耕地利用共分 4 个等别,其中 12 等地面积为 30 933.49 hm^2,占耕地总面积的 7.72%;13 等地面积为 142 385.58 hm^2,占比为 35.53%;14 等地面积为 216 631.89 hm^2,占比为 54.05%;15 等地面积为 10 839.75 hm^2,占比为 2.70%。总体上看,承德市耕地大部分为低等地,表明承德市耕地利用强度总体较低,提高空间较大。

按行政区划分,12 等地主要分布在平泉市,面积为 15 520.81 hm^2,占全市 12 等地总面积的 50.17%,隆化县次之,面积为 5 250.69 hm^2,占比仅为 16.97%;第三位为双滦区,面积为 4 317.99 hm^2,占比为 13.96%。围场县没有 12 等地。营子区 12 等地较少,面积为 198.56 hm^2,占比仅为 0.64%。13 等地分布最多的行政区是隆化县,面积为 36 356.03 hm^2,占全市 13 等地总面积的 25.53%;平泉市次之,面积为 22 482.59 hm^2,占比为 15.79%;第三位为丰宁县,面积为 22 437.54 hm^2,占比为 15.76%。双滦区没有 13 等地。营子区 13 等地分布较少,面积为 554.31 hm^2,仅占 0.39%。14 等地分布最多的行政区是围场县,面积为 86 030.09 hm^2,占全市 14 等地总面积的 39.71%;丰宁县次之,面积为 70 377.88 hm^2,占比为 32.49%;第三位为承德县,面积为 16 811.41 hm^2,占比为 7.76%;隆化县有 14 等地 16 027.53 hm^2,占比为 7.40%。双滦区没有 14 等地,营子区 14 等地较少,面积为 81.37 hm^2,占比仅为 0.04%。15 等地仅在围场县和丰宁县有少量分布,面积分别为 10 814.61 hm^2 和 25.14 hm^2,分别占全市 15 等地总面积的 99.77% 和 0.23%。全市耕地利用等别分布情况见表 2-17。

表 2-17 承德市耕地利用等别分布统计表 单位:hm^2

行政区	12 等地面积	13 等地面积	14 等地面积	15 等地面积	合计面积
承德市	30 933.49	142 385.58	216 631.89	10 839.75	400 790.71
双桥区	206.64	4 490.70	481.02	—	5 178.36
双滦区	4 317.99	—	—	—	4 317.99
营子区	198.56	554.31	81.37	—	834.24
承德县	2 099.66	14 134.90	16 811.41	—	33 045.97
兴隆县	146.21	6 944.09	2 530.57	—	9 620.87
滦平县	2 165.99	14 526.64	5 500.76	—	22 193.39
隆化县	5 250.69	36 356.03	16 027.53	—	57 634.25
丰宁县	514.86	22 437.54	70 377.88	25.14	93 355.42
宽城县	512.08	3 898.63	8 401.85	—	12 812.56
围场县	—	16 560.15	86 030.09	10 814.61	113 404.85
平泉市	15 520.81	22 482.59	10 389.41	—	48 392.81

3. 耕地经济等别

社会经济条件不同会导致投入产出水平不同,致使同类型土地获得的土地收益不同。耕地经济等别是利用反映特定区域耕地的平均投入产出状况与最优平均投入产出的比值构造土地经济系数,从而修正由经济效益不同造成的耕地资源质量差异,将耕地利用水平修正为包含土地投入产出效益的耕地经济等别。

根据承德市自然资源和规划局的工作成果——《承德市2018年度耕地质量等别年度更新评价分析报告》测算,承德市2018年度耕地经济等别分为10～14等,共计5个等别。其中10等地面积为1 568.70hm^2,占耕地总面积的0.39%;11等地面积为53 066.67hm^2,占比为13.24%;12等地面积为133 431.18hm^2,占比为33.29%;13等地面积为183 494.94hm^2,占比为45.78%;14等地面积为29 229.23hm^2,占比为7.29%。总体上看,承德市耕地绝大部分为中低等地,表明承德市农业投入产出的经济效益较低。

按行政区划分,10等地主要分布在双滦区,面积为861.03hm^2,占全市10等地总面积的54.89%;平泉市次之,面积为615.65hm^2,占比为39.25%;第三位为滦平县,面积为80.79hm^2,占比为5.15%;承德县面积为11.23hm^2,占比仅为0.72%。其他县(区)没有10等地。11等地分布最多的行政区是平泉市,面积为15 454.24hm^2,占全市11等地总面积的29.12%;隆化县次之,面积为15 324.56hm^2,占比为28.88%;第三位为滦平县,面积为8 720.72hm^2,占比为16.43%。11等地分布较少的行政区为围场县、宽城县和营子区,面积分别为589.43hm^2、374.07hm^{2}和268.36hm^2,分别仅占全市11等地总面积的1.11%、0.70%和0.51%。12等地分布最多的行政区是隆化县,面积为26 671.69hm^2,占全市12等地总面积的19.99%;丰宁县次之,面积为24 790.65hm^2,占比为18.58%;第三位为平泉市,面积为24 616.79hm^2,占比为18.45%。营子区的12等地较少,面积仅为516.92hm^2,占比为0.39%。双滦区没有12等地。13等地分布最多的行政区是围场县,面积为78 293.96hm^2,占全市13等地总面积的42.67%;丰宁县次之,面积为48 826.49hm^2,占比为26.61%;第三位为承德县,面积为17 209.35hm^2,占比为9.38%。双滦区没有13等地。营子区13等地分布较少,面积仅为48.97hm^2,占比为0.03%。14等地集中分布在丰宁县和围场县,面积分别为15 955.80hm^{2}和13 273.43hm^2,分别占全市14等地总面积的54.59%和45.41%。承德市耕地质量经济等别分布情况见表2-18。

表2-18 承德市耕地质量经济等别分布统计表　　　　　　　　　　单位:hm^2

行政区	10等地面积	11等地面积	12等地面积	13等地面积	14等地面积	合计面积
承德市	1 568.70	53 066.67	133 431.18	183 494.94	29 229.23	400 790.72
双桥区	—	746.86	3 644.34	787.17	—	5 178.37
双滦区	861.03	3 456.96	—	—	—	4 317.99
营子区	—	268.36	516.92	48.97	—	834.25
承德县	11.23	1 874.22	13 951.16	17 209.35	—	33 045.96
兴隆县	—	2 474.76	4 681.84	2 464.27	—	9 620.87
滦平县	80.79	8 720.72	9 559.54	3 832.33	—	22 193.38
隆化县	—	15 324.56	26 671.69	15 638.01	—	57 634.26
丰宁县	—	3 782.49	24 790.65	48 826.49	15 955.80	93 355.43
宽城县	—	374.07	3 750.22	8 688.27	—	12 812.56
围场县	—	589.43	21 248.03	78 293.96	13 273.43	113 404.85
平泉市	615.65	15 454.24	24 616.79	7 706.12	—	48 392.80

4. 耕地质量区域差异特征

耕地由于所处的地理位置、地形、气候、水资源、土壤等自然条件不同,其土地自然质量具有明显的区域差异性。同时,全市社会经济发展水平和土地利用管理水平也存在着区域差异性,因此,全市耕地质量等级呈现明显的地域性差异。全市耕地的分布区域可分为坝上高原区、燕山山地丘陵区2个特征明显的区域。

1)坝上高原区

该区位于内蒙古高原东部,河北省最北部,包括丰宁、围场两县坝上地区,属温带干草原栗钙土区。该区地势相对平坦开阔,海拔高,热量和降水量低,为河北省气候区划的冷温干旱区和半干旱区。区内耕地面积占全市耕地总面积的15.29%。区内土壤以栗钙土、灰色森林土、草甸土、风沙土、盐碱土为主,土壤质地较粗,易遭风蚀,易形成水土流失。该区为半农牧区,农业生产条件恶劣,农业投入少,耕作粗放,以种植莜麦、马铃薯、油菜等凉温短季作物为主,产量较低。区内耕地自然质量等别为12~14等,耕地利用等别为13~15等,耕地经济等别为11~14等。

2)燕山山地丘陵区

该区位于河北省东北部,包括丰宁、围场两县坝下地区和其他9个县(市、区)的全部区域。该区域属暖温带半湿润棕壤、褐土区,地貌以中低山和丘陵为主。区内山场面积大,耕地面积仅占全市耕地总面积的84.71%,以种植玉米、谷子、高粱、豆类等杂粮为主。耕地多为坡地,土层薄,砾石含量高,缺乏养分,但降水充沛,水资源丰富,有利于耕地生产潜力的发挥。受气候、降水影响,该区北部为春玉米一年一熟区,耕地自然质量等别为12~14等,耕地利用等别为12~14等,耕地经济等别为11~13等。

(五)耕地的自然条件和利用特点

1. 耕地的自然条件

1)耕地的自然条件概况

由于承德市的耕地资源所处的地理位置、地形地貌、气候条件及土壤、灌溉条件不同,这些因素直接影响着耕地的开垦程度、耕作制度和生产能力。

承德市地域辽阔,总面积约占河北省总面积的1/5,北纬跨度2°25′。从地形分析,全市西北高、东南低,呈阶梯式逐级下降,依次分布有高原、中山、低山、丘陵、盆地和山麓平原。受纬度和地形的双重影响,不同地域的耕地热量差异较大。承德市平均气温为4~9.0℃;南北相差10℃左右;大于或等于0℃的积温为2 198.4~4 059.8℃;大于或等于10℃的积温为1 642.69~3 668.7℃;全年无霜期为73~170d。热量由北向南、由高海拔向低海拔渐次递增,直接影响全市农作物种类和农作物熟制的地域分布。

承德市年平均降水量存在地域分布不均,差异较大的现象。北部丰宁、围场两县年降水量不足500mm,兴隆县、宽城县南部沿长城一线多达750mm以上。降水存在季节性分配不均的问题,多集中在夏、秋季的6—9月,该时段降水量占全年降水量的50%~75%,大部分地区存在春旱夏涝现象,影响耕地生产能力的提高。承德市多年平均水资源总量为37亿m³,其中地表水资源量为36亿m³。水资源量虽然相对丰富,但由于蓄水工程少,现有工程年久失修、淤积严重,目前所有蓄水工程的有效库容仅为1.1亿m³,地表水实际控制量只占水资源总量的3%。水资源控制能力和利用率低,严重制约农业生产的发展。

2)主要农业气象灾害

承德市各地每年遭遇不同程度的农业气象灾害,有的较为严重,给农业生产造成了一定损失,影响耕地的生产能力。

(1)旱灾。旱灾是承德市的主要气象灾害,主要是春旱,夏旱、秋旱则不多见,即使出现,也多为局地性。一般程度的春旱每隔2~3年发生1次,较严重的春旱每隔9~11年发生1次,并连续发生2~3年。

(2)洪涝。承德市暴雨洪涝灾害局域发生。一般程度的春涝每隔3~4年发生1次,较严重的春涝每隔8年或15年发生1次。暴雨洪涝多在每年7月、8月发生。暴雨造成山洪暴发,河水猛涨,引发地质灾害,冲毁道路,淹没庄稼,耕地被水冲沙压,造成农作物较大幅度减产甚至绝收。

(3)冰雹。承德市冰雹灾害每年均有发生。各地出现冰雹的时间不同,北部早于南部,一般为4—10月。冰雹以6—9月数量偏多,体积偏大。从总的趋势看,坝上多于坝下,北部多于南部,山地多于平川,迎风坡多于背风坡。承德市冰雹线多来自内蒙古西盟,分支经坝上侵入围场、丰宁、隆化等县,再分股向东延伸,受地形影响,形成雹线和雹窝。各地累计年平均出现冰雹天数:坝上平均为7d,最多达到12d;北部平均为5d,最多达到14d;中部平均为3d,最多达到7d;南部平均为2d,最多达到6d。

(4)霜冻。若以日最低气温小于或等于2℃的初终日作为出现霜冻的初终日,承德市各地累年平均终霜日期,由南向北依次到来,为4月19日—6月28日,先后相差约70d;各地累年平均初霜日期,由北向南依次到来,为8月29日—10月8日,先后相差约40d。

(5)风灾。承德市出现大风的时间,春季最多,秋季次之,夏、冬季较少。各地累计年平均出现大风的天数:坝上偏多,平均为52d,最多达109d;丰宁县最多,平均为55d,最多达120d;围场县平均为26d,最多达44d;隆化县平均为52d,最多达93d;滦平县和市中心区平均为26d,最多达59d;承德县平均为53d,最多达78d;平泉市平均为25d,最多达42d;宽城县平均为39d,最多达58d;兴隆县平均为23d,最多达48d。

2. 耕地的利用特点

1)地域性较强

由于耕地所处地理位置的气候、水资源、土壤等自然条件不同,其土地利用具有明显的区域差异性。参照承德市农业区划和种植业区划,可将耕地分布区划分为4个类型区。

(1)坝上高原马铃薯、莜麦、胡麻区。该区位于承德市西北部,包括围场县和丰宁县等9个县(镇)和6个国有林牧场,耕地面积占全市耕地总面积的15.29%。该区地势平坦开阔,耕地土壤类型主要为灰色森林土、黑土、栗钙土、风沙土、草甸土和沼泽土等,有机质含量较高,但土层薄,风蚀沙化严重;海拔高,热量和降水量少,无霜期短,仅为80d左右。该区农业生产条件差,以种植马铃薯、莜麦、胡麻、油菜、春小麦等耐寒早熟作物为主,其中以马铃薯生产最具特色,是全国马铃薯生产和种薯繁育基地,错季蔬菜生产也有一定规模。

(2)坝下北部山地玉米、水稻、杂粮区。该区位于承德市坝下北部,包括围场、丰宁两县的坝下地区和隆化县的全部耕地分布区,耕地面积占全市耕地总面积的49.57%。耕地土壤类型主要为棕壤、褐土、潮土、风沙土等。土壤肥力低,水土流失严重。河川地以种植水稻为主,水稻产量较高,其中隆化县滦河川和伊逊河川的水稻种植面积达到4554hm²;旱坡地以种植玉米、谷子、豆类、杂粮和马铃薯为主,耕种条件差,产量较低。

(3)坝下中部山地玉米、水稻、杂粮区。该区位于承德市坝下中部,包括滦平县、平泉市、承德县和承德市中心区,耕地面积占全市耕地总面积的30.64%。耕地土壤类型主要为褐土、棕壤、潮土等。该区土壤肥力较高,热量和降水量适中,以种植玉米、水稻、谷子、豆类、杂粮为主,是承德市的粮食主产区。其中,平泉市为全国粮食生产基地县,滦平县的滦河川水稻生产具有一定规模,承德县的设施农业和蔬菜生产较具特色。

(4)坝下南部山地玉米、小麦、果桑区。该区位于承德市坝下南部,包括宽城、兴隆两县和营子区,耕地面积占全市耕地总面积的4.50%。该区热量和降水量充足,无霜期长。该区耕地土壤类型主要为褐土、棕壤等,但耕地少,规模小,且多为山坡地。土壤有机质含量较高。该区作物多为一年一熟,兼有部分一年两熟,以种植玉米、小麦为主,同时,盛产板栗、核桃、山楂、柿子、苹果、梨等干鲜果品,桑蚕业亦有一定规模和特色。

2）垦殖率较低

承德市历史上为少数民族游牧区，耕地大规模开发历史较短，加之地貌地形复杂，虽然地域辽阔，但以中低山为主，耕地后备资源匮乏。坝上地区地势平坦，但生态环境脆弱，不适宜大规模开垦耕地。中华人民共和国成立后，特别是改革开放以来，随着人口增长、社会经济发展，对耕地需求日益增加。为满足社会经济发展需求，各级政府和土地行政主管部门采取国家、集体、农户相结合的方式，多次大规模开垦未利用地，增加了一定数量的耕地面积。但第三次全国国土调查结果显示，承德市的垦殖率仍然很低。全市土地总面积约为 3.95 万 km^2，占全省土地总面积的 20% 以上，而耕地面积仅为 413 734.38 hm^2，占河北省耕地总面积的比例不足 7%，仅约为全市土地总面积的 10%。

3）利用强度较大

在农用地中，园地、林地、草地一般都是十几年、几十年以至更长时间更新一次种植物，而耕地每年至少种植和收获种植物一次，多则一年两种两收，用地强度较大。为了提高耕地利用率、产出率和经济效益，现代间作、套种、复种的种植制度逐步形成，复种指数逐步提高，用地强度越来越大。特别是设施农业的发展和农业生产技术水平的提高，传统露天种植模式的改变，进一步提高了复种指数，增大了耕地的利用强度，部分地区的复种指数达到 200% 以上。

（六）耕地利用中存在的问题及对策

1. 耕地利用中存在的问题

1）优质耕地减少，补充耕地质量不高

据不完全统计，2009—2020 年，承德市因社会经济发展，经批准征收农村集体土地 2.11 万 hm^2。虽然同期政府大力进行开发复垦整理以补充耕地，做到了耕地占补平衡有余，但所开垦补充的耕地只是在数量上达到平衡，在质量上则远没有平衡。各种非农建设占用的绝大部分耕地是城镇周边的优质耕地，而新开垦的耕地则大多是未利用地，基本上没有形成熟化耕作层或耕作层很薄，土壤肥力较低，加之普遍缺乏行之有效的后续培肥管理，致使新开垦耕地的质量明显不如被占用耕地的质量。

2）水资源利用率低，限制耕地生产能力

承德市多年平均水资源总量为 37.6 亿 m^3，人均 995 m^3，耕地亩均 612 m^3。虽然水资源相对丰富，但由于蓄水工程少，现有工程年久失修，淤积严重，目前所有蓄水工程的有效库容仅为 1.1 亿 m^3，地表水实际控制量只占水资源总量的 3%。全市水田和水浇地面积只有 55 206.17 hm^2，仅占耕地总面积的 13.34%。全市有 86.66% 的耕地为无灌溉水源的旱耕地，靠天收。水资源控制能力和利用率低，成为严重制约耕地生产能力提高的主要因素。

3）耕地重用轻养，土壤肥力不高

承德市的耕地土壤普遍缺氮、少磷、少钾，有机质含量较低。根据土壤普查化验结果，并参照全国统一养分六级分级标准，承德市耕地多处于四级、五级的水平。速效磷含量在 $3\times10^{-6}\sim5\times10^{-6}$ kg/kg 之间的耕地面积占耕地总面积的 32.45%，有机质含量在 2% 以下的耕地面积占耕地总面积的 73.42%，全氮含量在 0.1% 以下的耕地面积占耕地总面积的 70.06%，微量元素锌的含量低于 0.5×10^{-6} kg/kg 的面积占耕地总面积的 39.57%。同时，大量增加化肥施用量，轻视有机肥施用，不同程度地造成了耕地土壤板结。全市耕地土壤养分含量较低，肥力水平不高，不能满足发展"两高一优"农业生产的需求。

4）部分耕地受污染，质量有所下降

近年来，由于工业"三废"排放量增加，特别是从事采矿、选矿、冶炼等工业企业增多，"三废"排放量明显增加，加之农药、化肥、地膜的大量使用，一些有毒、有害物质进入农田生态系统，造成土壤不同程度地受到污染，耕地质量和生产能力下降，并进入食物链，危害人畜健康。

2. 加强耕地利用的对策

根据承德市耕地利用中存在的主要问题,为改善农田生态环境、耕地质量状况、农业生产条件,政府提出以下加强耕地利用的对策。

1)加强坡耕地综合治理

坡耕地是水土流失的主要根源,也是承德市农村粮食产量低且不稳定的要害所在。政府要遵循开发利用与治理改良并举的思路,因地制宜,统一规划,坚持农、林、牧、水相结合,山、水、地统一治理的原则,加强坡耕地综合治理与改良。对围场县、丰宁县、隆化县、平泉市、承德县等水土流失较为严重的重点农业县(市),采用坡耕地分级耕作模式,通过调整种植结构、坡改梯等方式改善水土流失状况,实施保水、保土、保肥综合措施,有效降低农业生产活动对水土流失的影响,并改善坡耕地种植条件。在坡耕地土层深厚、坡度较缓、当地劳动力充裕的地方,实行一步到位的治理方式,尽可能修水平梯田;对坡耕地土层较薄、坡度偏陡,或当地劳动力较少的地方,可以先修坡式梯田,逐年向下方翻土耕作,减缓田面坡度,逐步变成水平梯田;在地多人少、劳动力缺乏,同时年降雨量较少、耕地坡度在15°~20°的地方修建隔坡梯田,平台部分种庄稼,斜坡部分种牧草,遇暴雨时利用斜坡部分地表径流,增加平台部分的土壤水分。在土石山区或石质山区,坡耕地中夹杂大量石块的地方,就地取材修石坎梯田。无法修建梯田的地方,要采取改变微地形、增大地面植被覆盖度、增加土壤入渗、提高抗蚀性能等保水保土耕作措施。对已造成严重影响的水土流失重点农业种植区,以及坡度大于25°的坡耕地,积极实施退果还林、退耕还林等措施减少或消除不利影响。

2)加强高标准农田建设

加强以农田水利为重点的高标准基本农田建设,改善农田生产条件,提高耕地抵御自然灾害的能力和生产能力。要因地制宜,有计划地开采地下水,搞好机井合理布局;同时,采取挖坑塘、修水库、筑塘坝、建水闸水窖等措施,拦蓄地表水,充分利用自然降水,提高耕地保浇率;在新建水利工程的同时,对现有井灌、渠灌工程进行整修配套,提高设施使用效率。实行节水灌溉,修建防渗渠道,有条件的地方要铺设地下管道,既能防止渗漏损失,又能少占耕地。存在水土流失的耕地要搞小流域综合治理,采取修梯田、挖蓄水聚肥丰产沟等措施拦蓄水土,变"三跑田"为"三保田"。组织农民利用农闲季节兴修水利、平整土地、深耕深翻、改良土壤,为提高、稳定作物产量奠定良好基础。

3)改造中低产田,挖掘耕地生产潜力

承德市的耕地有2/3属于中低产田,农作物产量不高,存在盐碱地、沙土地、黏土地等劣质地。中低产田增产潜力大,产投比高,只要针对造成土地低产的原因,科学规划,增加投入,采取工程、生物、农艺等综合开发改造措施,就能将中低产田改造为高产田。针对坡耕地多的情况,大搞水土保持工程,修建高标准梯田,挖蓄水聚肥丰产沟,培肥熟化耕层土壤;针对有盐碱危害的耕地,要搞好排灌工程配套,修筑条田,平整田面,合理耕作,减少盐碱危害;针对质地过沙、过黏的耕地,采取客土掺黏或掺沙、引洪淤灌、深耕深翻等措施,改良土壤质地;针对旱地,要充分挖掘水资源潜力,扩大灌溉面积,提高保浇率;针对没有水源条件的耕地,要实施旱作农业技术,充分利用有限的自然降水,提高单位降水的利用率。采取增加有机肥、绿肥施用量,实行农作物秆粉碎还田及推广科学配方施肥等措施,培肥地力,改良土壤结构和质地。

4)保护和改善农田生态环境

保护和改善农田生态环境,是保护耕地、提高农业生产水平的重要举措。植树造林,可涵养水源,保持水土,增加大气湿度,减少风沙危害,改善农田小气候,有利于农作物生长。为此,要重点在基本农田保护区周围地带和闲散土地、荒地植树造林,提高森林覆盖率。各种非农建设项目必须遵守国家有关建设项目环境保护管理的规定,制订和实施切实可行的基本农田环境保护方案。加快工业企业技术改造和转型升级进度,减少工业"三废"排放。严禁向农田排放超标污水,也不得引用超标污水进行农田灌溉。增加有机肥施用量,减少化肥施用量。

二、园地

第三次全国国土调查结果显示,截至 2019 年 12 月 31 日,承德市园地总面积为 144 688.02hm²,占河北省园地总面积的 14.38%,居全市一级土地利用类型面积的第 4 位。

(一)园地分布与构成

1. 园地分布特点

按行政区分析,兴隆县的园地最多,面积为 66 788.40hm²,占承德市园地总面积的 46.16%;其次为宽城县,园地面积为 29 374.92hm²,占全市园地总面积的 20.30%;再次为承德县,园地面积为 19 809.94hm²,占全市园地总面积的 13.69%。园地较少的行政区是营子区、双滦区和丰宁县,面积分别为 1 195.67hm²、1 489.22hm² 和 2 540.74hm²。全市园地面积统计分析情况见表 2-19 和图 2-16。

表 2-19 承德市园地情况统计表

行政区	园地面积/hm²	占全市园地总面积的比例/%
承德市	144 688.02	100.00
双桥区	3 357.09	2.32
双滦区	1 489.22	1.03
营子区	1 195.67	0.83
承德县	19 809.94	13.69
兴隆县	66 788.40	46.16
滦平县	5 049.93	3.49
隆化县	5 894.45	4.07
丰宁县	2 540.74	1.76
宽城县	29 374.92	20.30
围场县	3 170.08	2.19
平泉市	6 017.58	4.16

2. 园地构成特点

根据国家统一分类标准,园地由果园、茶园、橡胶园和其他园地 4 个二级地类构成。承德市无茶园和橡胶园,因此,承德市园地由果园和其他园地 2 个二级地类构成。其面积、比例、分布情况如下。

1)果园

承德市果园面积为 122 993.79hm²,占河北省果园总面积的 12.62%,在园地二级地类中所占比例最大,占全市园地总面积的 85.01%。

承德市的果园主要分布在南部燕山中低山山区和坝下中低山丘陵区。按行政区划分,兴隆县的果园最多,面积为 66 784.70hm²,占全市果园总面积的 54.30%;其次为宽城县,果园面积为 20 394.06hm²,占全市果园总面积的 16.58%;再次为承德县,果园面积为 13 774.54hm²,占全市果园总面积的 11.20%。三个县的果园面积合计 100 953.30hm²,占全市果园总面积的 82.08%。其他县(市、区)的果园面积为

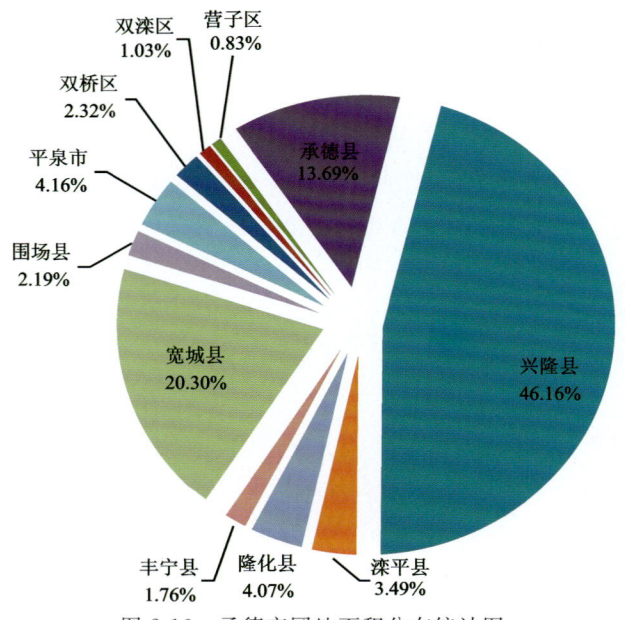

图 2-16　承德市园地面积分布统计图

22 040.49hm²,仅占全市果园总面积的 17.92%。其中,营子区、双滦区和滦平县果园面积较小,分别为 650.11hm²、1 488.87hm² 和 1 679.39hm²,仅占全市果园总面积的 0.53%、1.21% 和 1.37%。按果园占本辖区园地总面积的比例分析,占比最高的行政区是兴隆县,为 99.99%;其次是双滦区,为 99.98%;再次是双桥区,为 98.06%;占比最低的是滦平县,为 33.26%。全市果园面积统计分析情况见表 2-20 和图 2-17。

表 2-20　承德市果园面积统计分析表

行政区	果园面积/hm²	占本辖区园地总面积的比例/%	占全市果园总面积的比例/%
承德市	122 993.79	85.01	100.00
双桥区	3 291.86	98.06	2.68
双滦区	1 488.87	99.98	1.21
营子区	650.11	54.37	0.53
承德县	13 774.54	69.53	11.20
兴隆县	66 784.70	99.99	54.30
滦平县	1 679.39	33.26	1.37
隆化县	4 532.29	76.89	3.68
丰宁县	2 409.01	94.82	1.96
宽城县	20 394.06	69.43	16.58
围场县	3 077.45	97.08	2.50
平泉市	4 911.51	81.62	3.99

承德市水果的种类主要有苹果、红果、梨、杏、桃、葡萄等。2019 年,承德市水果总产量为 98.55 万 t,其中,苹果产量为 60.04 万 t,红果产量为 20.63 万 t,梨产量为 11.82 万 t,杏产量为 1.72 万 t,桃产量为 1.03万 t,柿子产量为 0.92 万 t,葡萄产量为 0.52 万 t。

2)其他园地

承德市其他园地面积为 21 694.23hm²,占河北省其他园地总面积的 69.96%,占全市园地总面积的 14.99%。

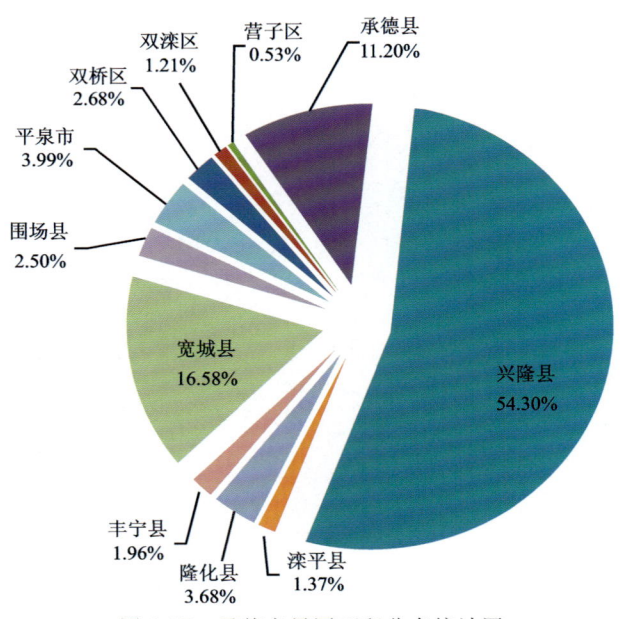

图 2-17　承德市果园面积分布统计图

按行政区分析,宽城县的其他园地最多,面积为 8 980.86hm²,占全市其他园地总面积的 41.39%;其次为承德县,其他园地面积为 6 035.40hm²,占全市其他园地总面积的 27.82%;再次为滦平县,有其他园地 3 370.54hm²,面积占全市其他园地总面积的 15.54%。3 个县其他园地面积合计 18 386.80hm²,占全市其他园地总面积的 84.75%。其他县(市、区)其他园地面积为 3 307.43hm²,仅占全市其他园地总面积的 15.25%。其中,双滦区、兴隆县和双桥区其他园地面积较小,分别为 0.35hm²、3.70hm² 和 65.23hm²,仅占全市其他园地总面积的 0%、0.02% 和 0.30%。按其他园地面积占本辖区园地总面积的比例分析,占比最高的行政区是滦平县,为 66.74%;其次是营子区,为 45.63%,再次是宽城县,为 30.57%。占比最低的行政区是兴隆县,仅为 0.01%。全市其他园地面积统计分析情况见表 2-21 和图 2-18。

表 2-21　承德市其他园地面积统计分析表

行政区	其他园地面积/hm²	占本辖区园地总面积的比例/%	占全市其他园地总面积的比例/%
承德市	21 694.23	14.99	100.00
双桥区	65.23	1.94	0.30
双滦区	0.35	0.02	0.00
营子区	545.56	45.63	2.51
承德县	6 035.40	30.47	27.82
兴隆县	3.70	0.01	0.02
滦平县	3 370.54	66.74	15.54
隆化县	1 362.16	23.11	6.28
丰宁县	131.73	5.18	0.61
宽城县	8 980.86	30.57	41.39
围场县	92.63	2.92	0.43
平泉市	1 106.07	18.38	5.10

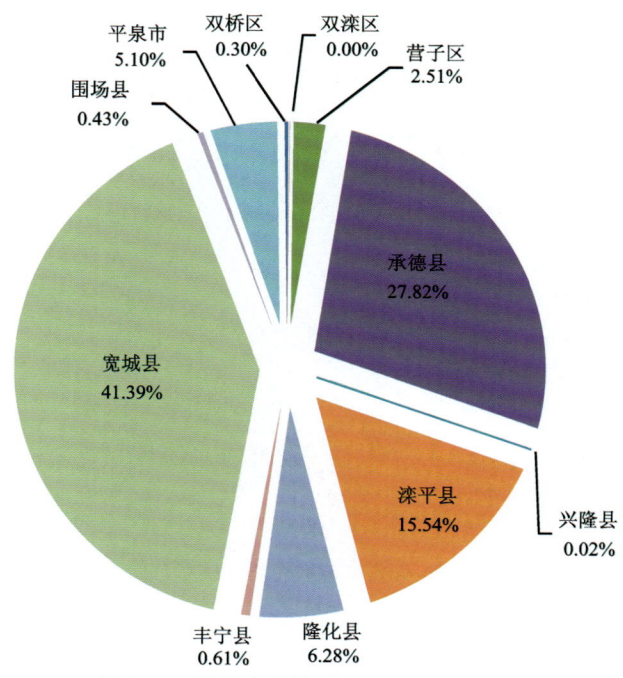

图 2-18 承德市其他园地面积分布统计图

(二)园地的利用特点

(1)果园面积大,并以鲜果园为主。根据《第三次全国国土调查技术规程》(TD/T 1055—2019)中规定的园地分类,承德市的园地有果园和其他园地 2 个二级地类。其中,果园面积最大,占全市园地总面积的 85.01%,其他园地仅占 14.99%。

(2)地域分布差异明显。承德市地貌类型、自然条件存在明显差异,园地的分布也表现出明显的地域性。坝上地区由于土层薄,热量和降水量不足,基本无鲜果种植。北部接坝地区气温低,园地分布较少。南部燕山中低山山区,因光照和降水量充足,无霜期长,土壤母质以花岗岩、花岗片麻岩风化物为主,土壤类型主要为棕壤和褐土,有机质含量高,呈微酸性,适合苹果树等果树生长,为全市园地集中分布区。

(3)区位条件较好,有利于果品生产。承德市背靠辽蒙,面临京津,具有"一市连五省(市)"的区位条件,果品具有广阔的市场空间。境内交通网络体系日益完善,公路、铁路四通八达,是联系华北、东北和蒙东的重要交通节点,为果品进入市场的运销提供了有利条件,也为园地的深度开发利用起到积极的促进作用。

(三)园地利用中存在的问题及对策

1. 园地利用中存在的主要问题

(1)缺乏统一规划,结构布局不尽合理。由于缺乏统一规划,园地的种植、经营管理比较分散。很多农民自发地利用自留地、承包地栽植果树,形成了一批很分散的家庭小果园。这些小果园的基础设施配套差,抵御自然灾害的能力弱,既不利于果园的集约化经营,也不利于周围粮田的耕作管理。在果树结构上,常规品种多,具有品牌特色的品种少。此外,大多数近年新建的果园占用的是耕地,而且相当一部分是水浇地,虽然目前果树都处在幼树期,对粮食生产影响不大,一旦进入盛果期,势必将影响粮食生产。

(2)果园发展速度较快,标准质量有待提高。由于广大农民对果品生产日益重视,并将果品生产视作农村脱贫致富的一条重要途径,果树的栽植面积增长较快,已由2009年的92 119.66 hm² 发展到2019年的122 993.79 hm²,增幅为33.5%。但是,由于投入不足,工程标准低,建园质量差,加之管理跟不上,果树栽植成活率低,结果率不高。特别是一些山地果园由于水利设施不配套,土壤改良不到位,因而不能满足果树生长期用水、用肥需求。全市可灌溉果园面积仅占果园总面积的28.7%,有机肥施用面积不足1/4。同时,有的新建果园管理跟不上,造成适龄果树不结果。

(3)专业技术人员较少,综合服务水平偏低。承德市虽有市、县两级果树技术推广服务机构,但从事果树技术推广和服务的人员不足70名,平均每万公顷果园专业技术指导人员不足8名,有的县只有两三名技术人员在从事果树技术指导和服务工作,技术人员数量与全市果园技术指导服务人员的需求量极不相称。大部分果园管理技术靠果农自学自用,有的果农只能掌握果树修剪等简单技术。果园技术推广体系不健全,专业技术指导人员少,造成果园生产技术落后,新技术应用推广缓慢。这成为全市果品产业健康发展的一大制约因素。

(4)果品附加值低,市场占有率不高。经过几十年的发展,全市果品生产虽已初具规模,但存在产业化程度低、果品附加值和市场占有率不高的问题,在一定程度上影响了果品生产的经济效益,具体表现在如下几个方面:一是果品商品化处理手段落后,包装较粗糙,贮藏和运输制约因素多,不仅影响了原产品的增值,而且因条件限制,有时造成大量果品积压腐烂;二是市场发育滞后,缺乏市场信息服务和专业合作组织,个体果农难以把握销售市场动向,跟不上市场的发展,大部分地区还没有真正形成产供销一体化的模式;三是果品深加工龙头企业少,规模小,产业链短,果品附加值不高;四是果品基地建设水平有待提高,目前的生产能力和质量尚不能满足市场需求,缺乏有效的与龙头企业的利益联结机制。

2. 加强园地利用的对策

(1)以规划为龙头,科学调整园地结构和布局。要根据市场需求和不同区域土地资源特点,坚持发展园地与农业产业结构调整相结合、品种结构布局与市场需求相结合、新建果园与现有果园的更新改造挖潜相结合的原则,因地制宜地搞好全市园地发展总体规划。要充分利用宜林地开发建设果园,防止盲目占耕地。在规划布局上,要充分发挥各种土地资源条件的地域优势,积极促进和推行规模经营,加快名特优产品基地建设。其中要重点抓好兴隆县、宽城县和滦平县长城沿线板栗基地建设,兴隆县、宽城县和承德县红富士苹果基地建设,平泉市和承德县国光苹果及围场县金红苹果基地建设,兴隆县、隆化县、滦平县和承德县山楂基地建设。同时,在全市主要交通道路沿线和景区景点周围建设以种植梨、桃、杏、李、葡萄等时令鲜果为主的观光采摘园。

(2)以基础为保障,全面改善园地生产条件。在园地开发利用过程中,要切实加强水利配套基础设施建设,采取"小规模、大群体"的建设模式,因地制宜地修建"小水库、小塘坝、小水池、小水窖"和"风力提水"等水源工程。果园新建要与水利配套设施建设同步进行,现有果园要逐步增加水浇地面积。水务、农业资源开发等部门要优先给面积为6.67 hm² 以上标准化果园建设配套设施,力争"十四五"时期末全市果园灌溉面积达到果园总面积的80%以上,基本打破水利对果园生产的制约,为果园的规模化、集约化发展创造有利条件。同时,要大力推行园地整理,对山地果园施行整修梯田、修树盆、增施有机肥等土壤改良措施,全面改善园地生产条件,提高果园的生产能力。

(3)以科技为支撑,健全园地综合服务体系。要加强林果技术推广和综合服务体系建设,稳定和扩大基层果树技术服务队伍,健全市、县两级服务网络,进一步扩大服务经营项目的范围。要搞好技术培训、技术咨询、技术承包,大力普及常规技术,推广应用新技术,加大科技成果转化力度,及时为广大果农提供产前、产中、产后综合服务,解决每家每户难以解决的问题。要加强园地的田间管理,改善果树的立地生产条件;同时,加强以修剪、病虫害防治等为主要内容的树上管理,提高果农科学管树水平,提高果品产量和质量,推动全市的果品生产向优质、高产、高效方向发展。

(4)以市场为导向,促进园地规模化和集约化经营。承德市应适应市场经济形势,以"龙头企业+合作社+农户"的模式,促进园地规模化和集约化发展,实现果品产、供、销一条龙,果工贸一体化经营,不断提高园地生产的社会效益、经济效益和生态效益。制定和实施优惠政策,支持承德露露股份有限公司、神栗食品股份有限公司、河北怡达食品集团有限公司、河北汇源食品饮料有限公司、承德宇航人高山植物应用技术有限公司等业绩较好的龙头企业,加快企业转型升级,提高果品深加工的能力和水平。加快推进果汁、果醋等高端饮品和山楂、沙棘等系列产品的研发,提高功能食品、药品和保健品的生产能力,最大限度地提高果品的附加值。加快流通体系建设,做好与京津市场对接工作,进一步加强已建市场的基础设施建设,完善功能,扩大规模,提升档次和水平。要大力加强果农合作社建设,积极引导和鼓励果农,以土地、资金、果树、技术入股等方式组建果树专业合作社,开展技术指导服务,发挥其内联果农、外联市场的纽带作用,协调产、供、销各个环节,不断提高果品产业的市场竞争力。

(5)以政策为导向,鼓励果农大力开发园地。根据承德市的实际情况,应将发展果园作为实施乡村振兴的重要基础产业。认真贯彻执行中央和河北省有关果园生产的各项方针政策。一是稳定园地承包政策,保证果园承包经营权长期稳定,且不受农田调整政策的影响,以充分调动果农的生产积极性。二是制定优惠政策,促进园地使用权的合理流转,鼓励果农扩大生产规模,实行集约化经营。三是实行优惠政策,通过多渠道筹集资金,促进园地发展。市、县两级财政部门在预算范围内设立扶持园地发展和果品生产的专项资金,加大涉农资金整合力度,将林业、扶贫、农牧、水务、农业资源开发等部门的涉农资金向果品产业倾斜。同时,加大开放力度,引进社会资金投资林果生产,鼓励果农根据本地未利用地资源优势,加大集资、投劳力度,开发园地,发展林果产业。

三、林地

第三次全国国土调查结果显示,截至2019年12月31日,承德市林地总面积为2 678 890.79 hm²,占河北省林地总面积的41.69%,不仅居承德市一级土地利用类型第1位,而且居河北省11个设区市之首。

(一)林地分布与构成

1. 林地分布特点

从地形地貌上分析,承德市的林地主要分布在坝上高原东部灰色森林土地区和坝下燕山山地。按行政区划分,围场县的林地面积最大,为624 468.35 hm²,占全市林地总面积的23.32%;其次为丰宁县,林地面积为588 877.26 hm²,占全市林地总面积的21.98%;再次为隆化县,林地面积为390 771.85 hm²,占全市林地总面积的14.59%。林地面积较小的行政区是营子区、双滦区和双桥区,分别为11 383.18 hm²、17 388.49 hm²和40 800.07 hm²,仅占全市林地总面积的0.42%、0.65%和1.52%。全市林地面积统计分析情况见表2-22和图2-19。

表 2-22　承德市林地情况统计表

行政区	林地面积/hm²	占全市林地总面积的比例/%
承德市	2 678 890.79	100.00
双桥区	40 800.07	1.52
双滦区	17 388.49	0.65
营子区	11 383.18	0.42
承德县	268 162.08	10.01
兴隆县	213 315.59	7.96
滦平县	202 556.25	7.56
隆化县	390 771.85	14.59
丰宁县	588 877.26	21.98
宽城县	101 068.40	3.77
围场县	624 468.35	23.32
平泉市	220 099.27	8.22

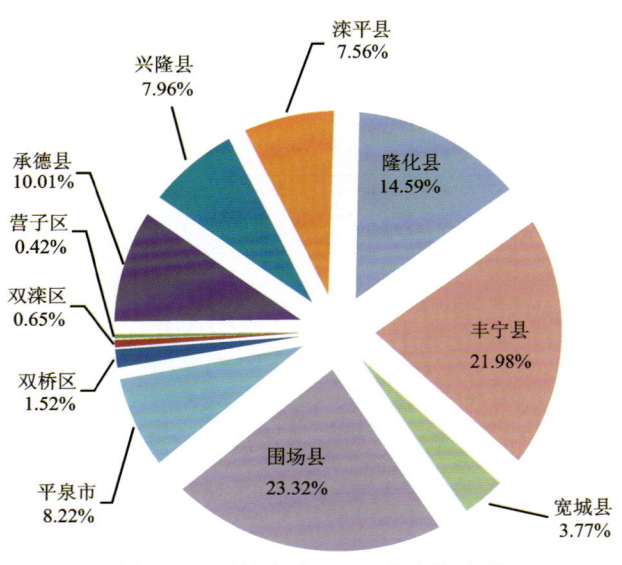

图 2-19　承德市林地面积分布统计图

2. 林地构成特点

按国家统一分类标准,林地由乔木林地、竹林地、灌木林地和其他林地 4 个二级地类构成。承德市无竹林地,因此,林地由乔木林地、灌木林地和其他林地 3 个二级地类构成,其面积、比例、分布情况如下。

1)乔木林地

承德市乔木林地面积为 1 372 039.54hm²,占河北省乔木林地总面积的 51.03%,占全市林地总面积的 51.22%。

按行政区分析,围场县的乔木林地最多,面积为 370 283.42hm²,占全市乔木林地总面积的 27.00%;其次为丰宁县,乔木林地面积为 274 900.56hm²,占全市乔木林地总面积的 20.04%;再次为隆化县,乔木林地面积为 221 766.80hm²,占全市乔木林地总面积的 16.16%。乔木林地较少的行政区是营子区、双滦区和双桥区,分别有乔木林地 3 974.99hm²、8 531.12hm² 和 18 424.50hm²,面积仅占全市乔木林地总面积的 0.29%、0.62% 和 1.34%。按乔木林地占本辖区林地总面积的比例分析,占比最高的行政区是宽城县,为 59.82%;其次是围场县,为 59.30%;再次是隆化县,为 56.75%;占比最低的行政区是营子区,为 34.92%。全市乔木林地面积统计分析情况见表 2-23 和图 2-20。

表 2-23 承德市乔木林地面积统计分析表

行政区	乔木林地面积/hm²	占本辖区林地总面积的比例/%	占全市乔木林地总面积的比例/%
承德市	1 372 039.54	51.22	100.00
双桥区	18 424.50	45.16	1.34
双滦区	8 531.12	49.06	0.62
营子区	3 974.99	34.92	0.29
承德县	117 375.64	43.77	8.55
兴隆县	99 470.59	46.63	7.25
滦平县	81 000.27	39.99	5.90
隆化县	221 766.80	56.75	16.16
丰宁县	274 900.56	46.68	20.04
宽城县	60 456.15	59.82	4.41
围场县	370 283.42	59.30	27.00
平泉市	115 855.50	52.64	8.44

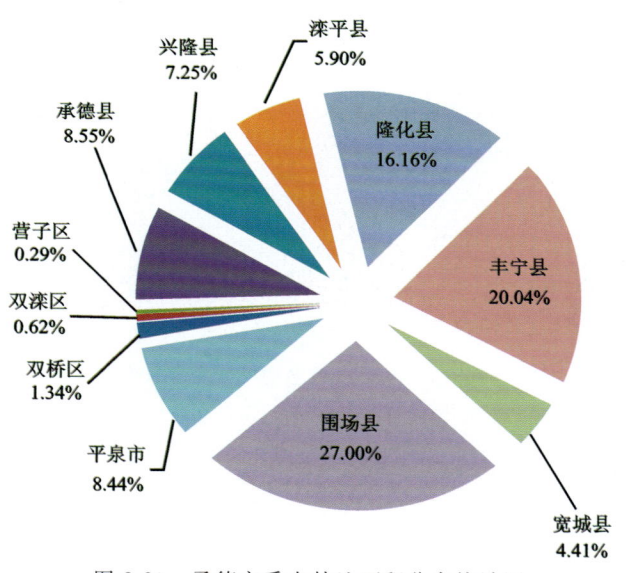

图 2-20 承德市乔木林地面积分布统计图

2)灌木林地

承德市灌木林地面积为 882 007.97hm²,占河北省灌木林地总面积的 44.36%,占全市林地总面积的 32.92%。

按行政区分析,丰宁县的灌木林地最多,面积为 277 036.98hm²,占全市灌木林地总面积的 31.42%;其次为隆化县,灌木林地面积为 115 741.94hm²,占全市灌木林地总面积的 13.12%;再次为承德县,灌木林地面积为114 241.36hm²,占全市灌木林地总面积的12.95%。灌木林地面积较小的是双滦区、营子区和双桥区,分别有灌木林地3 822.22hm²、5 366.35hm²和10 547.59hm²,仅占全市灌木林地总面积的0.43%、0.61%和1.20%。按灌木林地占本辖区林地总面积的比例分析,占比最高的是营子区,为47.14%;其次是丰宁县,为47.05%;再次是滦平县,为45.07%。占比最低的是围场县,为8.83%。全市灌木林地面积统计分析情况见表2-24和图2-21。

表2-24 承德市灌木林地面积统计分析表

行政区	灌木林地面积/hm²	占本辖区林地总面积的比例/%	占全市灌木林地总面积的比例/%
承德市	882 007.97	32.92	100.00
双桥区	10 547.59	25.85	1.20
双滦区	3 822.22	21.98	0.43
营子区	5 366.35	47.14	0.61
承德县	114 241.36	42.60	12.95
兴隆县	89 559.21	41.98	10.15
滦平县	91 300.21	45.07	10.35
隆化县	115 741.94	29.62	13.12
丰宁县	277 036.98	47.05	31.42
宽城县	32 229.14	31.89	3.65
围场县	55 110.22	8.83	6.25
平泉市	87 052.75	39.55	9.87

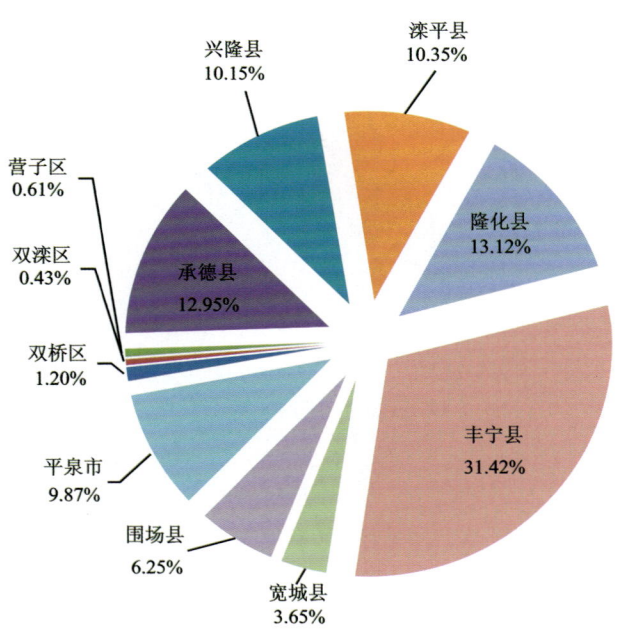

图2-21 承德市灌木林地面积分布统计图

3) 其他林地

承德市其他林地面积为424 843.28hm²,占河北省其他林地总面积的24.30%,占全市林地总面积的15.86%。

按行政区分析,围场县的其他林地最多,面积为199 074.71hm²,占全市其他林地总面积的46.86%;其次为隆化县,其他林地面积为53 263.11hm²,占全市其他林地总面积的12.54%;再次为丰宁县,其他林地面积为36 939.72hm²,占全市其他林地总面积的8.69%。其他林地面积较小的行政区是营子区、双滦区和宽城县,分别有其他林地2 041.84hm²、5 035.15hm²和8 383.11hm²,面积仅占全市其他林地总面积的0.48%、1.19%和1.97%。按其他林地面积占本辖区林地总面积的比例分析,占比最高的行政区是围场县,为31.88%;其次是双桥区,为28.99%;再次是双滦区,为28.96%;占比最低的行政区是丰宁县,为6.27%。全市其他林地面积统计分析情况见表2-25和图2-22。

表 2-25 承德市其他林地面积统计分析表

行政区	其他林地面积/hm²	占本辖区林地总面积的比例/%	占全市其他林地总面积的比例/%
承德市	424 843.28	15.86	100.00
双桥区	11 827.98	28.99	2.78
双滦区	5 035.15	28.96	1.19
营子区	2 041.84	17.94	0.48
承德县	36 545.08	13.63	8.60
兴隆县	24 285.79	11.38	5.72
滦平县	30 255.77	14.94	7.12
隆化县	53 263.11	13.63	12.54
丰宁县	36 939.72	6.27	8.69
宽城县	8 383.11	8.29	1.97
围场县	199 074.71	31.88	46.86
平泉市	17 191.02	7.81	4.05

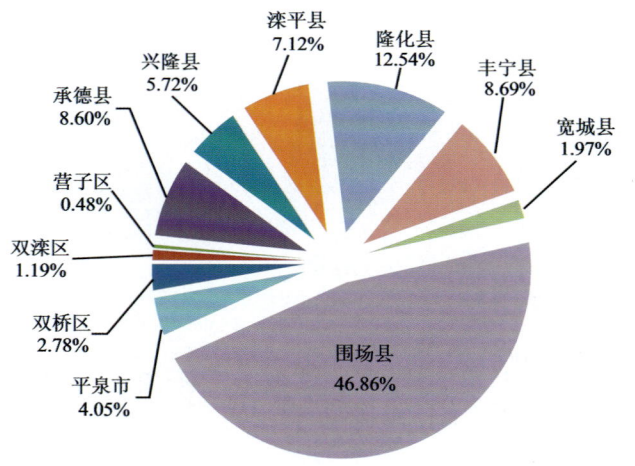

图 2-22 承德市其他林地面积分布统计图

(二)林地的利用特点

1. 林地分布区域差异明显

承德市的林地主要分布于坝上地区和坝下山地。坝下山地包括冀北山地、七老图山山地和燕山山地。根据林地的分布特点和代表性林分组合,全市林地分布区可划分为坝上林区、坝缘山地林区、冀北-

七老图山林区和燕山林区,具体分布见图 2-23。

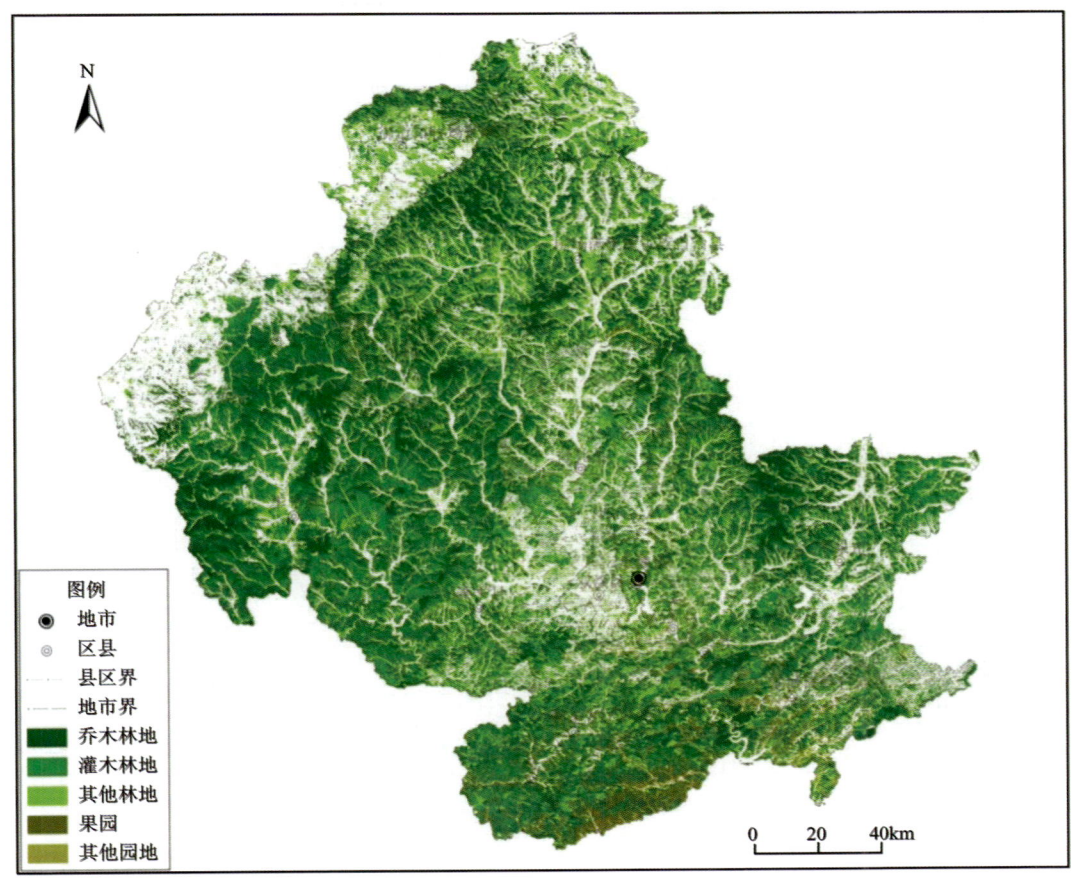

图 2-23　承德市林地分布图

1) 坝上林区

坝上林区包括围场、丰宁两县的坝上地区,海拔为 1400~1800m,年均气温为-1.4~1.5℃,是承德市乃至河北省最冷、热量最低的地区。该区年降水量不足 450mm,无霜期为 80d 左右,年大风日数在 50~84d 之间,气候寒冷干燥,土壤风蚀沙化严重,须大面积植树造林,防风固沙,改善生态环境,发展生态农业。随着国家"三北"防护林体系建设等重点生态工程的实施,该区建成了以塞罕坝机械林场为主的华北地区最大的人工防护林基地,主要树种为落叶松、樟子松、云杉、赤峰杨、白桦、榆树、杞柳、沙棘等。

2) 坝缘山地林区

坝缘山地林区包括老窝铺—燕格柏—五道川以北至坝上高原坝根山地,海拔为 800~1600m,年均气温在 0~4℃之间,年降水量为 400~450mm。森林植被区域以海拔 1300m 为界,可划分为两个垂直带:海拔为 850~1300m 的中山带,林分组合类型为蒙古栎-油松-白桦,蒙古栎和油松分布在阳坡,白桦分布在阴坡;海拔为 1300~1600m 的亚高山带,林分以白桦为主。

3) 冀北-七老图山林区

冀北-七老图山林区包括坝缘山地林区以南,古北口—潘家店—党坝一线以北的冀北山地和七老图山地区。该区地形复杂,海拔在 800~1700m 之间,年均气温为 4~9℃,降水量为 500~600mm。海拔 800m 以下低山带代表树种为刺槐和油松。刺槐分布在阳坡,油松分布在阴坡。海拔为 800~1400m 的中山带代表林分组合为蒙古栎-油松-山杨。油松分布在阳坡,蒙古栎分布在阳坡的上部,山杨分布于阴坡上部或沟脑。海拔为 1400~1700m 的亚高山带主要树种为白桦。

4）燕山林区

燕山林区主要包括兴隆县、宽城县、营子区等县（区）。年均气温为7～9℃，年降水量为600～800mm。海拔为1000m以下林区的植被多以荆条、酸枣等灌丛为主。海拔为1000～1500m区域以落叶阔叶林为主，代表树种为山杨，在一些地段有蒙古栎、辽东栎及以其为主的阔叶混交林。

2. 林龄结构以中幼龄林为主

中华人民共和国成立初期，承德市的林地较少，只有25.60万hm^2，森林覆盖率仅为5.8%。经过70年的封山育林和大规模的植树造林，截至2019年底，森林覆盖率达到近60%，承德市成为"华北最绿的地方"。但目前林龄结构仍以中幼龄林为主，中幼龄林和中龄林面积分别占林地总面积的70%和15%，成熟林面积仅占15%，这种林龄结构影响了森林生态环境的形成和森林生态服务系统功能的发挥。同时，全市森林活立木蓄积总量为5 613.00万m^3，林分每公顷蓄积量为$27m^3$，与河北省平均水平持平，但是低于全国$78.06m^3$的平均水平。

3. 有林地林分组合以生态公益林为主

由于承德市南靠北京和天津两大城市，北邻内蒙古浑善达克和科尔沁两大沙地，是风沙过境的物源区，又位于潘家口、密云两大水库上游，因而承担着为首都阻沙源、为京津保水源的艰巨任务。这种状况决定了承德市在林木抚育上必须将生态公益林放在优先地位。截至2019年底，全市公益林面积为157.49万hm^2，占林地总面积的61.6%。其中，重点公益林面积为80.17万hm^2，一般公益林面积为77.24万hm^2，其他公益林面积为0.078 4万hm^2。商品林面积为98.17万hm^2，占林地总面积的38.40%。其中，重点商品林面积为28.78万hm^2，一般商品林面积为69.38万hm^2。

（三）林地利用中存在的主要问题及对策

1. 林地利用中存在的主要问题

（1）部分林地权属不清，林权纠纷不断出现。承德市山场广阔，林地面积较大，山林权属争议也不断发生。虽然承德市在1980—1984年按照国家统一部署，在全市范围内开展了稳定山权林权、划定自留山、确定林业生产责任制的林业"三定"工作，对涉及"三定"的林地进行了确权登记发证，但仍存在很多争议，并在此后产生很多新的纠纷。这些林权纠纷主要是国营林场与所在村农民集体发生的纠纷，部分为村集体经济组织之间产生的纠纷。这些林权纠纷若不及时得到解决，势必在很大程度上影响林业生产的发展，并产生社会不稳定因素。

（2）侵占林地和乱砍盗伐的现象时有发生。个别地方的干部群众受传统农业思想的束缚，生态观念淡薄，甚至缺乏生态意识，在指导和从事农业生产过程中，急功近利，违背自然规律，随意毁林开荒，盲目扩大种植面积；有的地方为了报批建设用地，单纯追求耕地占补平衡，不惜毁林开垦耕地；有的地方非农建设项目违法违规占用林地；甚至个别地方的单位和个人法治观念淡薄，只顾眼前利益，乱砍盗伐林木。这些现象都在一定程度上对林地造成了破坏，阻碍了林业经济发展，必须及时进行纠正。

（3）造林难度加大，成活率偏低。中华人民共和国成立以来，经过70余年大规模的植树造林，承德市林地面积已发展到267.89万hm^2，森林覆盖率达到近60%。全市山地阴坡、半阴坡宜林地基本上已全部用于植树造林。剩余宜林地多数为山地阳坡，这些地段一般上层较薄或缺少土层，干旱缺水。植被立地条件较差，尽管每年全市投入大量人力、物力进行大规模的植树造林，但林木成活率很低。累计每年的植树造林面积已超过全市土地总面积，但是真正成林的土地较少，若不采取有效措施，改善自然条件，很难保证植树造林的效果。

(4)现有林地经营管理水平有待提高。在现有林地抚育过程中经常出现以取材为目的的行为。多数地方在发展林业过程中重造林、轻管林,基本没有采取培肥地力和改善水利条件的措施,只能靠林木自然生长。同时,由于技术力量薄弱,手段落后,森林病虫害时有发生,大大降低了林木的生长量和质量,严重时造成大面积森林被毁,给林业生产带来很大损失。个别地方森林防火意识不强,由于看护不到位,引发森林火灾,造成林地林木损失。

2. 加强森林和林地资源利用保护的对策

(1)提高认识,加强领导。2014年2月,习近平总书记主持召开京津冀协同发展座谈会,明确指出"张承地区要定位于京津冀水源涵养功能区,同步考虑解决京津周边贫困问题"。2015年6月,中共中央、国务院印发《京津冀协同发展规划纲要》,承德被列为"京津冀西北部生态涵养功能区"。承德市地理位置独特,南邻京津,北接内蒙古风沙源,是京津重要的生态屏障。为京津阻沙源、涵水源是承德市林业建设的首要任务,在全国生态建设中占有举足轻重的地位。承德市地貌类型多样,气候、水文、土壤等自然条件较好,具有发展林业生产,改善生态环境,发展多种经营的有利条件。同时,通过发挥山区优势,加快林地和森林资源的开发利用,大力发展林业经济,实现林业产业化,对优化全市产业结构,壮大区域经济,增加农民收入,进而实现乡村振兴具有十分重要的意义。各级政府和有关部门要进一步增强对发展林业生产重要性的认识,切实加强对林业工作的领导,制定更加灵活的林业政策和切实可行的有力措施,因势利导,充分调动广大干部群众造林、营林、护林、用林的积极性,推动林业生产又好又快发展,为改善生态环境,促进农民增收,建设"生态强市、魅力承德"创造有利条件。

(2)大力实施国土绿化工程。加快建设京北防护林体系,扎实推进京津风沙源治理二期、京冀津冀水源林、再造"三个塞罕坝"、新一轮退耕还林、中幼林抚育和低质低效林改造、京冀水源林、津冀水源林等工程实施,进一步优化造林绿化布局。以滦河和潮河流域主要交通沿线以及其他生态敏感、脆弱地区为重点,本着因地制宜、适地适树的原则,注重乔、灌、草搭配,开展森林生态系统培育,提升森林生态系统质量和稳定性。积极推广近自然营林技术,突出提高"两河"(滦河、潮河)流域水源涵养能力,打造"六路"(张承等6条高速公路)绿化亮点,补齐"四区"(坝上生态脆弱区、干旱阳坡裸露区、美丽乡村片区、城市建成区)绿化短板。强化抚育经营,加快促进天然林自然修复速度,提升天然林生态功能。以创建国家森林城市为抓手,统筹推进城乡绿化工作。

(3)深化林权制度改革。根据《中华人民共和国森林法》和《中华人民共和国土地管理法》的有关规定,积极做好林地使用权和森林、林木所有权确权登记发证工作,妥善解决山林权属争议。加快集体林权制度配套改革步伐,鼓励林业承包经营权向家庭林场、农民合作社、林业企业流转。推行集体林地所有权、承包权和经营权"三权分置"制度,落实所有权,稳定承包权,放活经营权。鼓励农民兴办林业合作组织,实施规模化种植、集约化管理、专业化经营,支持林业合作组织承担造林绿化、公益林管护、山区综合开发等重点生态工程项目建设。稳步推进国有林场改革,理顺国有林场管理体制,创新国有林场发展机制,强化国有林场森林资源监管。

(4)加强森林抚育经营。在加大林业投入的同时,注意采取综合措施,提高造林科学化水平。一是坚持因地制宜,适地适树,根据本地自然条件和社会经济条件,选择最佳的造林模式,提高造林效果。在坝上山地阴坡发展用材林,阴坡营造水土保持林,沙丘、谷间河道营造防风固沙林,一般旱滩营造护田林网,二阴滩营造护牧林网,下湿滩栽种耐碱灌木;在坝下山地土层较厚、水土流失基本得到控制的地带营造以中径级林为主的用材林,山高沟长地带营造水源涵养林,在植被较差、水土流失严重的浅山丘陵营造水土保持林,在水热条件好的低山丘陵发展经济林,在冲积滩地和沟谷发展速生丰产林。二是大力搞好造林整地,大量修筑鱼鳞坑、石坝梯田,挖蓄水沟等,拦蓄自然降水,增加土壤水分。同时,采取选育优良品种,推广客土栽植、营养钵栽植等先进技术,做到"营造一片,成活一片",切实提高造林成活率。三是大力推行封山育林,减少人为干扰和蓄力破坏,利用树木的天然下种和萌芽更新能力,恢复疏林地、散生林地、采伐迹地或其他迹地的森林植被。改善林龄、林相结构,调整和优化林种、树种结构,抓住坝上地区衰死杨树更新换代和燕山地区过密中幼龄林抚育机遇,将纯林逐步改造成符合自然演替规律的复层、异龄的混交林,提高林分质量和林地生产效率,发挥森林综合效益。

(5)强化森林资源经营管理。政府应针对承德市人工有林地面积大、中幼龄林多、林地抚育改造任务重的实际情况,认真贯彻执行"全面规划,因地制宜,以抚育为主,抚育、改造、利用相结合"的方针。以抚育中幼龄林为主,改造疏林、低价值林为辅,有计划地采伐过熟林、成熟林和近熟林。在采伐过程中严格执行国家有关抚育间伐、改造和采伐的技术规定,严格采伐作业设计规程和控制采伐限额、指标,保证抚育改造质量。通过抚育改造使林相整齐,林分分布均匀,提高林木质量和林木生长量,实现森林资源可持续发展。要大力发展森林草原观光、休闲度假、森林温泉疗养、观光采摘游等形式的森林旅游业,大力发展林药、林苗、林菜、林草、林菌等林间种植业及林禽、林畜、林间特种养殖业,推进林业多种经营,不断提高林业综合利用效益。

(6)严格林地红线管理。牢固树立红线意识,全面贯彻落实林地保护利用规划,严格林地用途管制、分级管理和定额管理,严控经营性项目占用林地,严格保护生态区位重要和生态脆弱地区林地,严禁随意改变林地用途。认真贯彻执行《中华人民共和国森林法》等法律法规,坚持依法造林、依法护林、依法管林、依法用林。加强林业行政执法,严厉打击破坏森林资源的违法犯罪行为。对违法违规侵占林地、未经批准擅自开垦林地和乱砍盗伐蓄意破坏林木的行为要依法给予必要的经济或行政处罚。加强公益林管护,推进天然林保护,停止天然林商业性采伐。逐步提高生态公益林补偿标准,扩大补偿规模,建立完善的与经济发展水平相适应的森林生态效益补偿制度。

四、草地

第三次全国国土调查结果显示,截至2019年12月31日,承德市草地总面积为455 314.90 hm^2,占河北省草地总面积的23.38%,居全市一级土地利用类型面积的第2位。

(一)草地分布与构成

1. 草地分布特点

根据地形地貌分析,承德市的草地主要分布于坝上高原和坝下山地。按行政区划分,丰宁县的草地最多,面积为135 913.71 hm^2,占全市草地总面积的29.85%;其次为围场县,草地面积为111 649.53 hm^2,占全市草地总面积的24.52%;再次为隆化县,草地面积为61 743.99 hm^2,占全市草地总面积的13.56%;草地面积较小的行政区是营子区、双桥区和兴隆县,面积分别为200.02 hm^2、5 730.73 hm^2和8 510.45 hm^2,仅占全市草地总面积的0.04%、1.26%和1.87%。全市草地面积统计分析情况见表2-26和图2-24。

表2-26 承德市草地情况统计表

行政区	草地面积/hm^2	占全市草地总面积的比例/%
承德市	455 314.90	100.00
双桥区	5 730.73	1.26
双滦区	15 849.90	3.48
营子区	200.02	0.04
承德县	18 775.13	4.12
兴隆县	8 510.45	1.87

续表 2-26

行政区	草地面积/hm²	占全市草地总面积的比例/%
滦平县	44 874.68	9.86
隆化县	61 743.99	13.56
丰宁县	135 913.71	29.85
宽城县	30 087.60	6.61
围场县	111 649.53	24.52
平泉市	21 979.16	4.83

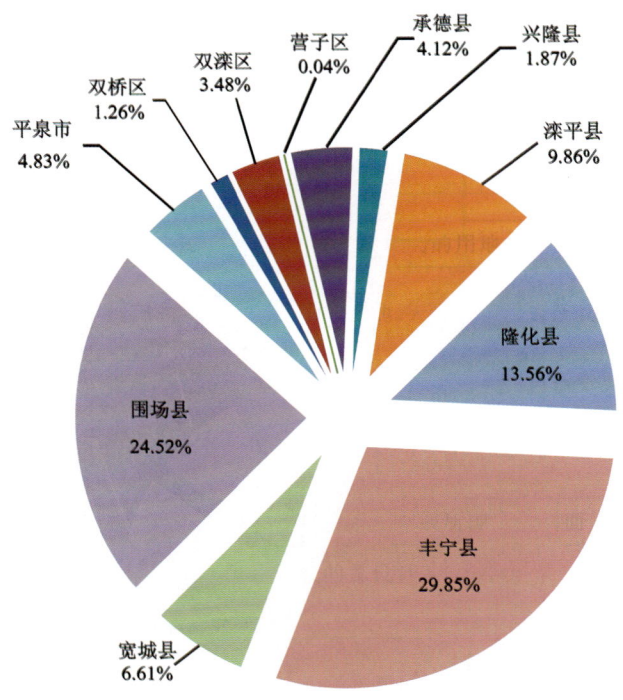

图 2-24 承德市草地面积分布统计图

2. 草地构成特点

按国家统一分类标准,草地由天然牧草地、人工牧草地和其他草地 3 个二级地类构成,其面积、比例、分布情况如下。

1）天然牧草地

承德市天然牧草地面积为 159 245.53hm²,占河北省天然牧草地总面积的 37.92%,占全市草地总面积的 34.97%。

全市天然牧草地集中分布在丰宁县和围场县。其中,丰宁县有天然牧草地 90 100.89hm²,面积占全市天然牧草地总面积的 56.58%;围场县有天然牧草地 68 788.39hm²,面积占全市天然牧草地总面积的 43.20%。平泉市有天然牧草地 356.25hm²,面积仅占全市天然牧草地总面积的 0.22%。全市天然牧草地面积统计分析情况见表 2-27 和图 2-25。

表 2-27　承德市天然牧草地面积统计分析表

行政区	天然牧草地面积/hm²	占本辖区草地总面积的比例/%	占全市天然牧草地总面积的比例/%
承德市	159 245.53	34.97	100
双桥区	0	0	0
双滦区	0	0	0
营子区	0	0	0
承德县	0	0	0
兴隆县	0	0	0
滦平县	0	0	0
隆化县	0	0	0
丰宁县	90 100.89	66.29	56.58
宽城县	0	0	0
围场县	68 788.39	61.61	43.20
平泉市	356.25	1.62	0.22

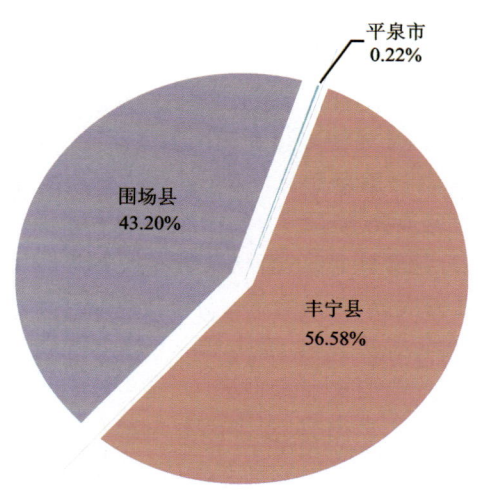

图 2-25　承德市天然牧草地面积分布统计图

2）人工牧草地

承德市人工牧草地面积为 625.88hm²，占河北省人工牧草地总面积的 5.71%，占全市草地总面积的 0.14%。

全市人工牧草地集中分布在丰宁县、围场县和平泉市。其中，丰宁县有人工牧草地 377.74hm²，面积占全市人工牧草地总面积的 60.36%；围场县有人工牧草地 244.74hm²，面积占全市人工牧草地总面积的 39.10%；平泉市仅有人工牧草地 3.40hm²，面积占全市人工牧草地总面积的 0.54%。全市人工牧草地面积统计分析情况见表 2-28 和图 2-26。

表 2-28　承德市人工牧草地面积统计分析表

行政区	人工牧草地面积/hm²	占本辖区草地总面积的比例/%	占全市人工牧草地总面积的比例/%
承德市	625.88	0.14	100
双桥区	0	0	0
双滦区	0	0	0
营子区	0	0	0
承德县	0	0	0
兴隆县	0	0	0
滦平县	0	0	0
隆化县	0	0	0
丰宁县	377.74	0.28	60.36
宽城县	0	0	0
围场县	244.74	0.22	39.10
平泉市	3.40	0.02	0.54

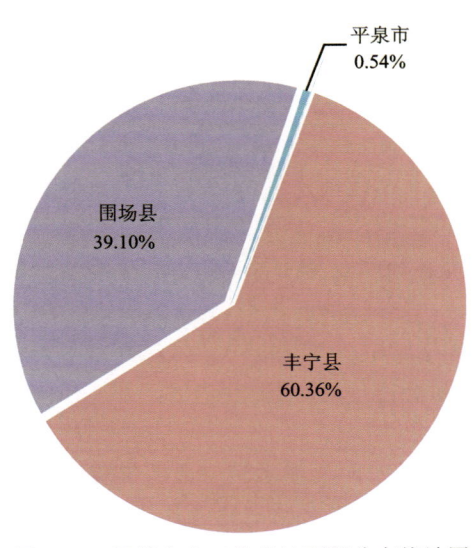

图 2-26　承德市人工牧草地面积分布统计图

3）其他草地

承德市其他草地面积为 295 443.49hm²，占河北省其他草地总面积的 19.48%，占全市草地总面积的 64.89%。

按行政区分析，隆化县的其他草地最多，面积为 61 743.99hm²，占全市其他草地总面积的 20.91%；其次为丰宁县，其他草地面积为 45 435.08hm²，占全市其他草地总面积的 15.38%；再次为滦平县，其他草地面积为 44 874.68hm²，占全市其他草地总面积的 15.19%。其他草地面积较小的行政区是营子区、双桥区和兴隆县，分别有其他草地 200.02hm²、5 730.73hm² 和 8 510.45hm²，仅占全市其他草地总面积的 0.07%、1.94% 和 2.88%。按其他草地占本辖区草地总面积的比例分析，丰宁县占比为 33.43%，围场县占比为 38.17%，平泉市占比为 98.36%，其余县（区）的占比均为 100%。全市其他草地面积统计分析情况见表 2-29 和图 2-27。

表 2-29　承德市其他草地面积统计分析表

行政区	其他草地面积/hm²	占本辖区草地总面积的比例/%	占全市其他草地总面积的比例/%
承德市	295 443.49	64.89	100.00
双桥区	5 730.73	100.00	1.94
双滦区	15 849.90	100.00	5.36
营子区	200.02	100.00	0.07
承德县	18 775.13	100.00	6.35
兴隆县	8 510.45	100.00	2.88
滦平县	44 874.68	100.00	15.19
隆化县	61 743.99	100.00	20.91
丰宁县	45 435.08	33.43	15.38
宽城县	30 087.60	100.00	10.18
围场县	42 616.40	38.17	14.42
平泉市	21 619.51	98.36	7.32

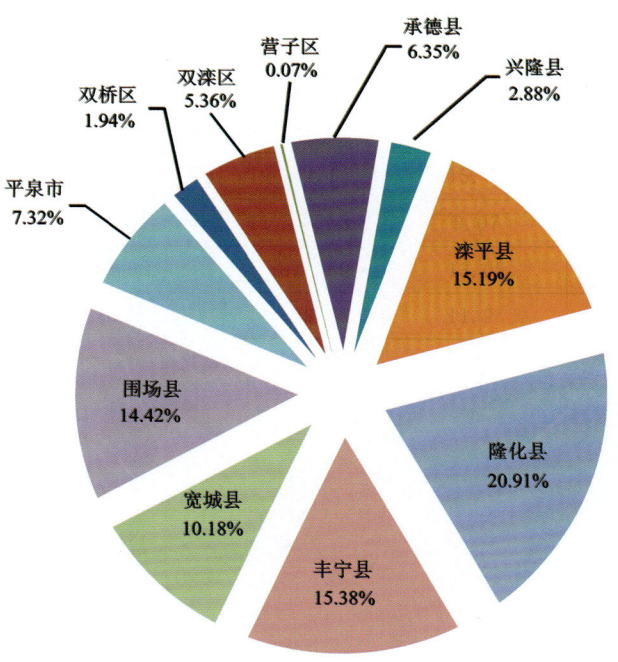

图 2-27　承德市其他草地面积分布统计图

(二)草地的利用特点

1.草地类型以其他草地为主

承德市的其他草地面积为 295 443.49hm²,占草地总面积的 64.89%,是天然牧草地和人工牧草地面积总和的 1.8 倍多。承德市的其他草地是补偿耕地的主要潜力资源。

2. 天然牧草地和人工牧草地分布集中

承德市的天然牧草地和人工牧草地大部分集中分布于围场县和丰宁两县的坝上地区。这种分布格局有利于对牧草地进行集中科学管护和合理开发利用,有利于草地的集约经营,提高畜牧业综合效益。

(三)草地的自然条件及类型特征

1. 草地的自然条件及其区域差异

承德市地貌复杂多样,具有高原、山地、丘陵、盆地、河谷阶地等类型,不同程度地影响着草地资源分布和畜牧业生产的发展。它主要通过地表形态、坡度、地面物质组成等因素直接影响草地的形成、发育,而且通过对气候、水文、土壤等自然因素的作用间接影响草地资源,从而形成草地资源类型及其分布的区域差异。承德市的天然牧草地和人工牧草地主要分布于坝上高原,其中滩地是主要的牧草地分布区。该区属寒温带气候,年平均气温为-1～4℃,年降水量为450mm左右,大于或等于0℃积温为2100℃,无霜期为60～80d,适宜牧草生长。这里的牧草肥美鲜嫩,生长茂盛,产草量高。该区的草场为优良草场,是承德市乃至河北省重要的畜牧业生产基地。

2. 草地类型及特征

草地是在各种环境条件综合影响下形成的,环境条件的变化和差异导致产生不同的草地类型。科学合理地划分草地类型,找出其规律性的特征,对因地制宜、合理地开发利用草地资源有着重要作用。根据河北省草地资源调查结果和草地分类系统,河北省草地划分为9种类型,其中承德市涉及6种类型。各草地类型的特征及自然条件如下。

1)高原干草原类

该类草地主要分布在丰宁县的坝上地区和接坝地区。区内地貌为波状高原,气候寒冷干燥,属半干旱气候。土壤以栗钙土、草甸土为主,受半干旱气候条件影响,植被以旱生、中旱生植物为主,多年生、丛生草本植物占优势。草地景观开阔,植被分布较均匀,草层郁闭度为50%左右,亩产鲜草200～400kg。主要建群植物有羊草、冷蒿、糙隐子草、冰草、赖草、大针茅、披碱草等。

2)高原草甸草原类

该类草地主要分布在围场县的坝上地区和接坝地区,发育于草原与森林接壤地带。区内气候寒冷,年降雨量较西部坝上高原多。土壤以灰色森林土、黑土和草甸土为主,有机质丰富,土壤肥力较高。此类草地植物种类组成丰富,含有大量中生、中旱生植物,多年生草本植物及根茎性禾草占优势。主要建群植物中,禾本科植物有羊草、糙隐子草、无芒雀麦、冰草、薹草、狼针草等;豆科植物有山野豌豆、歪头菜、紫花苜蓿、草木樨等;其他科植物有线叶菊、柴胡、委陵菜、冷蒿及榛、栎等。此类草地各种牧草生长茂盛,草原景观姹紫嫣红,草被覆盖度高,可达80%～100%,草质优良,产草量高,平均亩产鲜草500kg,是河北省北部优良的天然牧草场。

3)山地草甸类

该类草地主要分布在坝下中山、亚高山的平缓顶部和山坡。这些地区气候较寒冷,相对湿度大,土壤为草甸土,水分和养分较丰富。草地由中生、中旱生的多年生草本植物组成,草被茂盛,尤其在夏季,草甸景观美丽壮观。草被覆盖度为75%左右,草层高30～50cm,亩产鲜草500kg以上,草质优良。该区草地是河北省的主要夏季牧场和割草场。主要建群植物有披针薹草、羊草、地榆、早熟禾、珠牙蓼、柴胡、委陵菜、小红菊、风毛菊等。

4)山地灌木草丛类

该类草地主要分布在坝下山地丘陵及河谷阶地,是森林遭到破坏后形成的中生性草本和灌木次生植被的生长地。该区气候较温和湿润,土壤为褐土、棕壤、粗骨土等。由于分布范围广,环境条件差异较大,该类草地种类组成十分复杂。自然植被以中生和中旱生落叶阔叶灌木和草本植物为主,代表性植物为荆条。草本层与灌木层有较明显的层次结构,植物生长繁茂,亩产鲜草500kg左右。阴坡、半阴坡的植被比阳坡植被茂盛,适宜发展畜牧业。

5)低湿地草甸类

该类草地分布在承德市低洼处,主要是地下水埋藏较浅的河流两岸、滩地、湖淖周边,雨季有短期积水,地下水矿化度高。土壤有不同程度的盐碱化,牧草生长受影响。土壤以盐化栗钙土、草甸土为主。植被以多年生湿生和中生盐生植物为主,主要有盐蒿、羊草、碱蓬、披碱草,莎草科的薹草及湿生的芦苇等,此外还有大画眉草、地榆、狗尾草、白茅等。牧草一般生长旺盛,覆盖度达80%~90%,草层高20~50cm,亩产鲜草300kg以上。该区草地是承德市和河北省的重要天然牧场,但由于利用不当,过度放牧,草场有退化趋势。

6)草本沼泽类

该类草地主要分布于坝上高原的低洼潮湿滩地、湖淖周围。地下水接近地表,草地常有积水。土壤以沼泽土、草甸土为主,土壤湿度较大。植被以莎草科和萝科湿生草本植物为主,伴生部分杂类草,主要有芦苇、薹草、拂子茅、球穗莎草等。这些草本根系长期生长于过湿的土壤中,使根茎等营养器官产生发达的通气组织,随地表高低起伏,常形成大型成片草丛,生长非常茂盛,因牲畜难以食用,利用价值很低。

(四)草地利用中存在的问题及对策

1. 草地利用中存在的主要问题

(1)过度垦草,造成草地沙化严重。由于历史上坝上地区大力发展粮食生产,大面积垦草种粮,承德市坝上草场的面积已由中华人民共和国成立初期的33.33万hm^2减少到20世纪80年代的24.48万hm^2,减少了26.55%,而第三次全国国土调查结果显示,坝上高原天然牧草地和人工牧草地仅有15.99万hm^2。由于开垦后草场面积减小,但牲畜数量并未减少甚至有所增加,剩存草场压力增大,导致过度放牧,草被破坏,土层裸露,风蚀严重。同时,草场自然植被被大量破坏后,降低了小气候的调节能力,使气候变得干燥多风,土层变薄,甚至损失殆尽。土壤质地变粗,肥力降低,也加剧了盐分的积累,造成土壤次生盐碱化。

(2)过度放牧,造成草场退化严重。过度放牧是指超载畜量放牧、早期放牧、低茬放牧及频繁放牧等。适度放牧是发展畜牧业最经济的一种方法,成本低、效果好,有利于牧草更新生长,增加草场产草量。但是,放牧超过一定限度后,牲畜对草地的过度践踏和啃食就会破坏草场植被,引起草地植物群落的退化演替,牧草质量和产量下降,草场最后变成沙化荒地。过度放牧对土壤理化性状的破坏也十分明显,过量牲畜对土壤的频繁践踏踩压,可使质地黏重或湿润的土壤变得更加紧实,表层板结,造成牧草再生受阻,抗逆能力减退,影响牧草生长发育;质地较粗、含沙较多及干燥的土壤变得松散,极易导致草场风蚀沙化或荒漠化。草场退化后,草地植被结构发生变化,原有优势牧草逐渐减少,大量一年生或多年生杂草侵入,有毒、有害植物增多,优良牧草比例下降,产草量明显降低,草场载畜量大大减少。承德市草场理论载畜量为542万个羊单位,实际载畜量最多时达到713万个羊单位。根据"承德地区综合农业区划"调查结果,承德市坝上草场的利用率已由80%左右下降到60%以下,草场退化面积由20世纪60年代的25%增加到64%,草高由70~80cm下降至20~30cm,亩产干草由250~300kg下降到100kg左右。在203种牧草中,优良禾本科和豆科牧草各减少5%,菊科植物增加了40%,蔷薇科和有毒、有害植物也有所增加。过去一个羊单位所需草场面积为0.31hm^2,现在为0.53hm^2。

2. 加强草地利用的对策

(1)认真贯彻落实《中华人民共和国草原法》,依法加强草地监督管理。各级人民政府和有关行政主管部门要根据《中华人民共和国草原法》加强执法检查,坚决制止和打击破坏草地资源的各种违法违规行为,做到有法可依、有法必依、执法必严、违法必究,依法护草管草。结合第三次全国国土调查结果,加快推进草原资源调查评估,明晰草原资源产权,建立并落实基本草原保护制度,依法划定草原保护区,确保基本草原面积不减小、质量不下降、用途不改变。规范草原征占用审核审批,严格限制保护区内的草地资源挪作他用,保持草地资源总量平衡。要严格落实草地承包责任制,固定草场使用权,实行"谁承包、谁建设、谁管护、谁利用、谁受益"的办法,充分调动广大牧农建设草场、保护草场的积极性。要大力提倡种草与养畜同步承包的模式,鼓励和支持养畜大户对远山、深山、边远草地进行开发利用,发展畜牧养殖业。严禁将草地随意开垦为耕地或转为其他非牧业用地。对那些毁坏或采取掠夺式经营利用草地的现象要及时制止,对情节严重、造成恶劣后果的行为要给予处罚,甚至收回草地承包权。

(2)加强林网建设和草地封育,改良、治理沙化、退化草场。对沙化、退化草场要采取多种措施进行改良,加强草场建设和保护利用,恢复和提高草场的生产力。一是要建设好草场防护林网,防风固沙,涵养水源,调节气候,保护草场。在建设防护林网时,应根据当地气候和土壤条件,选择耐瘠薄、耐干旱、耐风吹沙压,且具备根系强、生长快、分枝多、树冠郁等生物学特征的树种,如旱柳、沙棘、小叶杨、榆树、落叶松、樟子松等。同时注意乔灌结合,立体防护。防护林应由主林带和副林带组成,主林带和副林带垂直布局,形成纵横交错的林网,充分发挥其防风固沙、保护草场的作用。二是采取封山、封滩、加装围栏等措施培育草场。对现有草场或已沙化、退化草场有计划地进行轮封。在轮封期间严禁放牧,为牧草创造良好的生长、繁育的机会。若有条件,对这些草场要同时进行施肥、松耙、灌溉,以改善牧草品质,提高牧产草量,缩短牧草更新周期。据试验调查,一般退化草场封育一个生长季节,产草量可提高33%;封育2~3年,植被可以基本恢复,产草量也可成倍提高。

(3)积极开展人工种草,大力发展人工牧草地。实施人工种草能大幅度提高牧产草量和品质,是改良牧草品种,实现草场由粗放经营向集约经营转变的重要途径,也是建立牧业产业化、发展优质高产高效牧业的有效措施。开展人工种草工作,应坚持引进优良牧草品种与选育本地优良牧草品种相结合,以改良、选育本地优良牧草品种为主方针。根据本地自然条件选择引进或培育耐干旱、耐瘠薄、长势强、产草量高、营养价值高的适宜品种,如无芒雀麦、披碱草、冰草、羊草、草木樨、沙打旺、山野豌豆、紫花苜蓿等。同时,要做到种、围、管、用相结合,加强人工牧草地的科学管理,注重施肥、松耙、灌溉、防治病虫害工作,为人工牧草的正常健康生长创造良好条件,以提高牧草质量和产量。此外,还要根据牧草生长发育规律,合理确定放牧期,严禁滥放乱牧,禁止在春、秋两季牧草禁牧期内放牧,实现人工牧草地的科学持续利用。

(4)合理利用草地资源,不断提高草地的生产能力。充分、合理利用草地资源是维持和不断提高草地生产能力,提高单位草地经济效益、社会效益和生态效益的重要举措。为此,一是要根据草场的产草量、利用率、作物秸秆补饲量及牲畜的食草量等指标确定适宜的草场载畜结构和载畜量,做到既能满足牲畜的正常营养需求,又能保护和合理利用草场,使草场资源能持续利用,保持草畜平衡,实现草场利用的良性循环。二是要根据牧草生长规律和季节特点,实行科学放牧。根据牧草的生长状况、分布情况和气候季节特点,将草原划分为若干个季节带,在每个季节带内划分若干个轮牧区进行轮牧,既做到适应牧草生长规律,维护牧草的正常生长,又做到适应牧草的丰歉规律,保证满足牲畜正常生长发育需求。同时,要注重放牧与打草贮饲相结合,实行秋草冬用,以丰补缺,保证满足冬季枯草季节牲畜正常生长发育需要。三是要通过采取充分利用农作物秸秆和其他农副产品代替牧草及增加人工饲料供应量、实行科学配方喂养等措施,降低牧草需求量,减轻草地压力,实现草场资源的可持续利用。

五、城镇村及工矿用地

第三次全国国土调查结果显示,截至2019年12月31日,承德市的城镇村及工矿用地总面积为110 184.91 hm^2,占全省城镇村及工矿用地总面积的5.24%,居全市一级土地利用类型面积的第5位。

(一)城镇村及工矿用地分布与构成

1. 城镇村及工矿用地分布特点

按行政区分析,丰宁县的城镇村及工矿用地面积为 15 504.58hm^2,占承德市城镇村及工矿用地总面积的 14.07%,居各县(市、区)第 1 位;其次为围场县,有城镇村及工矿用地 14 808.21hm^2,占全市城镇村及工矿用地总面积的 13.44%;再次为隆化县,有城镇村及工矿用地 13 550.69hm^2,占全市城镇村及工矿用地总面积的 12.30%。营子区城镇村及工矿用地最少,面积为 1 183.32hm^2,仅占全市城镇村及工矿用地总面积的 1.07%。

全市城镇村及工矿用地面积统计分析情况见表 2-30 和图 2-28。

表 2-30 承德市城镇村及工矿用地情况统计表

行政区	城镇村及工矿用地面积/hm^2	占全市城镇村及工矿用地总面积的比例/%
承德市	110 184.91	100.00
双桥区	5 956.66	5.41
双滦区	4 398.46	3.99
营子区	1 183.32	1.07
承德县	11 443.15	10.39
兴隆县	8 658.62	7.86
滦平县	10 709.58	9.72
隆化县	13 550.69	12.30
丰宁县	15 504.58	14.07
宽城县	10 571.55	9.59
围场县	14 808.21	13.44
平泉市	13 400.09	12.16

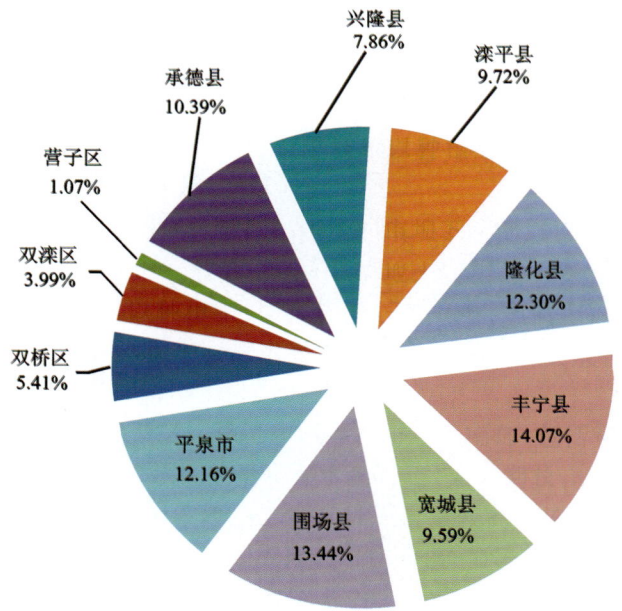

图 2-28 承德市城镇村及工矿用地面积分布统计图

2. 城镇村及工矿用地结构特点

按国家统一分类标准,承德市城镇村及工矿用地由城市、建制镇、村庄、采矿用地、特殊用地5个二级地类构成。其面积、比例、分布情况如下。

1) 城市

承德市城市用地面积为 6 156.33hm²,占河北省城市用地总面积的 3.39%,是河北省 11 个设区市中城市用地面积最小的市,占全市城镇村及工矿用地总面积的 5.59%。

全市城市用地只分布在承德市市辖区和平泉市。其中:承德市市辖区共有城市用地 4 969.05hm²,占承德市城市用地总面积的 80.71%;平泉市有城市用地 1 187.28hm²,占承德市城市用地总面积的 19.28%。

在承德市市辖区城市用地中,双桥区的城市用地面积为 3 081.75hm²,占承德市市辖区城市用地面积的 62.02%,占全市城市用地总面积的 50.06%;双滦区的城市用地面积为 1 783.43hm²,占承德市市辖区城市用地面积的 35.89%,占全市城市用地总面积的 28.97%;营子区的城市用地面积为 103.87hm²,占承德市市辖区城市用地面积的 2.09%,占全市城市用地总面积的 1.69%。承德市的城市用地面积统计分析情况见表 2-31 和图 2-29。

表 2-31 承德市城市用地面积统计分析表

行政区	城市面积/hm²	占本辖区城镇村及工矿用地总面积的比例/%	占全市城市总面积的比例/%
承德市	6 156.33	5.59	100.00
双桥区	3 081.75	51.74	50.06
双滦区	1 783.43	40.55	28.97
营子区	103.87	8.78	1.69
承德县	0	0	0
兴隆县	0	0	0
滦平县	0	0	0
隆化县	0	0	0
丰宁县	0	0	0
宽城县	0	0	0
围场县	0	0	0
平泉市	1 187.28	8.86	19.28

2) 建制镇

承德市共有 110 个建制镇,建制镇用地面积为 11 621.93hm²,占河北省建制镇用地总面积的 3.92%,在河北省 11 个设区市中仅比秦皇岛市占比高 0.47%,占全市城镇村及工矿用地总面积的 10.55%。

按行政区分析,丰宁县的建制镇用地面积最大,为 1 974.18hm²,占全市建制镇用地总面积的 16.99%;其次为隆化县,建制镇用地面积为 1 723.34hm²,占全市建制镇用地总面积的 14.84%;再次为兴隆县,建制镇用地面积为 1 545.07hm²,占全市建制镇用地总面积的 13.29%。建制镇用地最少的行政区是双桥区,面积只有 126.84hm²,仅占全市建制镇用地总面积的 1.09%。

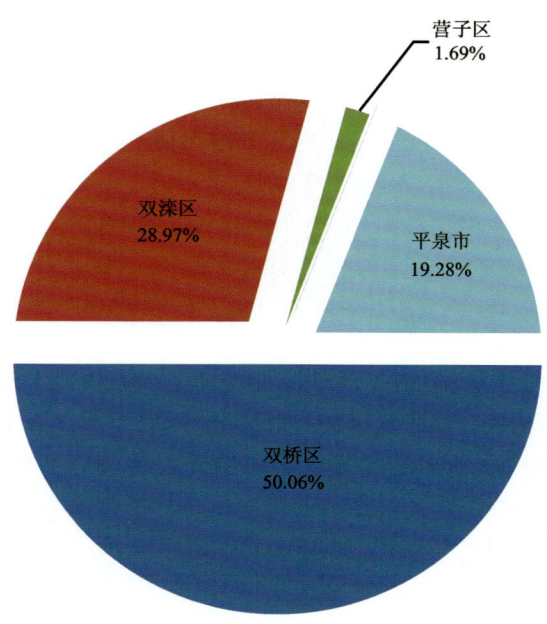

图 2-29　承德市城市面积分布统计图

按建制镇用地面积占本辖区城镇村及工矿用地总面积的比例分析,占比最大的行政区是营子区,占辖区城镇村及工矿用地总面积的比例为 27.02%;其次是兴隆县,占比为 17.84%;再次是丰宁县,占比为 12.73%,建制镇用地占比最小的行政区为双桥区,仅占 2.13%。全市建制镇用地面积统计分析情况见表 2-32 和图 2-30。

表 2-32　承德市建制镇面积统计分析表

行政区	建制镇面积/hm²	占本辖区城镇村及工矿用地总面积的比例/%	占全市建制镇总面积的比例/%
承德市	11 621.93	10.55	100.00
双桥区	126.84	2.13	1.09
双滦区	306.05	6.96	2.63
营子区	319.76	27.02	2.76
承德县	1 288.00	11.26	11.08
兴隆县	1 545.07	17.84	13.29
滦平县	939.30	8.77	8.08
隆化县	1 723.34	12.72	14.84
丰宁县	1 974.18	12.73	16.99
宽城县	1 103.43	10.44	9.49
围场县	1 310.36	8.85	11.27
平泉市	985.60	7.36	8.48

承德市共有 110 个建制镇,主要分为以下几种类型。

(1)城中型。该类型的建制镇已融入市区,如双桥区的水泉沟镇、狮子沟镇、牛圈子沟镇、大石庙镇、冯营子镇,双滦区的双塔山镇、滦河镇,平泉市的平泉镇等。

(2)城郊型。该类型的建制镇分布于市区周边,以服务市区为主,如双桥区的双峰寺镇、双滦区的偏桥子镇等。

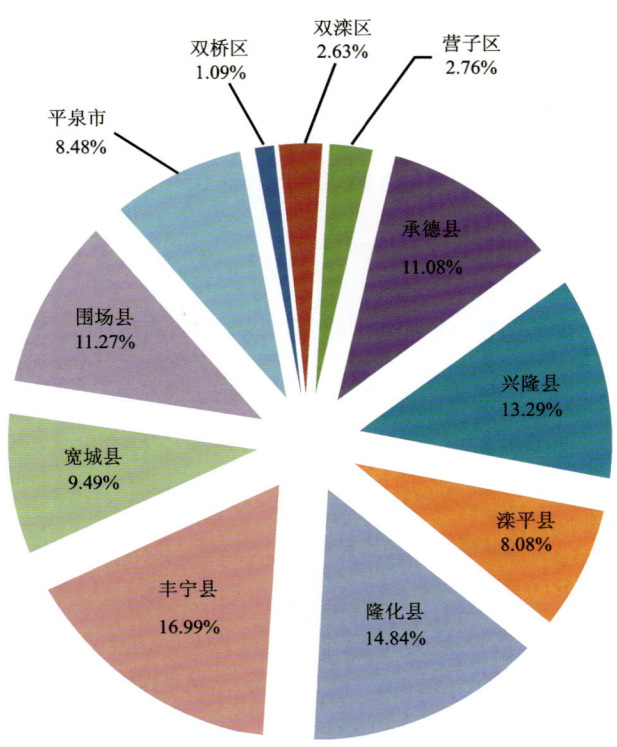

图 2-30 承德市建制镇面积分布统计图

（3）工业型。该类型的建制镇以装备制造等工业为主要产业，如营子区的北马圈子镇、兴隆县的平安堡镇、围场县的四合永镇、宽城县的板城镇等。

（4）矿业型。该类型的建制镇以采矿、选矿为主要产业，如营子区的汪家庄镇、寿王坟镇，兴隆县的孤山子镇、挂兰峪镇，承德县的甲山镇、高寺台镇，滦平县的红旗镇，平泉市的杨树岭镇、小寺沟镇，隆化县的韩麻营镇，宽城县的峪耳崖镇、碾子峪镇等。

（5）物流型。该类型的建制镇以大型商品集散交易市场为特色，如平泉市的北五十家子镇（中国北方杏仁交易市场）、卧龙镇（中国北方食用菌交易市场），围场县的棋盘山镇（中国北方大牲畜交易市场）等。

（6）旅游型。该类型的建制镇以自然风光旅游休闲为特色，如丰宁县的大滩镇（坝上草原）、滦平县的巴克什营镇（金山岭长城）、隆化县的七家镇（温泉）、宽城县的桲罗台镇（潘家口水库）、承德县的头沟镇（温泉）、围场县的御道口镇（坝上草原）等。

（7）交通型。该类型的建制镇地处交通要道，沿主要交通干线而建，如双桥区的上板城镇（京承、锦承铁路交会点）、隆化县的郭家屯镇（111国道与韩郭公路交会点）、丰宁县的凤山镇（112国道与隆凤公路交会点）等。

（8）农业型。该类型的建制镇以特色农产品生产见长，如隆化县的张三营镇（水稻主产区）、滦平县的金沟屯镇（水稻主产区）、承德县新杖子镇（水果产地）等。

3）村庄

承德市共有2459个行政村，这些行政村主要分布在除城市和建制镇外的广大农村区域，是承德市农民生产、生活的主要聚集地和居住地。全市村庄用地面积为68 208.54hm²，占河北省村庄用地总面积的4.88%，在河北省11个设区市中仅比秦皇岛市占比高0.89%，占全市城镇村及工矿用地总面积的61.90%。

按行政区分析，围场县的村庄用地面积最大，为13 018.83hm²，占全市村庄用地总面积的19.08%；其次为丰宁县，村庄用地面积为10 685.27hm²，占全市村庄用地总面积的15.67%；再次为隆化县，村庄用地面积为 9 590.59hm²,占全市村庄用地总面积的 14.06%。村庄用地面积最小的行政区是营子区,面积只有 510.20hm²,占全市村庄用地总面积的 0.75%;其次为双滦区,为 1 222.41hm²,占全市村庄用地总面积的 1.79%;再次为双桥区,为 2 275.31hm²,占全市村庄用地总面积的 3.34%。

按村庄用地占本辖区城镇村及工矿用地总面积的比例分析,村庄用地占比最大的行政区是围场县,占辖区城镇村及工矿用地总面积的比例为 87.92%;其次是隆化县,占比为 70.78%;再次是丰宁县,占比为 68.92%。村庄用地占比最小的行政区为双滦区,占比为 27.79%。全市村庄用地面积统计分析情况见表 2-33 和图 2-31。

表 2-33　承德市村庄面积统计分析表

行政区	村庄面积/hm²	占本辖区城镇村及工矿用地总面积的比例/%	占全市村庄总面积的比例/%
承德市	68 208.54	61.90	100.00
双桥区	2 275.31	38.20	3.34
双滦区	1 222.41	27.79	1.79
营子区	510.20	43.11	0.75
承德县	6 999.30	61.17	10.26
兴隆县	4 987.73	57.60	7.31
滦平县	5 778.55	53.96	8.47
隆化县	9 590.59	70.78	14.06
丰宁县	10 685.27	68.92	15.67
宽城县	5 311.22	50.24	7.79
围场县	13 018.83	87.92	19.08
平泉市	7 829.13	58.43	11.48

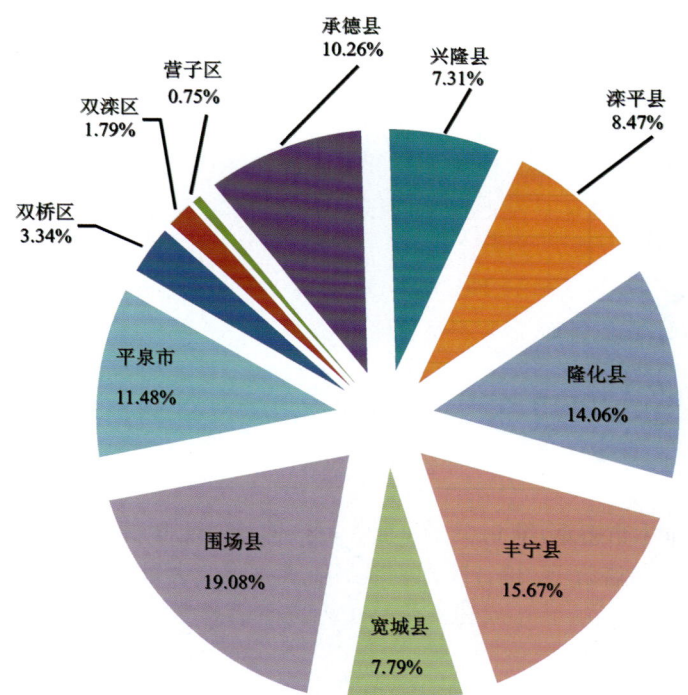

图 2-31　承德市村庄面积分布统计图

4)采矿用地

承德市采矿用地面积为 22 673.72hm²,占河北省采矿用地总面积的 11.82%,占全市城镇村及工矿用地总面积的 20.58%。承德市大力推进国家绿色矿业发展示范区建设,深入实施矿山综合整治"6743 工程",重点实施"百矿关停""百矿复绿"的"双百行动",累计关停取缔矿山企业 291 家,压减矿业权 608 个,修复矿山生态环境面积达 62.44km²,建成国家级绿色矿山 32 个,被自然资源部正式确定为绿色矿业发展示范区。

按行政区分析,宽城县的采矿用地面积为 4 129.72hm²,占全市采矿用地总面积的 18.21%,宽城县是全市采矿用地分布面积最大的县;第 2 位是滦平县,采矿用地面积为 3 866.80hm²,占全市采矿用地总面积的 17.05%;平泉市居第 3 位,采矿用地面积为 3 058.77hm²,占全市采矿用地总面积的 13.49%。采矿用地面积最小的行政区是双桥区,仅有采矿用地 191.10hm²,占全市采矿用地总面积的 0.84%;其次为营子区,仅有采矿用地 244.20hm²,占全市采矿用地总面积的 1.08%;再次为围场县,有采矿用地 399.59hm²,占全市采矿用地总面积的 1.76%。

从采矿用地占本辖区城镇村及工矿用地总面积的比例分析,采矿用地占比最大的行政区是宽城县,占辖区城镇村及工矿用地总面积的比例为 39.06%;其次为滦平县,占比为 36.11%;再次为承德县,占比为 26.64%。采矿用地占比最小的行政区为围场县,仅为 2.70%。全市采矿用地面积统计分析情况见表 2-34 和图 2-32。

表 2-34 承德市采矿用地面积统计分析表

行政区	采矿用地面积/hm²	占本辖区城镇村及工矿用地总面积的比例/%	占全市采矿用地总面积的比例/%
承德市	22 673.72	20.58	100.00
双桥区	191.10	3.21	0.84
双滦区	1 026.16	23.33	4.53
营子区	244.20	20.64	1.08
承德县	3 048.52	26.64	13.45
兴隆县	1 963.76	22.68	8.66
滦平县	3 866.80	36.11	17.05
隆化县	2 121.50	15.66	9.36
丰宁县	2 623.60	16.92	11.57
宽城县	4 129.72	39.06	18.21
围场县	399.59	2.70	1.76
平泉市	3 058.77	22.83	13.49

5)特殊用地

承德市特殊用地面积为 1 524.39hm²,占河北省特殊用地总面积的 4.35%,占全市城镇村及工矿用地总面积的 1.38%。

按行政区分析,平泉市的特殊用地达 339.31hm²,面积占全市特殊用地总面积的 22.26%,是全市特殊用地分布面积最大的县;双桥区为第 2 位,特殊用地面积为 281.66hm²,占比为 18.48%;丰宁县居第 3 位,特殊用地面积为 221.53hm²,占比为 14.53%。特殊用地面积最小的行政区是营子区,仅有特殊用地 5.29hm²,占全市特殊用地总面积的 0.35%;其次为宽城县,仅有特殊用地 27.18hm²,占全市特殊用地总面积的 1.78%;再次为双滦区,有特殊用地 60.41hm²,占全市特殊用地总面积的 3.96%。

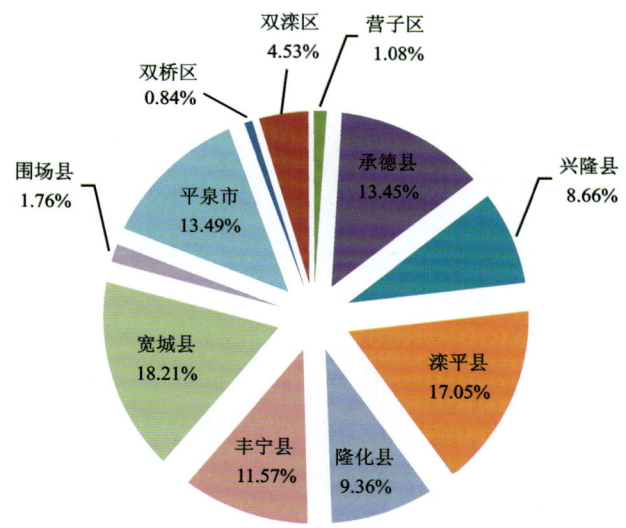

图 2-32　承德市采矿用地面积分布统计图

从特殊用地占本辖区城镇村及工矿用地总面积的比例分析,特殊用地占比最大的行政区是双桥区,占辖区城镇村及工矿用地总面积的比例为 4.73%;其次是平泉市,占比为 2.53%;再次是兴隆县,占比为 1.87%。特殊用地占比最小的行政区为宽城县,占比仅为 0.26%。全市特殊用地面积统计分析情况见表 2-35 和图 2-33。

表 2-35　承德市特殊用地面积统计分析表

行政区	特殊用地面积/hm²	占本辖区城镇村及工矿用地总面积的比例/%	占全市特殊用地总面积的比例/%
承德市	1 524.39	1.38	100.00
双桥区	281.66	4.73	18.48
双滦区	60.41	1.37	3.96
营子区	5.29	0.45	0.35
承德县	107.33	0.94	7.04
兴隆县	162.06	1.87	10.63
滦平县	124.93	1.17	8.20
隆化县	115.26	0.85	7.56
丰宁县	221.53	1.43	14.53
宽城县	27.18	0.26	1.78
围场县	79.43	0.54	5.21
平泉市	339.31	2.53	22.26

(二)城镇村及工矿用地的利用特点

(1)人均城镇村及工矿用地面积差异较大。截至 2019 年底,承德市人均城镇村及工矿用地面积为 105.75 m²,低于省政府批准的《承德市土地利用总体规划(2009—2020 年)调整方案》确定的人均城镇村及工矿用地的效率指标(132 m²)。双滦区、营子区、兴隆县、滦平县、丰宁县、宽城县和平泉市 7 个县(市、区)的人均城镇村及工矿用地面积高于全市平均水平。其中,双滦区、宽城县和滦平县的人均城镇

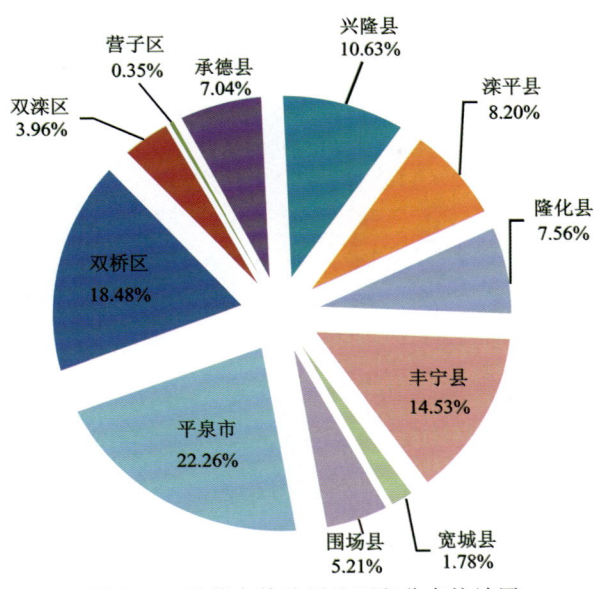

图 2-33　承德市特殊用地面积分布统计图

村及工矿用地面积超过省政府批准的《承德市土地利用总体规划(2009—2020 年)调整方案》确定的人均城镇工矿用地的效率指标(132m^2);承德县人均城镇村及工矿用地面积接近全市平均水平。在县级区域中,人均城镇村及工矿用地面积最大的行政区是双滦区,为 209.64m^2,超过全市平均水平的 98.24%;人均城镇村及工矿用地面积最小的行政区是围场县,为 31.87m^2,较人均面积最大的行政区双滦区少 177.77m^2,仅相当于全市平均水平的 30.14%。此外,双桥区和隆化县人均城镇村及工矿用地面积也较小,分别为 87.04m^2 和 85.68m^2,约为全市平均水平的 80%。全市人均城镇村及工矿用地面积统计情况见表 2-36 和图 2-34。

表 2-36　承德市人均城镇村及工矿用地面积统计表

行政区	城镇村及工矿用地面积/hm^2	人口/人	人均面积/(m^2·人$^{-1}$)
承德市	40 451.98	3 825 261	105.75
双桥区	3 399.69	390 603	87.04
双滦区	3 115.64	148 616	209.64
营子区	667.83	61 583	108.44
承德县	4 336.52	427 636	101.41
兴隆县	3 508.83	328 165	106.92
滦平县	4 806.10	331 287	145.07
隆化县	3 844.84	448 745	85.68
丰宁县	4 597.78	409 460	112.29
宽城县	5 233.15	262 930	199.03
围场县	1 709.95	536 550	31.87
平泉市	5 231.65	479 686	109.06

(2)中心城区人口密度大,内涵潜力可挖空间小。承德市中心城区(双桥区)城市用地面积为 3 081.75hm^2。人口密度为 10 340 人/km^2,城镇人口人均城市用地面积为 96.16m^2,仅超过国家规定中等城市人均用地定额指标(75.1~90.0m^2/人)上限的 6.84%。若扣除 605hm^2 避暑山庄及周围寺庙用

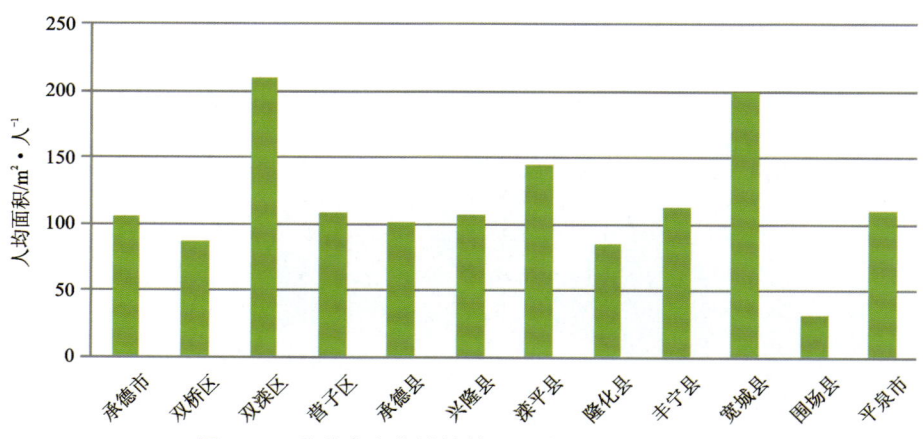

图 2-34 承德市人均城镇村及工矿用地面积统计图

地,人口密度变为 12 940 人/km^2,人均城市用地面积为 77.28m^2,已接近国家规定的中等城市人均用地定额指标下限,加之受历史文化名城和风景名胜保护规定的限制,中心城区已无内涵潜力可挖。受特殊的建城规律、局限的地貌特征等因素的影响,中心城区承担了过多、过重的发挥城市功能的压力,人口密度大、道路拥挤、基础设施负担沉重。虽然经过近年大力"中疏"已有较大改观,但中心城区"疏减难"与新城区"聚集慢"的矛盾仍十分突出。

(3)建制镇总量和规模小,分布密度低。承德市共有 110 个建制镇,空间分布密度仅为 27.60 个/万 km^2,仅为全国平均水平(456.86 个/万 km^2)的 6.04%,位于河北省最末位。除平泉市外,承德市 7 个县的县城建成区总面积为 6 138.51hm^2,平均建成区面积为 876.93hm^2。其中:丰宁县县城建成区面积最大,为 1 259.84hm^2;其次为隆化县,面积为 1 139.90hm^2;再次为宽城县,面积为 827.92hm^2。其他县建成区面积差别不大,均在 700~800hm^2 之间。

除县城和包含在市区内的建制镇外,全市建制镇建成区总规模为 5 354.25hm^2,平均每个建制镇的规模仅为 57.57hm^2。其中建成区面积超过 100hm^2 的镇有 11 个,比 2009 年第二次全国土地调查时多 6 个,分别为卧龙镇(448.41hm^2)、西地镇(247.62hm^2)、凤山镇(168.54hm^2)、四合永镇(163.11hm^2)、大滩镇(161.17hm^2)、甲山镇(137.48hm^2)、半壁山镇(125.40hm^2)、北马圈子镇(123.30hm^2)、张三营镇(119.81hm^2)、六沟镇(114.79hm^2)、平安堡镇(100.44hm^2)。11 个建制镇建成区总面积为 1 748.90hm^2,占市区和县城以外建制镇建成区总规模的 32.66%,是全市经济较发达的建制镇。其他建制镇建成区规模均较小,不足 100hm^2。其中,大水泉镇建制镇建成区规模最小,面积仅为 1.65hm^2。这些建制镇多数由乡改镇,发展历史较短。镇政府驻地建成区仍以农宅为主,兼有少量国有土地,主要为镇政府及县镇属单位用地,如学校、卫生院、供销社等。大部分建制镇基础设施不完善,功能不全,经济实力不强,承载力和吸引力不足,辐射带动能力弱。

(4)农村居民点布局分散。承德市的村庄用地总面积为 68 208.54hm^2,分布在 2459 个行政村,平均每个行政村用地面积为 27.75hm^2。在布局上,多数村庄分布在公路和河流两侧及规模较大的沟谷中。少数自然村则分布在规模较小的沟谷中甚至低山地上,耕地少且非常瘠薄,多数不通路、不通电、无通信信号,甚至人畜饮水都非常困难,生活和生产条件较差。

(三)城镇村及工矿用地中的问题及对策

1. 城镇村及工矿用地中存在的主要问题

(1)城镇化总体水平低,辐射带动能力弱。2019 年承德市城镇化发展综合指数为 109.3,虽比 2008 年提高 9.3%,但按可比综合发展指数计算,仅居河北省第 8 位。从反映城镇化发展综合水平的六大构成要素看,只有城市生态环境水平居河北省第 1 位,而经济发展水平、城镇聚集水平、城市建设水平、城镇居民生活水平和社会发展水平五大要素在河北省排名靠后。

2019 年,承德市常住人口的城镇化率为 53.26%,比 2010 年提高 13.85%,年均提高 1.39%,城镇化发展进入中期阶段的快速发展期,但比全国平均水平(60.60%)低 7.34%,比河北省平均水平(57.62%)低 4.36%。

从市辖区方面分析,双桥区、双滦区、营子区常住人口为 69 万人,仅占全市常住人口的 19.25%,加之经济结构不优,基础设施薄弱,功能不够完善,对周边城镇的辐射带动能力明显不足,城镇化提升有一定的局限性,城镇化率增幅近年一直处于低位,均低于全市平均水平。

从县域方面分析,全市城镇化率区域差异明显。县域城镇化率由高到低依次为 53.58%(平泉市)、52.30%(宽城县)、46.71%(滦平县)、44.30%(隆化县)、43.31%(承德县)、43.13%(兴隆县)、41.81%(围场县)、40.99%(丰宁县),只有平泉市的城镇化率高于全市平均水平,排在末位的丰宁县,城镇化率分别比平泉市和宽城县低 12.59% 和 11.31%,县域发展差距较大。

承德市的城镇化总体水平低,且基础设施建设"欠账"较多,供水、供热、燃气、排水、垃圾处理等的普及率较低,缺项较多,对产业的承载能力和人口的吸纳能力相对较弱,呈现城小乡大、城弱乡贫的特征,是典型的"小马拉大车"。

(2)城镇建设外延加快,造成耕地减少。近年来,随着人口增加和社会经济建设的发展,城镇建设用地面积大幅度增长,外延步伐加快,占用了大量耕地。承德市 2009 年第二次全国土地调查时城镇面积为 12 583.97hm^2,到 2019 年第三次全国国土调查时达到 17 778.26hm^2,增加了 5 194.29hm^2,增长率为 41.28%。城镇周边特别是中心城区周边的优质耕地基本被占用殆尽。

(3)村庄布局分散,用地不尽合理。承德市在 2009 年第二次全国土地调查时的村庄面积为 58 152.45hm^2,到 2019 年第三次全国国土调查时达到 68 208.54hm^2,增加了 10 056.09hm^2。全市乡村总户数为 1 014 858,平均每户有村庄用地 0.067hm^2(约 1.01 亩)。人均农村居民点用地面积为 220.51m^2,超过国家规定人均农村居民点用地标准(150m^2)的 47.01%。多数村庄由于在实行家庭联产承包责任制时发包土地,没有留机动地,造成村镇规划难以落实,一些村民不能按村镇规划建房,只能在本户承包地上建房。同时,由于个别村民法律意识淡薄,不经批准擅自占用耕地违法建房的现象时有发生,造成部分农田被侵占,浪费了土地资源。

(4)采矿用地点多面广,浪费土地,危害生态环境。承德市采矿用地面积为 22 673.72hm^2,占全市城镇村及工矿用地总面积的 20.58%,采矿用地在全市 11 个县(市、区)中均有分布。据有关部门统计,截至 2019 年 10 月底,全市有正常生产矿山 146 个,其中有露天开采采矿权的 77 个,有地下开采采矿权的 45 个,有露天/地下联合开采采矿权的 24 个。截至 2019 年底,全市共有尾矿库 870 余座,尾矿累计存积量约 30 亿 t,采矿剥岩、干选等形成的矿山废石约 16 亿 t。矿产资源开发不可避免地会对周围生态环境造成破坏,包括露天采场、采坑、工业场地、矿山道路和采矿硐口等对地形地貌景观的破坏。其中以露天采场、采坑等对原有地形地貌景观破坏尤为严重。在矿山开采过程中基本都存在占用土地资源的现象,使得部分土地难以再次利用,变为矿山废弃地。随意堆放的废渣尾矿不仅破坏了山体植被,还有可能造成土地沙化,也有可能成为泥石流的物质来源。

2. 加强城镇村及工矿用地利用的对策

(1)根据山区特点因地制宜,大力推进城镇化建设。城镇是现代经济活动的重要载体,城镇化是区域经济社会发展的综合体现,新型城镇化建设是拉动经济增长的强大引擎。因此,必须因地制宜地大力推进城镇化建设。要根据山区的特点,坚持多点带动、多极发展,形成中心城市—次中心城市—县城—重点建制镇——般建制镇的城镇发展格局,走出一条具有山区特色的城镇化建设路子。吸纳滦平县、承德县,做强做优中心城市,打造平泉市、宽城县等次中心城市,建设丰宁县、兴隆县等环首都卫星城市,建强隆化县、围场县等县城,重点支持省级重点镇、市级重点镇率先发展。加强城镇基础配套、产业对接、交通互联,完善城镇功能,提高产业聚集能力和人口承载水平,带动城乡统筹发展。

(2)科学编制国土空间规划,统筹城乡用地布局。根据承德市国土利用现状及国民经济和社会发展"十四五"规划,综合考虑承德市的空间发展战略定位,科学组织编制市、县、乡村国土空间规划,本着节约集约利用资源和保护改善生态环境的原则,应合理划定生态保护红线、永久基本农田和城镇开发边界三条控制线,优化城乡建设用地布局,遏制城镇"摊大饼"式发展。按照点轴发展的规律,形成大城市组团发展、中小城市紧凑发展、小城镇和农村居民点集聚发展的土地利用格局。积极引导自然村向中心村集中,村庄向城镇集中,工业园区向开发园区集中。新增城乡建设用地时要尽量少占耕地,避让基本农田,有效化解城镇化进程中建设用地需求和耕地资源保护的矛盾,特别要避免走过去"土地城镇化"明显快于"人口城镇化"的老路。

(3)加强城乡用地的节约集约利用,拓展内涵挖潜空间。严格执行国土空间规划。各项建设用地规模不得超过国土空间规划确定的用地规模。在城乡建设用地管理和供应上,要严格执行国家产业政策和用地定额标准,对不符合国家产业政策的项目不予供地,防止建设单位随意选址,随意圈占浪费土地。要坚持以旧区改造为主,加大内涵挖潜力度,推进城镇低效土地二次开发利用。积极探索城镇多维空间的开发利用模式,大力推行土地立体开发、循环利用、劣地优用等节地模式,提高城镇、村庄存量建设用地的利用率。认真清理盘活闲置土地,对批而未供土地加大供应力度,对供而未用土地及时收回使用权,重新供地。彻底解决一方面存在大量闲置土地,另一方面新建项目又无法落地的难题。

(4)大力实施城乡建设用地增减挂钩政策,促进城乡协调发展。城乡建设用地增减挂钩是将若干拟复垦为耕地的农村建设用地地块和拟用于城镇建设的地块共同组成建新拆旧项目区,以项目区内的城镇与农村建设用地增减平衡为原则,进行建新拆旧和土地复垦。项目区内建设用地总量不增加,耕地不减少、质量不降低,用地布局更合理。各级政府和国土资源行政主管部门要根据本地实际情况,尊重农民意愿,积极推进城乡建设用地增减挂钩政策的实施,合理确定增减挂钩项目区的范围,解决新农村建设"缺钱"、城镇建设"缺地"的矛盾,推进新城区、新农村建设,促进城乡统筹发展,优化城乡用地布局。

(5)强化工矿用地管理,保护生态环境。承德市矿产资源丰富,是河北省的矿业大市。工矿用地点多、面广,历来是承德市的用地大户。政府要根据工矿用地特点,加强管理,切实提高土地利用效率。一是要发挥土地的聚集效应,加强开发区和园区建设,积极引导工业企业向工业园区集中,防止"村村办厂、户户冒烟",粗放用地,浪费土地资源现象的发生。二是加强采矿、选矿用地管理,严格按照审批的探矿权、采矿权的范围和选矿用地定额指标审批用地,尽量少占耕地、林地;确实需要占用的,也要保证做到耕地和林地占补平衡并做好水土保持工作。三是制定优惠政策,鼓励企业实施用地增容改造,对利用现有土地提高容积率和土地利用率的,不再增加土地出让收入。四是加强工矿废弃地复垦整理和尾矿资源的综合利用,按照"谁破坏,谁复垦,谁利用,谁受益"的原则,督导采选企业按期复垦工矿废弃地,进行尾矿资源综合利用,保护生态环境。

(6)加大土地执法力度,制止违法违规用地。以每年的"4·25"世界地球日和"6·25"全国土地日为契机,利用报纸、广播、电视、网络等媒体,广泛宣传土地管理法律法规,做到家喻户晓、人人皆知,真正形成人人节约土地、保护耕地的良好社会氛围。加强土地执法监察队伍建设,建立各部门土地执法联动机制,以每年的卫片执法为契机,进一步加大土地执法力度,建立健全违法违规用地管地的责任追究制度,坚决依法查处违法违规用地行为。针对违反土地利用总体规划,擅自将农用地改为建设用地的行为,依法拆除在非法占用的土地上新建的建筑物,恢复土地原状;对符合土地利用总体规划的行为,依法没收在非法占用的土地上新建的建筑物并处罚款;对违法占用土地的单位与违法批地单位的直接负责主管人员和其他直接责任人员,依法给予行政处分,构成犯罪的,依法追究刑事责任,努力减少违法违规用地行为,维护良好的土地管理和使用秩序。

六、交通运输用地

第三次全国国土调查结果显示,截至 2019 年 12 月 31 日,承德市交通运输用地总面积为 33 325.11hm²,占河北省交通运输用地总面积的 8.19%,居全市一级土地利用类型面积的第 8 位。

(一)交通运输用地分布与构成

1. 交通运输用地分布特点

按行政区分析,丰宁县交通运输用地面积为 7 423.11hm²,占承德市交通运输用地总面积的 22.27%,居第 1 位;其次为围场县,有交通运输用地 6 537.15hm²,占全市交通运输用地总面积的 19.62%;再次为隆化县,有交通运输用地 3 623.24hm²,占全市交通运输用地总面积的 10.87%。营子区交通运输用地面积最小,为 136.47hm²,仅占全市交通运输用地总面积的 0.41%。

全市交通运输用地面积统计分析情况见表 2-37 和图 2-35。

表 2-37　承德市交通运输用地情况统计表

行政区	交通运输用地面积/hm²	占全市交通运输用地总面积比例/%
承德市	33 325.11	100.00
双桥区	1 158.98	3.48
双滦区	1 058.87	3.18
营子区	136.47	0.41
承德县	3 098.55	9.30
兴隆县	2 588.27	7.77
滦平县	3 165.15	9.50
隆化县	3 623.24	10.87
丰宁县	7 423.11	22.27
宽城县	1 780.71	5.34
围场县	6 537.15	19.62
平泉市	2 754.61	8.26

2. 交通运输用地构成特点

根据国家统一分类标准,交通运输用地由铁路用地、轨道交通用地、公路用地、城镇村道路用地、交通服务场站用地、农村道路、机场用地、港口码头用地和管道运输用地 9 个二级地类构成。承德市无轨道交通用地、港口码头用地,而城镇村道路用地、交通服务场站用地包含在城市、建制镇和村庄用地范围内,因此,承德市交通运输用地由铁路用地、公路用地、农村道路、机场用地和管道运输用地 5 个二级地类构成。其面积、比例、分布情况如下。

1)铁路用地

承德市铁路用地面积为 3 359.02hm²,占河北省铁路用地总面积的 10.46%,占全市交通运输用地总面积的 10.08%。承德市境内现有京承(北京—承德)、京通(北京—通辽)、锦承(锦州—承德)、承隆(承德—隆化)、张唐(张家口—唐山曹妃甸)、京沈(北京—沈阳)客专 6 条国铁线路。现有建成和在建地

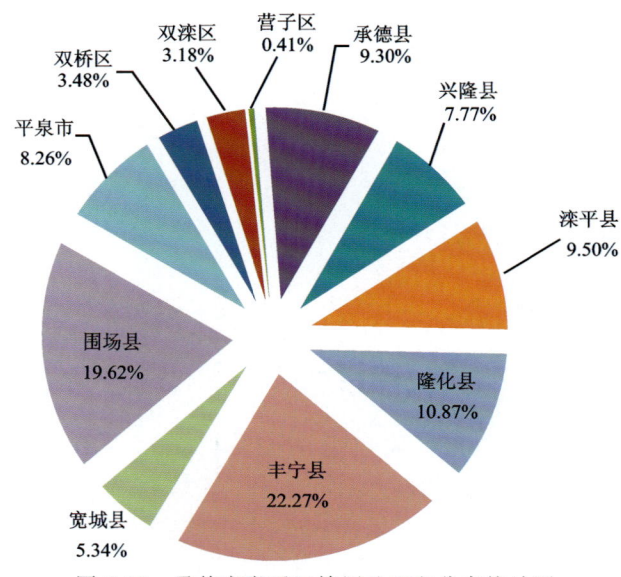

图 2-35 承德市交通运输用地面积分布统计图

方铁路 3 条,其中:张双铁路(张百湾—双峰寺)长达 50.6km,已于 2008 年通车运营;遵小铁路(遵化—小寺沟)和蓝虎铁路(内蒙古自治区正蓝旗—滦平县虎什哈)在建。特别是京沈客专的开通,使承德市正式跨入高铁时代,为承德经济社会发展带来了前所未有的机遇。

按行政区分析,丰宁县铁路用地面积为 710.29hm²,占全市铁路用地总面积的 21.14%,居第 1 位;其次为平泉市,有铁路用地 529.05hm²,面积占全市铁路用地总面积的 15.75%;再次为滦平县,有铁路用地 486.02hm²,面积占全市铁路用地总面积的 14.47%;铁路用地面积最小的行政区是营子区,仅有铁路用地 25.92hm²,占全市铁路用地总面积的 0.77%。

从铁路用地占本辖区交通运输用地总面积的比例分析,铁路用地占比最大的行政区是平泉市,铁路用地面积占本辖区交通运输用地总面积的比例为 19.20%;其次是营子区,占比为 18.99%;再次是兴隆县,占比为 18.56%;铁路用地占比最小的行政区是围场县,占比仅为 2.34%。全市铁路用地面积统计分析情况见表 2-38 和图 2-36。

表 2-38 承德市铁路用地面积统计分析表

行政区	铁路用地面积/hm²	占本辖区交通运输用地总面积的比例/%	占全市铁路用地总面积的比例/%
承德市	3 359.02	10.08	100.00
双桥区	209.58	18.08	6.24
双滦区	51.50	4.86	1.53
营子区	25.92	18.99	0.77
承德县	301.84	9.74	8.99
兴隆县	480.50	18.56	14.30
滦平县	486.02	15.36	14.47
隆化县	303.24	8.37	9.03
丰宁县	710.29	9.57	21.14
宽城县	108.38	6.09	3.23
围场县	152.70	2.34	4.55
平泉市	529.05	19.20	15.75

第二章 土地利用现状综述 · 87 ·

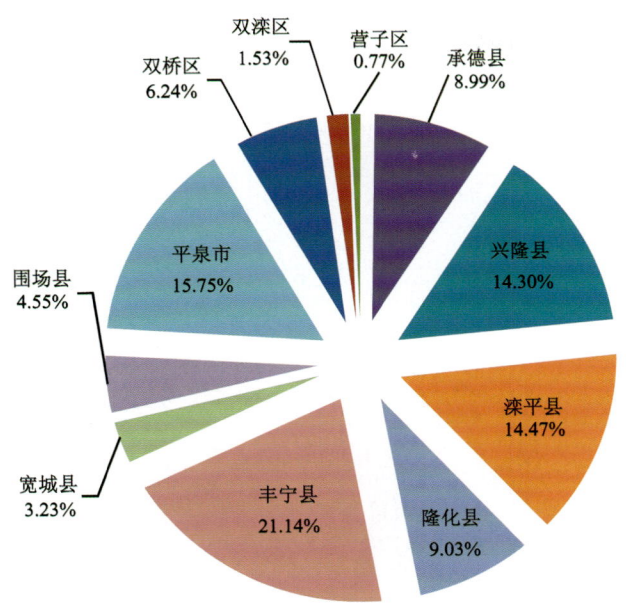

图 2-36 承德市铁路用地面积分布统计图

2)公路用地

承德市的公路用地面积为 15 051.47hm²，占河北省公路用地总面积的 8.22%，占全市交通运输用地总面积的 45.16%。承德市的公路纵横交错，贯穿全市，形成了以干线公路为骨架，联结城市、县城、乡镇和农村的公路交通网络，实现了县县通油路、乡乡通公路、村村能通车。截至 2019 年底，全市各级公路总里程达 23 492km。其中，高速公路里程为 759km，占公路总里程的 3.23%；普通干线公路里程为 2787km，占公路总里程的 11.86%；农村公路里程为 19 946km，占公路总里程的 84.91%。根据土地面积计算，公路密度为 0.59km/km²。根据人口计算，公路密度为 61.41km/万人。

按行政区分析，丰宁县公路用地面积为 3 078.35hm²，占全市公路用地总面积的 20.45%，居第 1 位；其次是围场县，面积为 1 805.47hm²，占比为 12.00%；再次是承德县和滦平县，面积分别为 1 682.81hm²、1 682.79hm²，均占全市公路用地总面积的 11.18%。公路用地面积最小的行政区是营子区，面积为 74.38hm²，仅占全市公路用地总面积的 0.49%。

从公路用地面积占本辖区交通运输用地总面积的比例分析，占比最大的行政区是双滦区，面积占本辖区交通运输用地总面积的比例为 74.81%；其次是双桥区，占比为 60.85%；再次是宽城县，占比为 56.69%；公路用地面积占比最小的行政区是围场县，占比为 27.62%。全市公路用地面积统计分析情况见表 2-39 和图 2-37。

表 2-39 承德市公路用地面积统计分析表

行政区	公路用地面积/hm²	占本辖区交通运输用地总面积的比例/%	占全市公路用地总面积的比例/%
承德市	15 051.47	45.16	100.00
双桥区	705.22	60.85	4.69
双滦区	792.13	74.81	5.26
营子区	74.38	54.50	0.49
承德县	1 682.81	54.31	11.18
兴隆县	1 178.98	45.55	7.83
滦平县	1 682.79	53.17	11.18

续表 2-39

行政区	公路用地面积/hm²	占本辖区交通运输用地总面积的比例/%	占全市公路用地总面积的比例/%
隆化县	1 635.61	45.14	10.87
丰宁县	3 078.35	41.47	20.45
宽城县	1 009.55	56.69	6.71
围场县	1 805.47	27.62	12.00
平泉市	1 406.18	51.05	9.34

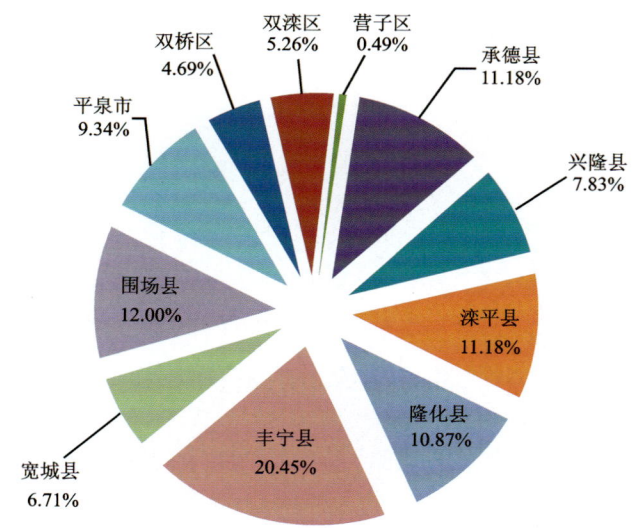

图 2-37 承德市公路用地面积分布统计图

3）农村道路

承德市共有农村道路 14 645.46hm²，面积占河北省农村道路用地总面积的 7.99%，占全市交通运输用地总面积的 43.95%。

按行政区分析，围场县农村道路面积为 4 525.47hm²，占全市农村道路总面积的 30.90%，居第 1 位；其次是丰宁县，农村道路面积为 3 634.42hm²，占比为 24.82%；再次是隆化县，农村道路面积为 1 684.39hm²，占比为 11.50%。营子区的农村道路最少，面积为 36.17hm²，仅占全市农村道路总面积的 0.25%。

从农村道路面积占本辖区交通运输用地总面积的比例分析，占比最大的行政区是围场县，占本辖区交通运输用地总面积的比例为 69.23%；其次是丰宁县，占比为 48.96%；再次是隆化县，占比为 46.49%。农村道路面积占比最小的行政区是双滦区，占比为 20.33%。全市农村道路面积统计分析情况见表 2-40 和图 2-38。

表 2-40 承德市农村道路面积统计分析表

行政区	农村道路面积/hm²	占本辖区交通运输用地总面积的比例/%	占全市农村道路总面积的比例/%
承德市	14 645.46	43.95	100.00
双桥区	244.18	21.07	1.67
双滦区	215.24	20.33	1.47
营子区	36.17	26.50	0.25
承德县	904.22	29.18	6.17

续表 2-40

行政区	农村道路面积/hm²	占本辖区交通运输用地总面积的比例/%	占全市农村道路总面积的比例/%
兴隆县	926.71	35.80	6.33
滦平县	996.34	31.48	6.80
隆化县	1 684.39	46.49	11.50
丰宁县	3 634.42	48.96	24.82
宽城县	658.94	37.00	4.50
围场县	4 525.47	69.23	30.90
平泉市	819.38	29.75	5.59

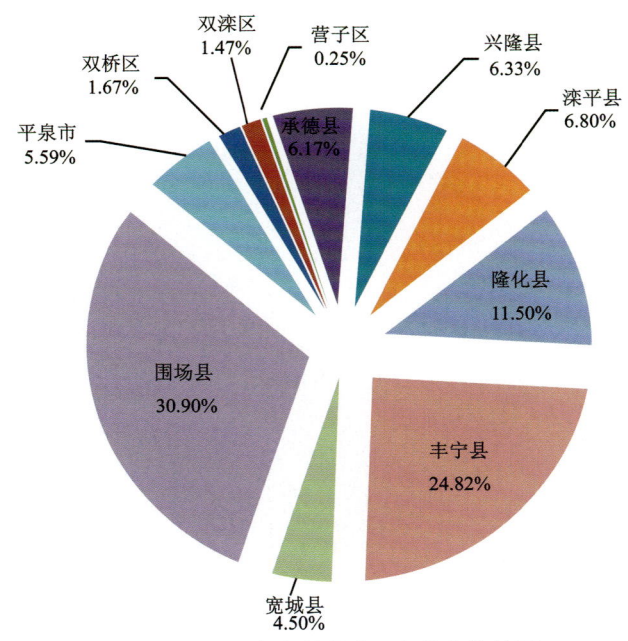

图 2-38 承德市农村道路面积分布统计图

4）机场用地

承德市机场用地面积为 263.19hm²，占河北省机场用地总面积的 9.43%，占全市交通运输用地总面积的 0.79%。

全市机场用地集中分布在承德县和围场县。其中，承德县机场用地面积为 209.68hm²，占全市机场用地总面积的 79.67%；承德市唯一的 4C 级旅游支线民用航空机场——承德普宁机场坐落于该县的头沟镇小梁后，与承德市区的直线距离为 19.5km。机场自 2017 年 5 月 31 日正式通航以来，已累计开通 12 条航线，通达 14 个城市，其中 2019 年新开通航线 3 条，全年旅客吞吐量达 42.44 万人次。围场县有机场用地 53.51hm²，面积占全市机场用地总面积的 20.33%。围场御道口机场坐落于围场县御道口镇御道口村，距围场县城 100km，为 2B 级通用机场。全市机场用地面积统计分析情况见表 2-41 和图 2-39。

表 2-41 承德市机场用地面积统计分析表

行政区	机场用地面积/hm²	占本辖区交通运输用地总面积的比例/%	占全市机场用地总面积的比例/%
承德市	263.19	0.79	100.00
双桥区	0	0	0
双滦区	0	0	0

续表 2-41

行政区	机场用地面积/hm²	占本辖区交通运输用地总面积的比例/%	占全市机场用地总面积的比例/%
营子区	0	0	0
承德县	209.68	6.77	79.67
兴隆县	0	0	0
滦平县	0	0	0
隆化县	0	0	0
丰宁县	0	0	0
宽城县	0	0	0
围场县	53.51	0.82	20.33
平泉市	0	0	0

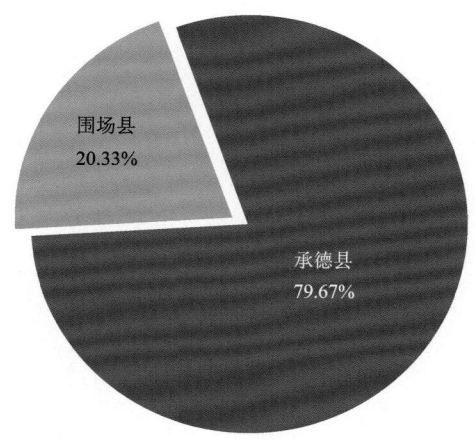

图 2-39　承德市机场用地面积分布统计图

5）管道运输用地

承德市管道运输用地面积为 5.97hm²，占河北省管道运输用地总面积的 6.33%，占本辖区交通运输用地总面积的 0.02%。全市管道运输用地集中分布在宽城县、兴隆县和丰宁县。其中，宽城县管道运输用地面积为 3.84hm²，占全市管道运输用地总面积的 64.32%；兴隆县管道运输用地面积为 2.08hm²，占全市管道运输用地总面积的 34.84%；丰宁县管道运输用地面积为 0.05hm²，占全市管道运输用地总面积的 0.84%。全市管道运输用地面积统计分析情况见表 2-42 和图 2-40。

表 2-42　承德市管道运输用地面积统计分析表

行政区	管道运输用地面积/hm²	占本辖区交通运输用地总面积的比例/%	占全市管道运输用地总面积的比例/%
承德市	5.97	0.02	100.00
双桥区	0	0	0
双滦区	0	0	0
营子区	0	0	0
承德县	0	0	0
兴隆县	2.08	0.08	34.84
滦平县	0	0	0

续表 2-42

行政区	管道运输用地面积/hm²	占本辖区交通运输用地总面积的比例/%	占全市管道运输用地总面积的比例/%
隆化县	0	0	0
丰宁县	0.05	0	0.84
宽城县	3.84	0.22	64.32
围场县	0	0	0
平泉市	0	0	0

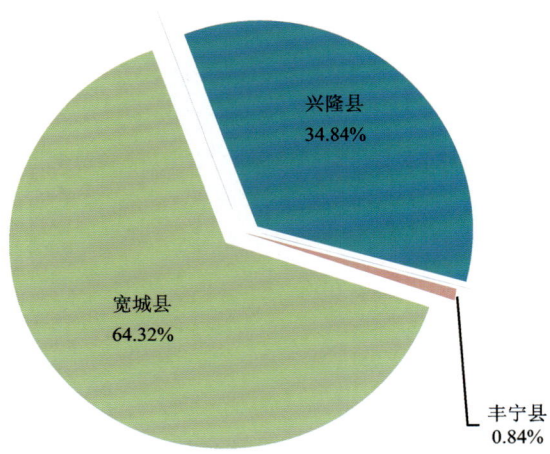

图 2-40　承德市管道运输用地面积分布统计图

（二）交通运输用地存在的问题及对策

1. 交通运输用地存在的主要问题

中华人民共和国成立以来，特别是改革开放后，承德市的交通建设有了很大发展。交通运输用地面积由 2009 年的 27 486.74hm² 增加到 2019 年的 33 325.11hm²，增加了 5 838.37hm²，增长了 21.24%。从当前需要和国民经济发展来看，交通基础建设滞后仍是制约发展的主要瓶颈。综合分析，承德的交通运输用地存在以下问题。

（1）铁路运输能力差，路网结构不合理。承德市的铁路多建于 20 世纪六七十年代，除京沈铁路和张唐铁路外均为单线铁路，线路标准多为Ⅱ级，基础设施陈旧，标准低，坡度大，牵引定数低，到发线有效长度短，技术设备落后，除承隆铁路运量较小，其他铁路运量均已饱和或超过设计负荷。从路网结构看，承德市还缺乏直通天津、唐山、秦皇岛、张家口等周边大中型城市的快速铁路，不仅使承德自身发展受到制约，也不利于京津冀协同发展。

（2）路网结构不尽合理，密度低，高等级公路少。尽管改革开放以来，特别是"十二五"和"十三五"期间，承德市交通建设得到较快发展，但受主客观因素的影响，全市公路交通总体还不发达，主要表现在路网结构不尽合理，高等级公路比重不大，公路密度小，特别是高速公路建设步伐滞后，农村公路通行条件普遍偏差。公路交通总体不发达仍然是全市经济发展和社会进步的主要制约因素。据统计，2019 年，全市公路总里程达 23 492km，密度为 0.59km/km²。承德市是河北省公路密度最低的设区市。

（3）国际机场为空白，无法满足建设国际旅游城市的需要。承德市是国家首批公布的 24 座历史文化名城之一，甲类开放城市，拥有承德避暑山庄及其周围寺庙和长城两个世界文化遗产。承德避暑山庄被评为中国十大风景名胜之一、承德避暑山庄-外八庙是全国旅游胜地"四十佳"之一，承德避暑山庄外八庙风景名胜区是全国首批44处重点风景名胜区之一。承德市被评为首批中国优秀旅游城市之一,是享誉中外的旅游避暑胜地,年接待境内外游客8000余万人次。承德市虽然在2017年5月建成并正式启用了4C级旅游支线民用机场,但目前只开通了至国内十几个城市的航线,尚无国际航线,影响了承德旅游发展的国际通达性,与国际旅游城市尚有一定差距。为进一步改善旅游环境条件,满足中远程游客量增长的需求,应进一步丰富国内航线种类,并加快开通国际航线。

2. 加强交通运输用地利用的对策

交通建设是社会经济发展的战略重点,交通建设落后是目前制约国民经济和社会发展的瓶颈,交通基础设施是国家产业政策重点扶持的基础设施。承德市要全面建成国际旅游城市和实现社会主义现代化的宏伟目标,就必须把交通建设放到十分突出的战略位置,采取更加有力的措施,切实加快全市交通建设步伐,从根本上解决交通的瓶颈制约问题,满足国民经济和社会发展的需要。

(1)完善铁路网结构,提高铁路综合运输能力。根据全市国民经济和社会发展的需求,完善区域铁路网布局,加快构建内通外联的铁路网建设,强化承德与周边地区的铁路联系。全面构建"一市连五省(市)通三港"("五省(市)"即京、津、冀、蒙、辽;"三港"即秦皇岛港、曹妃甸港和天津港)铁路运输体系,全力打造承德到北京、天津、唐山、秦皇岛、张家口等周边城市"1小时"高铁交通圈,到石家庄、沈阳"2小时"高铁交通圈,力争实现县县通高铁(城际铁路)。优化完善普速铁路结构,构建"四主多联"的市域普速铁路网。加快推进遵小铁路、蓝虎铁路等地方铁路建设,及早形成运输能力。加强京通线、京承线等既有国铁线路电气化扩能改造,提高牵引质量,最大限度地挖潜扩能,提高运输能力。

(2)以高速公路为重点,加快完善公路网建设。加快实施"一环八射一通道"高速公路网建设,争取承平(承德—平谷)高速公路、承克(承德—克什克腾高速公路)等高速公路早日建成通车,尽快形成以市区为中心的高速公路网,实现县县通高速的目标。加快推进普通干线公路的升级改造,争取早日实现普通干线公路全部达到二级以上标准的目标。加快实施绕城公路和市县、县县便捷通道建设,实现重点乡镇、产业园区及主要旅游景区高等级公路连接,形成多向连通、疏密结合的普通干线公路网状格局。以提档升级为重点,高质量推进"四好农村路"建设,实现全部乡镇通三级公路、行政村通双车道公路、较大人口规模的自然村通硬化路的目标,形成以县城为中心,以乡镇、行政村为节点,遍布农村、连接城乡的四通八达的农村公路网络,助力乡村振兴。最终形成以市区为中心,面向京津,通达辽蒙,辟通港口、连接周边大中城市,辐射县区的以高速公路为主骨架,以连接乡镇和主要旅游景区的高等级公路为依托,以辐射乡村的黑色化等级公路为补充,结构优化、布局合理、功能完备的现代化公路网络,使承德成为华北连接内蒙古和东北,沟通关内和关外的重要交通枢纽,彻底突破承德社会经济发展的瓶颈。

(3)构建机场网络体系,提高综合运输能力。高质量加快推进"一运多通"的机场网络体系建设。加快推进承德普宁机场扩建工程,争取尽快建成国际机场,实现与全国主要旅游景区和国际主要旅游城市航空网络对接,为国内外游客提供快捷、安全和舒适的旅行服务。同时,积极推进丰宁、平泉、宽城、兴隆和滦平等通用机场建设,建成以京津冀世界级机场群为依托,以承德机场为核心,以通用机场为骨干,以起降点为重要补充的机场网络体系,为承德最终建成国际旅游城市创造有利条件。

(4)统筹交通用地布局,节约集约用地。交通基础设施建设事关全市社会经济发展大局,各级自然资源和规划行政主管部门在编制国土空间规划时,应根据全市国民经济和社会发展规划及交通发展专项规划,科学预测交通运输用地需求,合理确定交通运输用地规模和布局,将交通重点项目用地优先列入全市重点建设项目用地"盘子"。交通部门在编制交通项目可行性研究报告和进行初步设计时,要充分考虑承德市土地资源的实际情况,严格执行设计定额标准,本着节约集约用地的原则,能少占土地的不多占土地,能不占耕地的不占耕地。同时要将补充耕地资金足额列入项目预算,切实保障耕地占补平衡。加强公路交通建设节地技术研究,积极采用新技术、新工艺节约集约用地。施工单位在进行项目建设时,要将工程建设与节约用地和造地有机结合,对被占用耕地的熟化表土先行剥离用于造地,科学布置临时用地,减少临时堆砂堆料、施工运输及混凝土搅拌等对耕地的破坏。确实需要占用耕地的,要在施工完毕后及时复垦。

七、水域及水利设施用地

第三次全国国土调查结果显示,截至 2019 年 12 月 31 日,承德市水域及水利设施用地总面积为 44 351.74hm²,占全省水域及水利设施用地总面积的 7.77%,居全市一级土地利用类型面积的第 7 位。

(一)水域及水利设施用地分布与构成

1. 水域及水利设施用地分布特点

按行政区分析,围场县水域及水利设施用地面积为 9 788.74hm²,占承德市水域及水利设施用地总面积的 22.08%,居第 1 位;其次为宽城县,水域及水利设施用地面积为 6 871.77hm²,占全市水域及水利设施用地总面积的 15.49%;再次为丰宁县,水域及水利设施用地面积为 5 642.05hm²,占全市水域及水利设施用地总面积的 12.72%;营子区水域及水利设施用地最少,面积为 142.10hm²,仅占全市水域及水利设施用地总面积的 0.32%。

全市水域及水利设施用地面积统计分析情况见表 2-43 和图 2-41。

表 2-43 承德市水域及水利设施用地情况统计表

行政区	水域及水利设施用地面积/hm²	占全市水域及水利设施用地总面积的比例/%
承德市	44 351.74	100.00
双桥区	1 469.61	3.31
双滦区	452.23	1.02
营子区	142.10	0.32
承德县	4 257.12	9.60
兴隆县	4 646.19	10.48
滦平县	3 314.95	7.47
隆化县	3 637.78	8.20
丰宁县	5 642.05	12.72
宽城县	6 871.77	15.49
围场县	9 788.74	22.08
平泉市	4 129.20	9.31

2. 水域及水利设施用地构成特点

按国家统一分类标准,水域及水利设施用地由河流水面、湖泊水面、水库水面、坑塘水面、沟渠、水工建筑用地、冰川及永久积雪 7 个二级地类构成。承德市无冰川及永久积雪。因此,承德市水域及水利设施用地由河流水面、湖泊水面、水库水面、坑塘水面、沟渠、水工建筑用地 6 个二级地类构成。其面积、比例、分布情况如下。

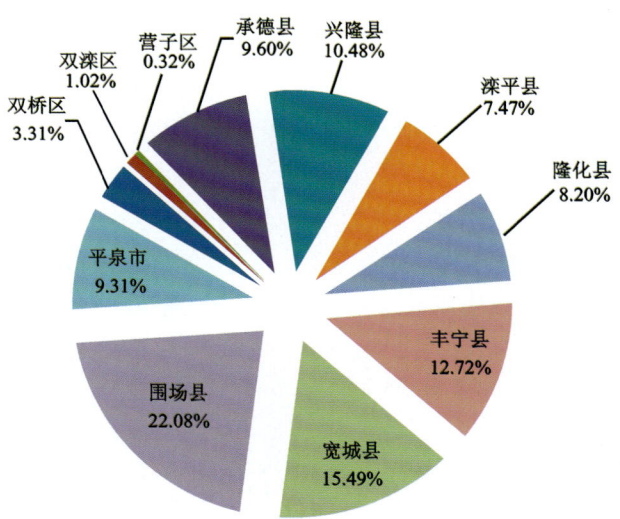

图 2-41　承德市水域及水利设施用地面积分布统计图

1）河流水面

承德市河流水面总面积为 33 855.52hm²，占河北省河流水面总面积的 18.91%，占全市水域及水利设施用地总面积的 76.33%。承德市境内有滦河、北三河、辽河和大凌河四大水系，且为诸水系之上源。其中滦河水系境内流域面积达 28 858.20km²，境内干流河长 374km。流域面积为 1000km² 以上的较大支流有小滦河、兴州河、伊逊河、武烈河、老牛河、柳河、瀑河、洒河等，流经全市 7 县 3 区 1 市，全部注入潘家口水库，其流域面积占潘家口水库上游流域面积的 83.7%，是津唐地区的重要水源地。北三河水系包括潮河、白河和蓟运河，流域面积为 6 776.74km²，其中潮白河（潮河、白河为潮白河主要支流）境内流域总面积为 6 101.46km²，占密云水库上游流域面积的 38.7%，是首都北京的主要水源地。辽河水系包括老哈河、阴河和西路嘎河，流经平泉市和围场县，流域面积达 3 718.88km²。大凌河水系流经平泉市，流域面积为 434.90km²。

按行政区分析，围场县河流水面面积为 8 075.65hm²，占全市河流水面总面积的 23.85%，居第 1 位；其次是丰宁县，河流水面面积为 4 749.10hm²，占全市河流水面总面积的 14.03%；再次是承德县，河流水面面积为 4 016.38hm²，占全市河流水面总面积的 11.86%；营子区的河流水面最少，面积为 118.01hm²，仅占全市河流水面总面积的 0.35%。

从河流水面面积占本辖区水域及水利设施用地总面积的比例分析，占比最大的行政区是承德县，占本辖区水域及水利设施用地总面积的比例为 94.35%；其次是平泉市，占比为 91.28%；再次是隆化县，占比为 88.31%；河流水面面积占比最小的行政区是宽城县，为 36.56%。全市河流水面面积统计分析情况见表 2-44 和图 2-42。

表 2-44　承德市河流水面面积统计分析表

行政区	河流水面面积/hm²	占本辖区水域及水利设施用地面积的比例/%	占全市河流水面总面积的比例/%
承德市	33 855.52	76.33	100.00
双桥区	746.77	50.81	2.21
双滦区	270.19	59.75	0.80
营子区	118.01	83.05	0.35
承德县	4 016.38	94.35	11.86
兴隆县	3 496.38	75.25	10.33

续表 2-44

行政区	河流水面面积/hm²	占本辖区水域及水利设施用地总面积的比例/%	占全市河流水面总面积的比例/%
滦平县	2 888.94	87.15	8.53
隆化县	3 212.70	88.31	9.49
丰宁县	4 749.10	84.17	14.03
宽城县	2 512.40	36.56	7.42
围场县	8 075.65	82.50	23.85
平泉市	3 769.00	91.28	11.13

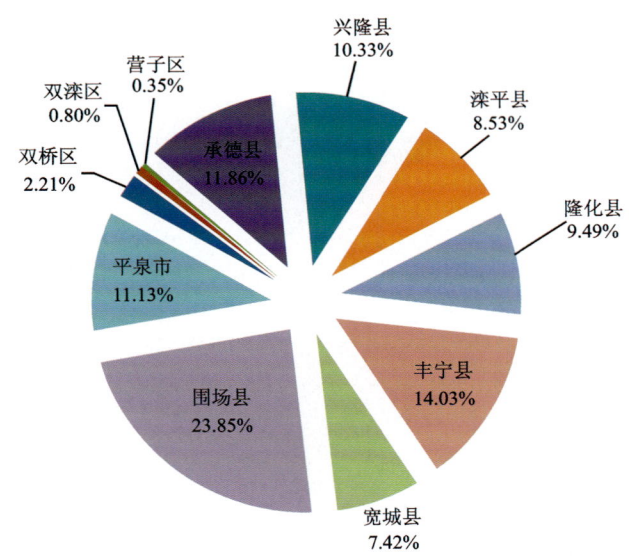

图 2-42 承德市河流水面面积分布统计图

2）湖泊水面

承德市湖泊水面总面积为 198.85hm²，占河北省湖泊水面总面积的 0.80%，占本辖区水域及水利设施用地总面积的 0.45%。

承德市湖泊只分布在围场县和双桥区，围场县湖泊水面面积为 166.44hm²，占全市湖泊水面总面积的 83.70%。围场县湖泊全部分布在坝上地区，主要有七星湖、太阳湖、月亮湖、桃山前湖、桃山后湖等，与草原森林共同构成坝上主要的旅游景观，成为使游客流连忘返的景点。双桥区湖泊水面面积为 32.41hm²，占全市湖泊水面总面积的 16.30%。双桥区湖泊全部分布在避暑山庄，包括如意湖、澄湖、上湖、下湖、镜湖和银湖。全市湖泊水面面积统计分析情况见表 2-45 和图 2-43。

表 2-45 承德市湖泊水面面积统计分析表

行政区	湖泊水面面积/hm²	占本辖区水域及水利设施用地总面积的比例/%	占全市湖泊水面总面积的比例/%
承德市	198.85	0.45	100.00
双桥区	32.41	2.21	16.30
双滦区	0	0	0
营子区	0	0	0
承德县	0	0	0
兴隆县	0	0	0

续表 4-45

行政区	湖泊水面面积/hm²	占本辖区水域及水利设施用地总面积的比例/%	占全市湖泊水面总面积的比例/%
滦平县	0	0	0
隆化县	0	0	0
丰宁县	0	0	0
宽城县	0	0	0
围场县	166.44	1.70	83.70
平泉市	0	0	0

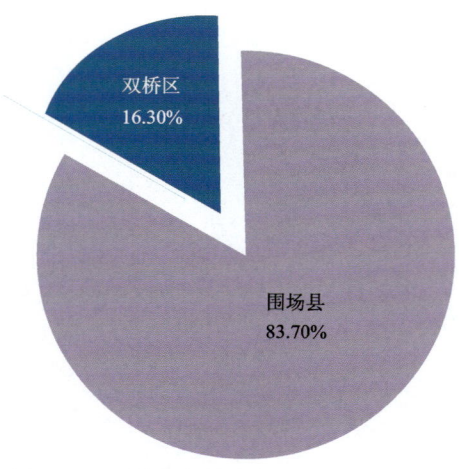

图 2-43 承德市湖泊水面面积分布统计图

3）水库水面

承德市水库水面总面积为 7 342.62hm²，占河北省水库水面总面积的 10.67%，占全市水域及水利设施用地总面积的 16.56%。中华人民共和国成立以来，承德市不断加大水利投资力度，已建成大、中、小型水库 95 座（不含中华人民共和国水利部所属潘家口水库），其中大型水库 2 座、中型水库 7 座、小型水库 86 座，水库总库容达 5.26 亿 m³。另建塘坝 210 座，水池、水窖 5.908 万个，橡胶坝、跌水坝 342 座。全市总蓄水能力为 5.693 亿 m³，占全市水资源总量的 20%。全市大、中型水库情况见表 2-46。

表 2-46 承德市大、中型水库情况表

类型	水库名称	总库容/亿 m³	集雨面积/km²	水库位置
大型	庙宫水库	1.83	2370	围场县四合永镇
	双峰寺水库	1.373	2303	双桥区双峰寺镇
中型	丰宁水电站水库	0.719 9	10 202	丰宁县四岔口乡
	黄土梁水库	0.222 1	324	丰宁县西官营乡
	大庆水库	0.135	82	平泉市卧龙镇
	老虎沟水库	0.132 8	338	兴隆县安子岭乡
	钓鱼台水库	0.131 2	160	围场县腰站镇
	窟窿山水库	0.12	142.2	滦平县滦平镇
	三旗杆水库	0.108 7	47.8	宽城县苇子沟乡

按行政区分析,宽城县水库水面面积为 4 224.24hm²,占全市水库水面总面积的比例最大,为 57.54%,居第 1 位;共有水库 8 座,其中,大型水库 1 座,即中华人民共和国水利部所属的"引滦入津"枢纽工程——潘家口水库,另有中型水库 1 座(三旗杆水库)、小型水库 6 座。兴隆县水库水面面积为 976.65hm²,占全市水库水面总面积的比例为 13.30%,居第 2 位;共有水库 27 座,其中,中型水库 1 座(老虎沟水库),小型水库 26 座。围场县水库水面面积为 840.94hm²,占全市水库水面总面积的比例为 11.45%,居第 3 位;共有水库 4 座,其中,大型水库 1 座(庙宫水库),中型水库 1 座(钓鱼台水库),小型水库 2 座。丰宁县水库水面面积为 494.29hm²,占全市水库水面总面积的 6.73%;共有水库 9 座,其中,中型水库 2 座(丰宁水电站水库和黄土梁水库),小型水库 7 座。双桥区水库水面面积为 441.30hm²,占全市水库水面总面积的 6.01%;有大型水库 1 座,即双峰寺水库,既是"十三五"期间河北省最大的水利项目,也是承德市市属 2 座大型水库之一。滦平县水库水面面积为 134.64hm²,占全市水库水面总面积的 1.83%;共有水库 13 座,其中,中型水库 1 座(窟窿山水库),小型水库 12 座。平泉市水库水面面积为 119.63hm²,占承德市水库水面总面积的 1.63%;共有水库 13 座,其中,中型水库 1 座(大庆水库),小型水库 12 座。隆化县水库水面面积为 38.35hm²,占全市水库水面总面积的 0.52%;共有水库 3 座,全部为小型水库。承德县水库水面面积为 66.81hm²,占全市水库水面总面积的 0.91%;共有水库 25 座,全部为小型水库。双滦区和营子区的水库水面较少,面积分别为 2.63hm² 和 3.14hm²,分别均占全市水库水面总面积的 0.04%。

从水库水面占本辖区水域及水利设施用地总面积的比例分析,水库水面面积占比最大的行政区是宽城县,占本辖区水域及水利设施用地总面积的比例为 61.47%;其次是双桥区,占比为 30.03%;再次是兴隆县,占比为 21.02%;水库水面占比最小的行政区是双滦区,占比仅为 0.58%。全市水库水面面积统计分析情况见表 2-47 和图 2-44。

表 2-47 承德市水库水面面积统计分析表

行政区	水库水面面积/hm²	占本辖区水域及水利设施用地总面积的比例/%	占全市水库水面总面积的比例/%
承德市	7 342.62	16.56	100.00
双桥区	441.30	30.03	6.01
双滦区	2.63	0.58	0.04
营子区	3.14	2.21	0.04
承德县	66.81	1.57	0.91
兴隆县	976.65	21.02	13.30
滦平县	134.64	4.06	1.83
隆化县	38.35	1.05	0.52
丰宁县	494.29	8.76	6.73
宽城县	4 224.24	61.47	57.54
围场县	840.94	8.59	11.45
平泉市	119.63	2.90	1.63

4)坑塘水面

承德市坑塘水面总面积为 925.75hm²,占河北省坑塘水面总面积的 0.70%,占全市水域及水利设施用地总面积的 2.09%。

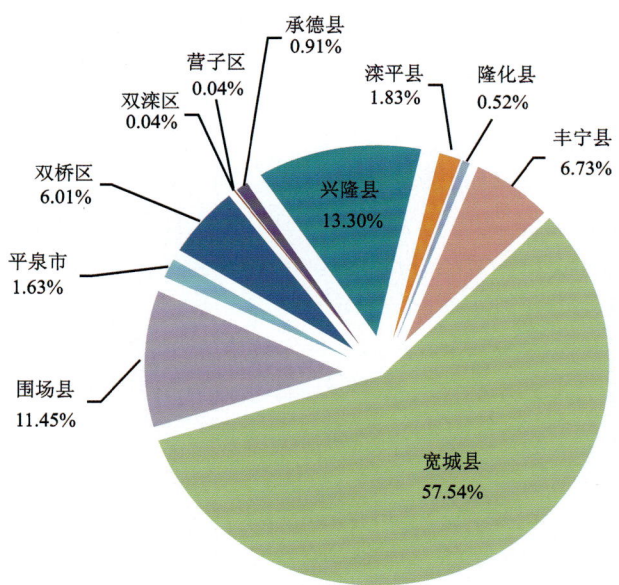

图 2-44　承德市水库水面面积分布统计图

按行政区分析,围场县坑塘水面面积为 290.96hm²,占全市坑塘水面总面积的 31.43%,居第 1 位;其次为丰宁县,坑塘水面面积为 137.38hm²,占全市坑塘水面总面积的 14.84%;再次为隆化县,坑塘水面面积为 96.51hm²,占全市坑塘水面总面积的 10.43%;营子区的坑塘水面最少,面积为 1.63hm²,仅占全市坑塘水面总面积的 0.18%。

从坑塘水面面积占本辖区水域及水利设施用地总面积的比例分析,占比最大的行政区是双滦区,占本辖区水域及水利设施用地总面积的比例为 15.39%;其次是双桥区,占比为 4.05%;再次是围场县,占比为 2.97%;坑塘水面面积占比最小的行政区是宽城县,为 0.44%。全市坑塘水面面积统计分析情况见表 2-48 和图 2-45。

表 2-48　承德市坑塘水面面积统计分析表

行政区	坑塘水面面积/hm²	占本辖区水域及水利设施用地总面积的比例/%	占全市坑塘水面总面积的比例/%
承德市	925.75	2.09	100.00
双桥区	59.52	4.05	6.43
双滦区	69.59	15.39	7.52
营子区	1.63	1.15	0.18
承德县	54.29	1.28	5.86
兴隆县	72.51	1.56	7.83
滦平县	62.20	1.88	6.72
隆化县	96.51	2.65	10.42
丰宁县	137.38	2.43	14.84
宽城县	29.97	0.44	3.24
围场县	290.96	2.97	31.43
平泉市	51.19	1.24	5.53

第二章 土地利用现状综述

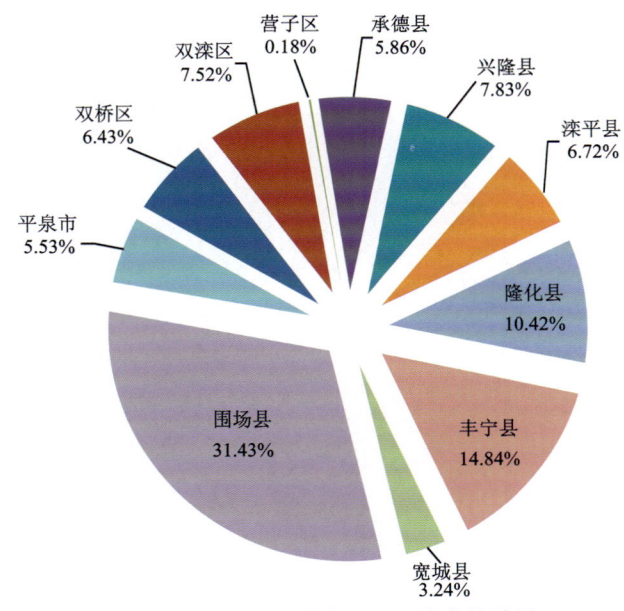

图 2-45　承德市坑塘水面面积分布统计图

5) 沟渠

承德市沟渠总面积为 1 608.60hm²，占河北省沟渠总面积的 1.23%，占全市水域及水利设施用地总面积的 3.63%。

按行政区分析，围场县沟渠面积为 357.05hm²，占全市沟渠总面积的 22.19%，居第 1 位；其次为隆化县，沟渠面积为 275.50hm²，占全市沟渠总面积的 17.13%；再次为滦平县，沟渠面积为 217.57hm²，占全市沟渠总面积的 13.53%；营子区的沟渠面积最小，为 16.21hm²，仅占全市沟渠总面积的 1.01%。

从沟渠面积占本辖区水域及水利设施用地总面积的比例分析，占比最大的行政区是双滦区，占本辖区水域及水利设施用地总面积的比例为 21.09%；其次是营子区，占比为 11.41%；再次是双桥区，占比为 10.07%；沟渠面积占比最小的行政区是宽城县，占比为 1.09%。全市沟渠面积统计分析情况详见表 2-49 和图 2-46。

表 2-49　承德市沟渠面积统计分析表

行政区	沟渠面积/hm²	占本辖区水域及水利设施用地总面积的比例/%	占全市沟渠总面积的比例/%
承德市	1 608.60	3.63	100.00
双桥区	148.02	10.07	9.20
双滦区	95.38	21.09	5.93
营子区	16.21	11.41	1.01
承德县	78.71	1.85	4.89
兴隆县	93.67	2.02	5.82
滦平县	217.57	6.56	13.53
隆化县	275.50	7.57	17.13
丰宁县	120.00	2.13	7.46
宽城县	75.10	1.09	4.67
围场县	357.05	3.65	22.19
平泉市	131.39	3.18	8.17

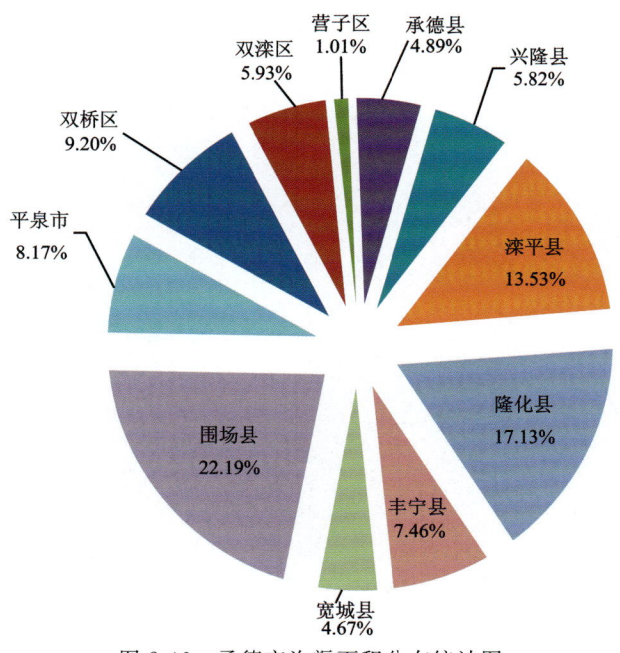

图 2-46　承德市沟渠面积分布统计图

6）水工建筑用地

承德市水工建筑用地总面积为 420.40hm²，占河北省水工建筑用地总面积的 1.21%，占全市水域及水利设施用地总面积的 0.95%。

按行政区分析，丰宁县水工建筑用地面积为 141.28hm²，占全市水工建筑用地总面积的 33.61%，居第 1 位；其次为平泉市，水工建筑用地面积为 57.99hm²，占全市水工建筑用地总面积的 13.79%；再次为围场县，水工建筑用地面积为 57.70hm²，占全市水工建筑用地总面积的 13.73%；营子区的水工建筑用地面积最小，为 3.11hm²，仅占全市水工建筑用地总面积的 0.74%。

从水工建筑用地面积占本辖区水域及水利设施用地总面积的比例分析，占比最大的行政区是双滦区，占本辖区水域及水利设施用地总面积的比例为 3.19%；其次是双桥区，占比为 2.83%；再次是丰宁县，占比为 2.50%。水工建筑用地面积占比最小的行政区是兴隆县，占比为 0.15%。全市水工建筑用地面积统计分析情况见表 2-50 和图 2-47。

表 2-50　承德市水工建筑用地面积统计分析表

行政区	水工建筑用地面积/hm²	占本辖区水域及水利设施用地总面积的比例/%	占全市水工建筑用地总面积的比例/%
承德市	420.40	0.95	100.00
双桥区	41.59	2.83	9.89
双滦区	14.44	3.19	3.43
营子区	3.11	2.19	0.74
承德县	40.93	0.96	9.74
兴隆县	6.98	0.15	1.66
滦平县	11.60	0.35	2.76
隆化县	14.72	0.40	3.50
丰宁县	141.28	2.50	33.61

续表 2-50

行政区	水工建筑用地面积/hm²	占本辖区水域及水利设施用地总面积的比例/%	占全市水工建筑用地总面积的比例/%
宽城县	30.06	0.44	7.15
围场县	57.70	0.59	13.73
平泉市	57.99	1.40	13.79

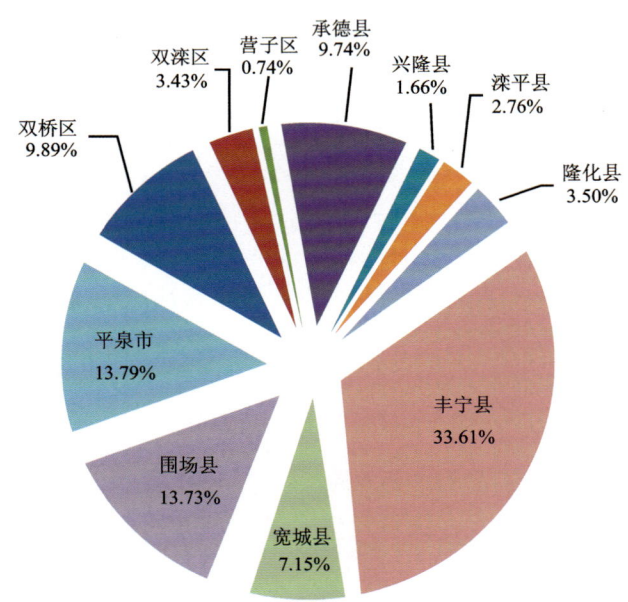

图 2-47　承德市水工建筑用地面积分布统计图

(二)水域及水利设施用地利用特点及存在问题

1. 水域及水利设施用地利用特点

(1)水域及水利设施用地区域分布差异明显。受水域水流的流动性和不同地理环境条件的影响,水域分布具有明显的差异性。承德市水系以滦河和潮白河为主,北部为两大河流的发源地,支流多,径流长,河道宽,流域面积大。而南部的兴隆县、宽城县等县的河流,支流少,河道狭窄,流域面积小,形成了全市水域及水利设施用地北部多、中部次之、南部较少的格局。北部围场县、丰宁县、隆化县3个县的水域及水利设施用地面积占全市水域及水利设施用地总面积的43.00%;中部平泉市、滦平县、承德县和双桥区、双滦区五县(市、区)的水域及水利设施用地面积占全市水域及水利设施用地总面积的30.71%;南部的宽城县、兴隆县两县和营子区的水域及水利设施用地面积占全市水域及水利设施用地总面积的26.29%。从水域及水利设施用地面积占土地总面积的密度分析,分布密度最大的宽城县为分布密度最小的营子区的4.7倍。

(2)水域类型多样,以河流水面最大。承德市除没有冰川及永久积雪外,河流水面、湖泊水面、水库水面、坑塘水面、沟渠、水工建筑用地等二级地类均有分布。其中河流水面面积最大,占水域及水利设施用地总面积的76.32%。河流主要分布在围场县、丰宁县、承德县和平泉市,面积占全市河流水面总面积的60.87%。其次为水库水面,面积占水域及水利设施用地总面积的16.56%。水库主要分布在宽城县、兴隆县和围场县,面积占全市水库水面总面积的82.29%。

(3)水资源时空分布不均匀。①水资源在空间上分布不均匀。承德市年降水量和年径流受地形地貌等因素的影响,在区域分布上很不均匀,总的趋势是从北向南、从上游向下游递增。北部围场县和丰宁县年降水量不足500mm,年径流深在55mm以下,丰宁县境内的滦河年径流深不足25mm;兴隆县和宽城县南部长城一线多年年平均降水量在750mm以上,年径流深在170~230mm之间。②水资源补给在年内分配不均匀。承德市全年降水量的80%集中在汛期(6—9月),整个非汛期8个月的降水量仅占全年降水量的20%左右。特别是丰水年,汛期降水量占全年降水量的比例更大,最高达90%以上。降水年内分配不均匀导致径流在年内分配亦不均匀,全年径流近70%集中在汛期(6—9月),特别是丰水年,汛期降水量占比高达80%以上,南部平泉市、宽城县、兴隆县汛期降水量占比高达90%以上。然而在农业大量需水的4月、5月,径流量最小,仅占全年径流量的8%左右,较大干支流经常出现河流断流的现象。水资源补给在年内分配的不均匀给水资源配置造成很大困难,汛期的洪水很难利用,枯水季又没水可用。③水资源年际变化悬殊。承德市的年降水量和年径流量的年际变化很大,实测最大与最小年降水量的比值均大于2,大部分地区的年降水量C_v值在0.20~0.25之间,只有丰宁县一带略小于0.20,兴隆县、宽城县南部大于0.25;天然年径流量特征值C_v值都在0.50以上,宽城县最大,达0.80。承德市1959年的年径流量最大,为109.0576亿m^3,2000年的最小,为9.2308亿m^3,相差近12倍。

(4)地表水与地下水丰枯同步,多寡一致。承德市地下水为典型的浅层地下潜水,含水层为山间河谷盆地极薄含水层类型,含水层厚度多为5~13m,水位埋深多在1~6m之间,含水层水量调蓄能力极弱。受地下水含水层特性影响,承德市的地下水主要为河川基流,地下水与地表水相互转化程度极其剧烈,其富水程度与地表径流量大小密切相关,表现为地表水与地下水丰枯同步、多寡一致。

2. 水域及水利设施用地利用中存在的主要问题

(1)水资源总量逐渐递减,缺水态势显现。承德市多年平均水资源量为37.6亿m^3,是北京、天津、唐山等城市的重要水源区,潘家口水库93.4%、密云水库56.7%的水来自承德市。承德市水资源总量相对较丰富,但近年来减少趋势明显。20世纪80年代以前水资源量明显较多,80年代遭遇了近10年的连续枯水期,90年代水资源量有所增加,但90年代末开始了长达15年的连续枯水期,水资源量明显减少,2016年至今基本为平水年,水资源量有所回升。同时,承德市水资源总量时空分布不均匀。地表水资源量从北向南、从上游向下游呈递增趋势,地表水资源最丰富的行政区是南部的兴隆县,地表水资源量最少的行政区是承德市市区,地下水资源较丰富的行政区是北部面积较大的丰宁县、围场县和降水量丰富的中部承德县。

(2)水利工程调节能力差,水资源利用效率低。承德市多年平均水资源总量虽然丰富,但全市所有蓄水工程的总蓄水量只有5.693亿m^3,仅占水资源总量的20%,低于全国平均水平,大大低于海河流域和河北省的平均水平(全国地表水实际控制能力为21%,海河流域为87%,河北省为75%)。这种低控制率使承德市80%的地表水流到承德市外。水利工程少,特别是大型骨干调蓄供水工程少,严重制约了水资源的科学合理配置,使承德市由一个水资源相对丰沛的地区变成资源型与工程型缺水现状并存的水资源紧缺地区。随着人口数量的增加和社会经济的快速发展,各部门对水资源的依存性不断增加,水资源对承德市经济可持续发展的制约和影响将日趋严重。

(3)水资源供需矛盾突出,用水效率亟待提高。承德市的水资源较省内其他地区相对丰富,但水资源时空分布不均匀。由于承德市现状供水体系主要以地表水引提水工程和地下水开采井为主,大中型调蓄供水工程偏少,全市水库工程总库容仅为5.26亿m^3,水库工程水资源控制率为18.49%(以1956—2016年多年平均水资源量为基数),远低于河北省和海河流域的平均水平;城镇供水保障程度偏低,且存在水源单一、供水管网效率低、老化失修等突出问题。此外,农村人畜供水保障有待改进,仍有相当部分水源为小微型水源,水量和水质均难以得到保障。随着承德市城市化、工业化发展加快及城乡人民生活水平不断提高,社会经济发展对水资源的需求不断增加,区域性的水资源短缺问题更加突出。

与此同时，承德市用水效率也亟待提高，万元 GDP 用水量、万元工业增加值用水量分别为 49.5m³、33.2m³（按 2015 年当年价计算），均高于北京市、天津市及河北省的平均值。若再不加大节水力度，按承德市未来经济发展趋势，将会突破用水总量红线控制指标。

（4）部分地区水土流失依然严重，影响生态环境。承德市是河北省水土流失比较严重的地区之一。2020 年全国水土流失动态监测成果显示，承德市水土流失面积达 12 625.30km²，占全市土地总面积的 31.9%；其中轻度侵蚀面积达 12 186.70km²，占水土流失面积的 96.5%；中度侵蚀面积达 278.08km²，占水土流失面积的 2.20%；强烈侵蚀面积达 120.03km²，占水土流失面积的 0.95%；极强烈侵蚀面积达 36.63km²，占水土流失面积的 0.29%；剧烈侵蚀面积达 3.86km²，占水土流失面积的 0.03%。从地域分布看，水土流失面积分布最大的行政区是丰宁县，水土流失面积占全市水土流失面积的 21.7%，其次是围场县，占全市水土流失面积的 19.0%，再次是隆化县，占全市水土流失面积的 13.2%。从流域分布来看，水土流失主要分布在滦河流域。

（5）水利基础设施标准低，防灾减灾能力弱。从整体上看，承德市骨干水资源工程较少、欠账较多，有效蓄水能力明显低于全国平均水平。而且这些水利工程设施大部分是 20 世纪六七十年代修建的，因长期投入不足，大多数水库不同程度地存在着病险和老化失修问题。骨干蓄水工程的调节能力差，供水主要靠抽取河滩地下水的方式，抵御旱灾能力较差，供水安全保障能力严重不足。防洪基础设施标准较低，无法满足山区防灾减灾的需要。承德市山高坡陡，若遇暴雨，极易发生洪水和泥石流等地质灾害，对局部地区造成很大破坏。目前，全市四大水系的绝大部分河段严重缺少堤防工程或工程标准、质量较低，河床游荡多变，局部偏流造成河床主槽摆动剧烈，冲滩塌岸严重。

（三）水资源开发利用潜力分析及对策

1. 水资源开发利用潜力分析

从整体上看，除地处南部的营子区外，承德市的水资源开发利用潜力由北向南逐步增大，与承德市的河流走向、降雨分布总体趋势一致。最南端的兴隆县为承德市唯一人均水资源拥有量（自产）超过全国平均水平的地区，且有滦河主要支流的入境水量，水资源现阶段开发利用程度较低，是承德市水资源开发利用潜力最大的行政区。丰宁县、承德县、滦平县、隆化县、宽城县和双滦区均为滦河干流流经区，入境流量较大，自产水资源状况也较好，现阶段水资源开发利用程度属中等或中等偏下，从总体上看开发潜力一般。其中，滦平县县城远离滦河、潮河两大流域干流及其二级支流，水资源开发难度较大。围场县、平泉市、双桥区、营子区的人均水资源拥有量较低，现阶段水资源开发利用程度高，开发潜力较低。其中，围场县境内除伊逊河（已建成庙宫大型水库）外，其余河流虽然数量较多但水量分散，且无入境河流，建设大中型蓄水工程条件较差，宜以微小型蓄水工程建设为主。平泉市和双桥区用水高度紧张，开发潜力较低。尤其是平泉市，水资源开发利用程度高，无入境河流，引调水条件也较差，开发水资源时应在开源的同时高度重视节水工作。双桥区（中心城区）用水需求主要为城市用水，其用水量远超自身产水量，只能依靠入境水来满足用水需求，在武烈河上新建的双峰寺水库成为双桥区的主要水源地。

2. 加强水域管理和合理开发利用水资源的对策

（1）科学编制水安全保障规划，合理调整用水结构和布局。根据水资源和水利基础设施现状，在做好水环境承载能力评价、全面分析区域供水能力和合理预测用水需求工作的基础上，科学编制水安全保障规划，合理界定国民经济和社会发展的可利用水量，优化产业用水结构。将水资源作为最大刚性约束，强化水资源管理制度，扭转水资源不合理开发利用方式，完善市、县两级行政区用水总量和用水强度控制指标体系。坚持以供定用，以供水定产业结构和产业布局，在优先满足生活用水的前提下，把有限的水资源用于效益较高的产业，提高单位水资源的效益，严格限制高耗水产业和项目的规模，全面提高水资源综合利用的经济效益、社会效益和生态效益。建立完善水资源承载能力监测预警机制，大力实施差别化管控措施。对取用水总量已达到或超过可用水量的地方，暂停审批新增取水；对取用水总量接近可用水量的地方，限制审批新增取水。

（2）建立水资源补偿机制，加强流域用水安全。水资源是以流域为单元形成的，流域上下游地区既有用水的权利，又有保护水资源和水环境的责任和义务。承德市地处京津唐水源地上游，是京津的天然生态屏障。承德市必须站在全流域用水的高度考虑水资源配置和水利工程规划，既要最大限度地解决承德市缺水问题，又要考虑下游生态环境和用水问题。多年来，承德市为保证下游用水安全，付出了艰辛的努力和沉重的代价，减缓了经济发展步伐，因此，亟须建立一种长效投入机制，做好滦河、潮河生态环境恢复和有效保护水资源等工作，支撑全流域经济社会的可持续发展。积极推动国家及京津冀三省（市）早日出台与承德市的生态建设、生态保护和生态环境治理补助相关的政策，探索区域性、流域性生态补偿机制，解决水资源开发保护单方投入不足的问题，确保流域水安全。

（3）大力推行节水措施，提高水资源利用率。承德市在农业方面，走节水高效农业、生态农业和绿色农业的发展道路。积极兴建农田水利基础设施，发展经济作物的喷灌、滴灌和果树微灌模式，提高灌溉用水的利用率。调整种植结构，限制高耗水作物种植规模，适当推广"稻改旱"工程。在工业方面，积极落实国家工业节水政策，加快钢铁、食品等高耗水工业行业节水技术改造或转型升级，积极调整产业结构，大力发展节水型工业。加快再生水回用设施建设，加强工业企业内部水循环利用能力。在生活方面，要大力提倡和推广普及节水型器具，大力提高全民的节水意识，普及节水常识，努力创建节水型社会、节水型城市。实施中水计划，使城市污水资源化，用中水替代自来水，用于工业、市政、建筑等非饮用水，提高水资源的重复利用效率。

（4）加强水污染防治，提高水资源质量。建设有机生态农业，适度控制农业生产中农药和化肥的使用量，大力减少面源污染。加大工业企业污水处理力度，不能再利用的废水要严格按照排污标准排放。实施排污许可制度，根据水功能区划要求，严格执行污染物排放总量控制规定。限制高污染企业的发展，对于污染严重、技术工艺落后、经济效益较差且没有污水处理能力的企业，要坚决关停并转。加快城镇污水处理厂建设进程，提高城市污水处理率，实现污水达标排放。加强水体水质监测力度，丰富监测手段和提高技术水平。科学制订水资源保护规划，划定水域水体功能分区，加大水法执法监察力度，加强水资源保护，有效控制水污染，改善水环境。紧固京津冀重要水源地和水源涵养区特殊地位，大力推进山水林田湖草沙系统治理。重点实施水土保持和水源涵养工程，加快河湖生态治理修复和矿山生态环境治理步伐，推进农村水环境综合整治，有效遏制水土流失，全面提升生态环境涵养和承载能力。

（5）加强水利设施建设，深化水权制度改革。一是加大现有水利设施的维护修复力度。对全市所有大、中、小型水库进行除险加固和技术改造，对所有存在防洪隐患的塘坝进行溢洪道高度降低处理，提高现有水利基础设施的供水保障能力。二是以国家水利、水保项目为基础，结合承德"三农"实际，全面推进"小水富民"工程。根据山区特点，建设一批"小水库""小塘坝""小截流""小水窖""小水电"的"五小"工程，有效利用地表径流和雨水资源，解决农村饮水和农业灌溉缺水问题，为实现乡村振兴提供用水保障。三是根据水资源用途管制、总量控制指标和节约用水要求，在取水许可制度的基础上，推进水资源使用权确权登记，将水资源使用、收益的权利落实到取用水户，建立和完善水权配置体系。结合水资源使用权确权登记，探索多种形式的水权流转，鼓励和引导区域间、行业间、用水户间进行水资源使用权交易。

（6）加强水利设施用地管理，保证水利用地发展需求。根据第三次全国国土调查成果和水利普查成果，科学合理划定各类水利工程管理与保护范围，明确管理范围，依法确定水利基础设施用地权属，做好水利基础设施用地登记发证工作，积极稳妥地解决水利基础设施用地的权属争议，依法维护水利基础设施权利人的合法权益，充分调动社会各界投资水利建设、合理开发利用水资源的积极性。在编制国土空间规划时，根据水资源开发利用规划，优先保障水利基础设施用地。积极探索水利基础设施建设节地技术，严格按照规划、计划和用地定额标准供地，占用耕地要先补后占并做到占补平衡。建立河道巡查与遥感监测制度和预警体系,实时掌握河道岸线动态变化和开发利用情况,及时发现和依法处置河道管理范围内非法占用水域及岸线资源、擅自取水排污、非法采砂取土以及设置阻水障碍物等违法违规行为。

八、湿地

湿地是第三次全国国土调查新增的一级地类。第三次全国国土调查结果显示,截至2019年12月31日,承德市湿地总面积为20 590.69hm²,占全省湿地总面积的14.43%,居全市一级土地利用类型面积的第9位。

(一)湿地分布与构成

1. 湿地分布特点

按行政区分析,围场县湿地面积为10 584.79hm²,占承德市湿地总面积的51.41%,居第1位;其次为丰宁县,湿地面积为5 185.76hm²,占全市湿地总面积的25.18%;再次为隆化县,湿地面积为3 523.29hm²,占全市湿地总面积的17.11%。营子区没有湿地;宽城县湿地面积较小,为85.62hm²,仅占全市湿地总面积的0.42%。

全市湿地面积统计分析情况见表2-51和图2-48。

表2-51 承德市湿地情况统计表

行政区	湿地面积/hm²	占全市湿地总面积的比例/%
承德市	20 590.69	100.00
双桥区	414.41	2.01
双滦区	229.73	1.12
营子区	0	0
承德县	143.01	0.69
兴隆县	194.78	0.95
滦平县	128.08	0.62
隆化县	3 523.29	17.11
丰宁县	5 185.76	25.18
宽城县	85.62	0.42
围场县	10 584.79	51.41
平泉市	101.22	0.49

2. 湿地构成特点

按国家统一分类标准,湿地由红树林地、森林沼泽、灌丛沼泽、沼泽草地、盐田、沿海滩涂、内陆滩涂、沼泽地8种二级地类构成。由于承德市无红树林地、盐田和沿海滩涂,因而承德市湿地由森林沼泽、灌丛沼泽、沼泽草地、内陆滩涂、沼泽地5个二级地类构成。其面积、比例、分布情况如下。

1)森林沼泽

承德市森林沼泽面积为14.79hm²,占河北省森林沼泽总面积的26.00%,占全市湿地总面积的0.07%。全市湿地全部分布在丰宁县。

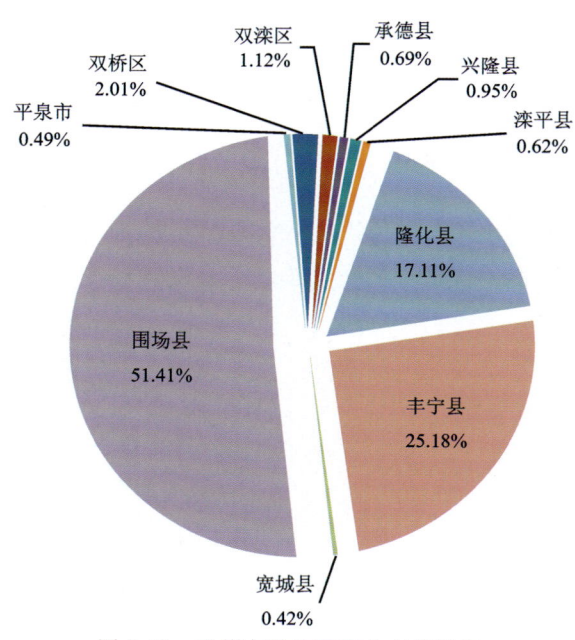

图 2-48　承德市湿地面积分布统计图

2）灌丛沼泽

承德市灌丛沼泽面积为 839.15hm²，占河北省灌丛沼泽总面积的 78.63%，占全市湿地总面积的 4.08%。

承德市灌丛沼泽集中分布在围场县和丰宁县。其中，围场县灌丛沼泽面积为 836.83hm²，占全市灌丛沼泽总面积的 99.72%；丰宁县灌丛沼泽面积为 2.32hm²，占全市灌丛沼泽总面积的 0.28%。全市灌丛沼泽面积统计分析情况见表 2-52 和图 2-49。

表 2-52　承德市灌丛沼泽面积统计分析表

行政区	灌丛沼泽面积/hm²	占本辖区湿地总面积的比例/%	占全市灌丛沼泽总面积的比例/%
承德市	839.15	4.08	100.00
双桥区	0	0	0
双滦区	0	0	0
营子区	0	0	0
承德县	0	0	0
兴隆县	0	0	0
滦平县	0	0	0
隆化县	0	0	0
丰宁县	2.32	0.04	0.28
宽城县	0	0	0
围场县	836.83	7.91	99.72
平泉市	0	0	0

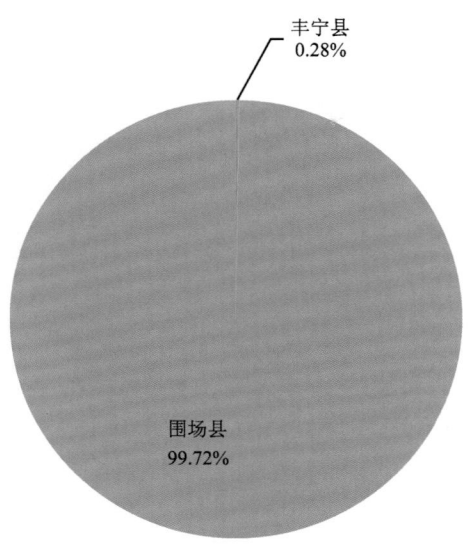

图 2-49　承德市灌丛沼泽面积分布统计图

3) 沼泽草地

承德市沼泽草地面积为 10 050.12hm²，占河北省沼泽草地总面积的 57.91%，占全市湿地总面积的 48.81%。

承德市沼泽草地只分布在围场县和丰宁县。其中，围场县沼泽草地面积为 7 251.63hm²，占全市沼泽草地总面积的 72.15%；丰宁县沼泽草地面积为 2 798.49hm²，占全市沼泽草地总面积的 27.85%。全市沼泽草地面积统计分析情况见表 2-53 和图 2-50。

表 2-53　承德市沼泽草地面积统计分析表

行政区	沼泽草地面积/hm²	占本辖区湿地总面积的比例/%	占全市沼泽草地总面积的比例/%
承德市	10 050.12	48.81	100.00
双桥区	0	0	0
双滦区	0	0	0
营子区	0	0	0
承德县	0	0	0
兴隆县	0	0	0
滦平县	0	0	0
隆化县	0	0	0
丰宁县	2 798.49	53.96	27.85
宽城县	0	0	0
围场县	7 251.63	68.51	72.15
平泉市	0	0	0

4) 内陆滩涂

承德市内陆滩涂面积为 7 680.76hm²，占河北省内陆滩涂总面积的 14.30%，占全市湿地总面积的 37.30%。内陆滩涂主要分布在境内滦河、北三河、辽河、大凌河四大水系及水库常水位和洪水位之间。

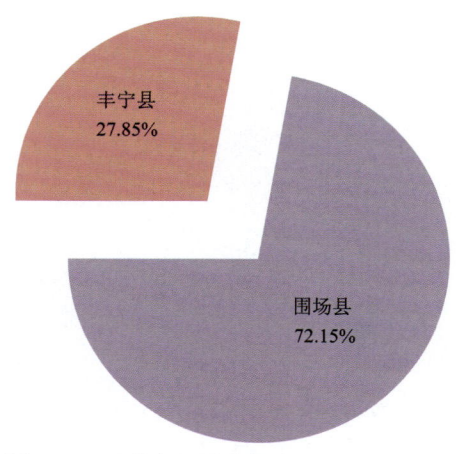

图 2-50 承德市沼泽草地面积分布统计图

按行政区划分,除营子区没有内陆滩涂外,其他县(市、区)均有分布。其中,隆化县内陆滩涂面积为 3 523.29hm²,占承德市内陆滩涂总面积的 45.87%,居第 1 位;其次为丰宁县,内陆滩涂面积为 2 370.16hm²,占全市内陆滩涂总面积的 30.86%;再次为围场县,内陆滩涂面积为 490.46hm²,占全市内陆滩涂总面积的 6.39%。宽城县的内陆滩涂面积最小,为 85.62hm²,仅占全市内陆滩涂总面积的 1.11%。

按承德市内陆滩涂占本辖区湿地总面积的比例分析,除了营子区没有内陆滩涂以外,丰宁县内陆滩涂面积占本辖区湿地总面积的比例为 45.71%,围场县内陆滩涂面积占本辖区湿地总面积的比例为 4.63%,其余县(市、区)内陆滩涂占本辖区湿地总面积的比例均为 100%。全市湿地面积统计分析情况见表 2-54 和图 2-51。

表 2-54 承德市内陆滩涂面积统计分析表

行政区	内陆滩涂面积/hm²	占本辖区湿地总面积的比例/%	占全市内陆滩涂总面积的比例/%
承德市	7 680.76	37.30	100.00
双桥区	414.41	100.00	5.40
双滦区	229.73	100.00	2.99
营子区	0	0	0
承德县	143.01	100.00	1.86
兴隆县	194.78	100.00	2.53
滦平县	128.08	100.00	1.67
隆化县	3 523.29	100.00	45.87
丰宁县	2 370.16	45.71	30.86
宽城县	85.62	100.00	1.11
围场县	490.46	4.63	6.39
平泉市	101.22	100.00	1.32

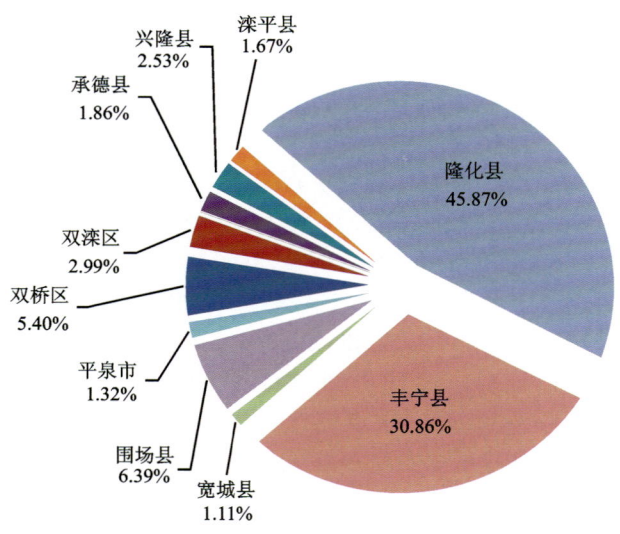

图 2-51 承德市内陆滩涂面积分布统计图

5)沼泽地

承德市沼泽地面积为 2 005.87hm²,占河北省沼泽地总面积的 26.73%。承德市的沼泽地全部分布在围场县坝上草原低洼地区,面积占全市湿地总面积的 9.74%。

(二)湿地利用特点、存在问题及对策

1. 湿地利用特点及存在问题

承德市以沼泽草地和内陆滩涂为主,其中沼泽草地面积为 10 050.12hm²,占全市湿地总面积的48.81%;内陆滩涂面积为 7 680.76hm²,占全市湿地总面积的 37.30%。按行政区划分,全市 76.59% 的湿地分布在围场和丰宁两县。全市湿地生态系统发展良好,环境状况较好,但由于湿地面积小,调控能力不足,局部地区,尤其是坝上高原和农牧交错过渡带的湿地系统被切割破碎现象日趋突出,生物多样性受到威胁,生态功能和效益呈现弱化趋势。降水量减少和地下水开采量增加影响了生态流的合理流动,引发湿地萎缩甚至消失等生态环境问题。

2. 加强湿地保护的对策

1)加强湿地生态保护管理

严格管理湿地,开展湿地调查和普查工作,建立湿地动态监测体系和基础数据平台,提升湿地管理水平。落实国家有关河湖湿地保护的政策、制度,禁止侵占自然湿地等水源涵养空间,已侵占的湿地要限期予以恢复,禁止开(围)垦、填埋、排干湿地,禁止永久性截断湿地水源,禁止破坏湿地野生动物栖息地和鱼类洄游通道。全面排查、整改违法违规占用湿地行为。

2)加强湿地生态系统修复

实施湿地生态修复与保护工程,以滦平县、围场县、隆化县、平泉市等为重点,通过退耕还湿、恢复浅滩、绿化生态等措施,提高湿地生物多样性,增强水源涵养功能。结合实施清洁小流域治理、河道整治等工程,以伊逊河、蚂蚁吐河、武烈河、瀑河等为重点区域,修复湿地生态功能,建设湿地小区。实施湿地周边水资源保护监管、植被封育保护等措施,实行必要的河湖水系连通工程和生态调水工程,科学合理治理和修复天然湿地或建设人工湿地,发挥湿地对区域生态的主动调节功能。巩固已有退耕还林还湿成果。截至 2025 年,确保全市湿地面积不减少、生态功能不降低,林草覆盖率达到 73% 以上。

3）完善湿地生态系统保护设施

以丰宁滦河源省级自然保护区、围场御道口省级自然保护区为重点区域，设置湿地保护界碑公告牌，营建生物隔离带、生态驳岸，布设湿地生态系统监测设施，对重要湿地进行实时监测。加强生态用水补给区用地管控力度，禁止擅自征收、占用国家和省级重要湿地，已违法违规侵占的湿地要限期恢复。经批准征收的湿地要按照"先补后占、占补平衡"的原则，恢复或重建与所占湿地面积和质量相当的湿地，确保湿地面积不减小。

4）加强湿地公园管理

湿地公园指以水为主体的公园。以湿地良好的生态环境和多样化湿地景观资源为基础，以湿地的科普宣教、湿地功能利用、湿地文化弘扬等为主题，建设一定规模的旅游休闲设施，可供人们旅游观光、休闲娱乐的生态型主题公园。截至2019年底，全市共建湿地公园20处，其中国家级湿地公园5处，省级湿地公园15处，总面积为6 198.23 hm^2。要合理处理好湿地公园保护与开发的关系，在依法保护的前提下，适度开发，严格禁止非湿地建设项目侵占湿地公园。承德市湿地公园名录见表2-55。

表2-55 承德市湿地公园名录

序号	湿地公园名称	地点	面积/hm^2	级别	类型
1	河北丰宁海留图国家湿地公园	丰宁县	2 160.09	国家	沼泽
2	河北木兰围场小滦河国家湿地公园	围场县	250.3	国家	河流、沼泽
3	河北承德双塔山滦河国家湿地公园	双滦区	548.97	国家	河流
4	河北隆化伊逊河国家湿地公园	隆化县	604.45	国家	河流
5	河北滦平潮河国家湿地公园	滦平县	554.53	国家	河流
6	河北丰宁滦河源湿地公园	丰宁县	50	省级	沼泽
7	河北滦平龙潭庙水库湿地公园	滦平县	60.06	省级	人工
8	河北兴隆滦河湿地公园	兴隆县	120.9	省级	河流
9	河北木兰围场钓鱼台水库湿地公园	围场县	127.8	省级	人工
10	河北承德县滦河老牛河湿地公园	承德县	200	省级	河流
11	河北承德县柳河下游湿地公园	承德县	165.57	省级	河流
12	河北隆化县伊玛吐河湿地公园	隆化县	144.7	省级	河流
13	河北滦平窟窿山水库湿地公园	滦平县	160.64	省级	人工
14	河北承德市武烈河湿地公园	双桥区	23.3	省级	河流
15	河北承德市滦河武烈河湿地公园	双桥区	546.61	省级	河流
16	河北宽城蟠龙湖湿地公园	宽城县	69.7	省级	湖泊
17	河北平泉瀑河湿地公园	平泉市	157.41	省级	河流
18	河北营子矿区柳河湿地公园	营子区	85	省级	河流
19	河北宽城都阴河湿地公园	宽城县	68.2	省级	河流
20	河北丰宁滦河上游湿地公园	丰宁县	100	省级	河流

5）加强河道管理

结合防洪规划内容，科学编制重要河流岸线保护和利用规划，划定岸线保护区、保留区、限制开发

九、其他土地

第三次全国国土调查结果显示,截至 2019 年 12 月 31 日,承德市其他土地总面积为 41 103.36hm²[全市及各县(市、区)其他土地汇总面积均不含裸岩石砾地和裸土地地类面积,下同],居全市一级土地利用类型面积的第 6 位。

(一)其他土地分布与构成

1. 其他土地分布特点

按行政区分析,丰宁县其他土地面积为 10 780.98hm²,占承德市其他土地总面积的 26.23%,居第 1 位;其次为围场县,其他土地面积为 8 513.74hm²,占全市其他土地总面积的 20.71%;再次为隆化县,其他土地面积为 7 427.28hm²,占全市其他土地总面积的 18.07%。营子区其他土地面积最小,为 74.20hm²,仅占全市其他土地总面积的 0.18%。

全市其他土地面积统计分析情况见表 2-56 和图 2-52。

表 2-56 承德市其他土地情况统计表

行政区	其他土地面积/hm²	占全市其他土地总面积的比例/%
承德市	41 103.36	100.00
双桥区	535.94	1.30
双滦区	437.64	1.07
营子区	74.20	0.18
承德县	3 276.95	7.97
兴隆县	701.52	1.71
滦平县	1 731.42	4.21
隆化县	7 427.28	18.07
丰宁县	10 780.98	26.23
宽城县	1 117.54	2.72
围场县	8 513.74	20.71
平泉市	6 506.15	15.83

注:其他土地汇总面积不含裸岩石砾地、裸土地地类面积。

2. 其他土地构成特点

按国家统一分类标准,承德市其他土地由设施农用地、田坎、沙地、裸岩石砾地、裸土地 5 种二级地类构成(本次不进行裸岩石砾地、裸土地地类分析)。其面积、比例和分布情况如下。

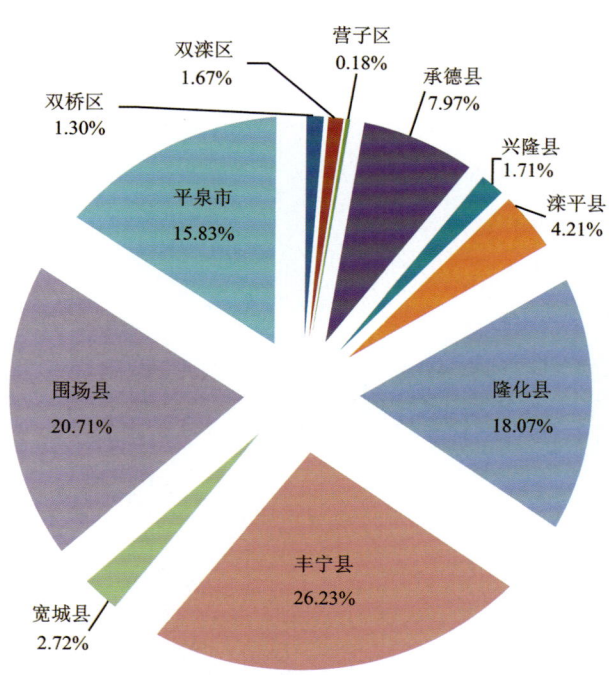

图 2-52 承德市其他土地面积分布统计图

1)设施农用地

承德市设施农用地面积为 5 739.83hm²,占全市其他土地总面积的 13.96%。

按行政区分析,平泉市设施农用地最多,面积为 1 464.51hm²,占全市设施农用地总面积的25.52%;其次为丰宁县,设施农用地面积为 877.98hm²,占全市设施农用地总面积的 15.30%;再次为承德县,设施农用地面积为818.31hm²,占全市设施农用地总面积的 14.26%。营子区、双桥区和双滦区设施农用地面积较小,分别为 17.98hm²、92.88hm² 和 110.95hm²,分别占全市设施农用地总面积的 0.31%、1.62% 和 1.93%。

从设施农用地面积占本辖区其他土地总面积的比例分析中可知,设施农用地面积占比最大的行政区是滦平县,占本辖区其他土地总面积的比例为 33.02%;其次为宽城县,占比为 29.50%;再次为兴隆县,占比为 25.81%。设施农用地面积占比较小的行政区为隆化县、丰宁县和围场县,分别为 7.60%、8.14% 和 8.34%。全市设施农用地面积统计分析情况见表 2-57 和图 2-53。

表 2-57 承德市设施农业用地面积统计分析表

行政区	设施农用地面积/hm²	占本辖区其他土地总面积的比例/%	占全市设施农用地总面积的比例/%
承德市	5 739.83	13.96	100.00
双桥区	92.88	17.33	1.62
双滦区	110.95	25.35	1.93
营子区	17.98	24.23	0.31
承德县	818.31	24.97	14.26
兴隆县	181.09	25.81	3.15
滦平县	571.72	33.02	9.96
隆化县	564.68	7.60	9.84
丰宁县	877.98	8.14	15.30
宽城县	329.72	29.50	5.74
围场县	710.01	8.34	12.37
平泉市	1 464.51	22.51	25.52

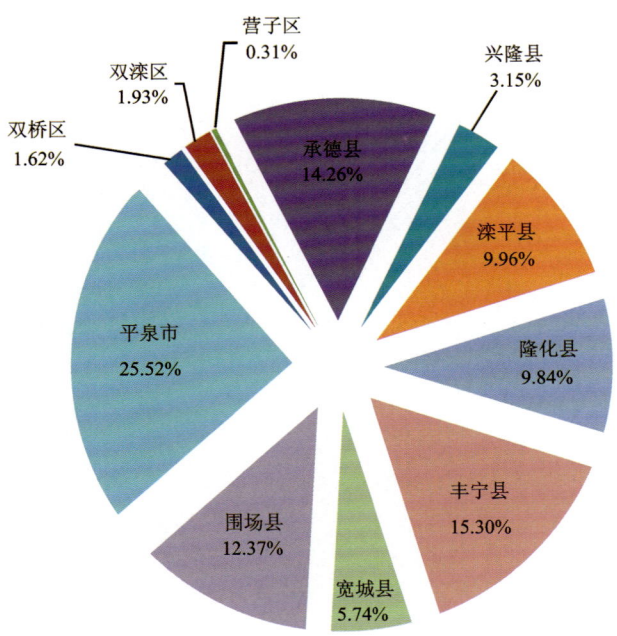

图 2-53 承德市设施农业用地面积分布统计图

2）田坎

承德市田坎面积为 34 571.03hm²，占全市其他土地总面积的 84.11%。按行政区分析，丰宁县的田坎最多，田坎面积为 9 566.17hm²，占全市田坎总面积的 27.68%；其次为围场县，田坎面积为 7 348.43hm²，占全市田坎总面积的 21.26%；再次为隆化县，田坎面积为 6 862.60hm²，占全市田坎总面积的 19.85%。营子区、双滦区和双桥区田坎较少，面积分别为 56.22hm²、326.69hm² 和 443.06hm²，分别占全市田坎总面积的 0.16%、0.94% 和 1.28%。

从田坎占本辖区其他土地总面积的比例分析可知，田坎面积占比最大的行政区是隆化县，面积占本辖区其他土地总面积的 92.40%；其次为丰宁县，占比为 88.73%；再次为围场县，占比为 86.31%。滦平县的田坎面积占比最小，为 66.96%。全市田坎面积统计分析情况见表 2-58 和图 2-54。

表 2-58 承德市田坎面积统计分析表

行政区	田坎面积/hm²	占本辖区其他土地总面积的比例/%	占全市田坎总面积的比例/%
承德市	34 571.03	84.11	100.00
双桥区	443.06	82.67	1.28
双滦区	326.69	74.65	0.94
营子区	56.22	75.77	0.16
承德县	2 458.64	75.03	7.11
兴隆县	520.43	74.19	1.51
滦平县	1 159.33	66.96	3.35
隆化县	6 862.60	92.40	19.85
丰宁县	9 566.17	88.73	27.68
宽城县	787.82	70.50	2.28
围场县	7 348.43	86.31	21.26
平泉市	5 041.64	77.49	14.58

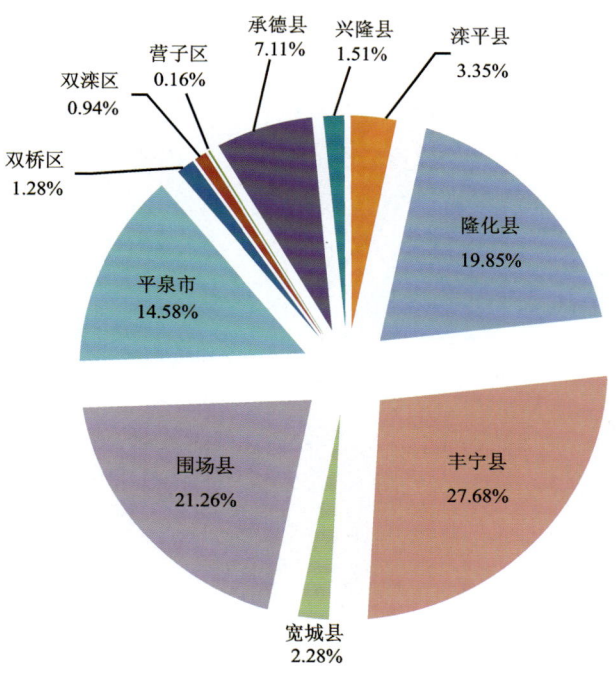

图 2-54　承德市田坎面积分布统计图

3) 沙地

承德市沙地面积为 792.50hm²,占全市其他土地总面积的 1.93%。沙地主要分布在围场县和丰宁县,围场县沙地面积为 455.30hm²,占全市沙地总面积的 57.45%;丰宁县沙地面积为 336.83hm²,占全市沙地总面积的 42.50%。滦平县沙地面积为 0.37hm²,仅占全市沙地总面积的 0.05%。全市沙地面积统计分析情况见表 2-59 和图 2-55。

表 2-59　承德市沙地面积统计分析表

行政区	沙地面积/hm²	占本辖区其他土地总面积的比例/%	占全市沙地总面积的比例/%
承德市	792.50	1.93	100.00
双桥区	0	0	0
双滦区	0	0	0
营子区	0	0	0
承德县	0	0	0
兴隆县	0	0	0
滦平县	0.37	0.02	0.05
隆化县	0	0	0
丰宁县	336.83	3.12	42.50
宽城县	0	0	0
围场县	455.30	5.35	57.45
平泉市	0	0	0

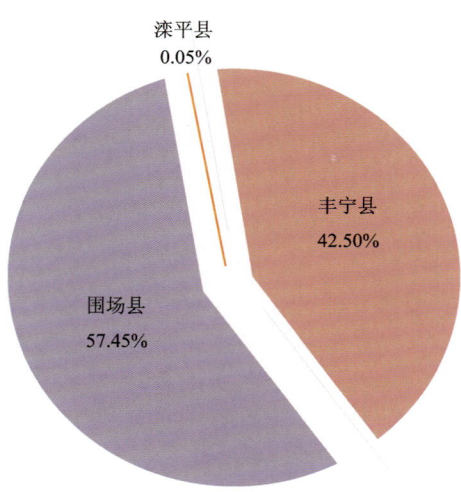

图 2-55　承德市沙地面积分布统计图

(二)其他土地利用特点、存在问题及对策

1. 其他土地的利用特点

1)分布比较集中

承德市的其他土地分布比较集中,其中,围场、丰宁、隆化 3 个县的其他土地面积为 26 722hm²,占全市其他土地总面积的 65.01%。丰宁县其他土地面积为 10 780.98hm²,占全市其他土地总面积的 26.23%。其他五县三区一市只有其他土地 14 381.36hm²,面积仅占全市其他土地总面积的 34.99%。其中营子区的其他土地面积最小,仅为 74.2hm²,仅占全市其他土地总面积的 0.18%。

2)类型比较齐全

承德市的其他土地类型较齐全,包括设施农用地、田坎、沙地、裸岩石砾地和裸土地,在国家规定的二级地类中仅不含盐碱地和空闲地。扣除裸岩石砾地和裸土地面积,全市其他土地总面积为 41 103.36hm²。其中,田坎面积最大,为 34 571.03hm²,占其他土地总面积的 84.11%;其次为设施农用地,面积为 5 739.83hm²,占其他土地总面积的 13.96%;沙地面积仅为 792.50hm²,仅占其他土地总面积的 1.93%。

2. 其他土地利用中存在的主要问题

1)设施农用地使用不尽规范

随着农业的现代化发展,传统农业向现代农业转变,特别是近年来农村土地承包经营权流转进程加快,农业生产经营规模不断扩大,农业设施不断增加,农业生产效益得到提高。发展设施农业已经成为农民增加收入的有效途径。但在设施农业发展中也出现一些问题:一是有的设施农业用地选址不尽合理,不少的设施农业工程占用大量耕地,甚至是基本农田;二是有的设施农业经营者擅自改变或变相将设施农用地用于其他非农建设,有的擅自扩大设施用地规模,或擅自改变直接从事或服务农业生产的设施性质,将农业设施用于其他经营活动;三是一些单位或个人以发展设施农业为名,擅自占地甚至占用耕地进行非农建设。如有的村民以建日光温室看护房为名建农宅套大院;有的以申请设施农用地为名,建设永久性餐饮、住宿、会议、大型停车场等经营性设施,开展非农业活动。

2)土地开发利用不尽合理

承德市北部坝上和接坝地区土层薄、风沙大、干旱少雨。一些农民为单纯追求经济效益,盲目开垦耕地用于种植农作物,或过度放牧,导致部分土壤风蚀沙化,草场退化。这样不仅不能取得良好的经济效益,而且会对生态环境造成很大破坏。一旦形成沙地,则治理周期漫长。2009年第二次全国土地调查时,承德市北部地区有沙地1 810.25 hm^2,经过10余年的治理,尚有沙地792.50 hm^2。近年,坝上和接坝地区各项经济建设发展项目的实施,如风电开发等,也对植被造成一定程度的破坏,对沙化土地的治理产生不利影响。

3. 合理开发利用其他土地的对策

(1)发展设施农业,提高土地产出水平。

承德市雨热同季、昼夜温差大、小气候多等气候特点决定了农作物品种的多样性、上市的时差性和品质的优良性。同时,承德市生态环境良好,区位条件优越,不仅具有发展绿色有机商品型农牧业的资源优势,而且市场空间广阔,应在搞好主导产业的同时,大力发展以设施蔬菜、食用菌、花卉、中药材种植等为主的设施农业和以奶牛、肉牛、鸡、鸭等为主的设施畜禽养殖业,使之成为农民脱贫致富的高效产业。要科学调整养殖布局,减少畜禽粪污对水土环境的污染。各级自然资源和规划及农业农村行政主管部门应根据自然资源部、农业农村部关于设施农业用地管理的有关政策,加强对设施农业的扶持力度,加强设施农业用地管理,引导设施农业合理选址,尽量利用荒山荒坡、滩涂等未利用地和低效闲置的土地,不占或少占耕地,严禁占用基本农田。同时通过采取工程、技术等措施尽量减少对耕作层的破坏。严肃查处设施农业用地中的违法违规用地行为,防止以发展设施农业为名,擅自圈占滥用土地,特别是耕地的行为发生。

(2)适度开发裸地资源,提高土地利用率。

裸岩石砾地和裸土地是特殊的土地开发后备资源,其土层极薄,基本无植被覆盖,或表层为岩石、石砾。虽然开发难度大,但如辅以必要的工程措施和生物措施,也能取得一定的经济效益和生态效益。在开发过程中,要本着宜农则农、宜林则林、宜牧则牧的原则,根据裸地的实际情况,选择开发利用方向。对有一定土层覆盖的裸地,通过采取工程和生物措施可开发为耕地的优先开发为耕地;对土壤极少的,应采取飞播造林种草、客土栽植等技术开发为林地、草地;对其他开发难度更大的裸地,应采取封育等措施,增加自然植被覆盖率。

(3)实施耕地整理,增加有效耕地面积。

承德市的耕地面积为413 734.38 hm^2,其中梯田和坡地面积为232 112.34 hm^2,占耕地总面积的56.10%。在梯田和坡地中有田坎34 571.03 hm^2,通过归并和修整田坎实施耕地整理,按5%新增耕地计算,有耕地整理潜力1 728.55 hm^2。在实施过程中,首先在编制或修编土地整治规划时,将田坎集中分布,整理潜力较大的区域并将该区域纳入土地整治规划;其次要注意保持水土,不能因为要开展土地整治,进行田坎归并引起新的水土流失;再次要结合整治区项目规划、设计和施工,搞好土地承包经营权的权属调整,保障土地承包经营权人的合法权益。

(4)加强沙地治理,改善生态环境。

承德市地处华北平原与内蒙古高原的过渡地带,北临内蒙古自治区浑善达克和科尔沁两大沙地,是风沙的物源区,全市有约14%的土地出现沙质荒漠化。承德市南邻京津,是两大城市的水源地,生态环境建设的任务十分艰巨。全市现有沙地792.50 hm^2,集中分布于坝上和接坝地区的围场、丰宁两县。该区域是全市主要河流的源头,处于京津生态屏障的关键位置。应根据因地制宜的原则,大力开展沙地治理工作。要继续实施京津风沙源治理、京冀生态水资源保护林等重点生态项目,在沙地上大力营造水土保持林和开展人工种草、围栏封育,加快坝上地区和接坝地区沙化草地治理工作,提高沙地植被覆盖率,有效改善区域生态环境。

第三节 土地权属状况

一、土地所有权权属结构

土地所有权指土地所有者依法对土地享有的占有、使用、收益和处分的权利。土地所有权人在法律规定的范围内享有占用、使用和处分的权利。《中华人民共和国土地管理法》(以下简称《土地管理法》)规定:"中华人民共和国实行土地的社会主义公有制,即全民所有制和劳动群众集体所有制。"我国的土地所有权分为国家土地所有权和农民集体土地所有权(所对应的土地以下分别简称国有土地和集体土地)。

第三次全国国土调查结果显示,截至2019年12月31日,承德市国有土地面积占全市土地总面积的17.75%;集体土地面积占全市土地总面积的82.25%。

二、国有土地

国有土地指土地所有权归国家所有的土地,即全民所有的土地。《土地管理法》规定:"城市市区的土地属于国家所有。农村和城市郊区的土地,除由法律规定属于国家所有的以外,属于农民集体所有"。

(一)国有土地来源

国有土地包括农村国有土地和城镇国有土地,其来源比较复杂,主要有以下途径。

(1)中华人民共和国成立前后,接收、接管日伪地产和国民党政府地产(包括各级政府机关、学校、医院、监狱、庙宇、寺院、教堂、铁路、公路、机场及大型水利工程等用地)为国家所有。

(2)依照《中国土地法大纲》《中华人民共和国土地改革法》和《城市郊区土地改革条例》等法律法规,直接收归为国家所有的土地,包括荒地、森林、草原、河流等。为城市建设和工业发展需要,在城市、郊区土地改革中没收的地主的土地、征收的旧式富农出租的土地,一律归国家所有。

(3)在土地改革中,划出用于建设农事试验场、国有示范农林牧场、农业科研等的土地,变为国家所有。在土地改革中没有将土地所有权分配给农民的土地及实施《农村人民公社工作条例(修正草案)》时未划入农民集体范围内的土地归国家所有。

(4)中华人民共和国成立后,没收的汉奸、反革命分子在城镇的财产中涉及的土地为国家所有。

(5)军队接收的敌伪地产及中华人民共和国成立后经人民政府批准征用、划拨的军事用地归国家所有。

(6)通过对城市资本主义工商业和私营房地产业进行社会主义改造,将私有厂房、商店、仓库、出租房屋等变为国有资产,其范围内所涉及土地也为国家所有。

(7)中华人民共和国成立后,为城镇建设和经济社会各项事业发展需要,依法征收、征用的原农民集体所有的土地转为国家所有土地。因国家建设征收土地,农民集体建制被撤销或其人口全部被转为非农业人口,其未经征收的土地,归国家所有。

(8)全民所有制单位和城镇集体所有制单位兼并农民集体企业的,办理有关手续后,被兼并的原农民集体企业使用的集体所有土地转为国家所有土地。

(9)按照《中华人民共和国宪法》《中华人民共和国民法典》《中华人民共和国土地管理法》《确定土地所有权和使用权的若干规定》等法律法规和规章规定应属于国有的土地归国家所有。

(二)国有土地分布特点

承德市各县(市、区)的国有土地面积相差悬殊。其中,围场县国有土地面积最大,占全市国有土地总面积的41.90%。辖区内坐落着省属塞罕坝机械林场、河北省木兰围场国有林场管理局,市属御道口牧场、庙宫水库,县属红松洼牧场、卡伦后沟牧场以及铁路、公路等均为使用的国有土地。其次为丰宁县,国有土地面积占全市国有土地总面积的13.48%。国家重点建设项目丰宁抽水蓄能电站、市属鱼儿山牧场,县属千松坝林场及铁路、公路等使用国有土地较多。再次为隆化县,国有土地面积占全市国有土地总面积的11.87%。主要是河北茅荆坝国家级自然保护区、县属国营林场以及铁路、公路等使用国有土地较多。营子区、双滦区和双桥区国有土地面积较少,分别仅占全市国有土地总面积的0.68%、1.15%和1.98%。

各县(市、区)国有土地面积占本辖区国有土地面积的比例也不尽相同。其中,围场县国有土地面积所占比例最大,为32.50%;其次为营子区,占比为31.82%;再次为双桥区,占比为21.30%。宽城县和承德县国有土地面积占辖区国有土地面积的比例较小,分别仅为8.28%和8.41%。承德市国有土地分布情况见表2-60和图2-56。

表2-60 承德市国有土地分布情况统计表

行政区	占辖区国有土地总面积的比例/%	占全市国有土地总面积的比例/%
承德市	17.75	100
双桥区	21.30	1.98
双滦区	17.89	1.15
营子区	31.82	0.68
承德县	8.41	4.38
兴隆县	13.28	5.91
滦平县	16.89	7.21
隆化县	15.20	11.87
丰宁县	10.82	13.48
宽城县	8.28	2.29
围场县	32.50	41.90
平泉市	19.47	9.15

(三)国有土地时空变化

1995年土地详查市级汇总时,全市国有土地面积占全市土地总面积的14.54%。第二次全国土地调查统一时点(2009年12月31日)市级汇总时,全市国有土地面积占全市土地总面积的16.72%。第二次全国土地调查与土地详查相比,国有土地面积增加比例为14.99%。国有土地面积占全市土地总面积的比例增加了2.18%。第三次全国国土调查统一时点(2019年12月31日)市级汇总时,全市国有土地面积占全市土地总面积的17.75%。第三次全国国土调查与第二次全国土地调查相比,国有土地面积占比增加了6.16%。国有土地面积占全市土地总面积的比例增加了1.03%。由于国家经济社会发展建设的需要,农村集体经济组织所有的土地征收为国家所有,因而国有土地面积有所增加。

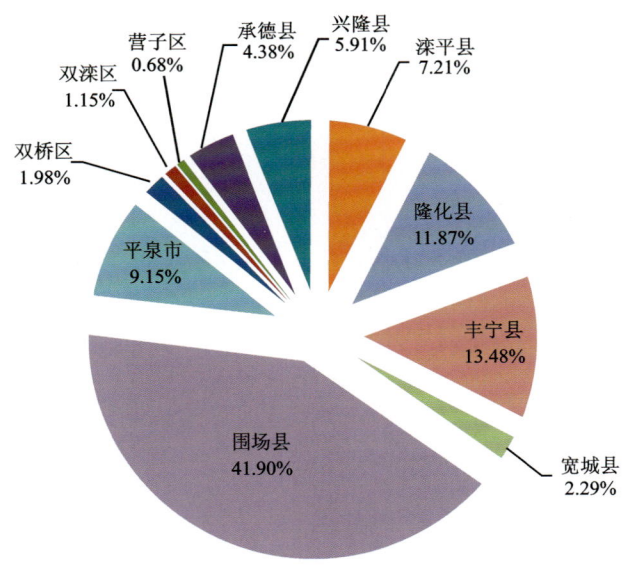

图 2-56 承德市国有土地分布统计图

三、集体土地

集体土地指土地所有权归集体经济组织所有的土地。我国现阶段集体土地所有权有 3 种形式：一是属于村农民集体所有；二是属于乡（镇）农民集体所有；三是属于村内 2 个以上农村集体经济组织的农民集体所有。集体土地的主体是拥有该土地的全体成员，客体是归属该集体所有的全部土地。集体土地所有权的主体对自己所有的土地享有占有、使用、收益、处分的权利，承担民事义务和管理、保护合理利用土地的义务。

总体上，承德市的土地以集体土地为主，集体土地面积占全市土地总面积的 82.25%。但是随着社会经济的快速发展，集体土地在地类构成和地域分布上也发生着变化，尤其是在城镇化的过程中，城市郊区的集体土地逐渐被征收为国有建设用地，使得集体土地的比例逐年下降。

（一）集体土地来源

中华人民共和国成立后，承德市域在完成土地改革的基础上，经过农业合作化和人民公社化运动，完成了对农业的社会主义改造，将农民的土地所有制变为农村土地集体所有制。

（二）集体土地分布特点

按行政区分析，承德市各县（市、区）的集体土地面积相差悬殊。其中，丰宁县集体土地面积最大，占全市集体土地总面积的 23.99%；其次为围场县，集体土地面积占全市集体土地总面积的 18.78%；再次为隆化县，集体土地面积占全市集体土地总面积的 14.29%。营子区、双滦区和双桥区集体土地面积较小，分别仅占全市集体土地总面积的 0.31%、1.14% 和 1.58%。

各县（市、区）集体土地面积占本辖区土地总面积的比例也不尽相同。其中，宽城县集体土地所占比例最大，为 91.72%；其次为承德县，占比为 91.59%；再次为丰宁县，占比为 89.18%。围场县和营子区集体土地占辖区土地面积的比例较小，分别仅为 67.50% 和 68.18%。承德市集体土地分布情况见

表 2-61 和图 2-57。

表 2-61　承德市集体土地分布情况统计表

行政区	占辖区土地总面积的比例/%	占全市集体土地总面积的比例/%
承德市	82.25	100
双桥区	78.70	1.58
双滦区	82.11	1.14
营子区	68.18	0.31
承德县	91.59	10.29
兴隆县	86.72	8.32
滦平县	83.11	7.66
隆化县	84.80	14.29
丰宁县	89.18	23.99
宽城县	91.72	5.47
围场县	67.50	18.78
平泉市	80.53	8.17

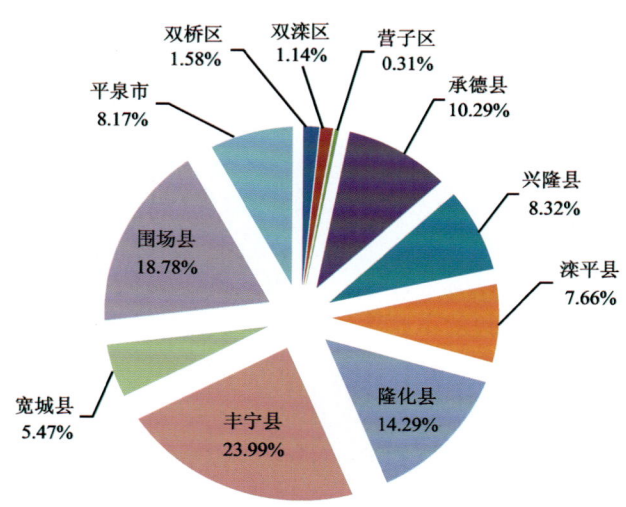

图 2-57　承德市集体土地分布统计图

（三）集体土地时空变化

1995 年土地详查市级汇总时，全市集体土地面积占全市土地总面积的 85.46%。第二次全国土地调查统一时点（2009 年 12 月 31 日）市级汇总时，全市集体土地面积占全市土地总面积的 83.28%。第二次全国土地调查与土地详查相比，集体土地面积占比减少了 2.62%。集体土地面积占全市土地总面积的比例减少了 2.18%。第三次全国国土调查统一时点（2019 年 12 月 31 日）市级汇总时，全市集体土地面积占全市土地总面积的 82.25%。第三次全国国土调查与第二次全国土地调查相比，集体土地面积减少了 1.24%。集体土地面积占全市土地总面积的比例减少了 1.03%。集体土地面积减少的原因主要是因国家经济社会发展建设的需要，农村集体经济组织所有的土地征收为国家所有。

第四节 区域土地利用现状

承德市辖双桥区、双滦区、营子区 3 个区和承德县、兴隆县、滦平县、隆化县、丰宁县、宽城县、围场县和平泉市 8 个县（市）。2010 年，承德市人民政府决定将双桥区的冯营子镇和上板城镇交由承德高新技术产业开发区管理委员会托管，2017 年在御道口牧场的基础上成立的御道口牧场管理区管理委员会是承德市人民政府派出机构。因承德高新技术产业开发区和御道口牧场管理区无行政区划代码，不作单独的土地利用现状分析。将承德高新技术产业开发区托管范围纳入双桥区进行土地利用现状分析，御道口牧场管理区纳入围场县进行土地利用现状分析。

一、双桥区土地利用现状

（一）区域土地环境条件

1. 自然环境条件

双桥区为承德市市辖区，是中国共产党承德市委员会、承德市人民政府驻地，地处冀北燕山山脉东段，位于燕山沉陷带与高原背斜过渡带，经长期地质变化形成独特的承德丹霞地貌特征，地势由西北向东南倾斜，构成低山环绕的山间盆地，海拔在 313～1074m 之间，属于山地丘陵区。地理坐标为北纬 40°57′00″—41°05′00″，东经 117°48′00″—118°03′00″。北部、东部和南部同承德县接壤，西部与双滦区毗邻。区域内有避暑山庄外八庙景区、磬锤峰国家森林公园、河北承德丹霞地貌国家地质公园、滦河武烈河省级湿地公园等重要保护区。双桥区处于暖温带向中温带过渡地带，属于温带半湿润半干旱大陆性季风型山地气候。冬季寒冷干燥，时间长；春季多风干燥，历时短；夏季清凉多雨，适宜避暑消夏；秋季天高气爽，昼夜温差大。多年平均气温为 8.9℃，无霜期达 157d。年累积日照时数为 2903h，多年平均降水量为 560mm。境内有滦河、武烈河流经，水资源总量为 0.3965 亿 m^3。其中，滦河约 20.5km 流经区内，平均年过境水量达 25 亿 m^3；武烈河约 15km 流经区内，平均过境水量达 4.2 亿 m^3。本区大部分耕地为壤土，自北向南均匀分布，有少部分砂土，砂土分布在上板城镇。

2. 社会经济条件

1980 年，原虹桥区和翠桥区合并组建双桥区，其历史悠久，文化底蕴丰厚。清康熙四十二年（1703年）避暑山庄在此修建，作为夏季临朝理政的场所，逐渐发展成为清王朝的第二政治中心。1928—1956年该地区曾为热河省会，拥有"国家首批历史文化名城""中国十大风景名胜""中国优秀旅游城市"等多项桂冠，是建设国际旅游城市的"首善之区"。2019 年，双桥区总人口为 39.06 万人，土地总面积为 651.67km^2，常住人口达 31.5 万人，人口密度为 710.4 人/km^2。辖 7 个镇、7 个街道，90 个行政村，76 个社区。其中，上板城镇和冯营子镇由承德高新技术产业开发区托管。双桥区实际管辖 7 个街道、5 个镇、65 个社区、53 个行政村，实际管辖面积为 372.07km^2。境内武烈河纵贯南北，与横贯南部的滦河交汇，有 AAAAA 级景区 7 个、AAAA 级景区 1 个、AAA 级景区 1 个、AA 级景区 2 个，举世闻名的世界文化遗产——承德避暑山庄及其周围寺庙就坐落于双桥区。京承、承唐、承秦、承朝、承赤、承张 6 条高速公路，锦承、京承、承隆 3 条铁路及京哈高铁在此交会。双桥区先后荣获"全国和谐社区示范区""全国社区治理和服务创新实验区""全国生态文明建设试点地区""全国休闲农业与乡村旅游示范县区"和"河北省首批全域旅游示范区"等称号。2019 年全区（含高新技术产业开发区）生产总值实现 219.18 亿元，比上年增长 5.8%。人均地区生产总值为 47 607 元，比上年增长 5.7%。其中，第一产业实现增加值

1.13亿元,增长-13.5%;第二产业实现增加值69.37亿元,增长-3.5%;第三产业实现增加值148.68亿元,增长11.1%,三次产业的比重为0.5∶31.7∶67.8。农村居民人均可支配收入为14 247元,比上年增长11.2%;城镇居民人均可支配收入为37 153元,比上年增长9.5%。

(二)土地利用现状结构

1. 一、二级地类构成特点

第三次全国国土调查结果显示,双桥区土地总面积占承德市土地总面积的1.65%。按一、二级分类,其构成特点如下。

耕地面积为5 615.62hm^2,占全市耕地总面积的1.36%。耕地类型以旱地为主,面积为4 439.14hm^2,占耕地总面积的79.05%;其次为水浇地,面积为1 097.98hm^2,占19.55%;水田面积最小,为78.50hm^2,占1.40%。

园地面积为3 357.09hm^2,占全市园地总面积的2.32%。园地类型以果园为主,面积为3 291.86hm^2,占园地总面积的98.06%;其他园地面积为65.23hm^2,仅占1.94%。

林地面积为40 800.07hm^2,占全市林地总面积的1.52%。林地类型以乔木林地为主,面积为18 424.50hm^2,占林地总面积的45.16%;其次为其他林地,面积为11 827.98hm^2,占28.99%;灌木林地面积为10 547.59hm^2,占25.85%。

草地面积为5 730.73hm^2,占全市草地总面积的1.26%。草地类型全部为其他草地。

城镇村及工矿用地面积为5 956.66hm^2,占全市城镇村及工矿用地总面积的5.41%。城镇村及工矿用地类型以城市用地为主,面积为3 081.75hm^2,占城镇村及工矿用地总面积的51.73%;其次为村庄用地,面积为2 275.31hm^2,占38.20%。其余依次为特殊用地,面积为281.66hm^2,占4.73%;采矿用地面积为191.10hm^2,占3.21%;建制镇用地面积为126.84hm^2,占2.13%。

交通运输用地面积为1 158.98hm^2,占全市交通运输用地总面积的3.48%。交通运输用地类型以公路用地为主,面积为705.22hm^2,占交通运输用地总面积的60.85%;其次为农村道路,面积为244.18hm^2,占21.07%;第三为铁路用地,面积为209.58hm^2,占18.08%。

水域及水利设施用地面积为1 469.61hm^2,占全市水域及水利设施用地总面积的3.31%。水域及水利设施用地类型以河流水面为主,面积为746.77hm^2,占水域及水利设施用地总面积的50.81%;其次为水库水面,面积为441.30hm^2,占30.03%;再次为沟渠,面积为148.02hm^2,占10.07%。其余依次为坑塘水面,面积为59.52hm^2,占4.05%;水工建筑用地,面积为41.59hm^2,占2.83%;湖泊水面面积为32.41hm^2,仅占2.21%。

湿地面积为414.41hm^2,占全市湿地总面积的2.01%。湿地类型全部为内陆滩涂。

其他土地面积为535.94hm^2(不包含裸岩石砾地、裸土地地类面积,下同),占全市其他土地总面积的1.30%。其他土地类型以田坎为主,面积为443.06hm^2,占其他土地总面积的82.67%;其次为设施农用地,面积为92.88hm^2,占17.33%。全区土地利用现状一、二级地类构成见表2-62和图2-58。

2. 三大分类构成特点

在农用地中,林地面积所占比例最大,占全区农用地总面积的79.68%;其次为耕地面积,占全区农用地总面积的10.97%;第三为园地面积,占全区农用地总面积的6.56%。

在建设用地中,城镇村及工矿用地面积所占比例最大,占全区建设用地总面积的86.17%;其次为交通运输用地面积,占全区建设用地总面积的13.23%;第三为水工建筑用地面积,占全区建设用地总面积的0.60%。

表 2-62 双桥区土地利用现状一、二级地类构成表

土地利用类型		面积/hm²	占一级类型面积比例/%	占全市本类土地面积比例/%
耕地	小计	5 615.62	100.00	1.36
	水田	78.50	1.40	1.39
	水浇地	1 097.98	19.55	2.22
	旱地	4 439.14	79.05	1.24
园地	小计	3 357.09	100.00	2.32
	果园	3 291.86	98.06	2.68
	其他园地	65.23	1.94	0.30
林地	小计	40 800.07	100.00	1.52
	乔木林地	18 424.50	45.16	1.34
	灌木林地	10 547.59	25.85	1.20
	其他林地	11 827.98	28.99	2.78
草地	小计	5 730.73	100.00	1.26
	其他草地	5 730.73	100.00	1.94
城镇村及工矿用地	小计	5 956.66	100.00	5.41
	城市	3 081.75	51.73	50.05
	建制镇	126.84	2.13	1.09
	村庄	2 275.31	38.20	3.34
	采矿用地	191.10	3.21	0.84
	特殊用地	281.66	4.73	18.48
交通运输用地	小计	1 158.98	100.00	3.48
	铁路用地	209.58	18.08	6.24
	公路用地	705.22	60.85	4.69
	农村道路	244.18	21.07	1.67
水域及水利设施用地	小计	1 469.61	100.00	3.31
	河流水面	746.77	50.81	2.21
	湖泊水面	32.41	2.21	16.30
	水库水面	441.30	30.03	6.01
	坑塘水面	59.52	4.05	6.43
	沟渠	148.02	10.07	9.20
	水工建筑用地	41.59	2.83	9.89
湿地	小计	414.41	100.00	2.01
	内陆滩涂	414.41	100.00	5.40
其他土地	小计	535.94	100.00	1.30
	设施农用地	92.88	17.33	1.62
	田坎	443.06	82.67	1.28

注：其他土地面积汇总不包含裸岩石砾地、裸土地地类面积。

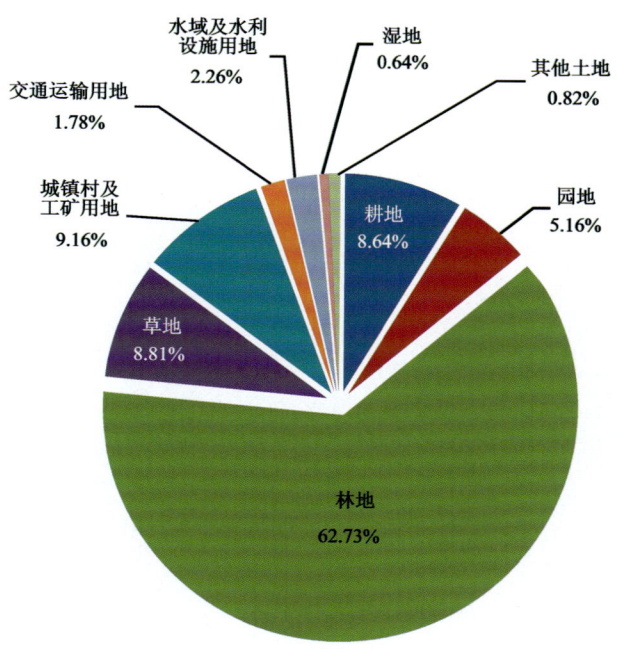

图 2-58　双桥区土地利用现状一级地类构成图

在未利用地中,其他草地面积所占比例最大,占全区未利用地总面积的 81.26%;其次为河流水面面积,占全区未利用地总面积的 10.59%;第三为内陆滩涂面积,占全区未利用地总面积的 5.88%。双桥区土地利用现状综合指标见表 2-63。

表 2-63　双桥区土地利用现状综合指标统计表　　　　　　　　　　　　　　　　单位:%

行政区	农用地率	建设用地率	土地利用率	未利用地比例
水泉沟镇	82.91	8.04	90.95	9.05
狮子沟镇	83.17	11.62	94.79	5.21
牛圈子沟镇	81.90	4.36	86.26	13.74
大石庙镇	82.29	6.72	89.01	10.99
冯营子镇	80.41	6.30	86.71	13.29
双峰寺镇	87.80	7.86	95.66	4.34
上板城镇	80.23	4.94	85.17	14.83
争议区①	84.91	5.04	89.95	10.05
建成区②	22.55	67.81	90.36	9.64

(三)土地利用分布特点

双桥区辖区内,面积最大的行政区为上板城镇,面积最小的行政区为狮子沟镇。双桥区一级地类分布情况见表 2-64。

---

① 争议区指建成区和大石庙镇之间有争议的区域,单独列出,下同。
② 建成区指双桥区城市范围内实际已成片开发建设,已基本具备市政公用设施和公共设施的区域,单独列出,下同。

表 2-64　双桥区一级地类分布情况统计表　　　　　　　　　　　　　　　　　　　　单位:hm²

行政区	耕地面积	园地面积	林地面积	草地面积	城镇村及工矿用地面积	交通运输用地面积	水域及水利设施用地面积	湿地面积	其他土地面积
双桥区	5 615.62	3 357.09	40 800.07	5 730.73	5 956.66	1 158.98	1 469.61	414.41	535.94
水泉沟镇	173.81	208.97	2 912.85	353.79	256.20	84.55	10.58	0	28.86
狮子沟镇	84.43	84.32	1 897.30	74.75	272.52	30.54	46.52	3.52	7.62
牛圈子沟镇	170.35	116.86	4 435.41	727.54	202.08	72.86	12.43	0	12.79
大石庙镇	1 047.27	347.61	7 151.32	897.86	560.03	176.63	156.09	177.07	122.49
冯营子镇	421.16	505.26	3 013.41	549.33	270.26	75.13	77.71	64.69	65.24
双峰寺镇	1 161.66	537.50	8 987.93	438.95	766.72	269.73	584.11	30.71	67.80
上板城镇	2 501.10	1 549.71	11 346.10	2 600.75	811.48	229.24	279.43	71.88	228.63
争议区	2.38	3.04	129.92	16.46	8.25	1.17	1.26	0	1.22
建成区	53.46	3.82	925.83	71.30	2 809.12	219.13	301.48	66.54	1.29

注:其他土地面积汇总不包含裸岩石砾地、裸土地地类面积。

1. 耕地分布特点

双桥区耕地面积为 5 615.62hm²。耕地分布最多的行政区是上板城镇,面积为 2 501.10hm²,占全区耕地总面积的 44.54%;其次为双峰寺镇,面积为 1 161.66hm²,占 20.69%;第三为大石庙镇,面积为 1 047.27hm²,占 18.65%。耕地分布较少的行政区为狮子沟镇和建成区,面积分别为 84.43hm² 和 53.46hm²,分别占全区耕地总面积的 1.50% 和 0.95%。在二级地类中,水田主要分布在上板城镇,面积占全区水田总面积的 98.47%,双峰寺镇有零星水田,其他乡镇无水田;水浇地主要分布在双峰寺镇、大石庙镇和上板城镇,3 个镇水浇地面积占全区水田总面积的 92.73%;旱地主要分布在上板城镇,面积占全区旱地总面积的 50.46%,其次为大石庙镇、上板城镇和冯营子镇,其他乡镇旱地分布面积较少。双桥区耕地分布情况如图 2-59 所示。

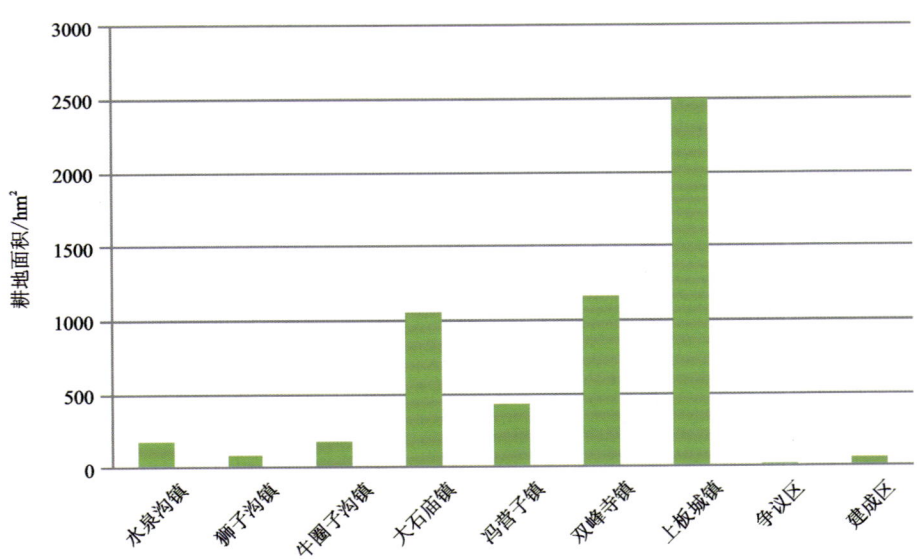

图 2-59　双桥区耕地分布情况柱状图

2. 园地分布特点

双桥区园地面积为 3 357.09hm²。园地分布最多的行政区是上板城镇,面积为 1 549.71hm²,占全区园地总面积的 46.16%;其次为双峰寺镇,面积为 537.50hm²,占 16.01%;第三为冯营子镇,面积为 505.26hm²,占 15.05%。大石庙镇园地面积为 347.61hm²,占 10.35%。园地分布较少的行政区为狮子沟镇和建成区,面积分别为 84.32hm² 和 3.82hm²,分别占全区园地总面积的 2.51% 和 0.11%。在二级地类中,果园主要分布在上板城镇,面积占全区果园总面积的 45.81%,其次为双峰寺镇、冯营子镇和大石庙镇,3 个镇果园面积占全区果园总面积的 41.71%;其他园地较少,主要分布在上板城镇和双峰寺镇。双桥区耕地分布情况如图 2-60 所示。

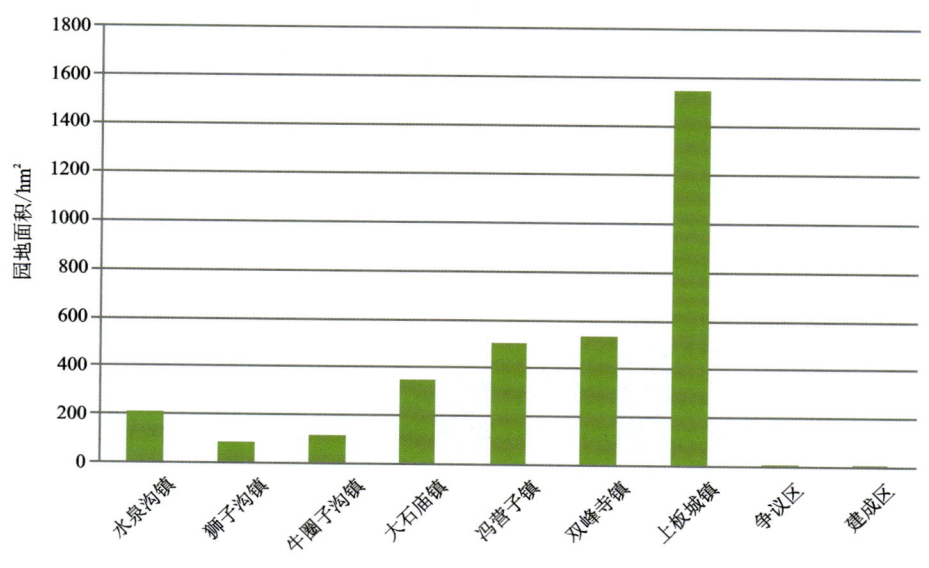

图 2-60 双桥区园地分布情况柱状图

3. 林地分布特点

双桥区林地面积为 40 800.07hm²。林地分布最多的行政区是上板城镇,面积为 11 346.07hm²,占全区林地总面积的 27.81%;其次为双峰寺镇,面积为 8 988.00hm²,占 22.03%;第三为大石庙镇,面积为 7 151.33hm²,占 17.53%。牛圈子沟镇林地面积为 4 435.41hm²,占 10.87%。林地分布最少的行政区为建成区,面积为 925.81hm²,仅占全区林地总面积的 2.27%。在二级地类中,乔木林地主要分布在上板城镇和双峰寺镇,面积占全区乔木林地总面积的 53.02%;灌木林地主要分布在上板城镇、大石庙镇和双峰寺镇,面积占全区灌木林地总面积的 73.52%;其他林地各乡镇分布差别较小。双桥区林地分布情况如图 2-61 所示。

4. 草地分布特点

双桥区草地面积为 5 730.73hm²。草地分布最多的行政区是上板城镇,面积为 2 600.75hm²,占全区草地总面积的 45.38%;其次为大石庙镇,面积为 897.86hm²,占 15.67%;第三为牛圈子沟镇,面积为 727.54hm²,占 12.70%。草地分布较少的行政区为狮子沟镇和建成区,面积分别为 74.75hm² 和 71.30hm²,分别占全区草地总面积的 1.30% 和 1.24%。在二级地类中,双桥区草地只有其他草地一种类型,分布情况与上述情况一致。双桥区草地分布情况如图 2-62 所示。

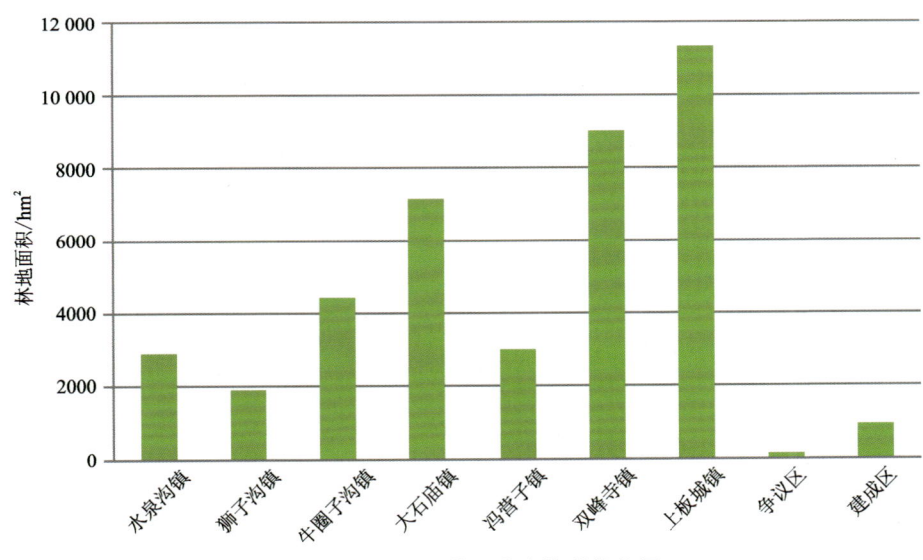

图 2-61 双桥区林地分布情况柱状图

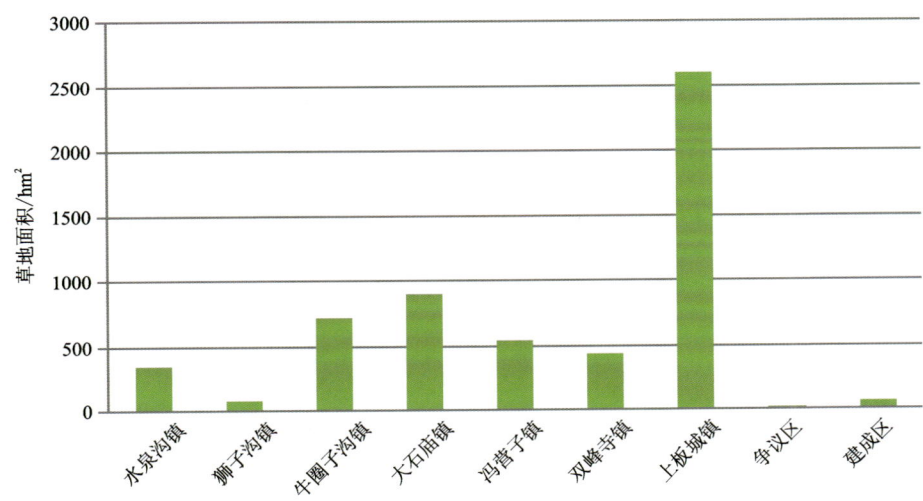

图 2-62 双桥区草地分布情况柱状图

5. 城市村及工矿用地分布特点

双桥区城镇村及工矿用地面积为 5 956.66hm²。城镇村及工矿用地分布最多的行政区是建成区，面积为 2 809.12hm²，占全区城镇村及工矿用地总面积的 47.16%；其次为上板城镇，面积为 811.48hm²，占 13.62%；第三为双峰寺镇，面积为 766.72hm²，占 12.87%；城镇村及工矿用地分布最少的行政区是牛圈子沟镇，面积为202.08hm²，占全区城镇村及工矿用地总面积的 3.39%。在二级地类中，城市用地主要分布在建成区，面积占全区城市用地总面积的 88.16%；建制镇用地主要分布在上板城镇和双峰寺镇，面积占全区建制镇用地总面积的 94.45%；村庄用地主要分布在上板城镇、双峰寺镇和大石庙镇，面积占全区村庄用地总面积的71.44%；采矿用地主要分布在双峰寺镇，面积占全区采矿用地总面积的 60.52%；特殊用地主要分布在建成区和水泉沟镇。双桥区城市村及工矿用地分布情况如图 2-63 所示。

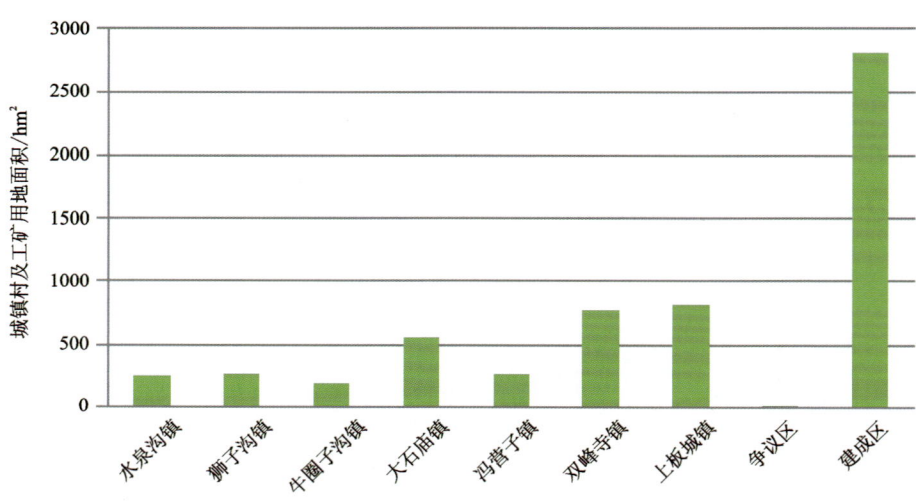

图 2-63　双桥区城市村及工矿用地分布情况柱状图

6. 交通运输用地分布特点

双桥区交通运输用地面积为 1 158.98hm²。交通运输用地分布最多的行政区是双峰寺镇，面积为 269.73hm²，占全区交通运输用地总面积的 23.27%；其次为上板城镇，面积为 229.24hm²，占 19.78%；第三为建成区，面积为 219.13hm²，占 18.91%。交通运输用地分布最少的行政区是狮子沟镇，面积为 30.54hm²，仅占全区交通运输用地总面积的 2.64%。在二级地类中，铁路用地主要分布在建成区、上板城镇和双峰寺镇，牛圈子沟镇无铁路用地；公路用地主要分布在双峰寺镇、大石庙镇、上板城镇和建成区，面积占全区公路用地总面积的 77.15%；农村道路主要分布在上板城镇、双峰寺镇和大石庙镇，面积占全区农村道路用地总面积的 64.34%。双桥区交通运输用地分布情况如图 2-64 所示。

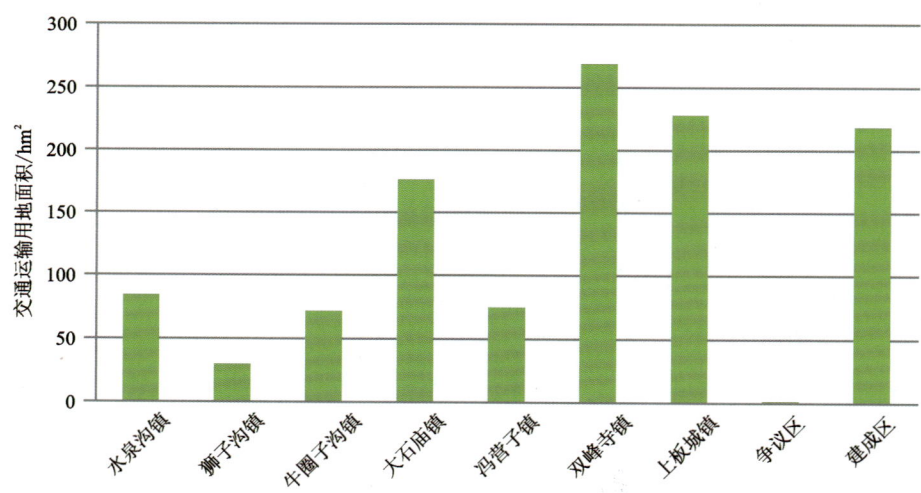

图 2-64　双桥区交通运输用地分布情况柱状图

7. 水域及水利设施用地分布特点

双桥区水域及水利设施用地面积为 1 469.61hm²。水域及水利设施用地分布最多的行政区是双峰寺镇，面积为 584.11hm²，占全区水域及水利设施用地总面积的 39.75%；其次为建成区，面积为 301.48hm²，占 20.51%；第三为上板城镇，面积为 279.43hm²，占 19.01%。牛圈子沟镇和水泉沟镇水域及水利设施用地分布较少,面积分别为 12.43hm² 和 10.58hm²,分别仅占全区水域及水利设施用地总面积的0.85%和0.72%。在二级地类中,河流水面主要分布在建成区和上板城镇,面积占全区河流水面总面积的 64.88%;湖泊水面全部分布在建成区;水库水面主要分布在双峰寺镇,面积占全区水库水面总面积的 98.93%,上板城镇仅有少量水库水面,其他乡镇无水库水面;坑塘水面主要分布在大石庙镇和冯营子镇,其他乡镇的坑塘水面面积差别较小;沟渠主要分布在上板城镇、双峰寺镇和大石庙镇;水工建筑用地主要分布在双峰寺镇和大石庙镇。双桥区水域及水利设施用地分布情况如图 2-65 所示。

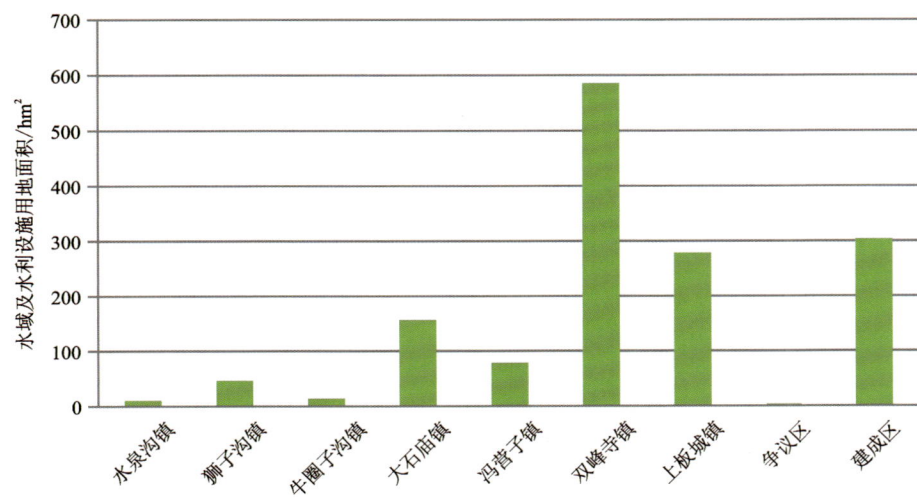

图 2-65 双桥区水域及水利设施用地分布情况柱状图

8. 湿地分布特点

双桥区湿地面积为 414.41hm²,湿地分布最多的行政区是大石庙镇,面积为 177.07hm²,占全区湿地总面积的 42.73%;其次为上板城镇,面积为 71.88hm²,占 17.35%;第三为建成区,面积为66.54hm²,占 16.06%;冯营子镇湿地面积为 64.69hm²,占 15.61%。水泉沟镇和牛圈子沟镇无湿地,其他乡镇湿地较少。在二级地类中,双桥区湿地只有内陆滩涂一种类型,分布情况与上述情况一致。双桥区湿地分布情况如图 2-66 所示。

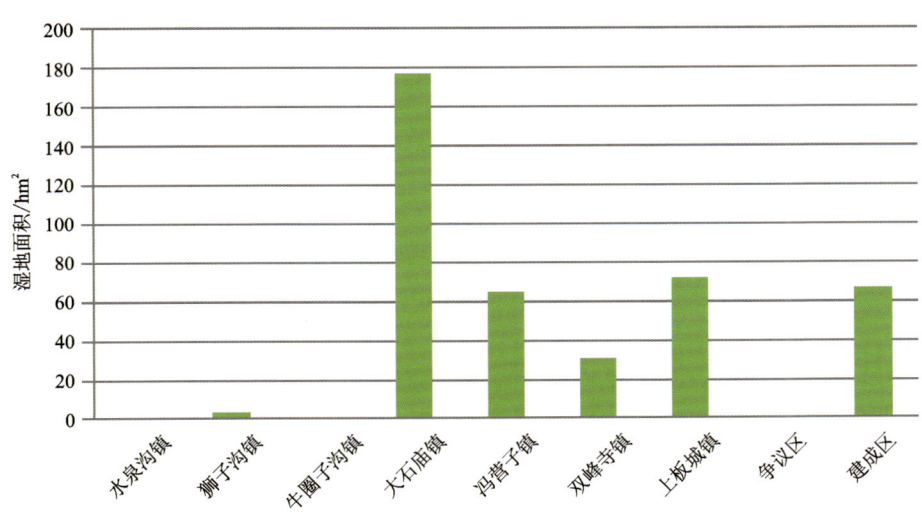

图 2-66 双桥区湿地分布情况柱状图

9. 其他用地分布特点

双桥区其他用地面积为535.94hm²。其他用地分布最多的行政区是上板城镇,面积为228.63hm²,占全区其他用地总面积的42.66%;其次为大石庙镇,面积为122.49hm²,占22.86%;第三为双峰寺镇,面积为67.80hm²,占12.65%。建成区、争议区其他用地最少,面积分别为1.29hm²和1.22hm²,分别仅占全区其他用地总面积的0.24%和0.23%。在二级地类中,设施农用地均有分布,面积差别较小;田坎主要分布在上板城镇和大石庙镇,面积占全区田坎总面积的71.88%。双桥区其他土地分布情况如图2-67所示。

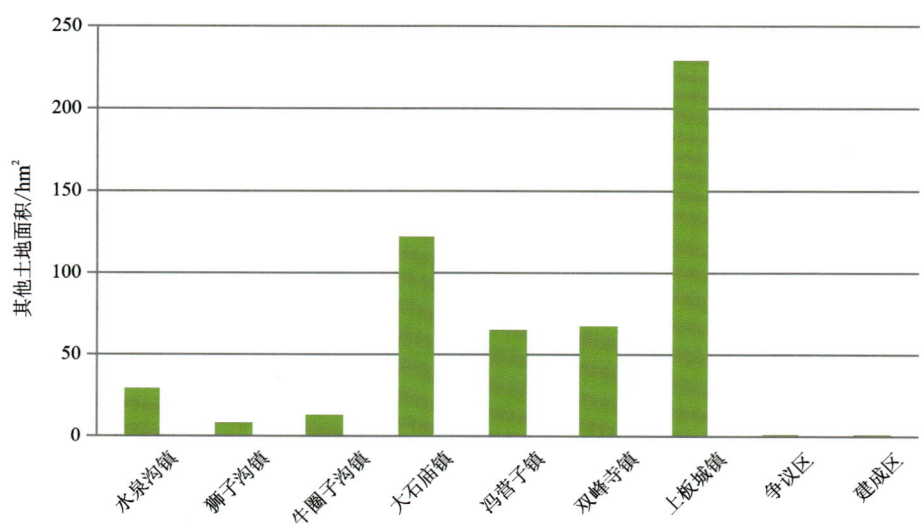

图2-67 双桥区其他土地分布情况柱状图

二、双滦区土地利用现状

(一)区域土地环境条件

1. 自然环境条件

双滦区为承德市市辖区,位于承德市西郊,因境内有双塔山、滦河水而得名。双滦区东至广仁岭,与双桥区和承德县为邻,南部与承德县接壤,西部与滦平县毗邻,北与隆化县交界。地理坐标为北纬40°48′00″—41°12′00″,东经117°37′00″—117°54′00″。区人民政府驻双塔山镇,距北京220km,距天津320km,距市政府所在地11.5km。双滦区属于燕山山脉石质山区,地势南低北高,南北狭长,区内海拔340~1371m。境内有滦河及其主要支流伊逊河和牤牛河,总流域面积为451km²。其中牤牛河流域面积为171km²,滦河和伊逊河流域面积为280km²。水资源总量为1.5036亿m³。其中,地表水资源为1.072亿m³,地下水资源为0.4679亿m³,重复计算量为0.0363亿m³。双滦区处于暖温带向中温带过渡地带,属于温带半湿润半干旱大陆性季风型山地气候。冬季寒冷干燥,时间长;春季多风干燥,历时短;夏季清凉多雨,适宜避暑消夏;秋季天高气爽,昼夜温差大。多年平均气温为8.9℃,全年无霜期达168d,年累积日照时数为2903h,多年平均降水量为545.3mm。土壤质地为轻壤—中壤,土层结构为层状,表层多为壤土。区域内有河北承德双塔山滦河国家湿地公园、双塔山省级森林公园等重要保护区。

2. 社会经济条件

双滦区辖区 2019 年总人口为 14.86 万人，土地总面积为 451.74km²，常住人口密度为 362.4 人/km²，辖 5 个镇、1 个乡、3 个街道，63 个行政村，31 个社区。区域交通便利，京承、承赤、承唐、张承高速公路穿区而过。2014 年 5 月，双滦区被列为"河北省农村集体经济股份制改革示范区"。2019 年全区生产总值实现 135.53 亿元，比上年增长 6.5%。人均地区生产总值为 82 996 元，比上年增长 4.8%。其中，第一产业实现增加值 2.62 亿元，比上年增长 6.4%；第二产业实现增加值 84.76 亿元，增长 0.5%；第三产业实现增加值 48.15 亿元，增长 17.8%，三次产业的比重为 1.9∶62.6∶35.5。农村居民人均可支配收入 14 442 元，比上年增长 11.8%；城镇居民人均可支配收入 37 698 元，比上年增长 9.5%。

（二）土地利用现状结构

1. 二级地类构成特点

第三次全国国土调查结果显示，双滦区土地总面积占承德市土地总面积的 1.14%。按一、二级分类，其构成特点如下。

耕地面积为 3 812.34hm²，占全市耕地总面积的 0.92%。耕地类型以旱地为主，面积为 2 959.64hm²，占耕地总面积的 77.64%；其次为水浇地，面积为 842.22hm²，占 22.09%；水田面积最小，为 10.48hm²，占 0.27%。

园地面积为 1 489.22hm²，占全市园地总面积的 1.03%。园地类型以果园为主，面积为 1 488.87hm²，占园地总面积的 99.98%；其他园地面积为 0.35hm²，仅占 0.02%。

林地面积为 17 388.49hm²，占全市林地总面积的 0.65%。林地类型以乔木林地为主，面积为 8 531.12hm²，占林地总面积的 49.06%；其次为其他林地，面积为 5 035.15hm²，占 28.96%；灌木林地面积为 3 822.22hm²，占 21.98%。

草地面积为 15 849.90hm²，占全市草地总面积的 3.48%。草地类型全部为其他草地。

城镇村及工矿用地面积为 4 398.46hm²，占全市城镇村及工矿用地总面积的 3.99%。城镇村及工矿用地类型以城市用地为主，面积为 1 783.43hm²，占城镇村及工矿用地总面积的 40.55%；其次为村庄用地，面积为 1 222.41hm²，占 27.79%；再次为采矿用地，面积为 1 026.16hm²，占 23.33%；建制镇用地面积为 306.05hm²，占 6.96%；特殊用地最少，面积为 60.41hm²，仅占 1.37%。

交通运输用地面积为 1 058.87hm²，占全市交通运输用地总面积的 3.18%。交通运输用地类型以公路用地为主，面积为 792.13hm²，占交通运输用地总面积的 74.81%；其次为农村道路，面积为 215.24hm²，占 20.33%；第三为铁路用地，面积为 51.50hm²，占 4.86%。

水域及水利设施用地面积为 452.23hm²，占全市水域及水利设施用地总面积的 1.02%。水域及水利设施用地类型以河流水面为主，面积为 270.19hm²，占水域及水利设施用地总面积的 59.75%；其次为沟渠，面积为 95.38hm²，占 21.09%；再次为坑塘水面，面积为 69.59hm²，占 15.39%；水工建筑用地为 14.44hm²，占 3.19%；水库水面面积为 2.63hm²，仅占 0.58%。

湿地面积为 229.73hm²，占全市湿地总面积的 1.12%。湿地类型全部为内陆滩涂。

其他土地面积为 437.64hm²（不包含裸岩石砾地和裸土地地类面积，下同），占全市其他土地总面积的 1.06%。其他土地类型以田坎为主，面积为 326.69hm²，占其他土地总面积的 74.65%；其次为设施农用地，面积为 110.95hm²，占 25.35%。双滦区土地利用现状一、二级地类构成见表 2-65 和图 2-68。

表 2-65　双滦区土地利用现状一、二级地类构成表

土地利用类型		面积/hm²	占一级类型面积比例/%	占全市本类土地面积比例/%
耕地	小计	3 812.34	100.00	0.92
	水田	10.48	0.27	0.19
	水浇地	842.22	22.09	1.70
	旱地	2 959.64	77.64	0.83
园地	小计	1 489.22	100.00	1.03
	果园	1 488.87	99.98	1.21
	其他园地	0.35	0.02	0
林地	小计	17 388.49	100.00	0.65
	乔木林地	8 531.12	49.06	0.62
	灌木林地	3 822.22	21.98	0.43
	其他林地	5 035.15	28.96	1.19
草地	小计	15 849.90	100.00	3.48
	其他草地	15 849.90	100.00	5.36
城镇村及工矿用地	小计	4 398.46	100.00	3.99
	城市	1 783.43	40.55	28.97
	建制镇	306.05	6.96	2.63
	村庄	1 222.41	27.79	1.79
	采矿用地	1 026.16	23.33	4.53
	特殊用地	60.41	1.37	3.96
交通运输用地	小计	1 058.87	100.00	3.18
	铁路用地	51.50	4.86	1.53
	公路用地	792.13	74.81	5.26
	农村道路	215.24	20.33	1.47
水域及水利设施用地	小计	452.23	100.00	1.02
	河流水面	270.19	59.75	0.80
	水库水面	2.63	0.58	0.04
	坑塘水面	69.59	15.39	7.52
	沟渠	95.38	21.09	5.93
	水工建筑用地	14.44	3.19	3.43
湿地	小计	229.73	100.00	1.12
	内陆滩涂	229.73	100.00	2.99
其他土地	小计	437.64	100.00	1.06
	设施农用地	110.95	25.35	1.93
	田坎	326.69	74.65	0.94

注：其他土地面积汇总不包含裸岩石砾地、裸土地地类面积。

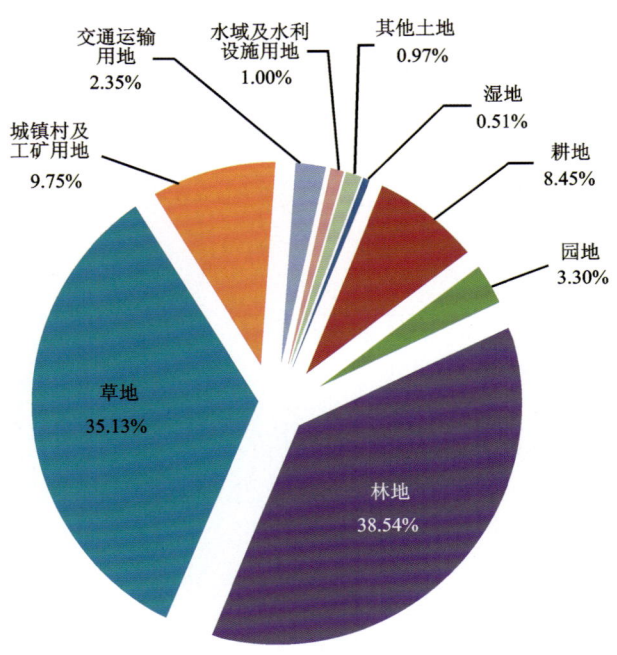

图 2-68 双滦区土地利用现状一级地类构成图

2. 三大分类构成特点

在农用地中，林地面积所占比例最大，占全区农用地总面积的 73.96%；其次为耕地面积，占全区农用地总面积的 16.22%；第三为园地面积，占全区农用地总面积的 6.33%。

在建设用地中，城镇村及工矿用地面积所占比例最大，占全区建设用地总面积的 83.68%；其次为交通运输用地面积，占全区建设用地总面积的 16.05%；第三为水工建筑用地面积，占全区建设用地总面积的 0.27%。

在未利用地中，其他草地面积所占比例最大，占全区未利用地总面积的 96.61%；其次为河流水面面积，占全区未利用地总面积的 1.65%；第三为内陆滩涂面积，占全区未利用地总面积的 1.40%。全区土地利用现状综合指标见表 2-66。

表 2-66 双滦区土地利用现状综合指标统计表　　　　　　　　单位：%

行政区	农用地率	建设用地率	土地利用率	未利用地比例
双塔山镇	46.23	19.12	65.35	34.65
滦河镇	20.09	65.60	85.69	14.31
大庙镇	63.28	8.42	71.70	28.30
偏桥子镇	45.42	6.22	51.64	48.36
西地镇	45.47	9.25	54.72	45.28
陈栅子乡	63.80	4.51	68.31	31.69

（三）土地利用分布特点

双滦区辖区内，面积最大的行政区为西地镇，面积最小的行政区为滦河镇。双滦区一级地类分布情况见表 2-67。

表 2-67　双滦区一级地类分布情况统计表　　　　　　　　　　　　　　　　　　　　单位：hm²

行政区	耕地面积	园地面积	林地面积	草地面积	城镇村及工矿用地面积	交通运输用地面积	水域及水利设施用地面积	湿地面积	其他土地面积
双滦区	3 812.34	1 489.22	17 388.49	15 849.90	4 398.46	1 058.87	452.23	229.73	437.64
双塔山镇	388.82	228.07	3 372.77	2 932.93	1 441.74	276.73	118.87	36.00	57.12
滦河镇	67.16	32.93	188.45	175.23	907.72	96.75	33.31	17.91	4.69
大庙镇	538.34	152.69	5 155.66	2 652.24	728.27	107.48	25.09	0.00	76.02
偏桥子镇	434.88	205.11	1 627.65	2 417.80	256.14	101.54	89.94	49.89	28.96
西地镇	1 201.80	455.77	3 308.61	4 927.73	790.81	295.94	107.44	111.16	100.11
陈栅子乡	1 181.34	414.65	3 735.35	2 743.97	273.78	180.43	77.58	14.77	170.74

注：其他土地面积汇总不包含裸岩石砾地、裸土地地类面积。

1. 耕地分布特点

双滦区耕地面积为 3 812.34hm²。耕地分布最多的行政区是西地镇，面积为 1 201.80hm²，占全区耕地总面积的 31.52%；其次为陈栅子乡，面积为 1 181.34hm²，占 30.99%。耕地分布最少的行政区是滦河镇，面积为 67.16hm²，仅占全区耕地总面积的 1.76%。在二级地类中，水田全部分布在西地镇；水浇地主要分布在偏桥子镇、陈栅子乡和西地镇，面积占全区水浇地总面积的 93.65%；旱地主要分布在西地镇和陈栅子乡，面积占全区旱地总面积的 63.70%。双滦区耕地分布情况如图 2-69 所示。

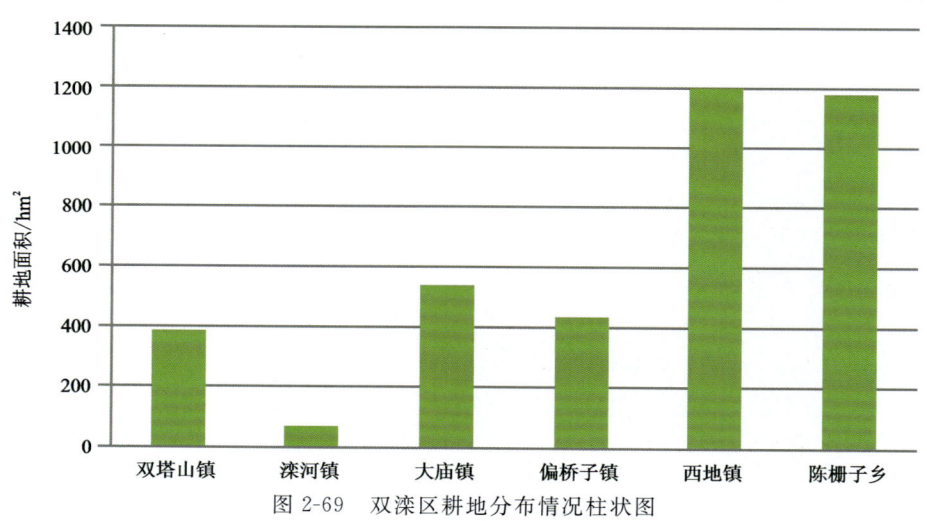

图 2-69　双滦区耕地分布情况柱状图

2. 园地分布特点

双滦区园地面积为 1 489.22hm²。园地分布最多的行政区是西地镇，面积为 455.77hm²，占全区园地用地总面积的 30.60%；其次为陈栅子乡，面积为 414.65hm²，占 27.84%。园地分布最少的行政区是滦河镇，面积为32.93hm²，仅占全区园地总面积的 2.21%。在二级地类中，果园主要分布在西地镇和陈栅子乡，面积占全区果园总面积的 58.46%；其他园地较少，仅分布在大庙镇和双塔山镇。双滦区园地分布情况如图 2-70 所示。

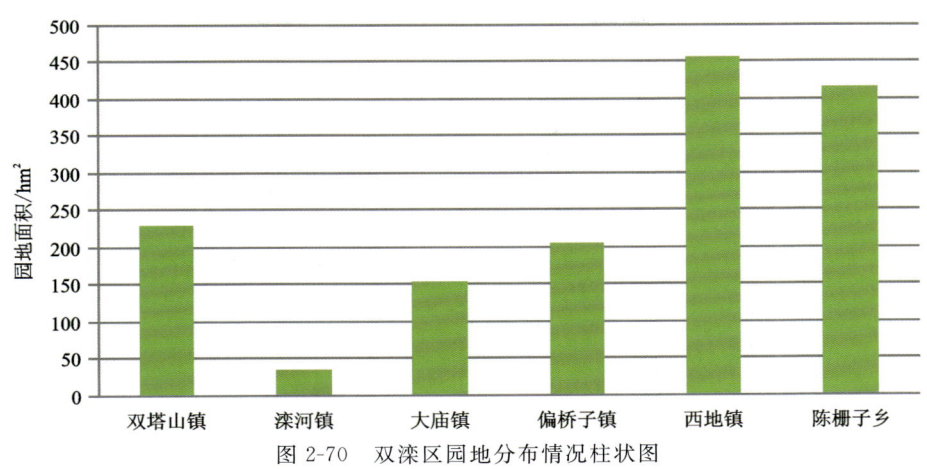

图 2-70 双滦区园地分布情况柱状图

3. 林地分布特点

双滦区林地面积为 17 388.49hm²。林地分布最多的行政区是大庙镇,面积为 5 155.66hm²,占全区林地总面积的 29.65%。林地分布最少的行政区是滦河镇,面积为 188.45hm²,仅占全区林地总面积的 1.08%。在二级地类中,乔木林地主要分布在大庙镇、双塔山镇和陈栅子乡,面积占全区乔木林地总面积的 79.65%;灌木林地分布最多的行政区是大庙镇,面积占全区灌木林地总面积的 26.79%。滦河镇灌木林地分布最少,其他乡镇分布面积差别较小;其他林地主要分布在陈栅子乡和西地镇,面积占全区其他林地总面积的 52.34%。滦河镇灌木林地分布最少,其他乡镇分布面积差别较小。双滦区林地分布情况如图 2-71 所示。

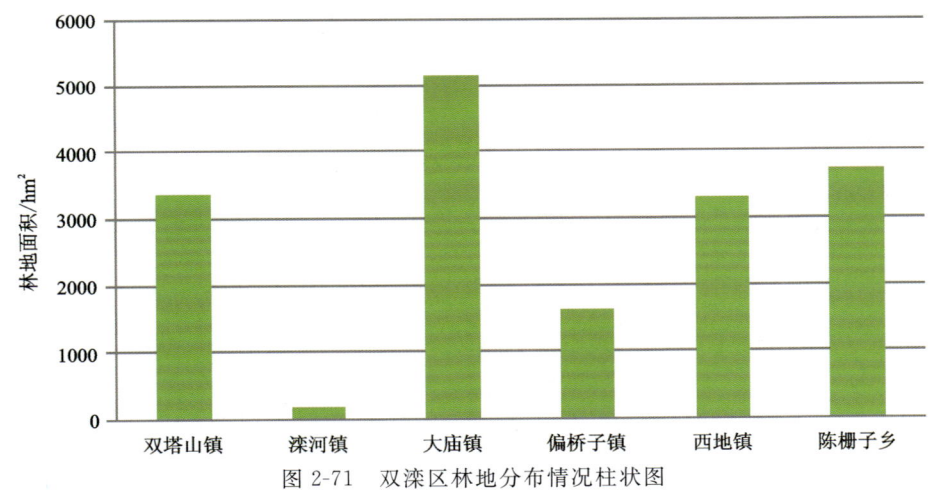

图 2-71 双滦区林地分布情况柱状图

4. 草地分布特点

双滦区草地面积为 15 849.90hm²。草地分布最多的行政区是西地镇,面积为 4 927.73hm²,占全区草地总面积的 31.09%。草地分布最少的行政区是滦河镇,面积为 175.23hm²,仅占全区草地总面积的 1.11%。其他 4 个乡镇的草地分布面积差别较小。在二级地类中,双滦区草地只有其他草地一种类型,分布情况与上述情况一致。双滦区草地分布情况如图 2-72 所示。

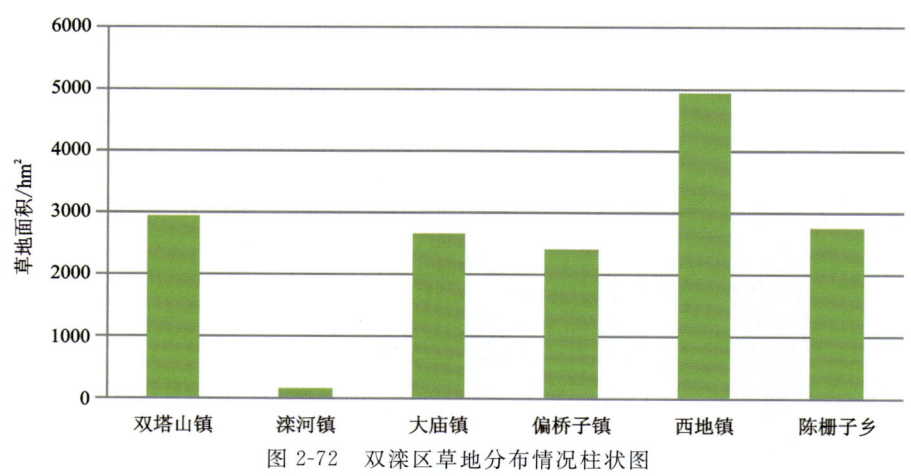

图 2-72 双滦区草地分布情况柱状图

5. 城镇村及工矿用地分布特点

双滦区城镇村及工矿用地面积为 4 398.46hm²。城镇村及工矿用地分布最多的行政区是双塔山镇,面积为 1 441.74hm²,占全区城镇村及工矿用地总面积的 32.78%;其次为滦河镇,面积为 907.72hm²,占全区城镇村及工矿用地总面积的 20.64%。城镇村及工矿用地分布最少的行政区是偏桥子镇,面积为 256.14hm²,占全区城镇村及工矿用地总面积的 5.82%。在二级地类中,城市用地主要分布在双塔山镇和滦河镇,面积占全区城市用地总面积的 99.98%;建制镇主要分布在西地镇,面积占全区城市用地总面积的 80.91%,其次为偏桥子镇和大庙镇,面积占 19.09%;村庄用地主要分布在西地镇、陈栅子乡和大庙镇,面积占全区村庄用地总面积的 64.41%;采矿用地主要分布在大庙镇、西地镇和双塔山镇,面积占全区采矿用地总面积的 87.64%;特殊用地较少,主要分布在双塔山镇和西地镇。双滦区城镇村及工矿用地分布情况如图 2-73 所示。

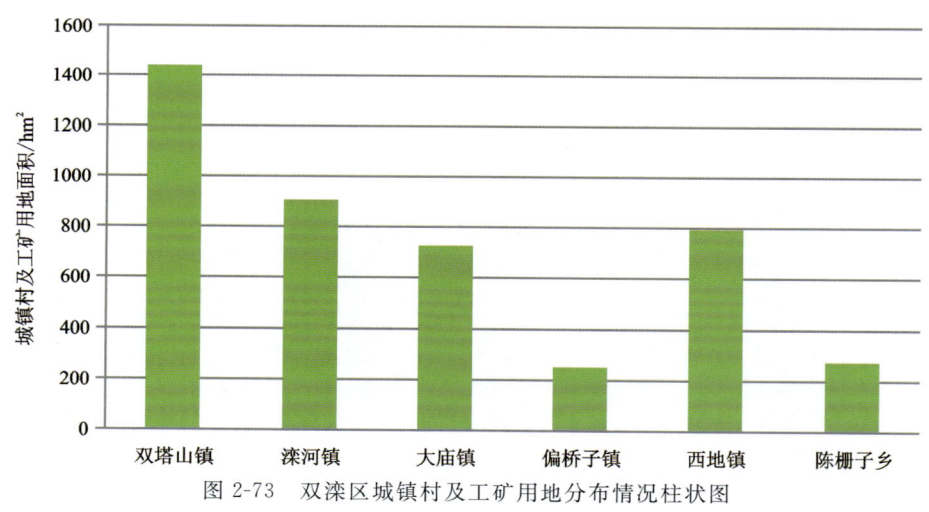

图 2-73 双滦区城镇村及工矿用地分布情况柱状图

6. 交通运输用地分布特点

双滦区交通运输用地面积为 1 058.87hm²。交通运输用地分布最多的行政区是西地镇,面积为 295.94hm²,占全区交通运输用地的 27.95%。其次为双塔山镇,面积为 276.73hm²,占 26.13%。交通运输用地分布最少的行政区是滦河镇,面积为 96.75hm²,占全区交通运输用地总面积的 9.14%。在二级地类中,铁路用地主要分布在双塔山镇和滦河镇,面积占全区铁路用地总面积的 84.62%,大庙镇无铁路用地,其他乡镇铁路用地很少;公路用地主要分布在西地镇、双塔山镇和陈栅子乡,面积占全区公路用地总面积的74.28%;农村道路在滦河镇分布最少,其他乡镇差别较小。双滦区交通运输用地分布情况如图2-74所示。

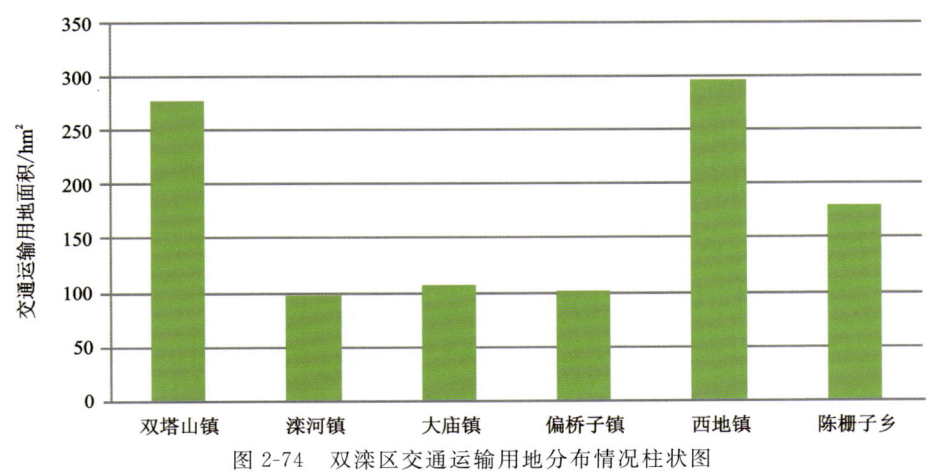

图2-74 双滦区交通运输用地分布情况柱状图

7. 水域及水利设施用地分布特点

双滦区水域及水利设施用地面积为452.23hm²。水域及水利设施用地分布最多的行政区是双塔山镇,面积为118.87hm²,占全区水域及水利设施用地总面积的26.29%。其次为西地镇,面积为107.44hm²,占23.76%。水域及水利设施用地分布较少的行政区是滦河镇和大庙镇,面积分别为33.31hm²和25.09hm²,分别占全区水域及水利设施用地总面积的7.37%和5.55%。在二级地类中,河流水面在双塔山镇和西地镇分布较多,面积占全区河流水面总面积的62.54%,其他乡镇均有分布,面积差别较小;全区无湖泊水面;水库水面全部分布在西地镇;坑塘水面主要分布在偏桥子镇和陈栅子乡,面积占全区坑塘水面总面积的82.30%,滦河镇无坑塘水面,其他乡镇分布较少;沟渠主要分布在陈栅子乡、西地镇和偏桥子镇,面积占全区沟渠总面积的75.13%;水工建筑用地主要分布在双塔山镇和西地镇,大庙镇无水工建筑用地,其他乡镇分布较少。双滦区水域及水利设施用地分布情况如图2-75所示。

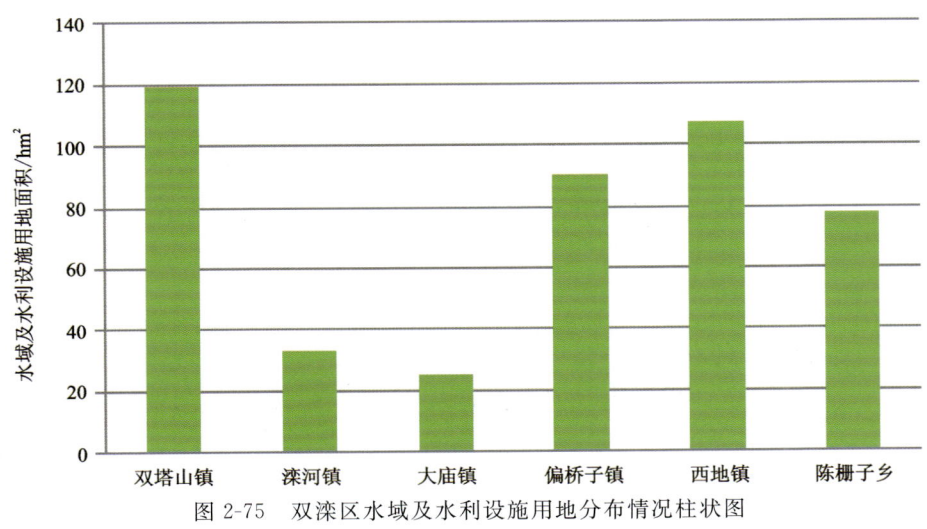

图2-75 双滦区水域及水利设施用地分布情况柱状图

8. 湿地分布特点

双滦区湿地面积为229.73hm²。湿地分布最多的行政区是西地镇,面积为111.16hm²,占全区湿地总面积的 48.39%;其次为偏桥子镇,面积为 49.89hm²,占 21.72%。大庙镇没有湿地。湿地分布较少的行政区是滦河镇,面积为 17.91hm²,占全区湿地总面积的 7.80%。在二级地类中,双滦区湿地只有内陆滩涂一种类型,分布情况与上述情况一致。双滦区湿地分布情况如图 2-76 所示。

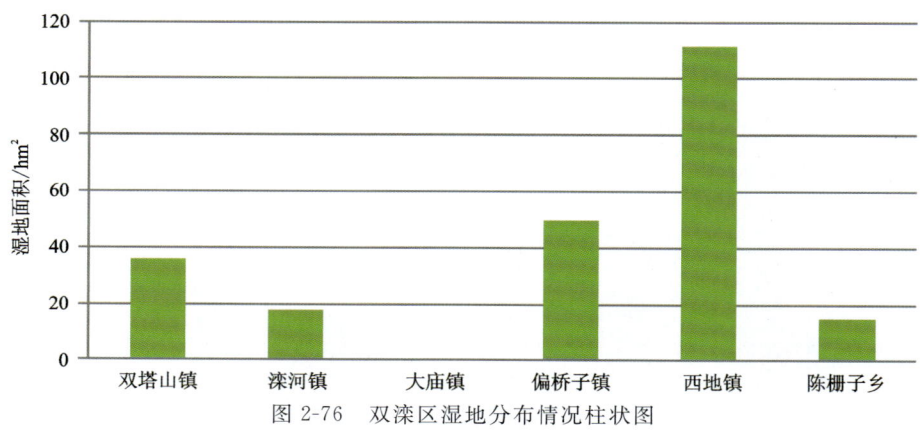

图 2-76 双滦区湿地分布情况柱状图

9. 其他土地分布特点

双滦区其他土地面积为 437.64hm²。其他土地分布最多的行政区是陈栅子乡,面积为 170.74hm²,占全区其他土地总面积的 39.01%;其次为西地镇,面积为 100.11hm²,占 22.87%。其他土地分布最少的行政区是滦河镇,面积为 4.69hm²,仅占全区其他土地总面积的 1.07%。在二级地类中,设施农用地在滦河镇分布最少,其他乡镇分布面积差别较小;田坎主要分布在陈栅子乡、西地镇和大庙镇,面积占全区田坎总面积的 85.97%。双滦区其他土地分布情况如图 2-77 所示。

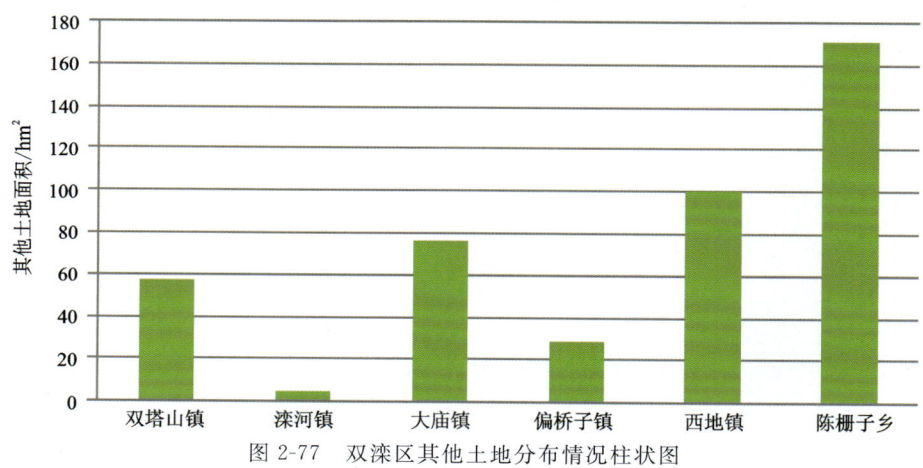

图 2-77 双滦区其他土地分布情况柱状图

三、营子区土地利用现状

(一)区域土地环境条件

1. 自然环境条件

营子区又称"鹰城",清代属清东陵"后龙风水"禁地,因皇家驯养猎鹰之鹰手聚集于此而得名,现为承德市市辖区,位于承德市西南部,燕山主峰雾灵山东麓。地理坐标为北纬 40°28′28″—40°37′24″,东经

117°34′35″—117°53′02″。全区均分布在兴隆县境内,分为两个区域:一个区域以鹰手营子镇为中心,包括汪家庄镇和北马圈子镇;另一个区域为寿王坟镇,两区域相距 2.5km。鹰手营子矿区属燕山山脉沉降带的过渡地带,地势西北高、东南低。境内山峦起伏,地形地貌复杂,山地多,平地少,平均海拔为 500m,属暖温带向中温带过渡、半湿润半干旱大陆性季风型山地气候,全年受西利亚冷气团和副热带太平洋气团的影响,春季多风干旱,夏季雨量集中,秋季气候凉爽,冬季寒冷少雪。一年四季分明,年日照总时数为 2918h,年平均气温为 6.8℃,无霜期为 135d,大于 0℃的年平均积温为 3960℃,平均年降水量最高达 750mm。营子区属滦河水系,境内有滦河的支流柳河经过,全长 12km,有老牛河、汪家庄河、喇嘛沟河、金扇子河 4 条季节性河流。境内有营子柳河省级湿地公园。

2. 社会经济条件

2019 年营子区总人口为 6.16 万人,土地总面积为 149.31km²,常住人口密度为 424.4 人/km²。1956 年建区,营子区现辖 4 个镇、1 个街道,15 个行政村、11 个社区。区政府驻鹰手营子镇,距承德市区 60km,距北京 175km,距天津 220km,距唐山 120km。京承铁路、承唐高速、国道 112 线、省道北凌线穿区而过。"一五"时期,国家 156 个重点项目中有 2 个落户于此,分别为隶属原冶金工业部的寿王坟铜矿和隶属原煤炭工业部的兴隆矿务局。营子区成为当时国家重要的有色金属工业基地和能源基地,年产铜量曾占到全国总产铜量的 1/4,年产原煤量曾占到河北省总原煤产量的 1/15,为国家国防建设、经济建设作出了突出贡献。历经 60 余年的建设和发展,现在的"鹰城"矿产资源已近枯竭,营子区在 2009 年被国务院批准为全国第二批资源枯竭城市,走上了由地下向地上的转型发展之路。2019 年全区生产总值实现 28.32 亿元,比上年增长 7.4%。人均地区生产总值为 44 741 元,比上年增长 7.3%。其中,第一产业实现增加值 0.78 亿元,比上年增长 4.5%;第二产业实现增加值 14.26 亿元,比上年增长 4.6%;第三产业实现增加值 13.27 亿元,比上年增长 10.1%,三次产业的比重为 2.7∶50.4∶46.9。农村居民人均可支配收入达 11 652 元,比上年增长 11.6%;城镇居民人均可支配收入达 28 947 元,比上年增长 9.7%。

(二)土地利用现状结构

1. 一、二级地类构成特点

第三次全国国土调查结果显示,营子区土地总面积占承德市土地总面积的 0.38%。按一、二级分类,其构成特点如下。

耕地面积为 605.15hm²,占全市耕地总面积的 0.15%。耕地类型以旱地为主,面积为 563.19hm²,占耕地总面积的 93.07%;其次为水浇地,面积为 41.96hm²,占 6.93%;营子区没有水田。

园地面积为 1 195.67hm²,占全市园地总面积的 0.83%。园地类型以果园为主,面积为 650.11hm²,占园地总面积的 54.37%;其他园地面积为 545.56hm²,占 45.63%。

林地面积为 11 383.18hm²,占全市林地总面积的 0.42%。林地类型以灌木林地为主,面积为 5 366.35hm²,占林地总面积的 47.14%;其次为乔木林地,面积为 3 974.99hm²,占 34.92%;其他林地面积最小,为 2 041.84hm²,占 17.94%。

草地面积为 200.02hm²,占全市草地总面积的 0.04%。草地类型全部为其他草地。

城镇村及工矿用地面积为 1 183.32hm²,占全市城镇村及工矿用地总面积的 1.07%。城镇村及工矿用地类型以村庄用地为主,面积为 510.20hm²,占城镇村及工矿用地总面积的 43.11%;其次为建制镇用地,面积为 319.76hm²,占 27.02%;再次为采矿用地,面积为 244.20hm²,占 20.64%;城市用地面积为 103.87hm²,占 8.78%;特殊用地最少,面积为 5.29hm²,仅占 0.45%。

交通运输用地面积为 136.47hm²,占全市交通运输用地总面积的 0.41%。交通运输用地类型以公路用地为主,面积为 74.38hm²,占交通运输用地总面积的 54.51%;其次为农村道路用地,面积为

36.17hm²,占26.50%;第三为铁路用地,面积为25.92hm²,占18.99%。

水域及水利设施用地面积为142.10hm²,占全市水域及水利设施用地总面积的0.32%。水域及水利设施用地类型以河流水面为主,面积为118.01hm²,占水域及水利设施用地总面积的83.05%;其次为沟渠,面积为16.21hm²,占11.40%。其余依次为水库水面,面积为3.14hm²,占2.21%;水工建筑用地,面积为3.11hm²,占2.19%;坑塘水面,面积为1.63hm²,占1.15%。

其他土地面积为74.20hm²(不包含裸岩石砾地和裸土地地类面积,下同),占全市其他土地总面积的0.18%。其他土地类型以田坎为主,面积为56.22hm²,占其他土地总面积的75.77%;其次为设施农用地,面积为17.98hm²,占24.23%。营子区土地利用现状一、二级地类构成见表2-68和图2-78。

表2-68 营子区土地利用现状一、二级地类构成表

土地利用类型		面积/hm²	占一级类型面积比例/%	占全市本类土地面积比例/%
耕地	小计	605.15	100.00	0.15
	水浇地	41.96	6.93	0.08
	旱地	563.19	93.07	0.16
园地	小计	1 195.67	100.00	0.83
	果园	650.11	54.37	0.53
	其他园地	545.56	45.63	2.51
林地	小计	11 383.18	100.00	0.42
	乔木林地	3 974.99	34.92	0.29
	灌木林地	5 366.35	47.14	0.61
	其他林地	2 041.84	17.94	0.48
草地	小计	200.02	100.00	0.04
	其他草地	200.02	100.00	0.07
城镇村及工矿用地	小计	1 183.32	100.00	1.07
	城市	103.87	8.78	1.69
	建制镇	319.76	27.02	2.76
	村庄	510.20	43.11	0.75
	采矿用地	244.20	20.64	1.08
	特殊用地	5.29	0.45	0.35
交通运输用地	小计	136.47	100.00	0.41
	铁路用地	25.92	18.99	0.77
	公路用地	74.38	54.51	0.49
	农村道路	36.17	26.50	0.25
水域及水利设施用地	小计	142.10	100.00	0.32
	河流水面	118.01	83.05	0.35
	水库水面	3.14	2.21	0.04
	坑塘水面	1.63	1.15	0.18
	沟渠	16.21	11.40	1.01
	水工建筑用地	3.11	2.19	0.74

续表 2-68

土地利用类型		面积/hm²	占一级类型面积比例/%	占全市本类土地面积比例/%
其他土地	小计	74.20	100.00	0.18
	设施农用地	17.98	24.23	0.31
	田坎	56.22	75.77	0.16

注：其他土地面积汇总不包含裸岩石砾地、裸土地地类面积。

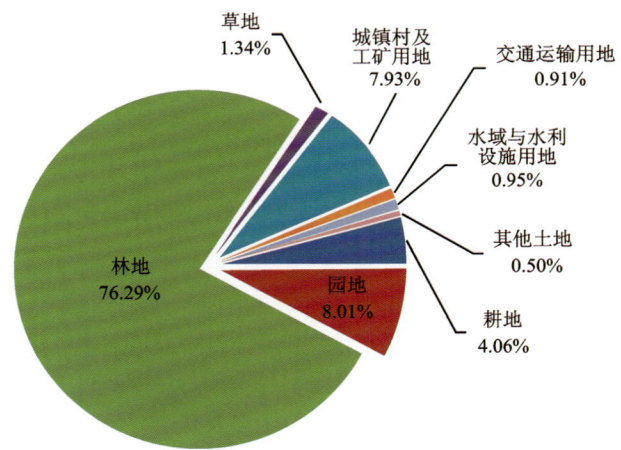

图 2-78 营子区土地利用现状一级地类构成图

2. 三大分类构成特点

在农用地中，林地面积所占比例最大，占全区农用地总面积的 85.49%；其次为园地面积，占全区农用地总面积的 8.98%；第三为耕地面积，占全区农用地总面积的 4.54%。

在建设用地中，城镇村及工矿用地面积所占比例最大，占全区建设用地总面积的 91.97%；其次为交通运输用地面积，占全区建设用地总面积的 7.79%；第三为水工建筑用地面积，占全区建设用地总面积的 0.24%。

在未利用地中，其他草地面积所占比例最大，占全区未利用地总面积的 60.71%；其次为河流水面面积，占全区未利用地总面积的 35.82%。营子区土地利用现状综合指标见表 2-69。

表 2-69 营子区土地利用现状综合指标统计表　　　　　　单位：%

行政区	农用地率	建设用地率	土地利用率	未利用地比例
鹰手营子镇	86.64	11.05	97.69	2.31
北马圈子镇	86.17	10.65	96.82	3.18
寿王坟镇	91.73	6.27	98.00	2.00
汪家庄镇	90.32	8.19	98.51	1.49

（三）土地利用分布特点

营子区辖区内，面积最大的行政区为寿王坟镇，面积最小的行政区为汪家庄镇。营子区一级地类分布情况见表 2-70。

表 2-70　营子区一级地类分布情况统计表　　　　　　　　　　　　　　　　单位:hm²

行政区	耕地面积	园地面积	林地面积	草地面积	城镇村及工矿用地面积	交通运输用地面积	水域与水利设施用地面积	其他土地面积
营子区	605.15	1 195.67	11 383.18	200.02	1 183.32	136.47	142.10	74.20
鹰手营子镇	258.08	374.87	2 885.92	34.92	414.04	51.87	60.43	34.71
北马圈子镇	90.39	201.89	1 851.48	39.69	236.82	33.41	46.08	8.77
寿王坟镇	127.26	360.76	5 024.46	100.17	357.63	29.98	23.86	13.18
汪家庄镇	129.42	258.15	1 621.32	25.24	174.83	21.21	11.73	17.54

注:其他土地面积汇总不包含裸岩石砾地、裸土地地类面积。

1. 耕地分布特点

营子区耕地面积为 605.15hm²。耕地分布最多的行政区是鹰手营子镇,面积为 258.08hm²,占全区耕地总面积的 42.65%。耕地分布最少的行政区是北马圈子镇,面积为 90.39hm²,占全区耕地总面积的 14.94%。在二级地类中,营子区无水田;水浇地主要分布在鹰手营子镇,面积占全区水浇地总面积的 76.53%;旱地在鹰手营子镇分布最多,面积占 40.12%,在北马圈子镇分布最少。营子区耕地分布情况如图 2-79 所示。

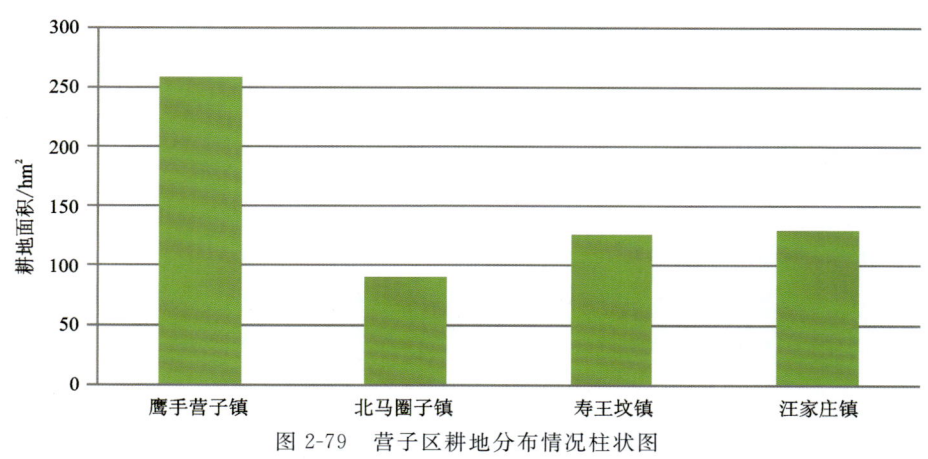

图 2-79　营子区耕地分布情况柱状图

2. 园地分布特点

营子区园地面积为 1 195.67hm²。园地分布较多的行政区是鹰手营子镇和寿王坟镇,面积为 374.87hm² 和 360.76hm²,分别占全区园地用地总面积的 31.35% 和 30.17%;园地分布较少的行政区是汪家庄镇和北马圈子镇,面积分别为 258.15hm² 和 201.89hm²,分别占全区园地用地总面积的 21.59% 和 16.89%。在二级地类中,果园在鹰手营子镇分布最多,面积占 35.45%,在北马圈子镇分布最少;其他园地在寿王坟镇分布最多,面积占 34.52%,在汪家庄镇分布最少。营子区园地分布情况如图 2-80 所示。

3. 林地分布特点

营子区林地面积为 11 383.18hm²。林地分布最多的行政区是寿王坟镇,面积为 5 024.46hm²,占全区林地总面积的 44.14%。林地分布最少的行政区是汪家庄镇,面积为 1 621.32hm²,占全区林地总面积的 14.24%。在二级地类中,乔木林地主要分布在寿王坟镇,面积占全区乔木林地总面积的 47.64%;

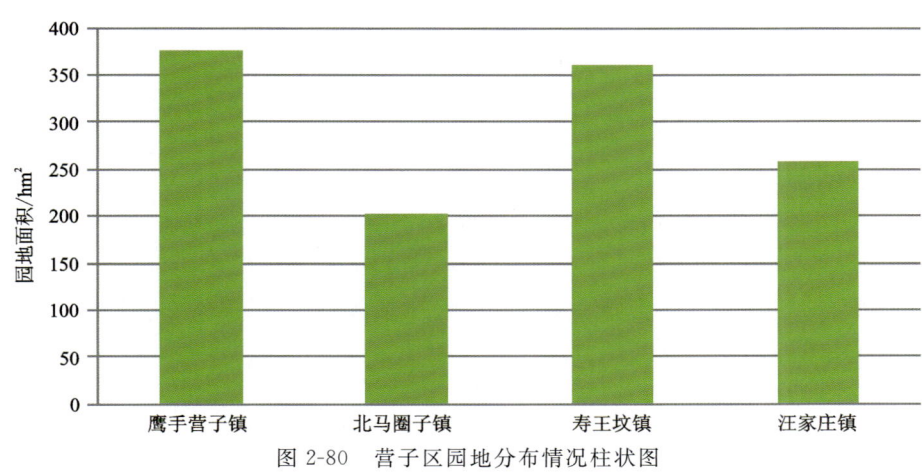

图 2-80　营子区园地分布情况柱状图

灌木林地主要分布在鹰手营子镇和寿王坟镇,面积占全区灌木林地总面积的 67.90%;其他林地主要分布在寿王坟镇,面积占全区其他林地总面积的 56.60%。营子区林地分布情况如图 2-81 所示。

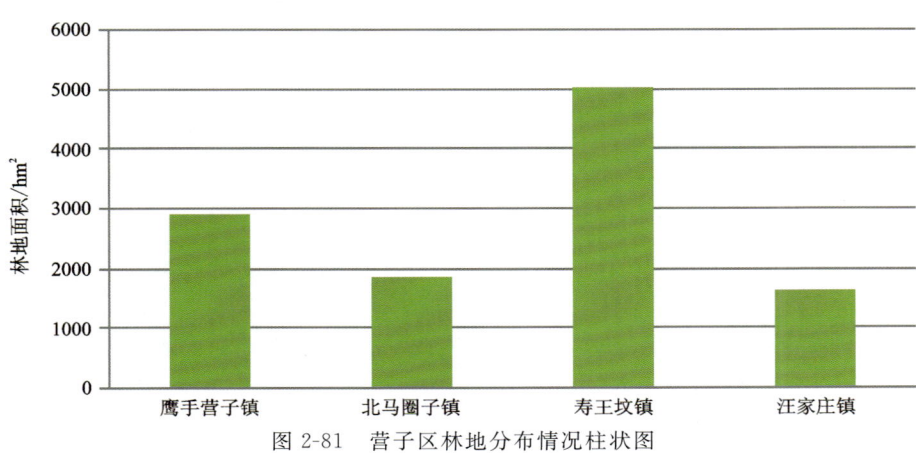

图 2-81　营子区林地分布情况柱状图

4. 草地分布特点

营子区草地面积为 200.02hm²。草地分布最多的行政区是寿王坟镇,面积为 100.17hm²,占全区林地总面积的 50.08%。其他 3 个镇分布面积较小,且差别不大。在二级地类中,营子区草地只有其他草地一种类型,分布情况与上述情况一致。营子区草地分布情况如图 2-82 所示。

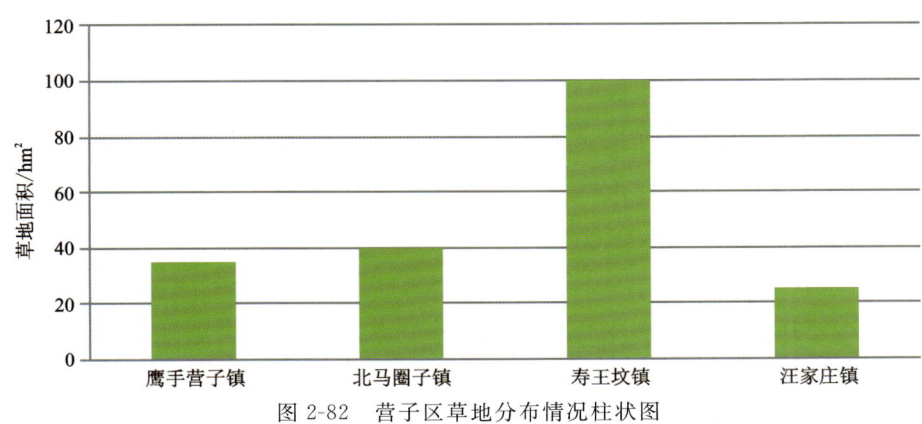

图 2-82　营子区草地分布情况柱状图

5. 城镇村及工矿用地分布特点

营子区城镇村及工矿用地面积为 1 183.32hm²。城镇村及工矿用地分布最多的行政区是鹰手营子镇，面积为 414.04hm²，占全区城镇村及工矿用地总面积的 34.99%。城镇村及工矿用地分布最少的行政区是汪家庄镇，面积为 174.83hm²，占全区城镇村及工矿用地总面积的 14.77%。在二级地类中，城市用地全部分布在鹰手营子镇；建制镇用地在北马圈子镇分布最多，在汪家庄镇分布最少；村庄用地各镇均有分布，差别较小；采矿用地主要分布在寿王坟镇，面积占全区采矿用地总面积的 61.06%；特殊用地很少，主要分布在鹰手营子镇。营子区城镇村及工矿用地分布情况如图 2-83 所示。

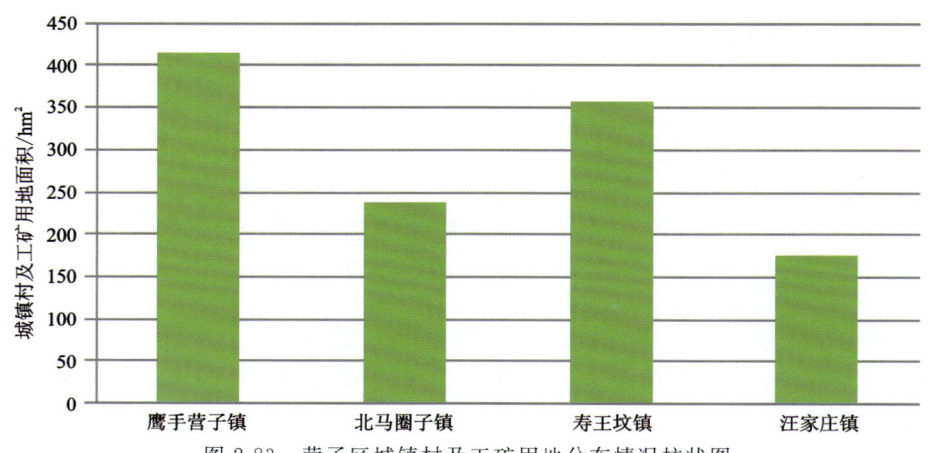

图 2-83 营子区城镇村及工矿用地分布情况柱状图

6. 交通运输用地分布特点

营子区交通运输用地面积为 136.47hm²。交通运输用地分布最多的行政区是鹰手营子镇，面积为 51.87hm²，占全区交通运输用地总面积的 38.01%。交通运输用地分布最少的行政区是汪家庄镇，面积为 21.21hm²，占全区交通运输用地总面积的 15.54%。在二级地类中，铁路用地较少，主要分布在北马圈子镇和鹰手营子镇；公路用地分布最多的行政区是鹰手营子镇，最少的是汪家庄镇；农村道路用地各镇均有分布，面积差别较小。营子区交通运输用地分布情况如图 2-84 所示。

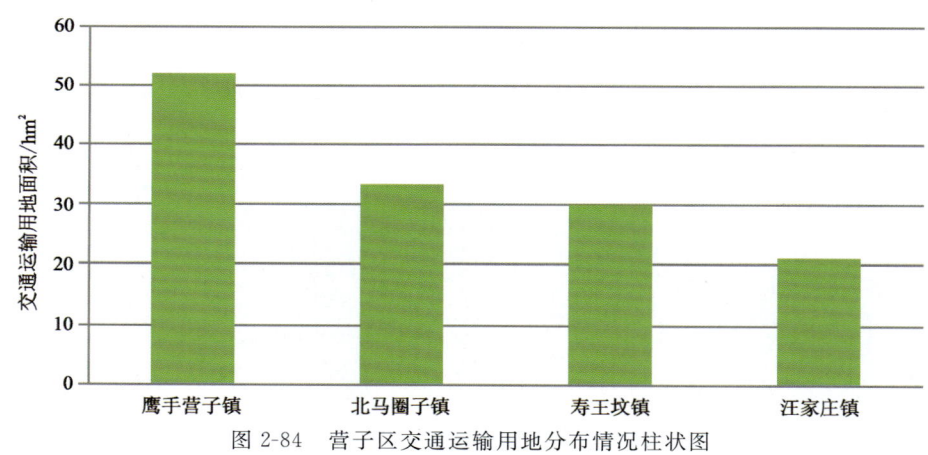

图 2-84 营子区交通运输用地分布情况柱状图

7. 水域及水利设施用地分布特点

营子区水域及水利设施用地面积为 142.10hm²。水域及水利设施用地分布最多的行政区是鹰手营子镇,面积为60.43hm²,占全区水域及水利设施用地总面积的42.53%。水域及水利设施用地分布最少的行政区是汪家庄镇,面积为11.73hm²,占全区水域及水利设施用地总面积的8.25%。在二级地类中,河流水面主要分布在鹰手营子镇,面积占全区河流水面总面积的43.90%;全区无湖泊水面;水库水面较少,全部分布在鹰手营子镇;坑塘水面较少,主要分布在寿王坟镇,鹰手营子镇无坑塘水面;沟渠较少,主要分布在汪家庄镇和北马圈子镇;水工建筑用地很少,主要分布在鹰手营子镇。营子区水域及水利设施用地分布情况如图2-85所示。

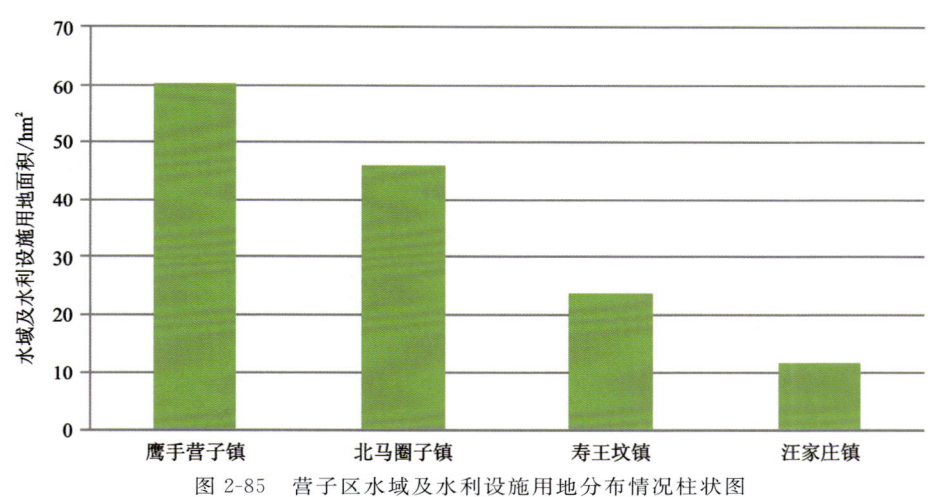

图2-85 营子区水域及水利设施用地分布情况柱状图

8. 湿地分布特点

营子区没有湿地。

9. 其他土地分布特点

营子区其他土地面积为74.20hm²。其他土地分布最多的行政区是鹰手营子镇,面积为34.71hm²,占全区其他土地总面积的46.78%。其他土地分布最少的行政区是北马圈子镇,面积为8.77hm²,占全区其他土地总面积的11.82%。在二级地类中,设施农用地主要分布在鹰手营子镇和汪家庄镇;田坎在各镇均有分布,面积差别较小。营子区其他土地分布情况如图2-86所示。

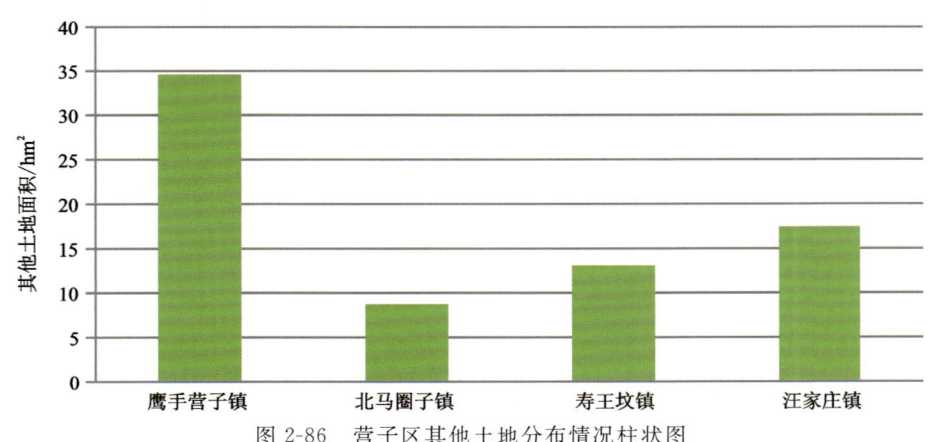

图2-86 营子区其他土地分布情况柱状图

四、承德县土地利用现状

(一)县域土地环境条件

1. 自然环境条件

承德县位于河北省东北部,承德市南部,地理坐标为北纬 40°45′25″—41°42′00″,东经 118°9′3″—118°15′00″。县境东邻平泉市,南接宽城县、兴隆县和营子区,西靠承德市区和滦平县,西南与北京市密云区接壤,西北接隆化县,东北与内蒙古自治区宁城县毗邻。地处南部燕山地槽和北部内蒙古台背过渡带,地势北高南低,海拔为 222—1755m。山地丘陵面积占总面积的 94.6%,河谷陆地面积占 5.4%,故承德县有"八山半水一分田,半分道路和庄园"之称。承德县属于温带半湿润半干旱大陆性季风型燕山山地气候。

2. 社会经济条件

2019 年承德县总人口为 42.76 万人,土地总面积为 3 648.07km²,常住人口密度为 107.9 人/km²。现辖 12 个镇、11 个乡、378 个行政村。2019 年全县生产总值实现 127.43 亿元,比上年增长 6.5%。人均地区生产总值为 32 401 元,比上年增长 6.4%。其中,第一产业实现增加值 41.49 亿元,比上年增长 10.5%;第二产业实现增加值 29.76 亿元,比上年增长 2.7%;第三产业实现增加值 56.18 亿元,比上年增长 6.5%,三次产业的比重为 32.6∶23.3∶44.1。农村居民人均可支配收入为 12 385 元,比上年增长 11.4%;城镇居民人均可支配收入为 30 338 元,比上年增长 9.2%。承德县历史悠久。雍正元年(1723 年)始设热河直隶厅,乾隆四十三年(1778 年)改设承德府,中华民国二年(1913 年)裁承德府置承德县,县公署驻承德街(今双桥区),1949 年县政府驻下板城镇,距承德市区 48km。京承铁路、锦承铁路、承隆铁路、张唐铁路和京哈高铁 5 条铁路,承唐、承朝、承赤、承秦 4 条高速公路和 101、112 等国、省干道穿越县境,承德普宁机场坐落境内,通达上海、西安、成都、石家庄等十多条航线。该县先后获评"国家级园林县城""国家新型工业化(大数据)产业示范基地""全国绿化模范县""全国休闲农业和乡村旅游示范县""中国国光苹果之乡"。县域内有北大山省级自然保护区、松云岭省级森林公园、雾灵东谷省级森林公园、北大山石海省级森林公园、柳河下游省级湿地公园、滦河老牛河省级湿地公园、承德丹霞地貌国家地质公园等重要保护区。

(二)土地利用现状结构

1. 一、二级地类构成特点

第三次全国国土调查结果显示,承德县土地总面积占承德市土地总面积的 9.24%。按一、二级分类,其构成特点如下。

耕地面积为 35 719.83hm²,占全市耕地总面积的 8.63%。耕地类型以旱地为主,面积为 32 423.80hm²,占耕地总面积的 90.77%;其次为水浇地,面积为 3 184.44hm²,占 8.92%;水田面积最小,为 111.59hm²,占 0.31%。

园地面积为 19 809.94hm²,占全市园地总面积的 13.69%。园地类型以果园为主,面积为 13 774.54hm²,占园地总面积的 69.53%;其他园地面积为 6 035.40hm²,占 30.47%。

林地面积为 268 162.08hm²,占全市林地总面积的 10.01%。林地类型以乔木林地为主,面积为 117 375.64hm²,占林地总面积的 43.77%;其次为灌木林地,面积为 114 241.36hm²,占 42.60%;其他林地面积最小,为 36 545.08hm²,占 13.63%。

草地面积为 18 775.13hm²,占全市草地总面积的 4.12%。草地类型全部为其他草地。

城镇村及工矿用地面积为 11 443.15hm²,占全市城镇村及工矿用地总面积的 10.39%。城镇村及工矿用地类型以村庄用地为主,面积为 6 999.30hm²,占城镇村及工矿用地总面积的 61.16%;其次为采矿用地,面积为 3 048.52hm²,占 26.64%;再次为建制镇用地,面积为 1 288.00hm²,占 11.26%;特殊用地最少,面积为 107.33hm²,仅占 0.94%。

交通运输用地面积为 3 098.55hm²,占全市交通运输用地总面积的 9.30%。交通运输用地类型以公路用地为主,面积为 1 682.81hm²,占交通运输用地总面积的 54.31%;其次为农村道路,面积为 904.22hm²,占 29.18%;第三为铁路用地,面积为 301.84hm²,占 9.74%。机场用地面积为 209.68hm²,占 6.77%。

水域及水利设施用地面积为 4 257.12hm²,占全市水域及水利设施用地总面积的 9.60%。水域及水利设施用地类型以河流水面为主,面积为 4 016.38hm²,占水域及水利设施用地总面积的 94.35%。其余依次为沟渠,面积为 78.71hm²,占 1.85%;水库水面面积为 66.81hm²,占 1.56%;坑塘水面面积为 54.29hm²,占 1.28%;水工建筑用地面积为 40.93hm²,仅占 0.96%。

湿地面积为 143.01hm²,占全市湿地总面积的 0.69%。湿地类型全部为内陆滩涂。

其他土地面积为 3 276.95hm²(不包含裸岩石砾地和裸土地地类面积,下同),占全市其他土地总面积的 7.97%。其他土地类型以田坎为主,面积为 2 458.64hm²,占其他土地总面积的 75.03%;其次为设施农用地,面积为 818.31hm²,占 24.97%。承德县土地利用现状一、二级地类构成见表 2-71 和图 2-87。

表 2-71 承德县土地利用现状一、二级地类构成表

土地利用类型		面积/hm²	占一级类型面积比例/%	占全市本类土地面积比例/%
耕地	小计	35 719.83	100.00	8.63
	水田	111.59	0.31	1.98
	水浇地	3 184.44	8.92	6.42
	旱地	32 423.80	90.77	9.04
园地	小计	19 809.94	100.00	13.69
	果园	13 774.54	69.53	11.20
	其他园地	6 035.40	30.47	27.82
林地	小计	268 162.08	100.00	10.01
	乔木林地	117 375.64	43.77	8.55
	灌木林地	114 241.36	42.60	12.95
	其他林地	36 545.08	13.63	8.60
草地	小计	18 775.13	100.00	4.12
	其他草地	18 775.13	100.00	6.35
城镇村及工矿用地	小计	11 443.15	100.00	10.39
	建制镇	1 288.00	11.26	11.08
	村庄	6 999.30	61.16	10.26
	采矿用地	3 048.52	26.64	13.45
	特殊用地	107.33	0.94	7.04

续表 2-71

土地利用类型		面积/hm²	占一级类型面积比例/%	占全市本类土地面积比例/%
交通运输用地	小计	3 098.55	100.00	9.30
	铁路用地	301.84	9.74	8.99
	公路用地	1 682.81	54.31	11.18
	农村道路	904.22	29.18	6.17
	机场用地	209.68	6.77	79.67
水域及水利设施用地	小计	4 257.12	100.00	9.60
	河流水面	4 016.38	94.35	11.86
	水库水面	66.81	1.56	0.91
	坑塘水面	54.29	1.28	5.86
	沟渠	78.71	1.85	4.89
	水工建筑用地	40.93	0.96	9.74
湿地	小计	143.01	100.00	0.69
	内陆滩涂	143.01	100.00	1.86
其他土地	小计	3 276.95	100.00	7.97
	设施农用地	818.31	24.97	14.26
	田坎	2 458.64	75.03	7.11

注：其他土地面积汇总不包含裸岩石砾地、裸土地地类面积。

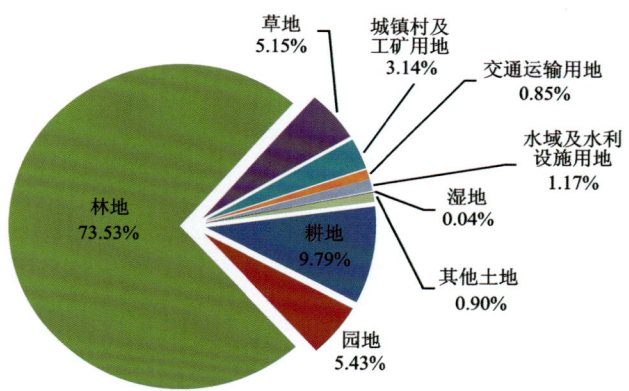

图 2-87 承德县土地利用现状一级地类构成图

2. 三大分类构成特点

在农用地中，林地面积所占比例最大，占全县农用地总面积的 81.74%；其次为耕地面积，占全县农用地总面积的 10.89%；第三为园地面积，占全县农用地总面积的 6.04%。

在建设用地中，城镇村及工矿用地面积所占比例最大，占全县建设用地总面积的 83.66%；其次为交通运输用地面积，占全县建设用地总面积的 16.04%；第三为水工建筑用地面积，占全县建设用地总面积的 0.30%。

在未利用地中，其他草地面积所占比例最大，占全县未利用地总面积的 81.43%；其次为河流水面面积，占全县未利用地总面积的 17.42%；第三为内陆滩涂面积，占全县未利用地总面积的 0.62%。承德县土地利用现状综合指标见表 2-72。

表 2-72 承德县土地利用现状综合指标统计表　　　　单位:%

行政区	农用地率	建设用地率	土地利用率	未利用地比例
下板城镇	89.57	7.18	96.75	3.25
甲山镇	87.92	7.40	95.32	4.68
六沟镇	83.34	4.65	87.99	12.01
三沟镇	92.33	3.28	95.61	4.39
头沟镇	91.29	6.24	97.53	2.47
高寺台镇	75.19	11.63	86.82	13.18
三家镇	94.81	2.12	96.93	3.07
鞍匠镇	86.72	2.83	89.55	10.45
上谷镇	92.47	3.91	96.38	3.62
磴上镇	95.81	1.68	97.49	2.51
新杖子镇	79.38	3.07	82.45	17.55
石灰窑镇	87.91	3.55	91.46	8.54
东小白旗乡	91.25	1.68	92.93	7.07
刘杖子乡	92.01	2.30	94.31	5.69
孟家院乡	88.94	2.65	91.59	8.41
大营子乡	90.50	1.19	91.69	8.31
八家乡	93.33	1.62	94.95	5.05
满杖子乡	91.09	1.94	93.03	6.97
五道河乡	95.95	1.13	97.08	2.92
岔沟乡	92.95	5.31	98.26	1.74
岗子乡	86.26	4.08	90.34	9.66
两家乡	90.26	3.37	93.63	6.37
仓子乡	82.64	2.44	85.08	14.92

(三)土地利用分布特点

承德县辖区内,面积最大的行政区为三家镇,其次为下板城镇,第三为磴上镇。面积最小的行政区为岗子乡。承德县一级地类分布情况见表 2-73。

1. 耕地分布特点

承德县耕地面积为 35 719.83 hm²。耕地分布最多的行政区是六沟镇,面积为 3 213.76 hm²,占全县耕地总面积的 9.00%;其次为三家镇,面积为 3 160.63 hm²,占 8.85%;第三为头沟镇,面积为 3 135.17 hm²,占 8.78%。八家乡耕地面积较小,仅占全县耕地总面积的 0.97%。在二级地类中,水田较少,主要分布在三家镇、磴上镇和下板城镇,3 个镇的水田总面积占全县水田总面积的 87.90%;六沟镇、鞍匠镇、上谷镇、新杖子镇等13个行政区无水田；水浇地分布面积在300hm² 以上的行政区有三沟镇、六沟镇、头沟镇和石灰窑镇，这4个镇的水浇地总面积占全县水浇地总面积的54.96%，鞍匠镇、满杖子乡、刘杖子乡和东小白旗乡水浇地较少，面积仅占全县水浇地总面积的0.26%；旱地分布面积在2000hm² 以上的行政区有三家镇、头沟镇、六沟镇、岔沟乡等7个乡镇，面积占全县旱地总面积的54.12%。承德县耕地分布情况如图2-88所示。

表 2-73 承德县一级地类分布情况统计表　　　　　　　　　　　　　　　　单位：hm²

行政区	耕地面积	园地面积	林地面积	草地面积	城镇村及工矿用地面积	交通运输用地面积	水域及水利设施用地面积	湿地面积	其他土地面积
承德县	35 719.83	19 809.94	268 162.08	18 775.13	11 443.15	3 098.55	4 257.12	143.01	3 276.95
下板城镇	1 072.14	2 468.28	19 008.09	315.92	1 541.79	324.12	462.01	76.50	79.39
甲山镇	1 393.06	863.08	12 592.72	649.10	1 085.98	236.22	154.27	2.89	135.33
六沟镇	3 213.76	877.91	10 642.10	1 854.77	628.98	263.33	328.24	0.85	236.05
三沟镇	2 495.86	702.85	13 284.27	598.90	481.18	136.33	197.43	4.97	125.08
头沟镇	3 135.17	951.71	12 443.24	174.60	865.67	338.37	288.04	8.80	334.78
高寺台镇	965.46	948.45	7 966.39	1 633.00	1 322.56	256.75	120.66	2.12	119.30
三家镇	3 160.63	308.29	24 879.97	536.55	560.12	145.20	400.41	0.24	336.69
鞍匠镇	1 012.07	1 089.98	13 960.07	1 729.99	391.10	177.70	181.17	4.25	103.95
上谷镇	2 427.06	742.39	8 073.30	335.65	409.88	107.07	118.07	1.22	254.99
磴上镇	2 376.46	365.77	20 966.88	432.45	394.54	74.27	186.41	0.22	199.25
新杖子镇	594.76	1 780.99	5 506.77	1 623.21	268.81	76.23	137.16	2.33	36.88
石灰窑镇	2 427.37	717.80	7 829.47	925.48	403.80	94.89	177.24	0.49	283.47
东小白旗乡	773.22	588.22	9 179.25	761.38	172.69	42.81	66.27	1.02	107.18
刘杖子乡	685.82	603.63	14 681.50	819.23	279.47	169.86	168.60	11.58	157.13
孟家院乡	1 052.92	903.36	6 941.86	746.77	234.09	66.01	98.44	0.83	81.23
大营子乡	704.07	1 018.13	13 840.46	1 133.58	183.38	78.99	312.47	11.05	76.09
八家乡	346.38	1 542.82	10 852.21	512.69	188.57	70.40	177.86	7.54	41.36
满杖子乡	1 074.74	977.00	7 868.62	677.20	176.43	75.72	91.68	0.51	86.57
五道河乡	987.48	192.63	13 927.49	399.97	162.50	39.11	65.72	0.15	81.81
岔沟乡	2 564.33	305.08	13 944.87	179.92	948.37	65.25	157.05	0.22	200.61
岗子乡	959.43	464.12	5 480.63	648.63	242.73	107.71	134.59	0.00	55.07
两家乡	1 115.43	840.32	7 046.22	503.92	262.22	98.92	135.72	5.19	78.65
仓子乡	1 182.21	557.13	7 245.70	1 582.22	238.29	53.29	97.61	0.04	66.09

注：其他土地面积汇总不包含裸岩石砾地、裸土地地类面积。

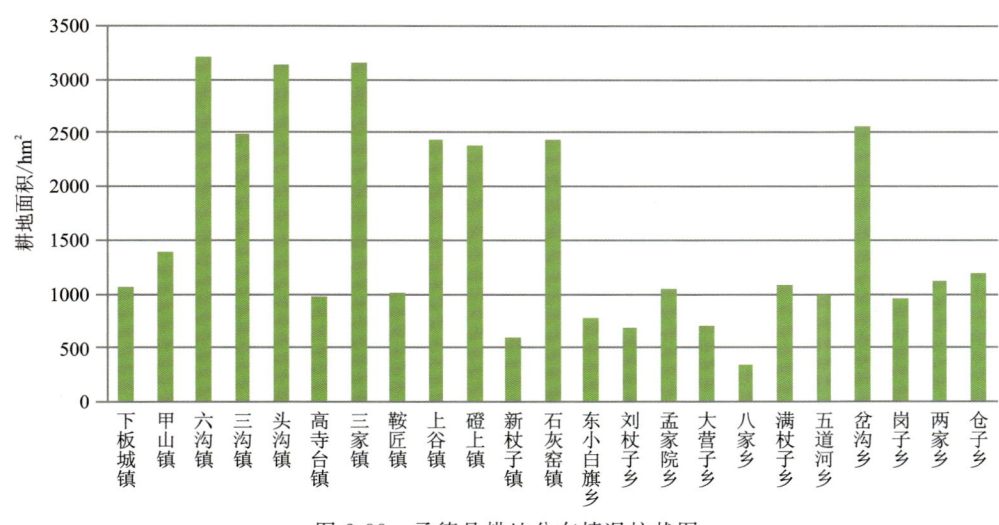

图 2-88　承德县耕地分布情况柱状图

2. 园地分布特点

承德县园地面积为 19 809.94hm²。园地分布最多的行政区是下板城镇,面积为 2 468.28hm²,占全县园地总面积的 12.46%;其次为新杖子镇,面积为 1 780.99hm²,占 8.99%;第三为八家乡,面积为 1 542.82hm²,占 7.79%。五道河乡园地分布最少,面积仅占全县园地总面积的 0.97%。在二级地类中,果园分布面积在 700hm² 以上的行政区有下板城镇、新杖子镇、八家乡、满杖子乡等 8 个乡镇,面积占全县果园总面积的 64.52%;其他园地分布面积在 300hm² 以上的行政区有头沟镇、两家乡、下板城镇、六沟镇等 7 个乡镇,7 个乡镇的其他园地面积总和占全县其他园地总面积的 61.64%。承德县园地分布情况如图 2-89 所示。

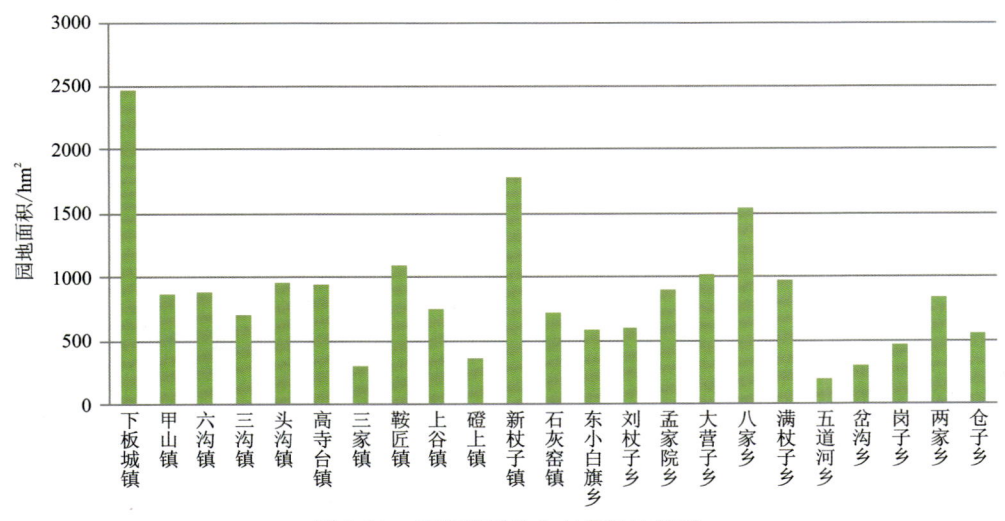

图 2-89　承德县园地分布情况柱状图

3. 林地分布特点

承德县林地面积为 268 162.08hm²。林地分布最多的行政区是三家镇,面积为 24 879.97hm²,占全县林地总面积的 9.28%;其次为磴上镇,面积为 20 966.88hm²,占 7.82%;第三为下板城镇,面积为 19 008.09hm²,占 7.09%。林地在其余行政区均有分布,面积差别较小。在二级地类中,乔木林地分布面积较多的行政区为三家镇、磴上镇、下板城镇、五道河乡和刘杖子乡,5个行政区的乔木林地面积总和占全县乔木林地总面积的42.07%;灌木林地分布面积较多的行政区为三家镇、鞍匠镇、三沟镇、刘杖子乡、八家乡、磴上镇、岔沟乡和下板城镇,8个行政区灌木林地面积总和占全县灌木林地总面积的46.49%;其他林地均有分布,差别较小。承德县林地分布情况如图2-90所示。

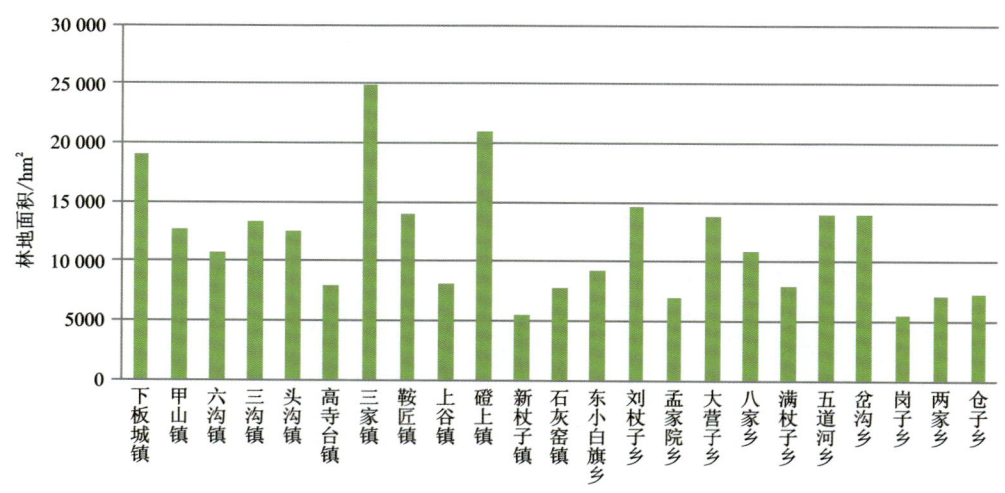

图2-90 承德县林地分布情况柱状图

4. 草地分布特点

承德县草地面积为18 775.13hm²。草地分布最多的行政区是六沟镇,面积为1 854.77hm²,占全县草地总面积的9.88%;其次为鞍匠镇,面积为1 729.99hm²,占9.21%;第三为高寺台镇,面积为1 633.00hm²,占8.70%。新杖子镇和仓子乡草地面积分别为1 623.21hm²和1 582.22hm²,分别占全县草地总面积的8.65%和8.43%。在二级地类中,承德县草地只有其他草地一种类型,分布情况与上述情况一致。承德县草地分布情况如图2-91所示。

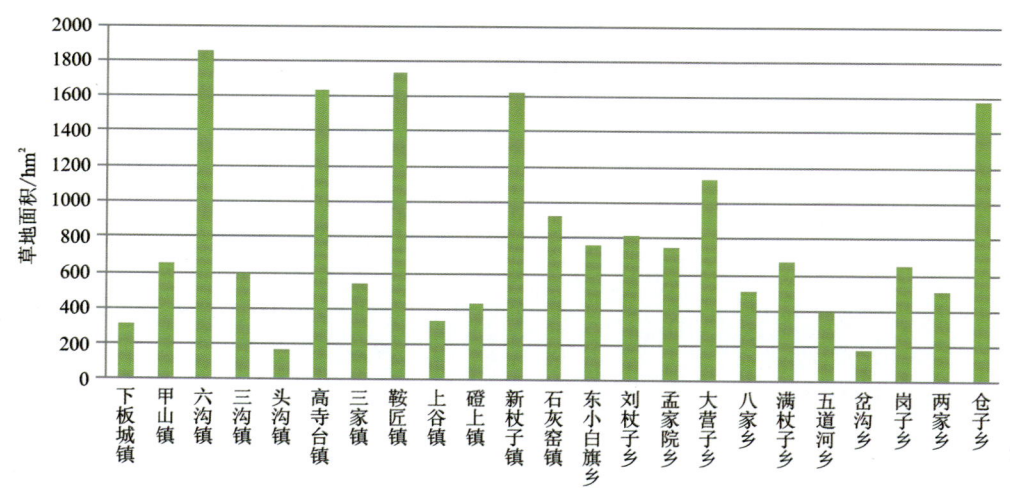

图2-91 承德县草地分布情况柱状图

5. 城镇村及工矿用地分布特点

承德县城镇村及工矿用地面积为11 443.15hm²。城镇村及工矿用地分布最多的行政区是下板城镇,面积为1 541.79hm²,占全县城镇村及工矿用地总面积的13.47%;其次为高寺台镇,面积为1 322.56hm²,占11.56%;第三为甲山镇,面积为1 085.98hm²,占9.49%。岔沟乡、头沟镇和六沟镇城镇村及工矿用地面积分别为 948.37hm², 865.67hm² 和 628.98hm², 分别占全县城镇村及工矿用地总面积的 8.29%、7.56% 和 5.50%。在二级地类中,建制镇用地分布较多的行政区为下板城镇、甲山镇和六沟镇,面积占全县建制镇用地总面积的 76.95%;村庄用地分布较多的行政区为下板城镇、六沟镇、三家镇、甲山镇和头沟镇,面积占全县村庄用地总面积的 35.11%;采矿用地主要分布在高寺台镇、岔沟乡、甲山镇、头沟镇和下板城镇,面积占全县采矿用地总面积的 84.60%;特殊用地主要分布在甲山镇、下板城镇、六沟镇和孟家院乡,面积占全县特殊用地总面积的 70.58%。承德县草地分布情况如图 2-92 所示。

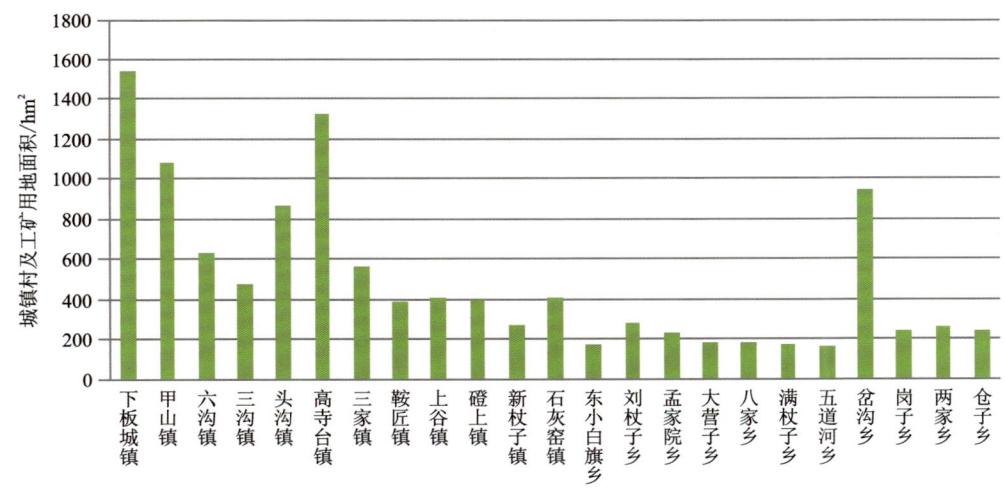

图 2-92　承德县城镇村及工矿用地分布情况柱状图

6. 交通运输用地分布特点

承德县交通运输用地面积为 3 098.55hm²。交通运输用地分布最多的行政区是头沟镇,面积为 338.37hm², 占全县交通运输用地总面积的 10.92%;其次为下板城镇,面积为 324.12hm², 占 10.46%;第三为六沟镇,面积为 263.33hm², 占 8.50%。高寺台镇和甲山镇交通运输用地面积分别为 256.75hm² 和 236.22hm², 分别占全县交通运输用地总面积的 8.29% 和 7.62%。在二级地类中,铁路用地主要分布在六沟镇、鞍匠镇、甲山镇、上谷镇、下板城镇和高寺台镇,面积占全县铁路用地总面积的 82.04%;公路用地主要分布在下板城镇、高寺台镇、六沟镇、甲山镇、头沟镇、三沟镇和刘杖子乡,面积占全县公路用地总面积的 59.21%;农村道路在各乡镇均有分布,面积差别较小;机场用地全部分布在头沟镇和高寺台镇。承德县交通运输用地分布情况如图 2-93 所示。

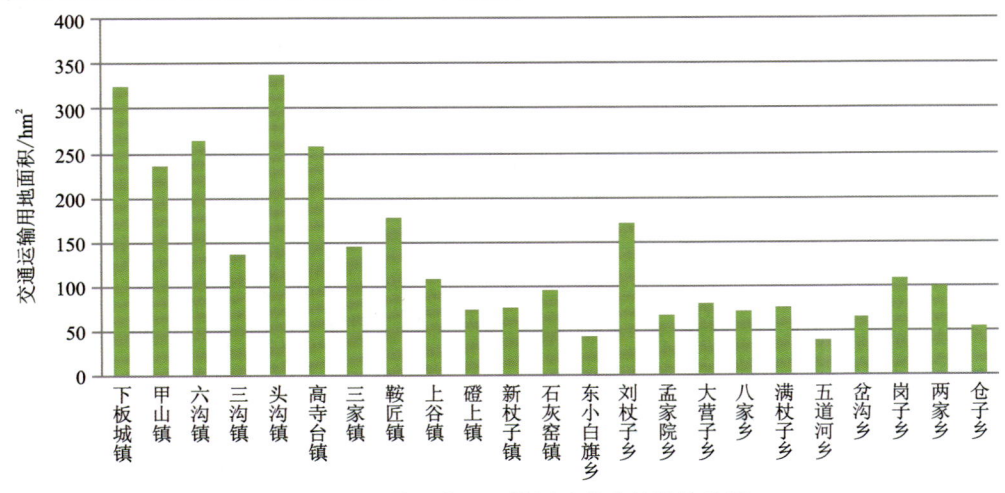

图 2-93　承德县交通运输用地分布情况柱状图

7. 水域及水利设施用地分布特点

承德县水域及水利设施用地面积为 4 257.12hm²。水域及水利设施用地分布最多的行政区是下板城镇，面积为 461.94hm²，占全县水域及水利设施用地总面积的 10.85%；其次为三家镇，面积为 400.44hm²，占 9.41%；第三为六沟镇，面积为 328.20hm²，占 7.71%。大营子乡和头沟镇的水域及水利设施用地面积分别为 312.47hm² 和 288.01hm²，分别占全县水域及水利设施用地总面积的 7.34% 和 6.77%。在二级地类中，河流水面分布较多的行政区为下板城镇、三家镇、六沟镇、大营子乡和头沟镇，面积占全县河流水面总面积的 42.08%；全县无湖泊水面；水库水面较少，主要分布在仓子乡、大营子乡、下板城镇、上谷镇和三家镇；坑塘水面在各乡镇均有分布，面积差别较小；除上谷镇、大营子乡和满杖子乡外，沟渠用地在其他行政区均有分布，且面积差别较小；水工建筑用地较少，主要分布在下板城镇、六沟镇和新杖子镇，甲山镇、三沟镇、刘杖子乡、满杖子乡、五道河乡、岗子乡和两家乡无水工建筑用地。承德县水域及水利设施用地分布情况如图 2-94 所示。

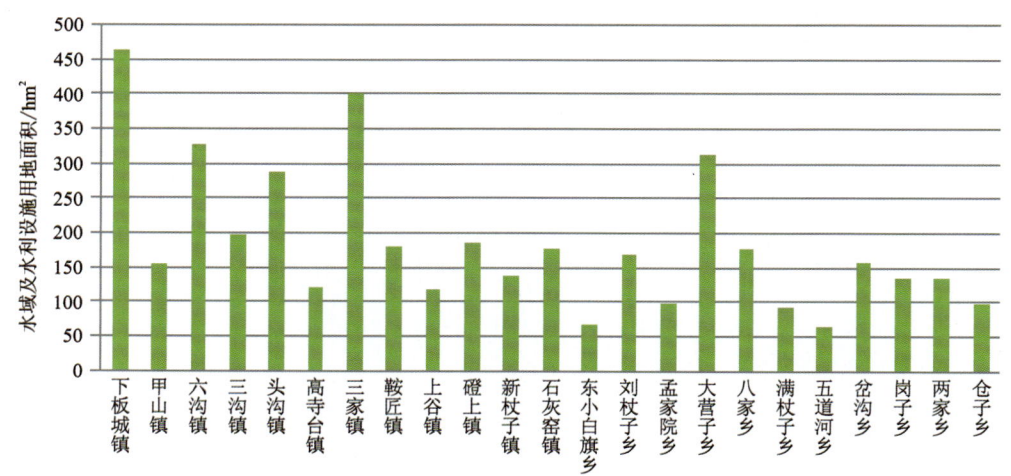

图 2-94 承德县水域及水利设施用地分布情况柱状图

8. 湿地分布特点

承德县湿地面积为 143.01hm²。湿地分布最多的行政区是下板城镇，面积为 76.50hm²，占全县湿地总面积的 53.49%；其次为刘杖子乡，面积为 11.58hm²，占 8.10%；第三为大营子乡，面积为 11.05hm²，占 11.05%。其余行政区除岗子乡无湿地外，其他行政区湿地面积较小且差别不大。在二级地类中，承德县湿地只有内陆滩涂一种类型，分布情况与上述情况一致。承德县湿地分布情况如图 2-95 所示。

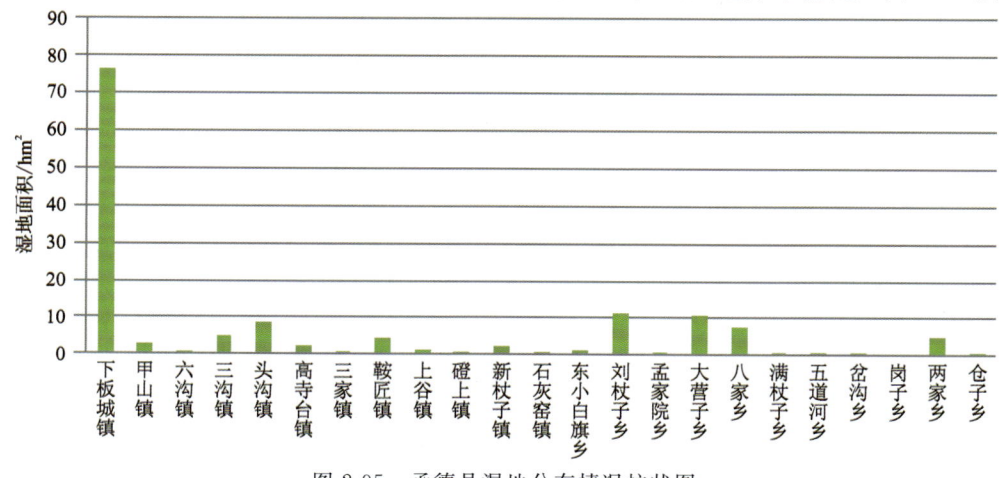

图 2-95 承德县湿地分布情况柱状图

9. 其他土地分布特点

承德县其他土地面积为 3 276.95hm²。其他土地分布最多的行政区是三家镇，面积为 336.69hm²，占全县其他土地总面积的 10.27%；其次为头沟镇，面积为 334.78hm²，占 10.22%；第三为石灰窑镇，面积为 283.75hm²，占 8.65%。上谷镇、六沟镇和岔沟乡的其他土地面积分别为 254.99hm²、236.05hm² 和 200.61hm²，分别占全县其他土地总面积的 7.78%、7.20% 和 6.12%。在二级地类中，设施农用地分布较多的行政区为三家镇、刘杖子乡、头沟镇和石灰窑镇，面积占全县设施农用地总面积的 45.67%；田坎主要分布在头沟镇、三家镇、上谷镇、石灰窑镇、六沟镇、岔沟乡、磴上镇和甲山镇，面积占全县田坎总面积的 62.00%；全县无盐碱地和沙地。承德县其他土地分布情况如图 2-96 所示。

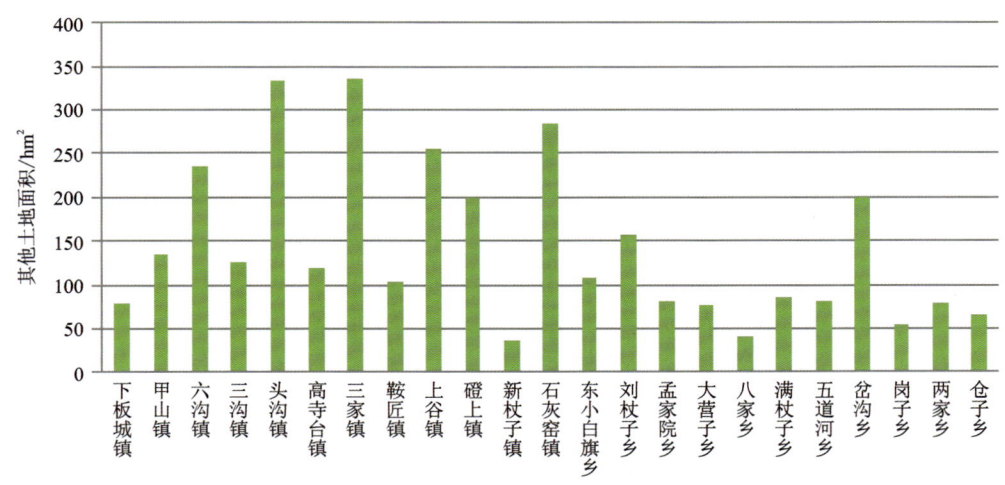

图 2-96 承德县其他土地分布情况柱状图

五、兴隆县土地利用现状

（一）县域土地环境条件

1. 自然环境条件

兴隆县位于河北省东北部，承德市南部，地处燕山山脉东段，长城北侧，地势西北高、东南低。全县平均海拔在 1000m 左右，最高处燕山主峰雾灵山的主峰——歪桃峰海拔为 2118m，最低处八卦岭海拔为 150m。地理坐标为北纬 40°11′—41°42′，东经 117°12′—118°15′。兴隆县东隔滦河，与宽城县毗邻，东南隔明长城，与唐山市迁西县、遵化市接壤，南临黄崖关，与天津市蓟县交界，西南邻北京市平谷区，西连北京市密云区，北隔盘道梁，与承德县相望，内环承德市鹰手营子矿区。兴隆县是个"九山半水半分田"的石质深山区，其中山地面积占总面积的 84%。境内山峦起伏，峻岭叠嶂，海拔 1000m 以上的山峰有 41 座。燕山主峰雾灵山是京东第一高峰，海拔为 2 116.7m。县内地形从西北部雾灵山一带向东南逐渐倾斜下缓。南部长城沿线最低处海拔为 150m。兴隆县地处中纬度地区，属暖温带，半湿润季风型大陆性气候，四季分明。春季干旱多风，夏季炎热多雨，秋季天气晴爽，冬季寒冷干燥，昼夜温差较大。无霜期中部为 146d 左右，北部为 120d 左右，南部为 160d 左右。年平均气温为 7.5℃，年平均积温为 3133℃，年平均日照时数为 2841h。年平均降雨量为 740.1mm，兴隆县是河北省多雨县份之一，也是燕山地带的暴雨中心。境内主要河流有滦河、洒河、黑河、车河、柳河、横河、上潮河、洲河、泃河、清水河，分属滦河及潮白蓟运河两大水系，其中滦河为客水，其余均发源于境内。矿产资源丰富，主要有煤、铁、金、银、铜等30多种矿产资源。县域内有雾灵山国家级自然保护区、六里坪省级自然保护区、六里坪国家森林公园、兴隆滦河省级湿地公园、河北兴隆国家地质公园、青松岭大峡谷景区等重要保护区。

2. 社会经济条件

2019年兴隆县总人口为32.82万人，土地总面积为3 116.46km²，常住人口密度为102.7人/km²，现辖15个镇、5个乡，289个行政村。2019年全县生产总值实现112.71亿元，比上年增长3.2%。人均地区生产总值达35 200元，比上年增长3.2%。其中，第一产业实现增加值24.14亿元，比上年增长－18.1%；第二产业实现增加值40.86亿元，比上年增长2.9%；第三产业实现增加值47.72亿元，比上年增长18.0%，三次产业的比重为1.4∶36.3∶42.3。农村居民人均可支配收入为13 849元，比上年增长12.2%；城镇居民人均可支配收入为28 887元，比上年增长9.9%。兴隆县土壤类型较多，潜在养分高，土壤质地好，酸碱度适中。较好的土壤资源和适宜的气候为发展农、林、牧、副等多种经济提供了优越条件。由于雨量充沛，昼夜温差大，加之山场广阔，林果生产历来在兴隆县农业中占有重要地位，板栗、核桃、山楂、苹果、白梨五大干鲜果品栽培历史悠久，"京东板栗""京东白梨""兴隆山楂"名闻中外。"兴隆山楂"以质地优良、营养丰富享誉各地，年产量居全国县级第一位。兴隆县也成为全国山楂生产基地县。燕山板栗，也称"京东板栗"，年产量达9872t，居全国县级第二位。清顺治十八年（1661年），兴隆大部分境域被划为清东陵"后龙风水"禁地，封禁254年。中华民国19年（1930年）建兴隆县。县政府驻兴隆镇，距首都北京165km，距省会石家庄373km，距承德市162km。京承铁路、张唐铁路、京哈高铁，京承高速公路、承唐高速公路及津兴、京承、津承、兴唐等干线公路穿越县境，兴隆县融入京津"1小时"经济圈。兴隆县是京津周边最大的一块绿地，全县森林覆盖率达到71.2%，是京津"凉岛"和"天然氧吧"，被评为"河北省森林城市"。兴隆县也是全国著名的"山楂之乡""板栗之乡"。

（二）土地利用现状结构

1. 一、二级地类构成特点

第三次全国国土调查结果显示，兴隆县土地总面积占承德市土地总面积的7.89%。按一、二级分类，其构成特点如下（表2-74和图2-97）。

耕地面积为5 721.24hm²，占全市耕地总面积的1.38%。耕地类型以旱地为主，面积为5 551.83hm²，占耕地总面积的97.04%；其次为水浇地，面积为157.34hm²，占2.75%；水田面积最小，为12.07hm²，占0.21%。

园地面积为66 788.40hm²，占全市园地总面积的46.16%。园地类型以果园为主，面积为66 784.70hm²，占园地总面积的99.99%；其他园地面积为3.70hm²，仅占0.01%。

林地面积为213 315.59hm²，占全市林地总面积的7.96%。林地类型以乔木林地为主，面积为99 470.59hm²，占林地总面积的46.64%；其次为灌木林地，面积为89 559.21hm²，占41.98%；其他林地面积最小，为24 285.79hm²，占11.38%。

草地面积为8 510.45hm²，占全市草地总面积的1.87%。草地类型全部为其他草地。

城镇村及工矿用地面积为8 658.62hm²，占全市城镇村及工矿用地总面积的7.86%。城镇村及工矿用地类型以村庄用地为主，面积为4 987.73hm²，占城镇村及工矿用地总面积的57.61%；其次为采矿用地，面积为1 963.76hm²，占22.68%；再次为建制镇用地，面积为1 545.07hm²，占17.84%；特殊用地最少，面积为162.06hm²，仅占1.87%。

交通运输用地面积为2 588.27hm²，占全市交通运输用地总面积的7.77%。交通运输用地类型以公路用地为主，面积为1 178.98hm²，占交通运输用地总面积的45.56%；其次为农村道路，面积为926.71hm²，占35.80%；再次为铁路用地，面积为480.50hm²，占18.56%。管道运输用地最少，面积为2.08hm²，仅占0.08%。

表 2-74 兴隆县土地利用现状一、二级地类构成表

土地利用类型		面积/hm²	占一级类型面积比例/%	占全市本类土地面积比例/%
耕地	小计	5 721.24	100.00	1.38
	水田	12.07	0.21	0.21
	水浇地	157.34	2.75	0.32
	旱地	5 551.83	97.04	1.55
园地	小计	66 788.40	100.00	46.16
	果园	66 784.70	99.99	54.30
	其他园地	3.70	0.01	0.02
林地	小计	213 315.59	100.00	7.96
	乔木林地	99 470.59	46.64	7.25
	灌木林地	89 559.21	41.98	10.15
	其他林地	24 285.79	11.38	5.72
草地	小计	8 510.45	100.00	1.87
	其他草地	8 510.45	100.00	2.88
城镇村及工矿用地	小计	8 658.62	100.00	7.86
	建制镇	1 545.07	17.84	13.29
	村庄	4 987.73	57.61	7.31
	采矿用地	1 963.76	22.68	8.66
	特殊用地	162.06	1.87	10.63
交通运输用地	小计	2 588.27	100.00	7.77
	铁路用地	480.50	18.56	14.30
	公路用地	1 178.98	45.56	7.83
	农村道路	926.71	35.80	6.33
	管道运输用地	2.08	0.08	34.84
水域及水利设施用地	小计	4 646.19	100.00	10.48
	河流水面	3 496.38	75.25	10.33
	水库水面	976.65	21.02	13.30
	坑塘水面	72.51	1.56	7.83
	沟渠	93.67	2.02	5.82
	水工建筑用地	6.98	0.15	1.66
湿地	小计	194.78	100.00	0.95
	内陆滩涂	194.78	100.00	2.54
其他土地	小计	701.52	100.00	1.71
	设施农用地	181.09	25.81	3.15
	田坎	520.43	74.19	1.51

注:其他土地面积汇总不包含裸岩石砾地、裸土地地类面积。

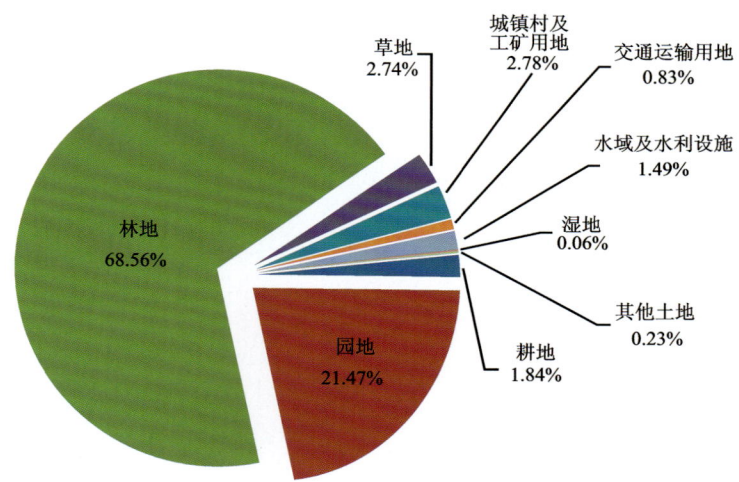

图 2-97 兴隆县土地利用现状一级地类构成图

水域及水利设施用地面积为 4 646.19hm²,占全市水域及水利设施用地总面积的 10.48%。水域及水利设施用地类型以河流水面为主,面积为 3 496.38hm²,占水域及水利设施用地总面积的 75.25%;其次为水库水面,面积为 976.65hm²,占 21.02%;再次为沟渠,面积为 93.67hm²,占 2.02%;坑塘水面面积为 72.51hm²,占 1.56%;水工建筑用地面积最小,为 6.98hm²,仅占 0.15%。

湿地面积为 194.78hm²,占全市湿地总面积的 0.95%。湿地类型全部为内陆滩涂。

其他土地面积为 701.52hm²(不包含裸岩石砾地和裸土地地类面积,下同),占全市其他土地总面积的 1.71%。其他土地类型以田坎为主,面积为 520.43hm²,占其他土地总面积的 74.19%;其次为设施农用地,面积为 181.09hm²,占 25.81%。

2. 三大分类构成特点

在农用地中,林地面积所占比例最大,占全县农用地总面积的 73.91%;其次为园地面积,占全县农用地总面积的 23.14%;第三为耕地面积,占全县农用地总面积的 1.98%。

在建设用地中,城镇村及工矿用地面积所占比例最大,占全县建设用地总面积的 83.84%;其次为交通运输用地面积,占全县建设用地总面积的 16.09%;第三为水工建筑用地面积,占全县建设用地总面积的 0.07%。

在未利用地中,其他草地面积所占比例最大,占全县未利用地总面积的 66.88%;其次为河流水面面积,占全县未利用地总面积的 27.48%。兴隆县土地利用现状综合指标见表 2-75。

表 2-75 兴隆县土地利用现状综合指标统计表　　　　　　　　　　　　　　　　单位:%

行政区	农用地率	建设用地率	土地利用率	未利用地比例
兴隆镇	88.69	9.67	98.36	1.64
半壁山镇	91.96	4.86	96.82	3.18
挂兰峪镇	94.18	3.65	97.83	2.17
青松岭镇	95.63	3.04	98.67	1.33
六道河镇	94.99	3.29	98.28	1.72
平安堡镇	89.11	8.17	97.28	2.72
北营房镇	91.31	4.66	95.97	4.03

续表 2-75

行政区	农用地率	建设用地率	土地利用率	未利用地比例
孤山子镇	92.39	6.60	98.99	1.01
蓝旗营镇	92.00	4.16	96.16	3.84
雾灵山镇	94.68	2.63	97.31	2.69
李家营镇	92.32	4.52	96.84	3.16
大杖子镇	86.04	1.74	87.78	12.22
三道河镇	93.83	3.47	97.30	2.70
大水泉镇	87.14	2.32	89.46	10.54
蘑菇峪镇	92.13	1.45	93.58	6.42
南天门乡	94.29	2.53	96.82	3.18
八卦岭乡	93.38	5.21	98.59	1.41
陡子峪乡	92.31	2.34	94.65	5.35
上石洞乡	97.64	1.14	98.78	1.22
安子岭乡	94.64	2.48	97.12	2.88
林场	97.88	0.26	98.14	1.86

(三)土地利用分布特点

兴隆县辖区内,面积最大的行政区为蘑菇峪镇,其次为大杖子镇,第三为大水泉镇。面积较小的行政区为安子岭乡、孤山子镇和陡子峪乡。兴隆县一级地类分布情况见表 2-76。

表 2-76 兴隆县一级地类分布情况统计表　　　　　　　　　　单位:hm²

行政区	耕地面积	园地面积	林地面积	草地面积	城镇村及工矿用地面积	交通运输用地面积	水域及水利设施面积	湿地面积	其他土地面积
兴隆县	5 721.24	66 788.40	213 315.59	8 510.45	8 658.62	2 588.27	4 646.19	194.78	701.52
兴隆镇	849.53	2 788.32	10 987.96	82.72	1 414.07	247.65	196.99	4.70	75.18
半壁山镇	41.59	5 801.69	6 300.95	163.24	512.35	187.86	204.32	22.05	9.13
挂兰峪镇	53.93	5 213.36	10 471.44	157.70	568.37	113.23	206.38	3.65	11.47
青松岭镇	81.83	3 866.06	12 684.30	38.70	480.53	115.18	195.11	0.70	15.49
六道河镇	284.88	4 090.24	12 814.74	117.20	472.86	185.42	136.96	0.69	23.05
平安堡镇	509.25	1 495.62	5 896.12	139.53	693.85	74.63	127.25	3.00	55.62
北营房镇	613.98	1 168.90	7 088.65	189.51	366.11	125.36	197.98	9.90	77.04
孤山子镇	12.85	3 851.72	3 238.20	42.96	441.10	90.60	37.27	0.86	3.76
蓝旗营镇	66.46	4 505.93	4 640.19	212.99	373.88	85.48	178.11	6.57	10.59
雾灵山镇	545.21	1 869.23	11 155.68	275.99	327.00	85.69	112.60	0.20	55.91
李家营镇	569.91	984.41	12 513.37	154.52	400.46	339.00	295.56	26.73	86.75

续表 2-76

行政区	耕地面积	园地面积	林地面积	草地面积	城镇村及工矿用地面积	交通运输用地面积	水域及水利设施面积	湿地面积	其他土地面积
大杖子镇	766.69	2 496.55	16 115.95	2 381.92	338.28	145.93	449.35	45.98	94.50
三道河镇	203.82	5 294.13	5 650.09	21.21	388.63	72.37	301.52	9.26	16.77
大水泉镇	461.27	3 502.33	14 607.56	1 877.27	311.93	234.75	376.14	1.83	85.62
蘑菇峪镇	258.64	6 186.87	21 530.47	1 609.81	387.62	147.64	1 146.97	48.62	41.79
南天门乡	42.92	2 625.62	6 675.81	185.88	212.03	67.83	102.80	3.58	5.01
八卦岭乡	81.80	6 776.93	2 386.69	71.32	500.10	53.13	79.88	0.46	7.95
陡子峪乡	18.35	1 489.53	5 423.45	343.10	164.38	35.71	25.74	0.00	2.14
上石洞乡	216.95	893.46	11 568.91	96.30	121.11	53.52	62.47	0.00	16.19
安子岭乡	31.22	1 462.28	6 036.20	62.02	145.80	81.57	162.89	6.00	5.48
林场	10.16	425.22	25 528.86	286.56	38.16	45.72	49.90	0.00	2.08

注：其他土地面积汇总不包含裸岩石砾地、裸土地地类面积。

1. 耕地分布特点

兴隆县耕地总面积为 5 721.24hm^2。耕地分布最多的行政区是兴隆镇，面积为 849.53hm^2，占全县耕地总面积的 14.85%；其次为大杖子镇，面积为 766.69hm^2，占 13.40%；第三为北营房镇，面积为 613.98hm^2，占 10.73%。李家营镇、雾灵山镇、平安堡镇和大水泉镇耕地面积分别为 569.91hm^2、545.21hm^2、509.25hm^2 和 461.27hm^2，分别占全县耕地总面积的 9.96%、9.53%、8.90%和 8.06%。其他行政区耕地分布较少，尤其是挂兰峪镇、南天门乡、半壁山镇、安子岭乡、陡子峪乡和孤山子镇 6 个乡镇，各自耕地面积占全县耕地总面积的比例不足 1%。在二级地类中，兴隆县的水田较少，面积仅为 12.07hm^2，全部分布在大杖子镇；水浇地分布最多的行政区是大杖子镇，占全县水浇地总面积的 60.26%，其次为六道河镇、雾灵镇，其他乡镇仅零星分布；旱地分布面积在 500hm^2 以上的行政区有兴隆镇、大杖子镇、北营房镇、李家营镇、雾灵山镇和平安堡镇等，面积占全县旱地总面积的 67.11%。兴隆县耕地分布情况如图 2-98 所示。

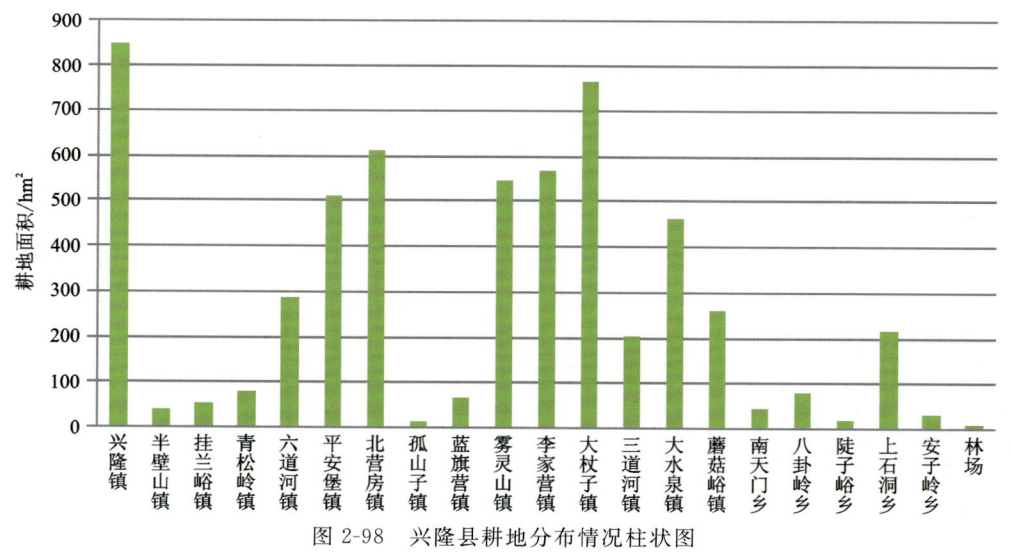

图 2-98 兴隆县耕地分布情况柱状图

2. 园地分布特点

兴隆县园地面积为 66 788.40hm²。园地分布最多的行政区是八卦岭乡，面积为 6 776.93hm²，占全县园地总面积的 10.15%；其次为蘑菇峪镇，面积为 6 186.87hm²，占 9.26%；第三为半壁山镇，面积为 5 801.69hm²，占 8.69%。此外，挂兰峪镇、蓝旗营镇、六道河镇、孤山子镇和大水泉镇园地面积分别为 5 213.36hm²、4 505.93hm²、4 090.24hm²、3 851.72hm² 和 3 502.33hm²，分别占全县园地总面积的 7.81%、6.75%、6.12%、5.77% 和 5.24%。其他行政区园地分布比例较低。在二级地类中，果园分布面积在 5000hm² 以上的行政区依次为八卦岭乡、蘑菇峪镇、半壁山镇、三道河镇和挂兰峪镇，面积占全县果园总面积的 43.83%；其他园地面积仅为 3.70hm²，主要分布在安子岭乡和蓝旗营镇。兴隆县园地分布情况如图 2-99 所示。

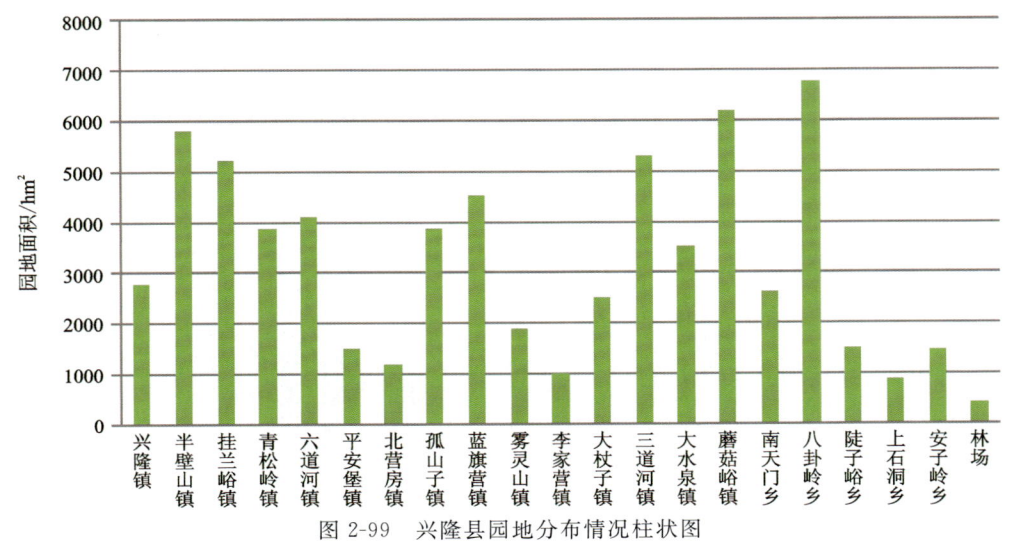

图 2-99 兴隆县园地分布情况柱状图

3. 林地分布特点

兴隆县林地面积为 213 315.59hm²。林地分布最多的行政区是林场，面积为 25 528.86hm²，占全县林地总面积的 11.97%；其次为蘑菇峪镇，面积为 21 530.47hm²，占 10.09%；第三为大杖子镇，面积为 16 115.95hm²，占 7.55%。此外，大水泉镇、六道河镇、青松岭镇、李家营镇、上石洞乡和雾灵山镇林地面积分别为 14 607.56hm²、12 814.74hm²、12 684.30hm²、12 513.37hm²、11 568.91hm² 和 11 155.68hm²，分别占全县林地总面积的 6.85%、6.01%、5.95%、5.87%、5.42% 和 5.23%。其他行政区林地分布较少，面积占全县林地总面积的比例均不足 5%。在二级地类中，乔木林地面积在 5000hm² 以上的行政区有林场、蘑菇峪镇、大杖子镇、大水泉镇和雾灵山镇，面积占全县乔木林地总面积的 46.89%；灌木林地面积在 5000hm² 以上的行政区有林场、蘑菇峪镇、六道河镇、青松岭镇、上石洞乡、兴隆镇、大杖子镇和大水泉镇，面积占全县灌木林地总面积的 59.43%；其他林地面积在 1000hm² 以上的行政区有李家营镇、林场、大杖子镇、蘑菇峪镇、雾灵山镇、大水泉镇、挂兰峪镇和青松岭镇，面积占全县其他林地总面积的 77.02%。兴隆县林地分布情况如图 2-100 所示。

4. 草地分布特点

兴隆县草地面积为 8 510.45hm²。草地分布最多的行政区是大杖子镇，面积为 2 381.92hm²，占全县草地总面积的 27.99%；其次为大水泉镇，面积为 1 877.27hm²，占 22.06%；第三为蘑菇峪镇，面积为 1 609.81hm²，占 18.92%。其他行政区草地分布较少，尤其是兴隆镇、青松岭镇、孤山子镇、三道河镇、八卦岭乡、安子岭乡，草地面积占全县草地面积的比例不足 1%。在二级地类中，兴隆县草地类型只有其他草地一种，分布情况同上述情况一致。兴隆县草地分布情况如图 2-101 所示。

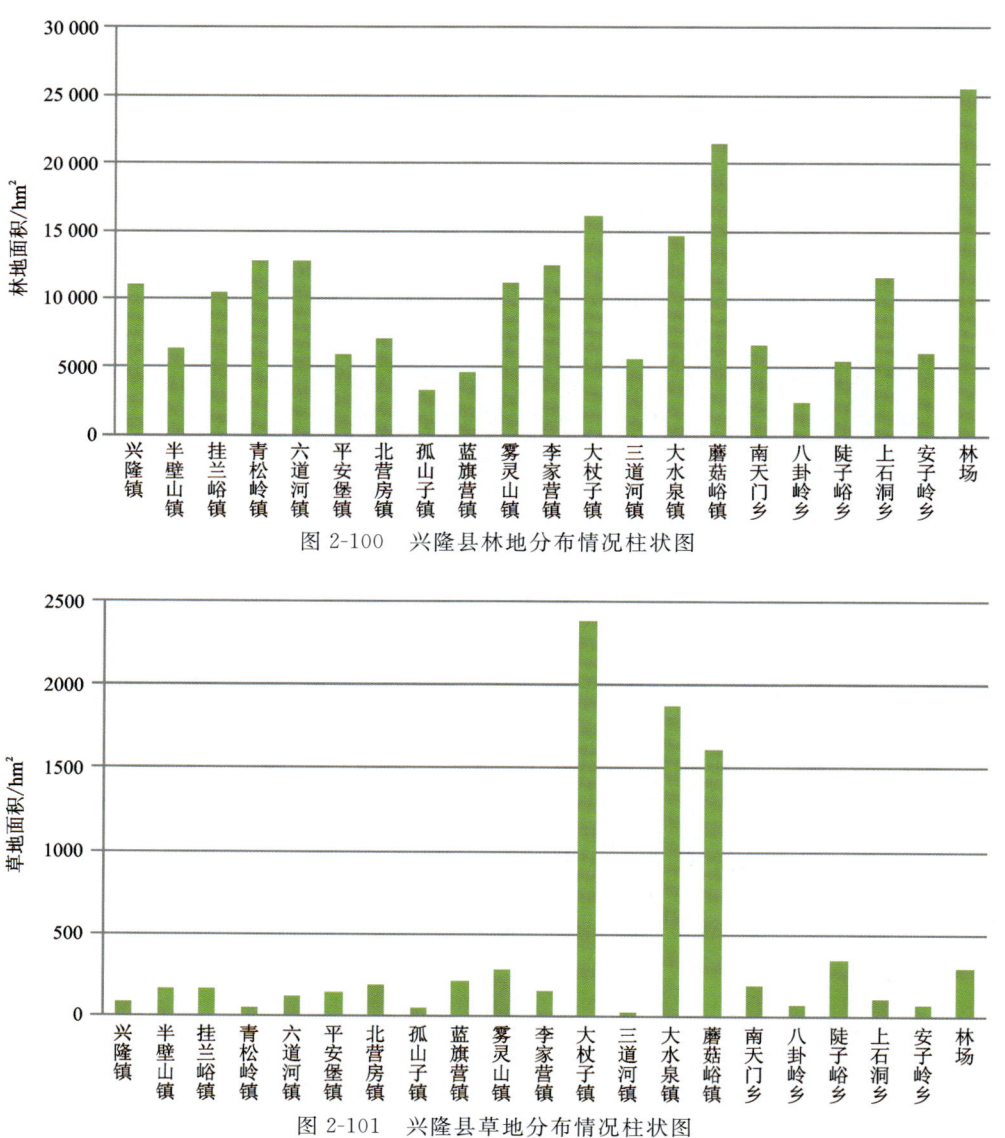

图 2-100　兴隆县林地分布情况柱状图

图 2-101　兴隆县草地分布情况柱状图

5. 城镇村及工矿用地分布特点

兴隆县城镇村及工矿用地面积为 8 658.62hm²。城镇村及工矿用地分布最多的行政区是兴隆镇,面积为 1 414.07hm²,占全县城镇村及工矿用地总面积的 16.33%;其次为平安堡镇,面积为 693.85hm²,占 8.01%;第三为挂兰峪镇,面积为 568.37hm²,占 6.56%。此外,半壁山镇、八卦岭乡、青松岭镇、六道河镇和孤山子镇的城镇村及工矿用地面积分别为 512.35hm²、500.10hm²、480.53hm²、472.86hm² 和 441.10hm²,分别占全县城镇村及工矿用地总面积的 5.92%、5.78%、5.55%、5.46% 和 5.09%。其他乡镇城镇村及工矿用地相对较少,面积占全县城镇村及工矿用地总面积的比例不足 5%。在二级地类中,建制镇用地面积超过 100hm² 的行政区有兴隆镇、半壁山镇和平安堡镇,面积占全县建制镇总面积的 64.50%。其中建制镇面积最大的行政区是兴隆镇,面积为 770.69hm²,占全县建制镇总面积的 49.88%;建制镇面积最小的行政区是大水泉镇,面积为 1.65hm²,仅占全县建制镇总面积的 0.11%。村庄用地分布面积在 300hm² 以上的行政区有兴隆镇、六道河镇、半壁山镇、八卦岭乡和三道河镇,面积占全县村庄用地总面积的 34.91%。采矿用地面积在 100hm² 以上的行政区有平安堡镇、挂兰峪镇、孤山子镇、八卦岭乡、李家营镇、兴隆镇和青松岭镇,面积占全县采矿用地总面积的 68.17%。特殊用地主要分布在兴隆镇、上石洞乡、雾灵山镇和六道河镇。兴隆县城镇村及工矿用地分布情况如图2-102所示。

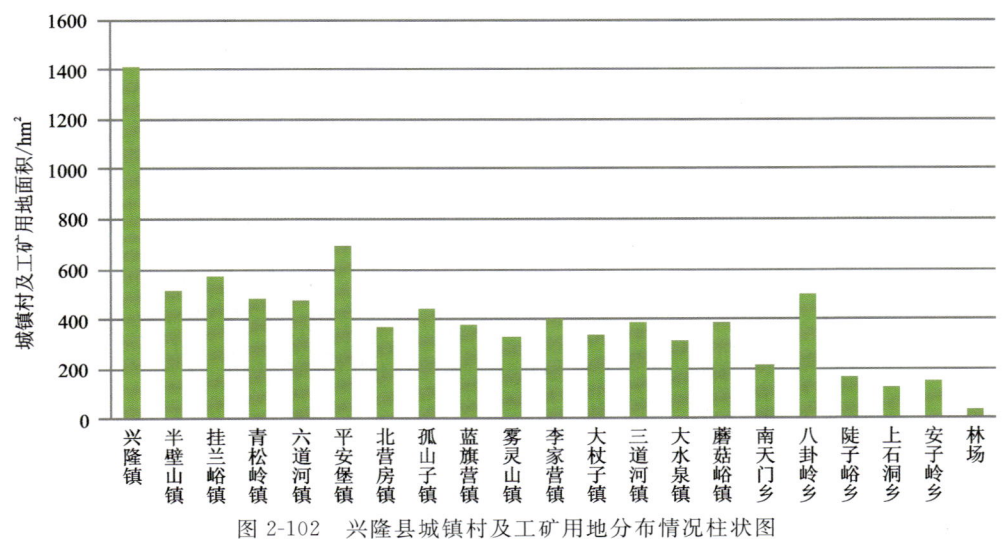

图2-102　兴隆县城镇村及工矿用地分布情况柱状图

6. 交通运输用地分布特点

兴隆县交通运输用地面积为2 588.27hm²。交通运输用地分布最多的行政区是李家营镇，面积为339.00hm²，占全县交通运输用地总面积的13.10%；其次为兴隆镇，面积为247.65hm²，占9.57%；第三为大水泉镇，面积为234.75hm²，占9.07%。在二级地类中，铁路用地全部分布在京承铁路和张唐铁路沿线的李家营镇、兴隆镇、六道河镇、北营房镇、半壁山镇、平安堡镇、大水泉乡和孤山子镇；公路用地分布较多的行政区为大水泉乡、李家营镇、兴隆镇和半壁山镇，面积占全县公路用地总面积的41.71%；农村道路各乡镇均有分布，且差别不大；管道运输用地分布在李家营镇。兴隆县交通运输用地分布情况如图2-103所示。

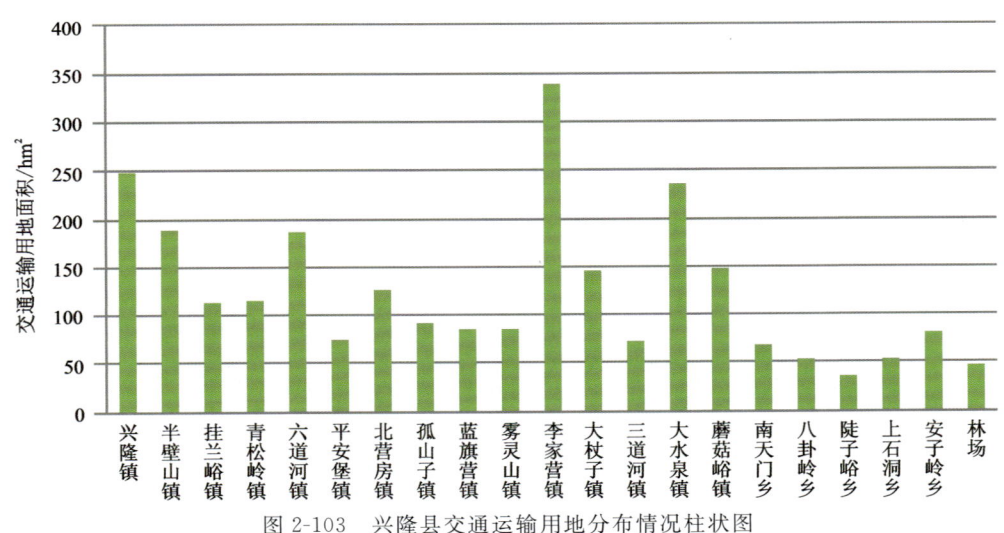

图2-103　兴隆县交通运输用地分布情况柱状图

7. 水域及水利设施用地分布特点

兴隆县水域及水利设施用地面积为4 646.19hm²。水域及水利设施用地分布最多的行政区是蘑菇峪镇，面积为1 146.97hm²，占全县水域及水利设施用地总面积的24.69%；其次为大杖子镇，面积为

449.35hm²,占9.67%;第三为大水泉镇,面积为376.14hm²,占8.10%。其他行政区分布面积差别不大。在二级地类中,河流水面分布面积在200hm²以上的行政区有大水泉镇、大杖子镇、蘑菇峪镇、三道河镇和李家营镇,面积占全县河流水面总面积的46.88%;水库水面分布最多的行政区是蘑菇峪镇,面积占全县水库水面总面积的81.74%。其次为大杖子镇,占8.99%。上石洞乡和安子岭乡无水库水面,其他行政区零星分布,面积差别较小;坑塘水面全县分布较少,各行政区均有分布,且面积差别较小;雾灵山镇和安子岭乡无沟渠,在其他行政区沟渠均有分布,面积差别较小;孤山子镇、三道河镇、蘑菇峪镇、南天门乡和上石洞乡无水工建筑用地,其他行政区均有分布,面积差别较小。兴隆县水域及水利设施用地分布情况如图2-104所示。

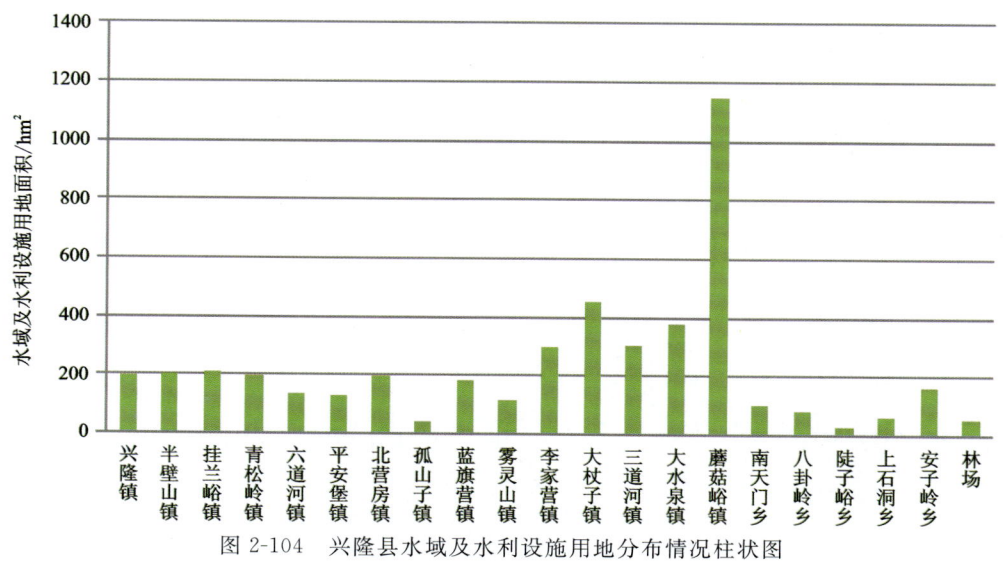

图2-104　兴隆县水域及水利设施用地分布情况柱状图

8. 湿地分布特点

兴隆县湿地面积为194.78hm²。湿地分布最多的行政区是蘑菇峪镇,面积为48.62hm²,占全县湿地总面积的24.96%;其次为大杖子镇,面积为45.98hm²,占23.61%;第三为李家营镇,面积为26.73hm²,占13.72%;半壁山镇湿地面积为22.05hm²,占11.32%。陡子峪乡和上石洞乡无湿地分布,其他行政区均有湿地分布,面积差别较小。在二级地类中,兴隆县湿地只有内陆滩涂一种类型,分布情况同上述情况一致。兴隆县湿地分布情况如图2-105所示。

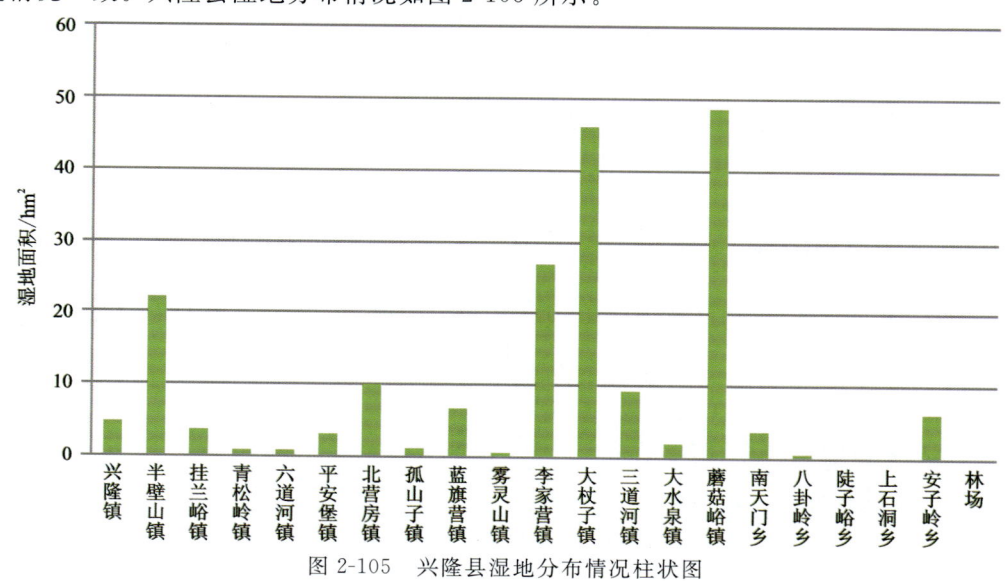

图2-105　兴隆县湿地分布情况柱状图

9. 其他土地分布特点

兴隆县其他土地面积为701.52hm²。其他土地分布最多的行政区是大杖子镇,面积为94.50hm²,占全县其他土地总面积的13.47%;其次为李家营镇,面积为86.75hm²,占12.37%。大水泉镇、北营房镇和兴隆镇的其他土地面积分别为85.62hm²、77.04hm²和75.18hm²,分别占全县其他土地总面积的12.20%、10.98%和10.72%。在二级地类中,设施农用地分布面积在10hm²以上的行政区有大水泉镇、大杖子镇、兴隆镇、平安堡镇、雾灵镇、三道河镇和北营房镇,面积占全县设施农用地总面积的68.61%,其他行政区均有分布,但面积差别较小;田坎分布面积50hm²以上的行政区有李家营镇、大杖子镇、北营房镇、大水泉镇和兴隆镇,面积占全县田坎总面积的62.39%。兴隆县其他土地分布情况如图2-106所示。

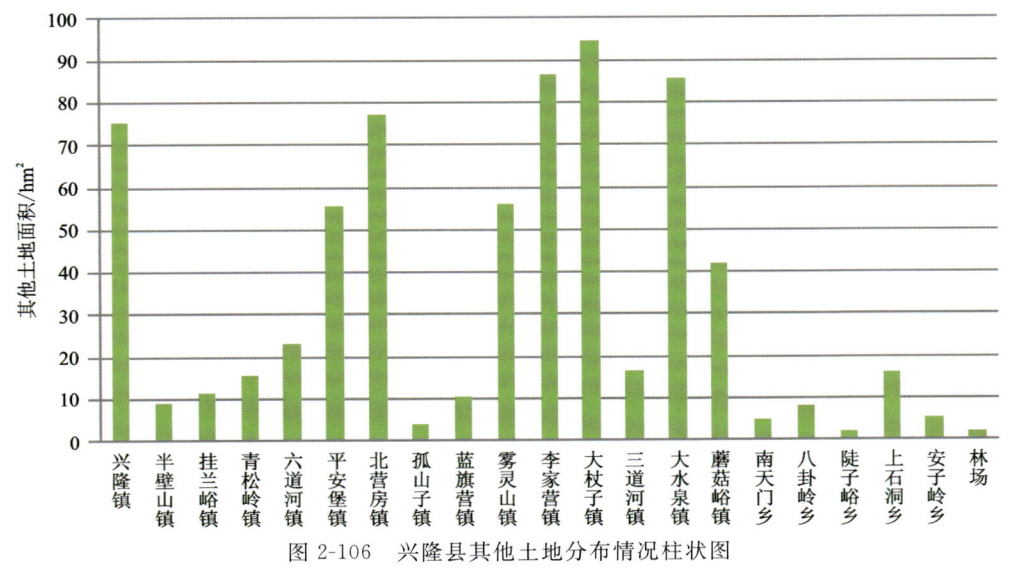

图2-106 兴隆县其他土地分布情况柱状图

六、滦平县土地利用现状

(一)县域土地环境条件

1. 自然环境条件

滦平县位于河北省东北部,承德市西部,地处燕山山脉中段,长城北侧。东部和东南部与双滦区、承德县相邻,西部和西南部与北京市怀柔区、密云区接壤,北部与丰宁县、隆化县毗连。地理坐标为北纬40°39′21″—41°12′53″,东经116°40′15″—117°46′03″。滦平县地处深山区,地势自西北向东南倾斜,东西长,南北窄,中部高,两端低,全县平均海拔为600m。以拉海岭、偏岭为分水岭,东部水归滦河水系,西部水归潮河水系。全县有4条大河流:一是滦河,从隆化县太平庄流入本县,流经境内5个乡镇,共102.5km;二是伊逊河,从隆化县朝梁沟流入本县,流经3个乡镇,共45km;三是兴洲河,从丰宁县波罗诺流入本县,流经2个乡镇,共20km;四是潮河,从丰宁县天桥流入本县,流经4个乡镇,共60km。境内土壤由高到低主要有棕壤、褐土和草甸土三大类,棕壤主要分布在海拔700m以上的地带,褐土主要分布在海拔700m以下的低山区或黄土川地上,草甸土主要分布在河流两岸及地势低洼地区。本县地处中温带向暖温带过渡、半干旱半湿润、大陆性季风型燕山山地气候,四季分明。春季干旱少雨,夏季温和多雨,秋季昼夜温差大,冬季严寒少雪。全年平均气温为7.6℃,无霜期达150d。每年平均日照时数为

2 877.1h。全年平均降雨量为552.9mm。滦平县自然资源丰富。矿产资源主要有煤、铁、黄金、沸石、大理石、碳石、石英等；林果资源种类较多，主要林种有松、柞、桦、椴、山杨等；果品主要以苹果、红果、板栗、甜杏为主；野生植物主要有荆条、山楂、山枣等；还有125种药材，其中黄芪、柴胡驰名中外；另有60多类250多种牧草。县域内有白草洼省级自然保护区、白草洼国家森林公园、三峰山省级森林公园、龙潭庙水库省级湿地公园、窟窿山水库省级湿地公园、滦平潮河上游省级湿地公园、金山岭景区等重要保护区。

2. 社会经济条件

2019年滦平县总人口为33.13万人，土地总面积为2 992.96km²，常住人口密度为98.6人/km²，现辖10个镇、2个乡、8个民族乡、1个街道，199个行政村。2019年全县生产总值实现145.10亿元，比上年增长6.9%。人均地区生产总值为49 220亿元，比上年增长6.6%。其中，第一产业实现增加值30.87亿元，比上年增长6.9%；第二产业实现增加值52.23亿元，比上年增长3.1%；第三产业实现增加值61.99亿元，比上年增长10.7%，三次产业的比重为21.3：36.0：42.7。农村居民人均可支配收入达11 411元，比上年增长12.8%；城镇居民人均可支配收入达33 082元，比上年增长10.1%。京承、承赤、张承3条高速公路，京通、张唐2条铁路纵横交错，联通内外，是蒙气进京、蒙电南下的必经之路。滦平县被誉为首都"北大门"。滦平县历史悠久，据史料记载，滦平商为鬼方；周为燕的北土山戎地；秦、西汉为渔阳、要阳地；东汉、三国、魏、两晋为鲜卑地；北魏为安州地；北齐、北周、隋、唐为奚地；辽为北安洲、奚地；金为兴化、宜兴县地；元为兴安、宜兴县地；明为兴洲卫、诺音卫地；清代乾隆七年(1742年)置喀喇河屯厅，属承德州，治所在喀喇河屯(今承德市双滦区滦河镇)，清乾隆四十二年(1777年)，改喀喇河屯厅设滦平县。县政府驻滦平镇，距承德市65km，距省会石家庄487km，距首都北京165km。滦平县是全国著名的"普通话之乡"，是"国家园林县城""全国休闲农业与乡村旅游示范县""全国国土资源集约节约利用模范县""全国电子商务进农村综合示范县""国家农产品质量安全县""河北省森林城市"。

（二）土地利用现状结构

1. 一、二级地类构成特点

第三次全国国土调查结果显示，滦平县土地总面积占承德市土地总面积的7.58%。按一、二级地类划分，其构成特点如下。

耕地面积为27 288.10hm²，占全市耕地总面积的6.60%。耕地类型以旱地为主，面积为24 557.62hm²，占耕地总面积的89.99%；其次为水浇地，面积为1 959.99hm²，占7.19%；水田面积最小，为770.49hm²，占2.82%。

园地面积为5 049.93hm²，占全市园地总面积的3.49%。园地类型以其他园地为主，面积为3 370.54hm²，占园地总面积的66.74%；果园面积为1 679.39hm²，占33.26%。

林地面积为202 556.25hm²，占全市林地总面积的7.56%。林地类型以灌木林地为主，面积为91 300.21hm²，占林地总面积的45.07%；其次为乔木林地，面积为81 000.27hm²，占39.99%；其他林地面积最小，为30 255.77hm²，占14.94%。

草地面积为44 874.68hm²，占全市草地总面积的9.86%。草地类型全部为其他草地。

城镇村及工矿用地面积为10 709.58hm²，占全市城镇村及工矿用地总面积的9.72%。城镇村及工矿用地类型以村庄用地为主，面积为5 778.55hm²，占城镇村及工矿用地总面积的53.95%；其次为采矿用地，面积为3 866.80hm²，占36.11%；再次为建制镇用地，面积为939.30hm²，占8.77%；特殊用地最少，面积为124.93hm²，仅占1.17%。

交通运输用地面积为3 165.15hm²，占全市交通运输用地总面积的9.50%。交通运输用地类型以公路用地为主，面积为1 682.79hm²，占交通运输用地总面积的53.16%；其次为农村道路，面积为996.34hm²，占31.48%；铁路用地面积最小，为486.02hm²，占15.36%。

水域及水利设施用地面积为 3 314.95hm²,占全市水域及水利设施用地总面积的 7.47%。水域及水利设施用地类型以河流水面为主,面积为 2 888.94hm²,占水域及水利设施用地总面积的 87.15%;其次为沟渠,面积为 217.57hm²,占 6.56%;再次为水库水面,面积为 134.64hm²,占 4.06%;坑塘水面面积为 62.20hm²,占 1.88%;水工建筑用地面积最小,为 11.60hm²,仅占 0.35%。

湿地面积为 128.08hm²,占全市湿地总面积的 0.62%。湿地类型全部为内陆滩涂。

其他土地面积为 1 731.42hm²(不包含裸岩石砾地和裸土地地类面积,下同),占全市其他土地总面积的 4.21%。其他土地类型以田坎为主,面积为 1 159.33hm²,占其他土地总面积的 66.96%;其次为设施农用地,面积为 571.72hm²,占 33.02%;沙地面积最小,为 0.37hm²,仅占 0.02%。滦平县土地利用现状一、二级地类构成见表 2-77 和图 2-107。

表 2-77 滦平县土地利用现状一、二级地类构成表

土地利用类型		面积/hm²	占一级类型面积比例/%	占全市本类土地面积比例/%
耕地	小计	27 288.10	100.00	6.60
	水田	770.49	2.82	13.66
	水浇地	1 959.99	7.19	3.95
	旱地	24 557.62	89.99	6.85
园地	小计	5 049.93	100.00	3.49
	果园	1 679.39	33.26	1.37
	其他园地	3 370.54	66.74	15.54
林地	小计	202 556.25	100.00	7.56
	乔木林地	81 000.27	39.99	5.90
	灌木林地	91 300.21	45.07	10.35
	其他林地	30 255.77	14.94	7.12
草地	小计	44 874.68	100.00	9.86
	其他草地	44 874.68	100.00	15.19
城镇村及工矿用地	小计	10 709.58	100.00	9.72
	建制镇	939.30	8.77	8.08
	村庄	5 778.55	53.95	8.47
	采矿用地	3 866.80	36.11	17.05
	特殊用地	124.93	1.17	8.20
交通运输用地	小计	3 165.15	100.00	9.50
	铁路用地	486.02	15.36	14.47
	公路用地	1682.79	53.16	11.18
	农村道路	996.34	31.48	6.80
水域及水利设施用地	小计	3 314.95	100.00	7.47
	河流水面	2 888.94	87.15	8.53
	水库水面	134.64	4.06	1.83
	坑塘水面	62.20	1.88	6.72
	沟渠	217.57	6.56	13.53
	水工建筑用地	11.60	0.35	2.76

续表 2-77

土地利用类型		面积/hm²	占一级类型面积比例/%	占全市本类土地面积比例/%
湿地	小计	128.08	100.00	0.62
	内陆滩涂	128.08	100.00	1.67
其他土地	小计	1 731.42	100.00	4.21
	设施农用地	571.72	33.02	9.96
	田坎	1 159.33	66.96	3.35
	沙地	0.37	0.02	0.05

注：其他土地面积汇总不包含裸岩石砾地、裸土地地类面积。

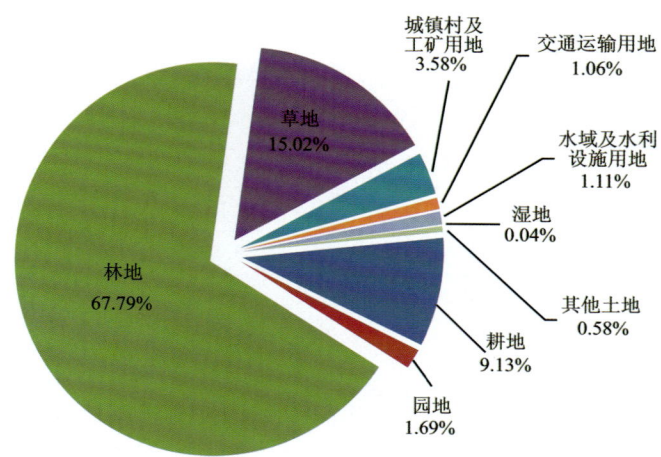

图 2-107　滦平县土地利用现状一级地类构成图

2. 三大分类构成特点

在农用地中，林地面积所占比例最大，占全县农用地总面积的 85.09%；其次为耕地面积，占全县农用地总面积的 11.46%；第三为园地面积，占全县农用地总面积的 2.12%。

在建设用地中，城镇村及工矿用地面积所占比例最大，占全县建设用地总面积的 83.08%；其次为交通运输用地面积，占全县建设用地总面积的 16.83%；第三为水工建筑用地面积，占全县建设用地总面积的 0.09%。

在未利用地中，其他草地面积所占比例最大，占全县未利用地总面积的 92.77%；其次为河流水面面积，占全县未利用地总面积的 5.97%。滦平县土地利用现状综合指标见表 2-78。

表 2-78　滦平县土地利用现状综合指标统计表　　　　单位：%

行政区	农用地率	建设用地率	土地利用率	未利用地比例
中兴路街道	65.88	28.36	94.24	5.76
滦平镇	84.82	5.52	90.34	9.66
长山峪镇	82.34	3.25	85.59	14.41
红旗镇	64.20	8.64	72.84	27.16
金沟屯镇	77.26	2.98	80.24	19.76
虎什哈镇	92.79	3.27	96.06	3.94
巴克什营镇	78.57	4.63	83.20	16.80

续表 2-78

行政区	农用地率	建设用地率	土地利用率	未利用地比例
张百湾镇	56.51	4.19	60.70	39.30
付营子镇	71.42	2.84	74.26	25.74
大屯镇	72.75	5.34	78.09	21.91
火斗山镇	90.50	2.40	92.90	7.10
平坊满族乡	85.05	2.91	87.96	12.04
安纯沟门乡	91.72	2.28	94.00	6.00
小营乡	53.55	20.20	73.75	26.25
西沟乡	73.71	1.65	75.36	24.64
邓厂乡	97.69	1.20	98.89	1.11
五道营子乡	94.62	1.20	95.82	4.18
马营子乡	97.12	1.77	98.89	1.11
付家店乡	92.75	3.16	95.91	4.09
两间房乡	91.06	2.95	94.01	5.99
涝洼乡	65.60	2.21	67.81	32.19

（三）土地利用分布特点

滦平县辖区中，面积最大的行政区为虎什哈镇，其次为张百湾镇，第三为付营子镇。面积最小的行政区为中兴路街道。滦平县一级地类分布情况见表 2-79。

表 2-79 滦平县一级地类分布情况统计表　　　　　　　　　　　　　　　　　　　单位：hm²

行政区	耕地面积	园地面积	林地面积	草地面积	城镇村及工矿用地面积	交通运输用地面积	水域及水利设施用地面积	湿地面积	其他土地面积
滦平县	27 288.10	5 049.93	202 556.25	44 874.68	10 709.58	3 165.15	3 314.95	128.08	1 731.42
中兴路街道	113.83	72.21	1 291.91	89.70	566.75	79.32	40.65	0.00	8.14
滦平镇	1 329.38	288.84	10 189.64	1 250.10	675.54	149.94	180.12	0.00	95.96
长山峪镇	1 718.78	586.22	13 965.98	2 739.43	436.66	266.86	143.66	0.86	146.30
红旗镇	1 942.43	261.63	6 273.62	3 443.81	979.87	239.03	176.67	24.43	127.41
金沟屯镇	2 268.37	249.36	13 515.20	3 957.74	513.32	184.31	151.80	12.38	118.90
虎什哈镇	2 814.39	133.84	19 286.04	497.59	641.91	242.00	454.75	8.91	134.53
巴克什营镇	1 039.21	374.74	12 907.31	2 755.96	682.22	268.81	374.85	8.65	61.75
张百湾镇	2 376.00	244.47	9 441.46	8 286.12	766.22	195.05	306.67	19.45	108.16
付营子镇	1 539.14	295.80	13 041.16	5 304.29	412.71	239.45	115.96	1.09	146.21
大屯镇	2 085.96	247.40	8 938.84	3 282.00	656.23	242.85	206.00	9.80	170.33
火斗山镇	1 332.37	451.73	12 372.68	1 013.41	332.14	107.78	125.07	1.94	71.38

续表 2-79

行政区	耕地面积	园地面积	林地面积	草地面积	城镇村及工矿用地面积	交通运输用地面积	水域及水利设施用地面积	湿地面积	其他土地面积
平坊乡	760.43	216.49	4 680.57	766.60	154.18	73.31	41.51	0.44	47.40
安纯沟门乡	1 440.71	529.94	12 246.88	876.18	265.39	161.12	106.85	1.25	75.69
小营乡	1 492.24	204.63	5 064.36	3 116.19	2 511.78	139.49	171.24	12.68	83.26
西沟乡	1 566.45	110.27	9 413.13	3 597.32	172.12	119.25	155.78	4.99	112.71
邓厂乡	200.96	24.53	6 965.33	37.47	75.35	29.32	45.08	0.00	10.03
五道营子乡	755.41	63.92	10 765.00	432.88	122.28	71.68	97.36	7.42	46.07
马营子乡	790.00	243.28	12 333.36	59.78	190.91	83.23	96.34	0.00	52.33
付家店乡	463.09	162.92	6 659.81	168.67	206.75	73.27	152.01	11.00	19.79
两间房乡	675.97	238.35	7 856.67	449.35	176.92	138.87	120.89	2.79	46.15
涝洼乡	582.98	49.36	5 347.30	2 750.09	170.33	60.21	51.69	0.00	48.92

注：其他土地面积汇总不包含裸岩石砾地、裸土地地类面积。

1. 耕地分布特点

滦平县耕地面积为 27 288.10hm²。耕地面积分布最多的行政区是虎什哈镇，面积为 2 814.39hm²，占全县耕地总面积的 10.31%；其次为张百湾镇，面积为 2 376.00hm²，占 8.71%；第三为金沟屯镇，面积为 2 268.37hm²，占 8.31%。大屯镇和红旗镇耕地面积分别为 2 085.96hm² 和 1 942.43hm²，分别占全县耕地总面积的 7.64% 和 7.12%。中兴路街道的耕地分布最少，面积为 113.83hm²，仅占全县耕地总面积的 0.42%。在二级地类中，水田主要分布在滦河流域的金沟屯镇、张百湾镇、西沟乡、红旗镇和小营乡，面积占全县水田总面积的 99.39%；水浇地分布面积在 100hm² 以上的行政区有张百湾镇、红旗镇、虎什哈镇、金沟屯镇、小营乡、长山峪镇和付营子镇，面积占全县水浇地总面积的 86.30%；旱地分布面积在 1500hm² 以上的行政区有虎什哈镇、大屯镇、金沟屯镇、张百湾镇和长山峪镇，面积占全县旱地总面积的 38.94%。滦平县耕地分布情况如图 2-108 所示。

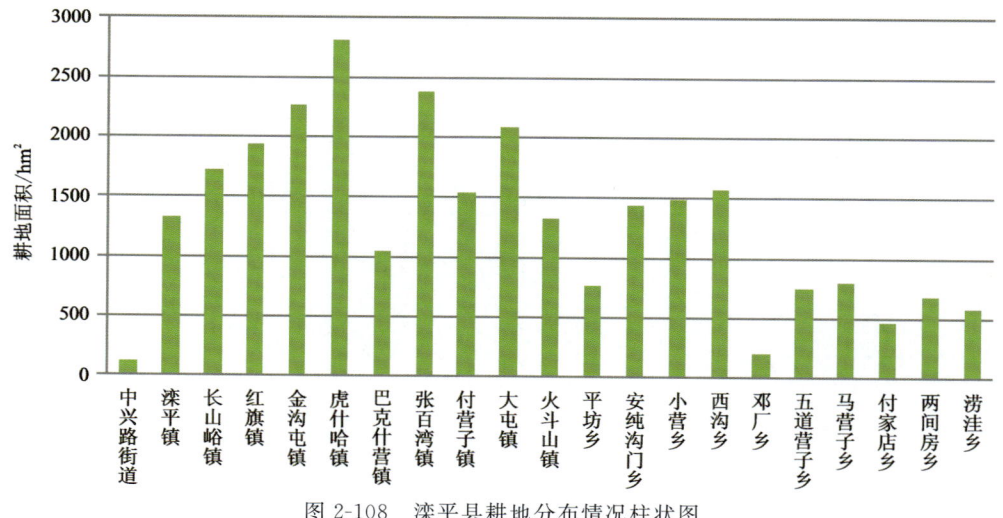

图 2-108 滦平县耕地分布情况柱状图

2. 园地分布特点

滦平县园地面积为 5 049.93hm²。园地分布最多的行政区是长山峪镇，面积为 586.22hm²，占全县园地总面积的 11.61%；其次为安纯沟门乡，面积为 529.94hm²，占 10.49%；再次为火斗山镇，面积为 451.73hm²，占 8.95%；还有巴克什营镇，园地面积为 374.74hm²，占 7.42%；邓厂乡的园地分布最少，面积为 24.53hm²，仅占全县园地总面积的 0.49%。在二级地类中，果园分布面积在 100hm² 以上的行政区有长山峪镇、付营子镇、巴克什营镇、火斗山镇和小营乡，面积占全县果园总面积的 53.92%；其他园地分布面积在 200hm² 以上的行政区有安纯沟门乡、火斗山镇、长山峪镇、巴克什营镇、滦平镇、金沟屯镇和平坊乡，面积占全县其他园地总面积的 57.54%。滦平县园地分布情况如图 2-109 所示。

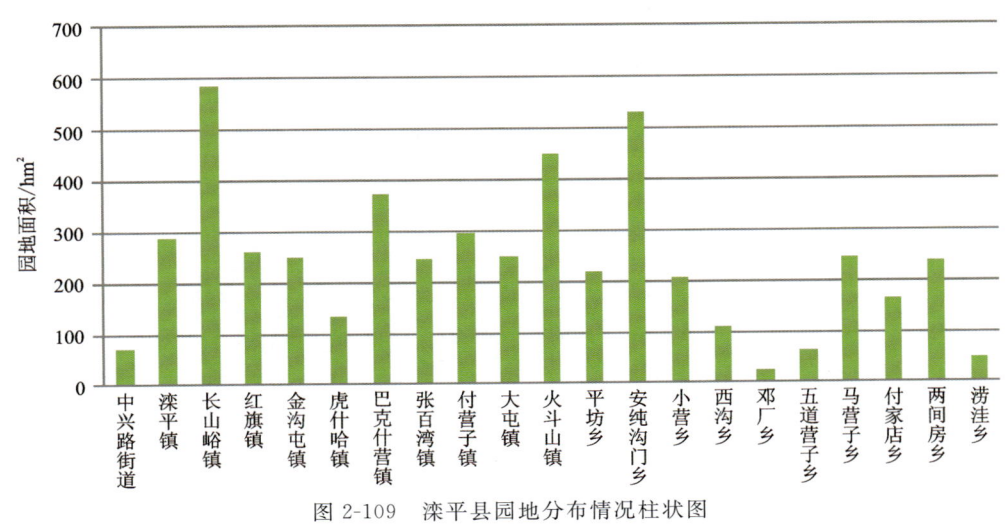

图 2-109 滦平县园地分布情况柱状图

3. 林地分布特点

滦平县林地面积为 202 556.25hm²。林地主要分布在虎什哈镇，面积为 19 286.04hm²，占全县林地总面积的 9.52%；其次为长山峪镇，面积为 13 965.98hm²，占 6.89%；第三为金沟屯镇，面积为 13 515.20hm²，占 6.67%；付营子镇、巴克什营镇、火斗山镇和马营子乡林地面积分别为 13 041.16hm²、12 907.31hm²、12 372.68hm² 和 12 333.36hm²，分别占全县林地总面积的 6.44%、6.37%、6.11% 和 6.09%。中兴路街道的林地分布最少，面积为 1 291.91hm²，仅占全县林地总面积的 0.64%。在二级地类中，乔木林地分布面积在 5000hm² 以上的行政区为虎什哈镇、长山峪镇、付营子镇、巴克什营镇、安纯沟门乡和五道营子乡，面积占全县乔木林地总面积的 48.23%；灌木林地分布面积在 5000hm² 以上的行政区为虎什哈镇、马营子乡、金沟屯镇、火斗山镇、安纯沟门乡和西沟乡，面积占全县灌木林地总面积的 41.92%；其他林地分布面积在 2000hm² 以上的行政区为金沟屯镇、张百湾镇、巴克什营镇和虎什哈镇，面积占全县其他林地总面积的 36.75%。滦平县林地分布情况如图 2-110 所示。

4. 草地分布特点

滦平县草地面积为 44 874.68hm²。草地分布最多的行政区是张百湾镇，面积为 8 286.12hm²，占全县草地总面积的 18.47%；其次为付营子镇，面积为 5 304.29hm²，占 11.82%；第三为金沟屯镇，面积为 3 957.74hm²，占 8.82%；西沟乡和红旗镇草地面积分别为 3 597.32hm² 和 3 443.81hm²，分别占全县草地总面积的 8.02% 和 7.67%。邓厂乡草地分布最少，面积为 37.47hm²，占全县草地总面积的 0.08%。在二级地类中，滦平县草地只有其他草地一种类型，分布情况与上述情况一致。滦平县草地分布情况如图 2-111 所示。

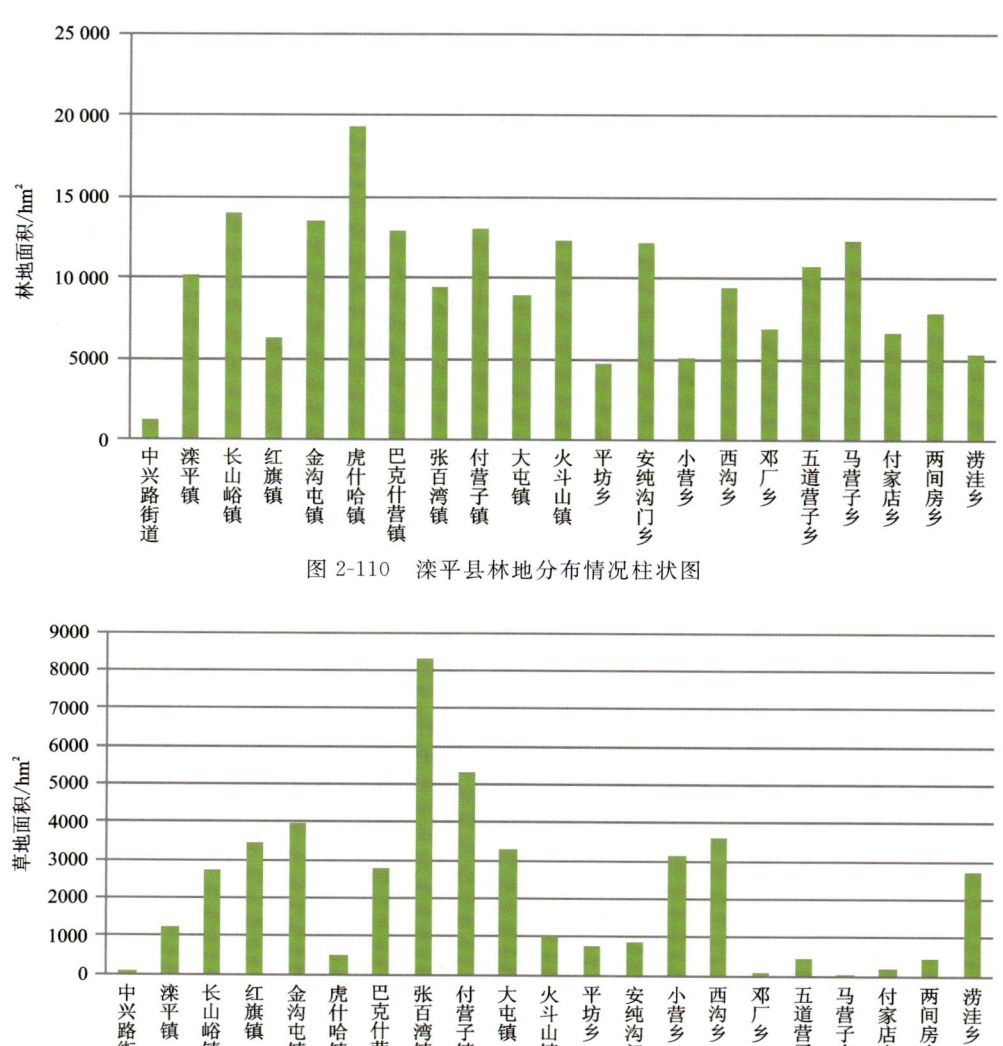

图 2-110　滦平县林地分布情况柱状图

图 2-111　滦平县草地分布情况柱状图

5. 城镇村及工矿用地分布特点

滦平县城镇村及工矿用地面积为10 709.58hm²。城镇村及工矿用地分布最多的行政区是小营乡，面积为2 511.78hm²，占全县城镇村及工矿用地总面积的23.45%；其次为红旗镇，面积为979.87hm²，占9.15%；第三为张百湾镇，面积为766.22hm²，占7.15%；巴克什营镇、滦平镇和大屯镇城镇村及工矿用地面积分别为682.22hm²、675.54hm²和656.23hm²，分别占6.37%、6.31%和6.13%。邓厂乡城镇村及工矿用地分布面积最小，为75.35hm²，仅占全县城镇村及工矿用地总面积的0.70%。在二级地类中，建制镇用地分布面积在50hm²以上的行政区为中兴路街道、滦平镇、金沟屯镇、红旗镇和虎什哈镇，面积占全县建制镇用地总面积的84.87%；村庄用地分布面积在300hm²以上的行政区为巴克什营镇、大屯镇、滦平镇、张百湾镇、长山峪镇、付营子镇、虎什哈镇和金沟屯镇，面积占全县村庄用地总面积的61.80%；采矿用地分布面积在100hm²以上的行政区为小营乡、红旗镇、虎什哈镇、张百湾镇和付家店乡，面积占全县采矿用地总面积的88.46%。其中小营乡分布采矿用地最多，面积为2 212.16hm²，占全县采矿用地总面积的57.21%，其次为红旗镇，面积为632.74hm²，占16.36%。特殊用地分布面积在10hm²以上的行政区为金沟屯镇、滦平镇、虎什哈镇、巴克什营镇和大屯镇，面积占全县特殊用地总面积的78.58%。滦平县城镇村及工矿用地分布情况如图2-112所示。

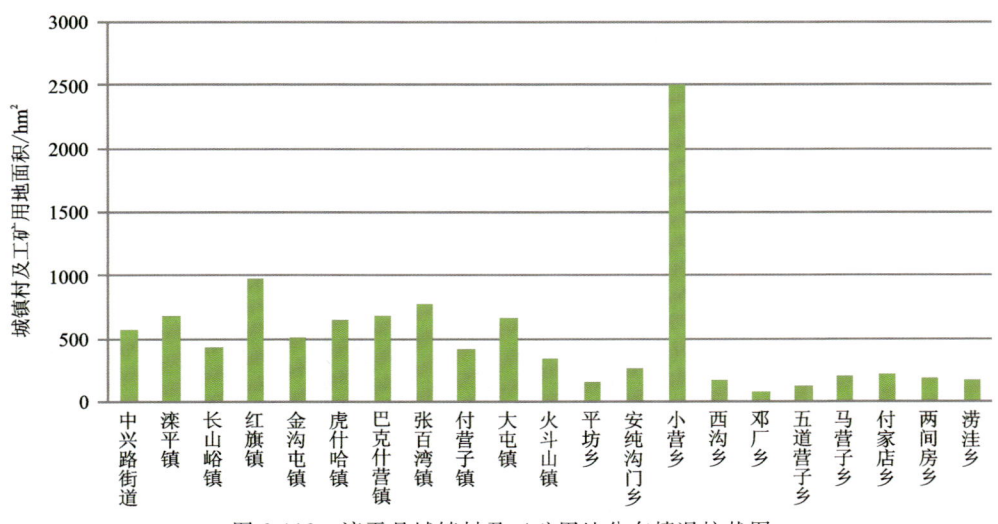

图 2-112　滦平县城镇村及工矿用地分布情况柱状图

6. 交通运输用地分布特点

滦平县交通运输用地面积为 3 165.15 hm^2。交通运输用地分布最多的行政区是巴克什营镇，面积为 268.81 hm^2，占全县交通运输用地总面积的 8.49%；其次为长山峪镇，面积为 266.86 hm^2，占 8.43%；第三为大屯镇，面积为 242.85 hm^2，占 7.67%；虎什哈镇、付营子镇和红旗镇交通运输用地面积分别为 242.00 hm^2、239.45 hm^2 和 239.03 hm^2，分别占全县交通运输用地总面积的 7.65%、7.57% 和 7.55%。邓厂乡的交通运输用地分布最少，面积为 29.32 hm^2，仅占全县交通运输用地总面积的 0.93%。在二级地类中，铁路用地分布在京通铁路和张唐铁路沿线的乡镇，其中面积在 50 hm^2 以上的行政区为大屯镇、张百湾镇、金沟屯镇和安纯沟门乡，占全县铁路用地总面积的 62.39%；公路用地面积分布在 100 hm^2 以上的行政区有长山峪镇、付营子镇、巴克什营镇、红旗镇、虎什哈镇和两间房乡，面积占全县公路用地总面积的 54.21%；农村道路面积分布在 50 hm^2 以上的行政区为巴克什营镇、虎什哈镇、金沟屯镇等 10 个乡镇，面积占全县农村道路用地总面积的 65.34%。滦平县交通运输用地分布情况如图 2-113 所示。

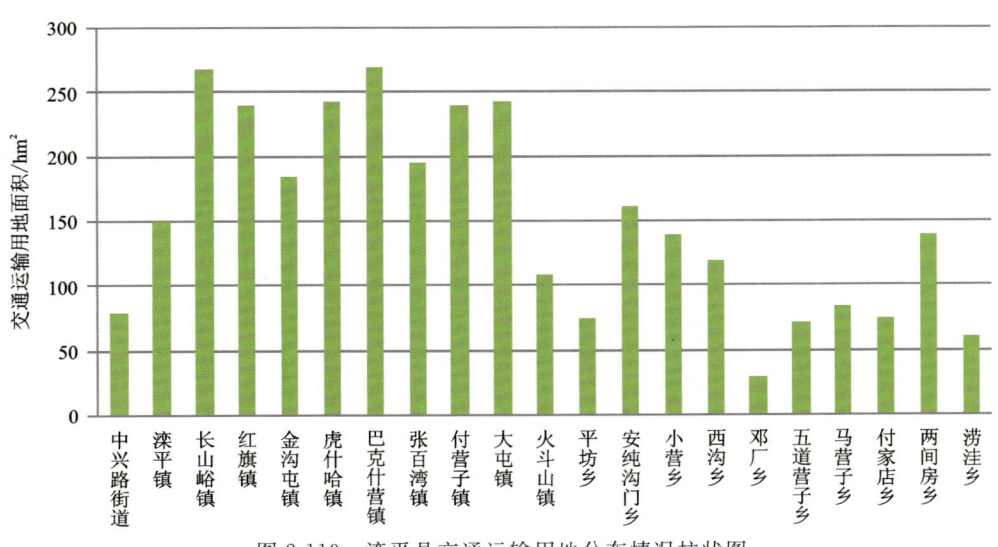

图 2-113　滦平县交通运输用地分布情况柱状图

7. 水域及水利设施用地分布特点

滦平县水域及水利设施用地面积为 3 314.95hm²。水域及水利设施用地分布最多的行政区是虎什哈镇，面积为 454.75hm²，占全县水域及水利设施用地总面积的 13.72%；其次为巴克什营镇，面积为 374.85hm²，占 11.31%；第三为张百湾镇，面积为 306.67hm²，占 9.25%。大屯镇和滦平镇水域及水利设施用地面积分别为 206.00hm² 和 180.12hm²，分别占全县水域及水利设施用地总面积的 6.21% 和 5.43%。中兴路街道水域及水利设施用地分布最少，面积为 40.65hm²，占全县水域及水利设施用地总面积的 1.23%。在二级地类中，河流水面分布面积在 150hm² 以上的行政区为虎什哈镇、巴克什营镇、张百湾镇、大屯镇、红旗镇、西沟乡和小营乡，面积占全县河流水面总面积的 57.25%；水库水面主要分布在滦平镇、长山峪镇、火斗山镇、五道营子乡和安纯沟门乡，面积占全县水库水面总面积的 95.53%；坑塘水面较少，主要分布在巴克什营镇、大屯镇、小营乡、虎什哈镇和金沟屯镇等行政区，面积占全县坑塘水面总面积的 69.28%；沟渠分布面积在 10hm² 以上的行政区为张百湾镇、安纯沟门乡、大屯镇、巴克什营镇、金沟屯镇、小营乡和付家店乡，面积占全县沟渠总面积的 84.28%；水工建筑用地较少，主要分布在滦平镇、火斗山镇、小营乡和张百湾镇。滦平县水域及水利设施用地分布如图 2-114 所示。

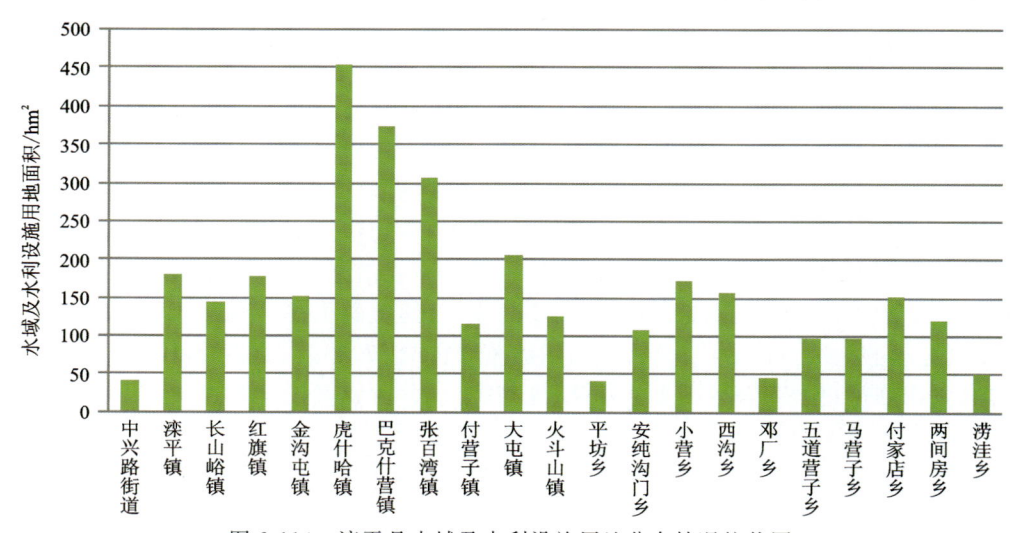

图 2-114　滦平县水域及水利设施用地分布情况柱状图

8. 湿地分布特点

滦平县湿地面积为 128.08hm²。湿地分布最多的行政区是红旗镇，面积为 24.43hm²，占全县湿地总面积的 19.07%；其次为张百湾镇，面积为 19.45hm²，占 15.19%；第三为小营乡，面积为 12.68hm²，占 9.90%。中兴路街道、滦平镇、邓厂乡、马营子乡和涝洼乡无湿地分布。在二级地类中，滦平县湿地只有内陆滩涂一种地类，分布情况同上述情况一致。滦平县湿地分布情况如图 2-115 所示。

9. 其他土地分布特点

滦平县其他土地面积为 1 731.42hm²。其他土地分布最多的行政区是大屯镇，面积为 170.33hm²，占全县其他土地总面积的 9.84%；其次为长山峪镇，面积为 146.30hm²，占 8.45%；第三为付营子镇，面积为 146.21hm²，占 8.44%；虎什哈镇、红旗镇、金沟屯镇和西沟乡其他土地面积分别为 134.53hm²、127.41hm²、118.90hm² 和 112.71hm²，分别占全县其他土地总面积的 7.77%、7.36%、6.87% 和 6.51%。中兴路街道的其他土地分布最少，面积为 8.14hm²，仅占全县其他土地总面积的 0.47%。在二级地类中，设施农业用地分布面积在 40hm² 以上的行政区为长山峪镇、大屯镇、虎什哈镇、张百湾镇

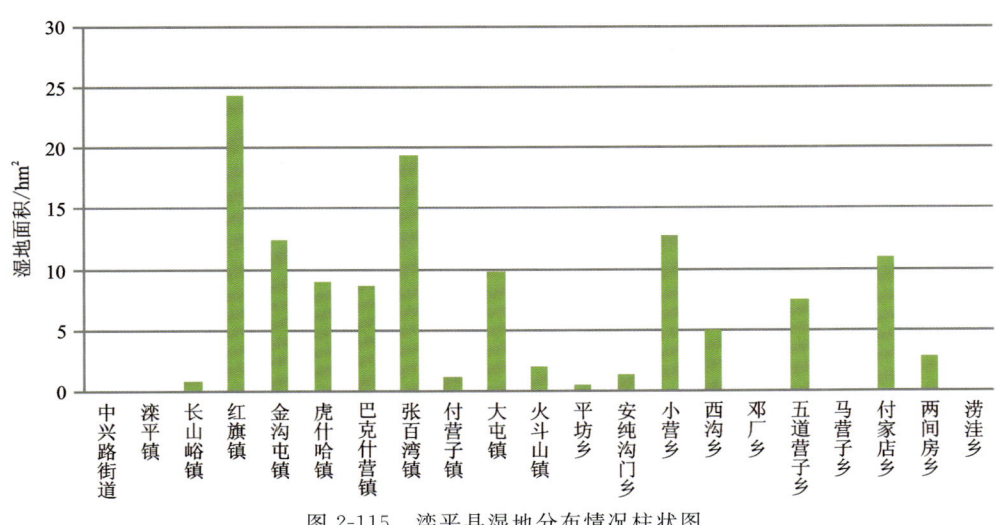

图 2-115　滦平县湿地分布情况柱状图

和金沟屯镇；田坎分布面积较多的行政区为付营子镇、红旗镇、大屯镇、西沟乡、金沟屯镇和小营乡；沙地很少，全部分布在张百湾镇。滦平县其他土地分布情况如图 2-116 所示。

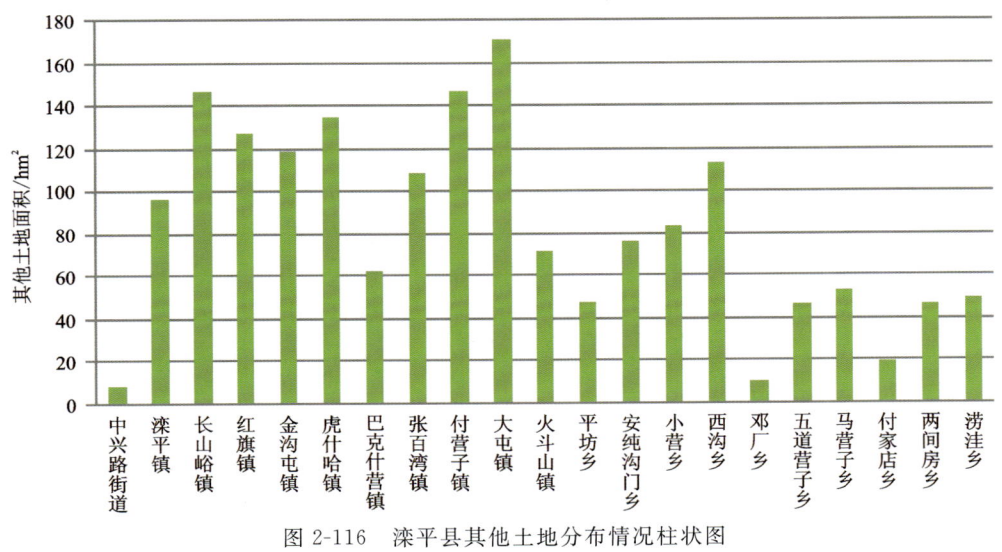

图 2-116　滦平县其他土地分布情况柱状图

七、隆化县土地利用现状

(一)县域土地环境条件

1. 自然环境条件

隆化县位于河北省东北部，承德市中部，地处燕山北部、七老图山脉西侧。北和东北与围场县和内蒙古自治区赤峰市喀喇沁旗、宁城县相邻，南接双滦区、滦平县、承德县，西邻丰宁县。地理坐标为北纬 41°08′50″—41°50′10″，东经 116°47′45″—118°19′10″。隆化县山脉沟壑纵横交错，地形多样。地势按海拔呈梯形分布。整个县境西北高，东南低，从西北向东南倾斜。地貌结构复杂，由中山、低山、河谷、平川和台阶地组成。平均海拔为 750m。境内的耕地参差错落地分布在河谷两侧开阔的平川、山脚下、沟膛、台地和浅山缓坡的黄土及黑褐土地带。气候属中温带,是大陆性半湿润间半干旱和季风型冀北山地气候。四季分明,雨热同季。年平均气温为7.3℃,年平均降水量为564mm,无霜期为130d。境内有滦河、伊玛图河、伊逊河、鹦鹉河4条主要河流,水资源总量为9.18亿m³。伊玛图河在隆化镇西南汇入伊逊河,鹦鹉河在中关镇附近汇入武烈河,成为滦河另一支流。土壤主要分为棕壤、褐土、潮土、草甸土和新积土5类土类。棕壤分布于海拔800m以上的山地,土壤有机质含量较高,呈微酸性,适于种植特种经济作物。褐土是隆化县的基带土壤,土壤呈中性—微碱性,适于种植多种粮食作物。潮土分布于各大河流两岸的低阶地,适于种植水稻及发展设施农业。草甸土分布于西部,与潮土环境相似,土壤有机质和矿物质含量较高,具有较强的生产潜力。新积土为人工堆垫土。矿产资源主要有金、铁、铅、煤、萤石、膨润土、珍珠岩等,共计40多种。

2. 社会经济条件

2019年隆化县总人口为44.87万人,土地总面积为5 473.45km²,常住人口密度为68.8人/km²,辖10个镇,7个乡,8个民族乡,1个街道,357个行政村,5个社区。清宣统二年(1910年),析丰宁县,取"隆盛开化"之意建隆化县,县政府驻隆化镇,距承德市60km,距首都北京260km。京通、承隆两条铁路及承赤、张承两条高速公路穿越境内。2019年全县生产总值实现143.19亿元,比上年增长6.8%。人均地区生产总值为38 011亿元,比上年增长6.9%。其中,第一产业实现增加值48.89亿元,比上年增长8.2%;第二产业实现增加值30.73亿元,比上年增长2.4%;第三产业实现增加值63.57亿元,比上年增长7.9%。三次产业的比重为34.1:21.5:44.4。农村居民人均可支配收入达10 239元,比上年增长12.6%;城镇居民人均可支配收入达28 610元,比上年增长9.0%。隆化县先后被确定为"全国用材林基地县""首都周围绿化工程县""'三北'防护林建设重点县""国家级特色农产品优势区""中国好粮油示范县""省级园林县城""省级卫生县城""河北省森林城市",是"中国温泉之乡""中国书法之乡""中国肉牛之乡"。县域内有河北茅荆坝国家级自然保护区、茅荆坝国家级森林公园、郭家屯省级森林公园、河北隆化伊逊河国家湿地公园、隆化伊玛图河省级湿地公园等重要保护区。隆化县是全国著名战斗英雄董存瑞英勇献身的地方,县城建有董存瑞烈士陵园,是全国爱国主义教育基地。

(二)土地利用现状结构

1. 一、二级地类构成特点

第三次全国国土调查结果显示,隆化县土地总面积占承德市土地总面积的13.86%。按一、二级分类,其构成特点如下。

耕地面积为56 705.69hm²,占全市耕地总面积的13.71%。耕地类型以旱地为主,面积为45 055.43hm²,占耕地总面积的79.46%;其次为水浇地,面积为7 096.29hm²,占12.51%;水田最少,面积为4 553.97hm²,占8.03%。

园地面积为5 894.45hm²,占全市园地总面积的4.07%。园地类型以果园为主,面积为4 532.29hm²,占园地总面积的76.89%;其他园地面积为1 362.16hm²,占23.11%。

林地面积为390 771.85hm²,占全市林地总面积的14.59%。林地类型以乔木林地为主,面积为221 766.80hm²,占林地总面积的56.75%;其次为灌木林地,面积为115 741.94hm²,占29.62%;其他林地最少,面积为53 263.11hm²,占13.63%。

草地面积为61 743.99hm²,占全市草地总面积的13.56%。草地类型全部为其他草地。

城镇村及工矿用地面积为13 550.69hm²,占全市城镇村及工矿用地总面积的12.30%。城镇村及工矿用地类型以村庄为主,面积为9 590.59hm²,占城镇村及工矿用地总面积的70.77%;其次为采矿用地,面积为9 590.59hm²,占15.66%;第三为建制镇用地,面积为1 723.34hm²,占12.72%。特殊用地最少,面积为 115.26hm²,占 0.85%。

交通运输用地面积为 3 623.24hm²,占全市交通运输用地总面积的 10.87%。交通运输用地类型以农村道路为主,面积为 1 684.39hm²,占交通运输用地总面积的 46.49%;公路用地次之,面积为 1 635.61hm²,占 45.14%;铁路用地最少,面积为 303.24hm²,占 8.37%。

水域及水利设施用地面积为 3 637.78hm²,占全市水域及水利设施用地总面积的 8.20%。水域及水利设施用地类型以河流水面为主,面积为 3 212.70hm²,占水域及水利设施用地总面积的 88.32%;其次为沟渠,面积为 275.50hm²,占 7.58%;再次为坑塘水面,面积为 96.51hm²,占 2.65%;水库水面面积为 38.35hm²,占 1.05%;水工建筑用地面积为 14.72hm²,占 0.40%。

湿地面积为 3 523.29hm²,占全市湿地总面积的 17.11%。湿地类型全部为内陆滩涂。

其他土地面积为 7 427.28hm²(不包括裸岩石砾地和裸土地地类面积,下同),占全市其他土地总面积的 18.07%。其他土地类型以田坎为主,面积为 6 862.60hm²,占 92.40%;其次为设施农用地,面积为 564.68hm²,占 7.60%。隆化县县土地利用现状一、二级地类构成见表 2-80 和图 2-117。

表 2-80 隆化县土地利用现状一、二级地类构成表

土地利用类型		面积/hm²	占一级类型面积比例/%	占全市本类土地面积比例/%
耕地	小计	56 705.69	100.00	13.71
	水田	4 553.97	8.03	80.74
	水浇地	7 096.29	12.51	14.32
	旱地	45 055.43	79.46	12.57
园地	小计	5 894.45	100.00	4.07
	果园	4 532.29	76.89	3.68
	其他园地	1 362.16	23.11	6.28
林地	小计	390 771.85	100.00	14.59
	乔木林地	221 766.80	56.75	16.16
	灌木林地	115 741.94	29.62	13.12
	其他林地	53 263.11	13.63	12.54
草地	小计	61 743.99	100.00	13.56
	其他草地	61 743.99	100.00	20.91
城镇村及工矿用地	小计	13 550.69	100.00	12.30
	建制镇	1 723.34	12.72	14.48
	村庄	9 590.59	70.77	14.06
	采矿用地	2 121.50	15.66	9.36
	特殊用地	115.26	0.85	7.56
交通运输用地	小计	3 623.24	100.00	10.87
	铁路用地	303.24	8.37	9.03
	公路用地	1 635.61	45.14	10.87
	农村道路	1 684.39	46.49	11.50

续表 2-80

土地利用类型		面积/hm²	占一级类型面积比例/%	占全市本类土地面积比例/%
水域及水利设施用地	小计	3 637.78	100.00	8.20
	河流水面	3 212.70	88.32	9.49
	水库水面	38.35	1.05	0.52
	坑塘水面	96.51	2.65	10.43
	沟渠	275.50	7.58	17.13
	水工建筑用地	14.72	0.40	3.50
湿地	小计	3 523.29	100.00	17.11
	内陆滩涂	3 523.29	100.00	17.11
其他土地	小计	7 427.28	100.00	18.07
	设施农用地	564.68	7.60	9.84
	田坎	6 862.60	92.40	19.85

注：其他土地面积汇总不包含裸岩石砾地、裸土地地类面积。

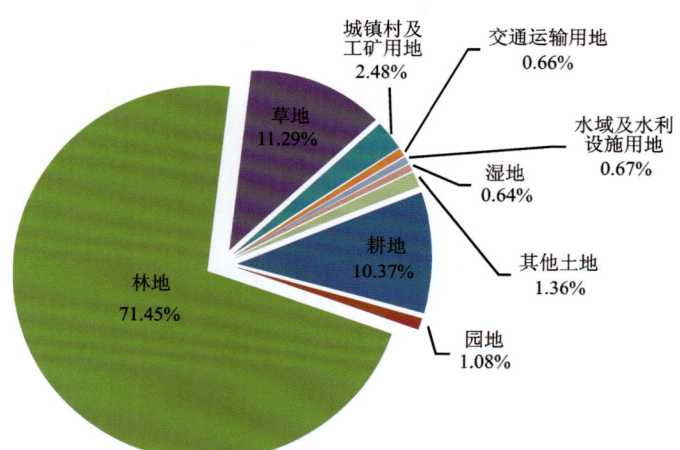

图 2-117 隆化县土地利用现状一级地类构成图

2. 三大分类构成特点

在农用地中，林地面积所占比例最大，占全县农用地总面积的 84.42%；其次为耕地面积，占全县农用地总面积的 12.25%；第三为其他土地面积，占全县农用地总面积的 1.60%。

在建设用地中，城镇村及工矿用地面积所占比例最大，占全县建设用地总面积的 87.40%；其次为交通运输用地面积，占全县建设用地总面积的 12.51%；第三为水工建筑用地面积，占全县建设用地总面积的 0.09%。

在未利用地中，其他草地面积所占比例最大，占全县未利用地总面积的 89.55%；其次为内陆滩涂面积，占全县未利用地总面积的 5.11%；第三为河流水面面积，占全县未利用地总面积的 4.66%。隆化县土地利用现状综合指标见表 2-81。

表 2-81　隆化县土地利用现状综合指标统计表　　　　　　　　　　　　单位：%

行政区	农用地率	建设用地率	土地利用率	未利用地比例
安州街道	18.01	81.01	99.02	0.98
隆化镇	76.44	6.34	82.78	17.22
韩麻营镇	73.26	8.65	81.91	18.09
中关镇	67.74	7.93	75.67	24.33
七家镇	91.26	3.26	94.52	5.48
汤头沟镇	77.52	3.62	81.14	18.86
张三营镇	75.00	4.71	79.71	20.29
唐三营镇	75.69	2.97	78.66	21.34
蓝旗镇	77.31	2.39	79.70	20.30
步古沟镇	84.95	2.15	87.10	12.90
郭家屯镇	85.66	1.48	87.14	12.86
荒地乡	86.40	1.74	88.14	11.86
章吉营乡	76.01	2.82	78.83	21.17
茅荆坝乡	91.95	1.69	93.64	6.36
尹家营乡	79.31	3.07	82.38	17.62
庙子沟乡	81.36	2.50	83.86	16.14
偏坡营乡	81.27	2.32	83.59	16.41
山湾乡	79.88	1.77	81.65	18.35
八达营乡	93.87	2.40	96.27	3.73
太平庄乡	96.40	2.05	98.45	1.55
旧屯乡	96.22	1.31	97.53	2.47
西阿超乡	83.88	1.95	85.83	14.17
白虎沟乡	94.07	2.66	96.73	3.27
碱房乡	93.23	1.59	94.82	5.18
韩家店乡	94.63	1.68	96.31	3.69
湾沟门乡	94.35	1.62	95.97	4.03

(三) 土地利用分布特点

隆化县辖区内，土地面积最大的行政区为郭家屯镇，其次为茅荆坝乡，土地面积最小的行政区为安州街道。隆化县一级地类分布情况见表 2-82。

表 2-82　隆化县一级地类分布情况统计表　　　　　　　　　　　　　　　　　　单位：hm²

行政区	耕地面积	园地面积	林地面积	草地面积	城镇村及工矿用地面积	交通运输用地面积	水域及水利设施用地面积	湿地面积	其他土地面积
隆化县	56 705.69	5 894.45	390 771.85	61 743.99	13 550.69	3 623.24	3 637.78	3 523.29	7 427.28
安州街道	15.33	13.16	72.85	3.77	458.43	20.44	3.58	0.00	2.26
隆化镇	2 414.43	425.26	18 461.49	4 470.13	1 408.47	455.55	262.53	165.01	285.47
韩麻营镇	2 041.72	410.87	12 949.48	3 742.72	1 712.93	238.54	169.50	24.96	367.60
中关镇	1 085.88	230.59	4 097.70	1 880.52	580.46	121.03	117.81	12.86	156.87
七家镇	1 540.18	613.75	10 982.99	713.37	358.66	175.92	90.54	1.69	130.88
汤头沟镇	4 007.27	544.81	15 434.78	4 515.09	839.64	186.20	197.15	224.85	406.10
张三营镇	3 480.89	276.97	6 389.84	2 591.83	605.06	138.24	133.33	129.49	464.53
唐三营镇	4 288.99	313.43	15 712.00	5 550.79	735.56	205.56	100.24	268.12	613.11
蓝旗镇	2 594.97	514.71	16 944.64	5 193.51	563.61	164.66	154.85	44.20	353.10
步古沟镇	2 829.46	171.43	19 661.23	3 045.72	537.63	120.78	203.17	267.93	409.46
郭家屯镇	5 379.24	652.98	53 422.27	8 400.05	927.52	265.33	505.98	138.55	527.25
荒地乡	2 869.31	360.77	20 965.69	3 032.74	448.12	100.46	149.48	192.01	387.27
章吉营乡	2 499.53	90.41	8 957.95	3 158.77	393.03	90.67	129.31	22.89	270.45
茅荆坝乡	1 197.62	59.66	26 606.09	1 713.96	359.20	233.19	154.82	66.95	163.88
尹家营乡	1 749.87	249.45	4 778.60	1 455.68	262.28	46.71	50.01	60.81	318.91
庙子沟乡	1 109.10	8.93	6 693.76	1 435.36	230.58	33.37	107.44	46.59	159.99
偏坡营乡	2 597.40	202.88	11 220.90	2 745.28	392.95	64.00	42.73	148.48	471.02
山湾乡	1 836.09	20.17	13 044.37	3 225.52	305.28	79.45	120.66	155.28	303.70
八达营乡	2 061.60	315.75	14 978.50	283.74	405.71	145.97	112.33	326.69	242.95
太平庄乡	1 327.41	106.74	14 875.55	69.40	256.17	145.52	122.31	126.10	101.25
旧屯乡	1 226.84	30.72	15 312.71	195.76	189.68	73.39	140.53	108.24	124.33
西阿超乡	1 746.05	213.67	13 599.98	2 378.65	341.03	85.74	78.00	229.71	293.91
白虎沟乡	1 103.70	11.79	7 576.86	59.97	217.74	81.01	66.99	178.47	105.60
碱房乡	1 273.24	12.83	17 443.55	768.89	283.64	120.06	93.76	199.24	198.02
韩家店乡	2 429.10	38.38	23 898.03	656.26	443.98	146.63	235.01	164.64	258.29
湾沟门乡	2 000.47	4.34	16 690.04	456.51	293.33	84.82	95.72	219.53	311.08

注：其他土地面积汇总不包含裸岩石砾地、裸土地地类面积。

1. 耕地分布特点

隆化县耕地面积为 56 705.69hm²。耕地分布最多的行政区是郭家屯镇，面积为 5 379.24hm²，占全县耕地总面积的 9.49%；其次是唐三营镇，面积为 4 288.99hm²，占 7.56%；第三为汤头沟镇，面积为 4 007.27hm²，占 7.07%。在二级地类中，水田主要分布在伊逊河和滦河流域的乡镇，其中分布面积在 200hm² 以上的行政区有汤头沟镇、张三营镇、唐三营镇、郭家屯镇等 9 个乡镇，面积占全县水田总面积的 85.87%。安州街道、尹家营乡、庙子沟乡和碱房乡无水田；水浇地分布面积在 600hm² 以上的行政区有郭家屯镇、隆化镇、汤头沟镇、唐三营镇、七家镇和张三营镇，面积占全县水浇地总面积的 58.68%。湾沟门乡水浇地最少，面积为 6.49hm²，仅占全县水浇地总面积的 0.09%；旱地分布面积在 2000hm² 以上的行政区有郭家屯镇、唐三营镇、步古沟镇、荒地乡等 9 个乡镇，面积占全县旱地总面积的 52.81%。隆化县耕地分布情况如图 2-118 所示。

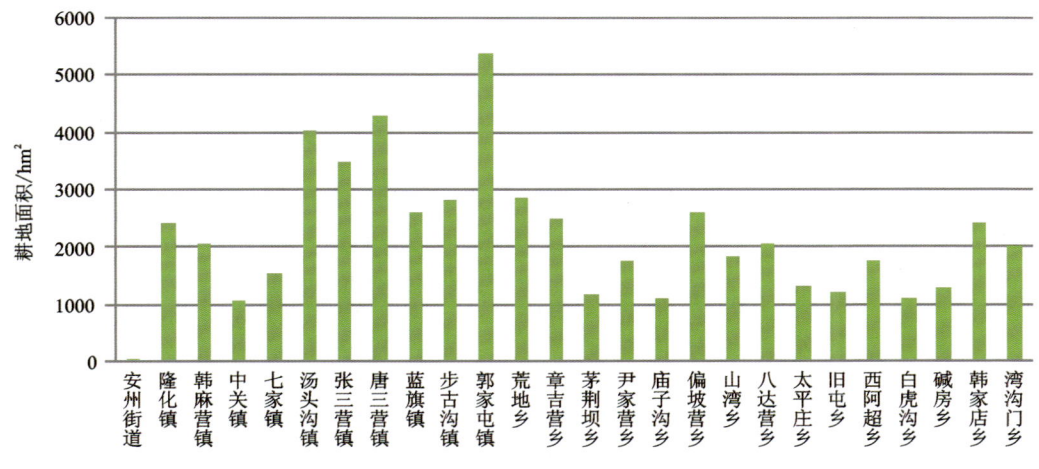

图 2-118　隆化县耕地分布情况柱状图

2. 园地分布特点

隆化县园地面积为 5 894.45hm²。园地分布最多的行政区是郭家屯镇，面积为 652.98hm²，占全县园地总面积的 11.08%；其次为七家镇，面积为 616.64hm²，占 10.46%；第三为汤头沟镇，面积为 544.81hm²，占 9.24%。在二级地类中，果园分布面积在 300hm² 以上的行政区有七家镇、汤头沟镇、荒地乡、蓝旗镇等 7 个乡镇，面积占全县果园总面积的 66.69%。果园面积较小的行政区为庙子沟乡和湾沟门乡，面积分别为 5.72hm² 和 4.34hm²，分别仅占全县果园总面积的 0.13% 和 0.10%；其他园地分布面积在 100hm² 以上的行政区有郭家屯镇、蓝旗镇、步古沟镇、西阿超乡、韩麻营镇和隆化镇，面积占全县其他园地总面积的 88.66%。八达营乡、太平庄乡、旧屯乡等 7 个乡无其他园地。隆化县园地分布情况如图 2-119 所示。

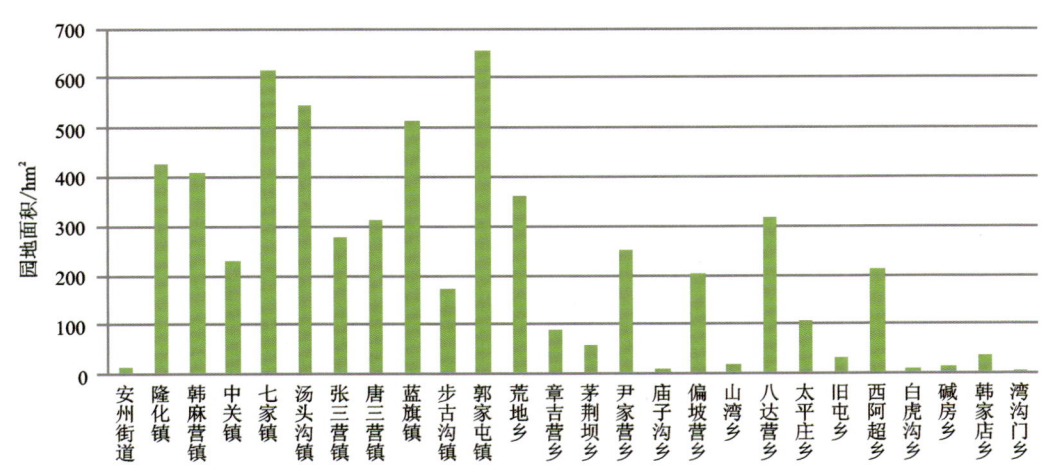

图 2-119　隆化县园地分布情况柱状图

3. 林地分布特点

隆化县林地面积为 390 771.85hm²。林地分布最多的行政区是郭家屯镇，面积为 53 422.27hm²，占全县林地总面积的 13.67%，其次是茅荆坝乡，面积为 26 606.09hm²，占 6.81%；第三为韩家店乡，面积为 23 898.03hm²，占6.12%；荒地乡面积为 20 965.69hm²，占 5.37%。在二级地类中，乔木林地分布面积在 10 000hm² 以上的行政区有郭家屯镇、茅荆坝乡、韩家店乡、荒地乡等 8 个乡镇，面积占全县乔木林地总面积的 56.65%；灌木林地分布面积在 10 000hm² 以上的行政区有隆化镇和郭家屯镇，面积占全县灌木林地总面积的 17.62%，其他乡镇分布面积差别较小；其他林地分布面积在 3000hm² 以上的行政区有郭家屯镇、步古沟镇、茅荆坝乡、隆化镇等 7 个乡镇，面积占全县其他林地总面积的 49.67%。隆化县林地分布情况如图 2-120 所示。

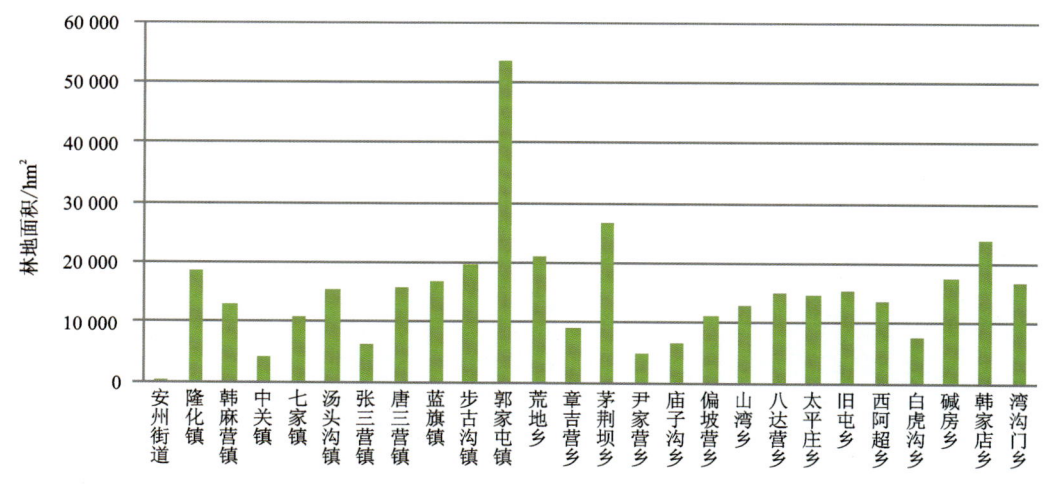

图 2-120　隆化县林地分布情况柱状图

4. 草地分布特点

隆化县草地面积为 61 743.99hm²。草地分布最多的行政区是郭家屯镇，面积为 8 400.05hm²，占全县草地总面积的 13.62%；其次为唐三营镇，面积为 5 550.79hm²，占 8.98%；第三为蓝旗镇，面积为 5 193.51hm²，占 8.41%；汤头沟镇和隆化镇的草地面积分别为 4 515.09hm² 和 4 470.13hm²，分别占全县草地总面积的 7.30% 和 7.25%。在二级地类中，隆化县草地只有其他草地一种类型，分布情况与上述情况一致。隆化县草地分布情况如图 2-121 所示。

5. 城镇村及工矿用地分布特点

隆化县城镇村及工矿用地面积为 13 550.69hm²。城镇村及工矿用地分布最多的行政区是韩麻营镇，面积为 1 712.93hm²，占全县城镇村及工矿地用地总面积的 12.64%；其次为隆化镇，面积为 1 408.47hm²，占 10.39%；第三为郭家屯镇，面积为 927.52hm²，占 6.84%；汤头沟镇有城镇村及工矿用地 839.64hm²，占 6.20%。在二级地类中，建制镇用地主要分布在隆化镇、安州街道、张三营镇和郭家屯镇，面积占全县建制镇用地总面积的78.41%；村庄用地分布面积在 500hm² 以上的行政区有郭家屯镇、唐三营镇、汤头沟镇、隆化镇和韩麻营镇，面积占全县村庄用地总面积的 33.07%；采矿用地分布面积在 100hm² 以上的行政区有韩麻营镇、中关镇、汤头沟镇和郭家屯镇，面积占全县采矿用地总面积的 76.15%。其中，韩麻营镇采矿用地最多，面积为 1 103.00hm²，占全县采矿用地总面积的 51.99%；特殊用地主要分布在张三营镇、汤头沟镇、韩麻营镇、郭家屯镇和隆化镇，面积占全县特殊用地总面积的 83.89%。隆化县城镇村及工矿用地分布情况如图 2-122 所示。

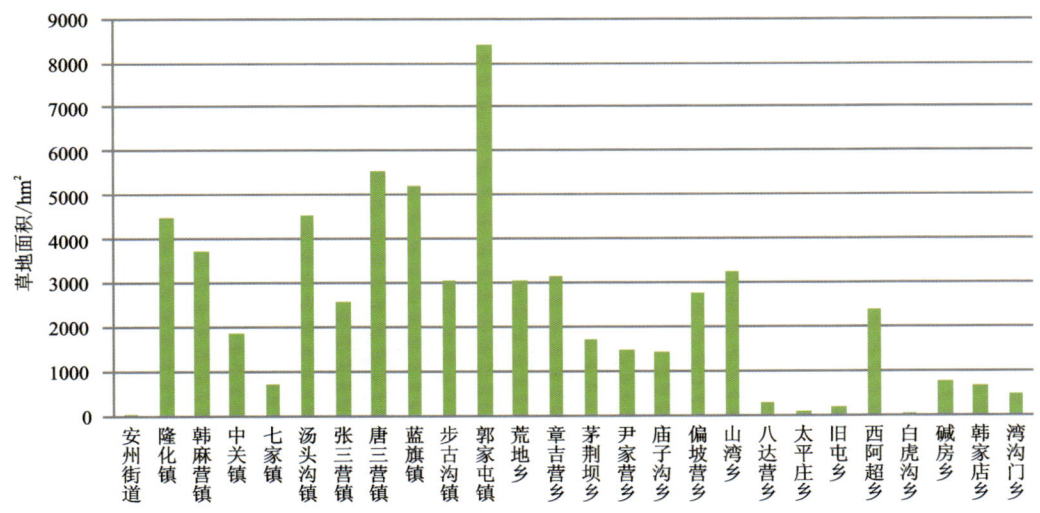

图 2-121 隆化县草地分布情况柱状图

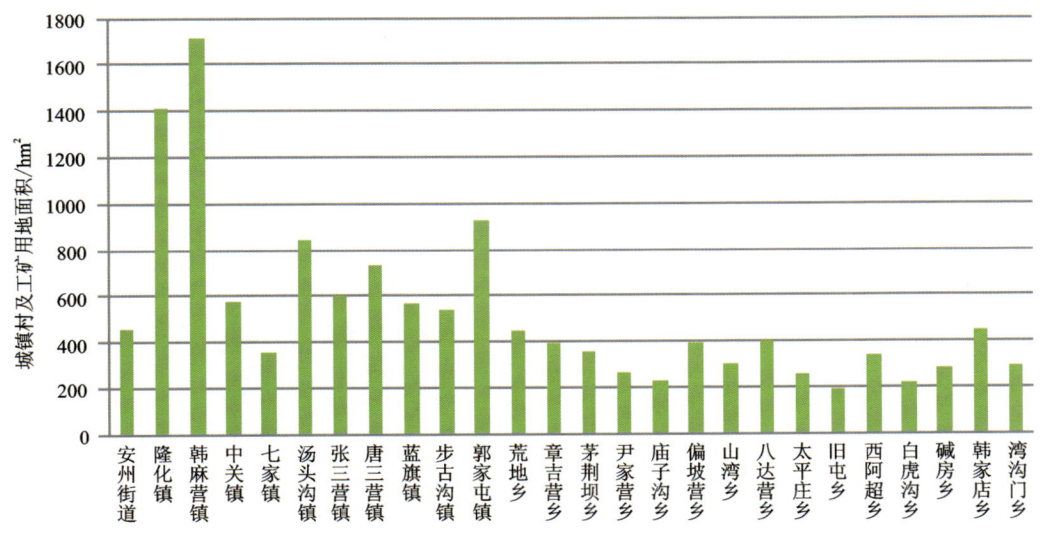

图 2-122 隆化县城镇村及工矿用地分布情况柱状图

6. 交通运输用地分布特点

隆化县交通运输用地面积为 3 623.24hm²。交通运输用地分布最多的行政区是隆化镇,面积为 455.54hm²,占全县交通运输用地总面积的 12.57%;其次为郭家屯镇,面积为 265.34hm²,占 7.31%;第三为韩麻营镇,面积为238.45hm²,占 6.57%。茅荆坝乡和唐三营镇分别有交通运输用地 233.22hm² 和 205.60hm²,分别占6.43%和 5.66%。在二级地类中,铁路用地分布在京通铁路和承隆铁路沿线的隆化镇、汤头沟镇、韩麻营镇、唐三营镇、张三营镇、中关镇和安州街道;公路用地分布面积在100hm² 以上的行政区有隆化镇、茅荆坝乡、七家镇、韩麻营镇、郭家屯镇,面积占全县公路用地总面积的 48.81%;农村道路用地分布较多的行政区为郭家屯镇、唐三营镇、韩家店乡、八达营乡和蓝旗镇,面积占全县农村道路用地总面积的 34.50%。隆化县交通运输用地分布情况如图 2-123 所示。

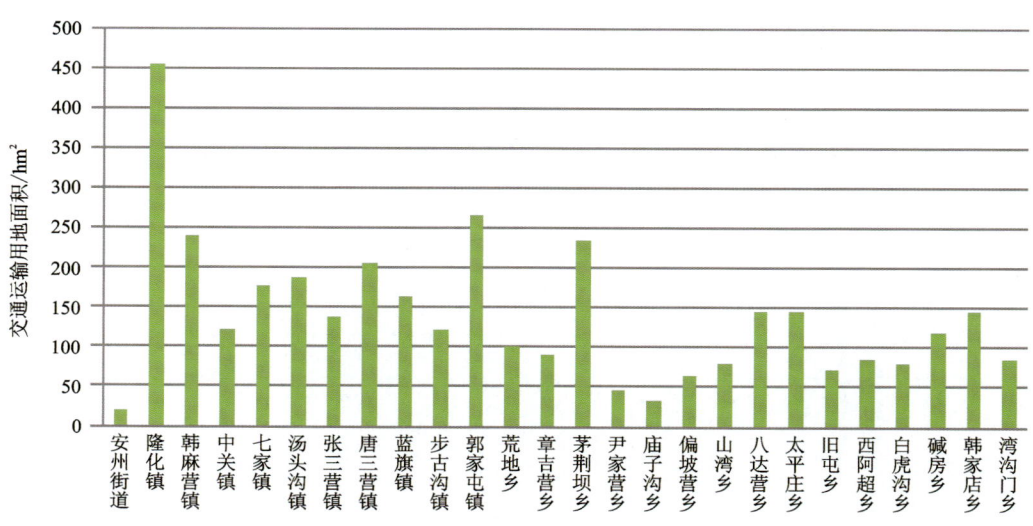

图 2-123　隆化县交通运输用地分布情况柱状图

7. 水域及水利设施用地分布特点

隆化县水域及水利设施用地面积为 3 637.78hm²。水域及水利设施用地分布最多的行政区是郭家屯镇，面积为 505.98hm²，占全县水域及水利设施用地总面积的 13.91%；其次为隆化镇，面积为 262.53hm²，占 7.22%；第三为韩家店乡，面积为 235.01hm²，占 6.46%。步古沟镇和汤头沟镇分别有水域及水利设施用地 203.17hm² 和 197.15hm²，分别占 5.58% 和 5.42%。在二级地类中，河流水面分布较多的行政区为郭家屯镇、隆化镇、韩家店乡、步古沟镇和汤头沟镇，面积占全县河流水面总面积的 39.11%；全县无湖泊水面；水库水面较少，全部分布在荒地乡和唐三营镇；坑塘水面较少，除安州街道、尹家营乡外，其他乡镇均有分布，面积差别不大；沟渠主要分布在太平庄乡、郭家屯镇、韩家店乡、八达营乡和隆化镇，面积占全县沟渠总面积的 59.56%；水工建筑用地较少，主要分布在荒地乡、隆化镇和蓝旗镇，面积占全县水工建筑用地总面积的 74.25%。隆化县水域及水利设施用地分布情况如图 2-124 所示。

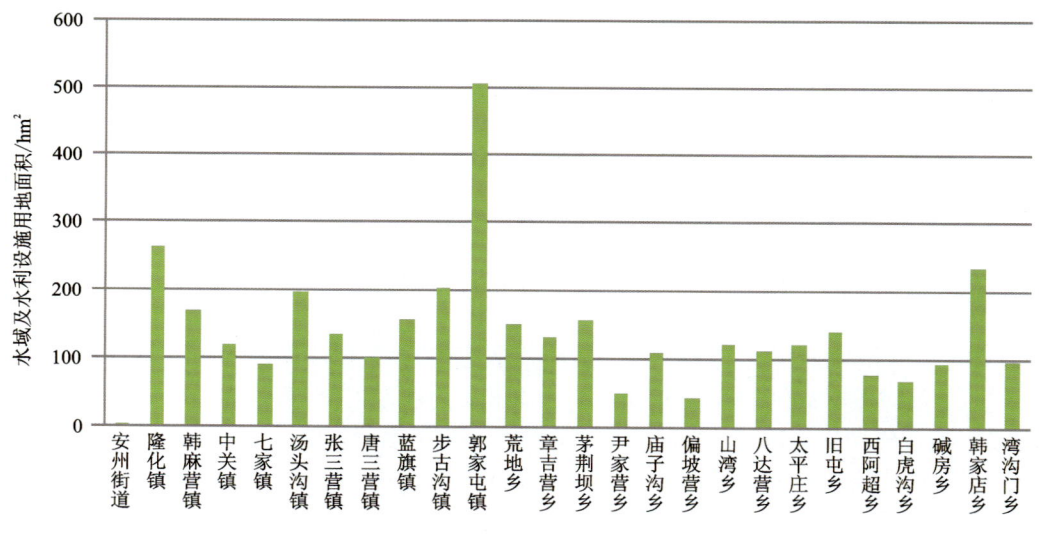

图 2-124　隆化县水域及水利设施用地分布情况柱状图

8. 湿地分布特点

隆化县湿地面积为 3 523.29hm²。湿地分布最多的行政区是八达营乡，面积为 326.69hm²，占全县湿地总面积的 9.27%；其次为唐三营镇，面积为 268.12hm²，占 7.61%；第三为步古沟镇，面积为 267.93hm²，占 7.60%；西阿超乡有湿地 229.71hm²，面积占 6.74%。汤头沟有湿地 224.85hm²，面积占 6.38%。其余乡镇湿地面积均不足 200hm²。在二级地类中，隆化县湿地只有内陆滩涂一个地类。分布情况与上述情况一致。隆化县湿地分布情况如图 2-125 所示。

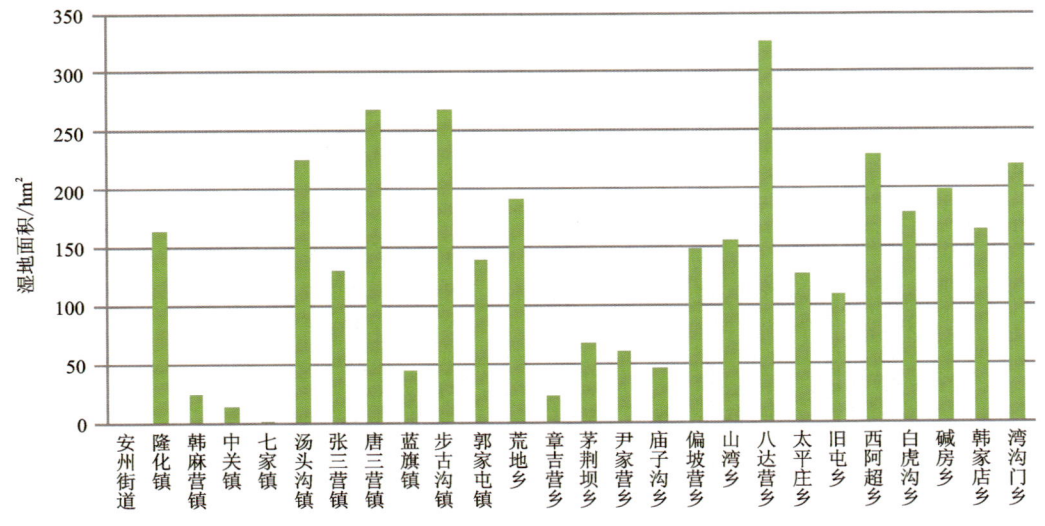

图 2-125　隆化县湿地分布情况柱状图

9. 其他土地分布特点

隆化县其他土地面积为 7 427.28hm²。其他土地分布面积最大的行政区是唐三营镇，面积为 613.11hm²，占全县其他土地总面积的 8.25%；其次为郭家屯镇，面积为 527.25hm²，占 7.10%；偏坡营乡、张三营镇、步古沟镇和汤头沟镇的其他土地面积分别为 471.02hm²、464.53hm²、409.46hm² 和 406.10hm²，分别占 6.34%、6.25%、5.51% 和 5.47%；其余乡镇分布面积不足 400hm²。在二级地类中，设施农用地分布面积在 30hm² 以上的行政区有郭家屯镇、汤头沟镇、张三营镇、韩麻营镇、隆化镇和唐三营镇，面积占全县设施农用地总面积的 48.99%；田坎分布面积在 300hm² 以上的行政区有唐三营镇、郭家屯镇、偏坡营乡、张三营镇等 10 个乡镇，面积占全县田坎总面积的 57.71%。隆化县其他土地分布情况如图 2-126 所示。

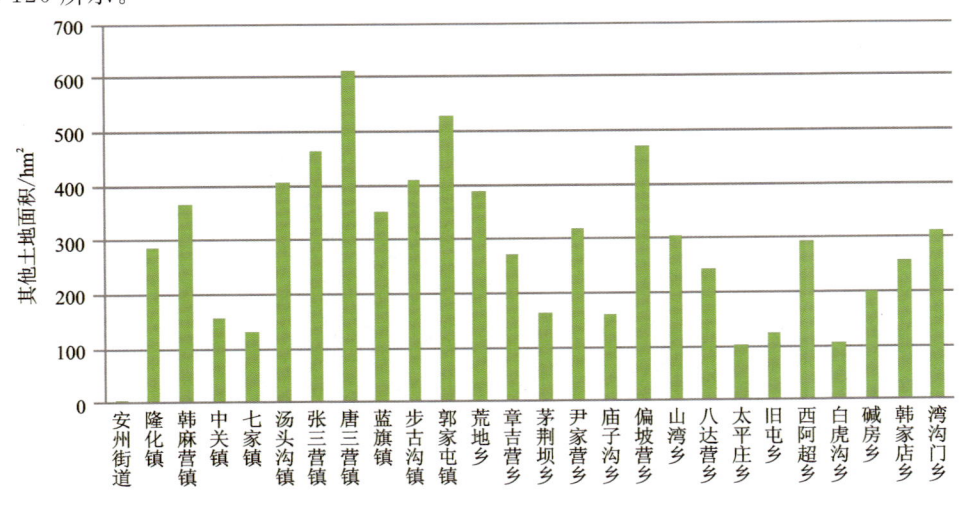

图 2-126　隆化县其他土地分布情况柱状图

八、丰宁县土地利用现状

(一)县域土地环境条件

1. 自然环境条件

丰宁县位于河北省北部,承德市西部,地处燕山北麓和内蒙古高原南缘。南邻北京市怀柔区,北靠内蒙古自治区正蓝旗、多伦县,东接围场县、隆化县、滦平县,西与张家口市赤城县、沽源县接壤。地理坐标为北纬40°53′—43°00′,东经115°13′—117°23′。地势由东南向西北呈阶梯状增高,分坝下、接坝、坝上3个地貌单元。坝下群山绵亘,河谷纵横,海拔2047m的云雾山是燕山山脉第二主峰;接坝峰高谷深,林木茂盛;坝上天高地阔,风景优美。该县为河北省面积第二大县。丰宁县属中温带半湿润半干旱大陆性季风型高原山地气候。春季风多干旱,夏季湿热多雨,秋季天高气爽,冬季寒冷干燥。年平均气温为0.9~6.2℃,无霜期为110~145d,年降水量为350~550mm。丰宁县是进入北京主要水源地密云水库的两条河流潮河和白河的发源地,也是天津主要供水来源滦河的水源地。境内有潮河、滦河、牤牛河、汤河、天河5条主要河流。从坝上到坝下,土壤呈3个带状分布:北部坝上高原栗钙土区,北部、西北部山地棕壤区,南部褐土区。全县有9个土类,22个亚类,48个土属,67个土种。境内发现的古生物化石"华美金凤鸟",被称为"天下第一鸟",取代德国始祖鸟被认定为鸟类祖先,连同境内发现的其他恐龙化石,是21世纪演化生物学研究中最重要的科学发现之一。丰宁县地广物博,资源丰富。查明的主要矿产资源主要有金、银、铜、铅、锌、锰、钼、磷、萤石、大理石、花岗岩、油母页岩等24种,具有很高的开采价值。县域内有丰宁海留图国家级湿地公园、丰宁永太兴省级湿地公园、河北丰宁古生物化石省级自然保护区、河北滦河源草地生态系统省级自然保护区、河北丰宁国家森林公园、白云古洞景区和京北第一草原风景区等重要保护区。

2. 社会经济条件

2019年丰宁县总人口为40.95万人,土地总面积为8 738.67km²,常住人口密度为41.9人/km²,辖10个镇、16个乡、1个街道,310个行政村。2019年全县生产总值实现119.48亿元,比上年增长7.0%。其中,第一产业实现增加值29.63亿元,比上年增长5.0%;第二产业实现增加值33.55亿元,比上年增长5.7%;第三产业实现增加值56.29亿元,比上年增长9.0%。三次产业的比重为24.8∶28.1∶47.1。农村居民人均可支配收入达9586元,比上年增长12.4%;城镇居民人均可支配收入达25 765元,比上年增长8.9%。

清雍正十三年(1735年)设四旗厅,乾隆43年(1778年)取"丰芜康宁"之意改设丰宁县。1987年4月经国务院批准撤销丰宁县,成立丰宁满族自治县,县政府驻大阁镇,距北京市区188km,距承德市市区159km,距天津市区307km,距省会石家庄472km。张唐、虎蓝铁路,张承高速及10条国、省干线公路穿越县境。丰宁县是河北省6个坝上县之一、32个环京津县之一、13个环首都经济圈县之一,被评为"河北省森林城市"。

(二)土地利用现状结构

1. 一、二级地类构成特点

第三次全国国土调查结果显示,丰宁县土地总面积占承德市土地总面积的22.13%。按一、二级分类,其构成特点如下。

耕地面积为 99 617.86hm²，占全市耕地总面积的 24.08%。耕地类型以旱地为主，面积为 74 614.00hm²，占耕地总面积的 74.90%；其次为水浇地，面积为 24 985.09hm²，占 25.08%；水田最少，面积为 18.77hm²，占 0.02%。

园地面积为 2 540.74hm²，占全市园地总面积的 1.76%。园地类型以果园为主，面积为 2 409.01hm²，占园地总面积的 94.82%；其他园地面积为 131.73hm²，占 5.18%。

林地面积为 588 877.26hm²，占全市林地总面积的 21.98%。林地类型以灌木林地为主，面积为 277 036.98hm²，占林地总面积的 47.05%；其次为乔木林地，面积为 274 900.56hm²，占 46.68%；其他林地较少，面积为 36 939.72hm²，占 6.27%。

草地面积为 135 913.71hm²，占全市草地总面积的 29.85%。草地类型以天然牧草地为主，面积为 90 100.89hm²，占草地总面积的 66.29%；其次为其他草地，面积为 45 435.08hm²，占 33.43%；人工牧草地较少，面积为 377.74hm²，仅占 0.28%。

城镇村及工矿用地面积为 15 504.58hm²，占全市城镇村及工矿用地总面积的 14.07%。城镇村及工矿用地类型以村庄为主，面积为 10 685.27hm²，占城镇村及工矿用地的 68.92%；其次为采矿用地，面积为 2 623.60hm²，占 16.92%；再次为建制镇用地，面积为 1 974.18hm²，占 12.73%；特殊用地最少，面积为 221.53hm²，占 1.43%。

交通运输用地面积为 7 423.11hm²，占全市交通运输用地总面积的 22.26%。交通运输用地类型以农村道路用地为主，面积为 3 634.42hm²，占交通运输用地总面积的 48.96%；其次为公路用地，面积为 3 078.35hm²，占 41.47%；再次为铁路用地，面积为 710.29hm²，占 9.57%；管道运输用地最少，面积仅为 0.05hm²。

水域及水利设施用地面积为 5 642.05hm²，占全市水域及水利设施用地总面积的 12.72%。水域及水利设施用地以河流水面为主，面积为 4 749.10hm²，占全县水域及水利设施用地总面积的 84.18%；其次为水库水面，面积为 494.29hm²，占 8.76%；再次为坑塘水面，面积为 137.38hm²，占 2.43%；水工建筑用地面积为 141.28hm²，占 2.50%；沟渠面积为 120.00hm²，占 2.13%。

湿地面积为 5 185.76hm²，占全市湿地总面积的 25.18%。湿地类型以沼泽草地为主，面积为 2 798.49hm²，占湿地总面积的 53.96%；其次为内陆滩涂，面积为 2 370.16hm²，占 45.71%；森林沼泽、灌丛沼泽较少，面积分别为 14.79hm² 和 2.32hm²，分别仅占湿地总面积的 0.29% 和 0.04%。

其他土地面积为 10 780.98hm²（不包括裸岩石砾地和裸土地地类面积，下同），占全市其他土地总面积的 26.23%。其他土地类型以田坎为主，面积为 9 566.17hm²，占其他土地总面积的 88.73%；其次为设施农用地，面积为 877.98hm²，占 8.14%。此外，沙地面积为 336.83hm²，占 3.13%。丰宁县土地利用现状一、二级地类构成见表 2-83 和图 2-127。

表 2-83 丰宁县土地利用现状一、二级地类构成表

土地利用类型		面积/hm²	占一级类型面积比例/%	占全市本类土地面积比例/%
耕地	小计	99 617.86	100.00	24.08
	水田	18.77	0.02	0.33
	水浇地	24 985.09	25.08	50.41
	旱地	74 614.00	74.90	20.81
园地	小计	2 540.74	100.00	1.76
	果园	2 409.01	94.82	1.96
	其他园地	131.73	5.18	0.61

续表 2-83

土地利用类型		面积/hm²	占一级类型面积比例/%	占全市本类土地面积比例/%
林地	小计	588 877.26	100.00	21.98
	乔木林地	274 900.56	46.68	20.04
	灌木林地	277 036.98	47.05	31.42
	其他林地	36 939.72	6.27	8.69
草地	小计	135 913.71	100.00	29.85
	天然牧草地	90 100.89	66.29	56.58
	人工牧草地	377.74	0.28	60.36
	其他草地	45 435.08	33.43	15.38
城镇村及工矿用地	小计	15 504.58	100.00	14.07
	建制镇	1 974.18	12.73	16.99
	村庄	10 685.27	68.92	15.67
	采矿用地	2 623.60	16.92	11.57
	特殊用地	221.53	1.43	14.53
交通运输用地	小计	7 423.11	100.00	22.26
	铁路用地	710.29	9.57	21.14
	公路用地	3 078.35	41.47	20.45
	农村道路	3 634.42	48.96	24.82
	管道运输用地	0.05	0.00	0.84
水域及水利设施用地	小计	5 642.05	100.00	12.72
	河流水面	4 749.10	84.18	14.03
	水库水面	494.29	8.76	6.73
	坑塘水面	137.38	2.43	14.84
	沟渠	120.00	2.13	7.46
	水工建筑用地	141.28	2.50	33.61
湿地	小计	5 185.76	100.00	25.18
	森林沼泽	14.79	0.29	100.00
	灌丛沼泽	2.32	0.04	0.28
	沼泽草地	2 798.49	53.96	27.85
	内陆滩涂	2 370.16	45.71	30.86
其他土地	小计	10 780.98	100.00	26.23
	设施农用地	877.98	8.14	15.30
	田坎	9 566.17	88.73	27.68
	沙地	336.83	3.13	42.50

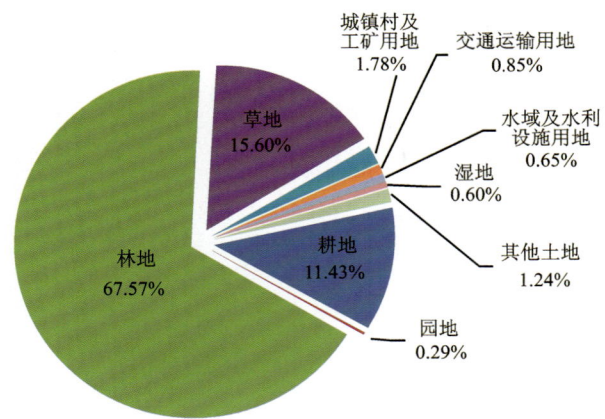

图 2-127 丰宁县土地利用现状一级地类构成图

2. 三大分类构成特点

在农用地中,林地面积所占比例最大,占全县农用地总面积的 73.69%;其次为耕地面积,占全县农用地总面积的 12.47%;第三为草地面积,占全县农用地总面积的 11.32%。

在建设用地中,城镇村及工矿用地面积所占比例最大,占全县建设用地总面积的 79.78%;其次为交通运输用地面积,占全县建设用地总面积的 19.49%;第三为水工建筑用地面积,占全县建设用地总面积的 0.73%。

在未利用地中,其他草地面积所占比例最大,占全县未利用地总面积的 82.19%;其次为河流水面面积,占全县未利用地总面积的 8.59%;第三为内陆滩涂面积,占全县未利用地总面积的 4.29%。全县土地利用现状综合指标见表 2-84。

表 2-84 丰宁县土地利用现状综合指标统计表　　　　单位:%

行政区	农用地率	建设用地率	土地利用率	未利用地比例
大阁镇	88.61	6.68	95.29	4.71
大滩镇	91.52	2.89	94.41	5.59
鱼儿山镇	93.80	2.50	96.30	3.70
土城镇	80.68	2.98	83.66	16.34
黄旗镇	86.64	2.21	88.85	11.15
凤山镇	88.69	3.75	92.44	7.56
波罗诺镇	88.00	3.07	91.07	8.93
黑山嘴镇	93.76	2.53	96.29	3.71
天桥镇	95.02	2.07	97.09	2.91
胡麻营镇	87.82	5.88	93.70	6.30
万胜永乡	85.29	1.32	86.61	13.39
四岔口乡	95.22	1.20	96.42	3.58
苏家店乡	96.99	0.57	97.56	2.44
外沟门乡	95.41	0.89	96.30	3.70
草原乡	94.90	2.40	97.30	2.70

续表 2-84

行政区	农用地率	建设用地率	土地利用率	未利用地比例
窟隆山乡	91.33	0.79	92.12	7.88
小坝子乡	84.40	1.13	85.53	14.47
五道营乡	95.04	0.97	96.01	3.99
南关乡	82.76	3.18	85.94	14.06
选将营乡	93.47	1.74	95.21	4.79
西官营乡	94.82	1.81	96.63	3.37
王营乡	88.86	1.95	90.81	9.19
北头营乡	93.20	1.35	94.55	5.45
石人沟乡	92.93	2.20	95.13	4.87
汤河乡	95.25	0.79	96.04	3.96
杨木栅子乡	94.70	1.52	96.22	3.78

(三)土地利用分布特点

丰宁县辖区内,土地面积最大的行政区为四岔口乡,其次为大滩镇,第三为外沟门乡。土地面积最小的行政区为王营乡。丰宁县一级地类分布情况见表 2-85。

表 2-85 丰宁县一级地类分布情况统计表　　　　单位:hm²

行政区	耕地面积	园地面积	林地面积	草地面积	城镇村及工矿用地面积	交通运输用地面积	水域及水利设施用地面积	湿地面积	其他土地面积
丰宁县	99 617.86	2 540.74	588 877.26	135 913.71	15 504.58	7 423.11	5 642.05	5 185.76	10 780.98
大阁镇	3 958.21	302.72	35 474.86	1 577.25	2 723.68	551.92	454.28	56.17	719.71
大滩镇	15 339.67	10.91	16 216.66	25 308.47	1 406.89	844.71	261.91	2 305.01	665.58
鱼儿山镇	15 414.33	11.58	4 973.31	13 194.12	791.37	398.02	135.58	562.86	594.91
土城镇	5 022.69	169.35	21 532.54	4 883.20	715.16	520.10	390.11	53.80	733.75
黄旗镇	3 998.75	74.86	22 855.85	3 098.90	501.68	351.16	231.75	41.56	777.67
凤山镇	5 539.05	292.10	25 338.94	2 214.09	1 111.70	407.07	257.93	229.96	814.14
波罗诺镇	1 743.28	73.83	12 038.84	1 162.80	449.43	104.8	87.45	62.46	246.45
黑山嘴镇	2 664.39	313.82	24 559.91	819.22	647.58	222.96	119.58	127.03	222.00
天桥镇	1 293.89	127.42	13 588.38	323.60	273.24	110.39	50.12	94.26	76.14
胡麻营镇	1 928.77	334.03	20 881.67	1 499.50	1 365.32	334.36	149.12	19.36	122.91
万胜永乡	5 779.70	10.78	8 262.00	10 412.16	289.24	255.78	126.24	104.45	407.03
四岔口乡	3 496.90	0.86	42 616.42	17 045.83	455.90	401.36	808.27	120.93	657.44
苏家店乡	1 719.09	0.64	44 010.18	1 600.17	213.82	120.28	195.40	140.87	157.72
外沟门乡	4 335.72	21.73	28 882.69	22 229.37	298.84	374.88	303.92	571.95	836.93
草原乡	6 841.34	94.55	2 675.48	9 378.34	432.67	175.62	29.65	94.66	422.93

续表 2-85

行政区	耕地面积	园地面积	林地面积	草地面积	城镇村及工矿用地面积	交通运输用地面积	水域及水利设施用地面积	湿地面积	其他土地面积
窟窿山乡	1 014.25	58.10	21 832.71	3 785.38	137.87	114.83	123.26	30.90	125.23
小坝子乡	1 821.50	32.05	23 191.45	4 523.61	220.43	229.13	134.07	168.01	558.43
五道营乡	1 828.89	65.65	32 037.57	1 384.51	272.09	178.03	95.24	47.02	320.64
南关乡	2 851.16	170.29	25 701.53	4 537.04	828.63	483.22	157.13	73.85	401.44
选将营乡	3 205.95	27.51	26 977.73	1 236.27	418.73	301.03	247.63	128.41	528.23
西官营乡	2 245.92	88.30	21 771.68	530.72	337.41	249.45	413.40	50.12	325.49
王营乡	901.13	64.70	10 601.84	1 126.82	203.87	108.46	80.33	9.61	131.43
北头营乡	1 434.89	20.77	16 807.10	951.02	239.18	68.8	128.89	12.61	189.15
石人沟乡	2 581.61	113.66	29 039.16	1 357.23	694.59	217.38	239.48	49.63	348.02
汤河乡	1 347.21	38.11	40 687.90	1 175.68	251.78	200.77	335.84	29.74	189.55
杨木栅子乡	1 309.57	22.42	16 320.86	558.41	223.48	98.58	85.47	0.53	208.06

注：其他土地面积汇总不包含裸岩石砾地、裸土地地类面积。

1. 耕地分布特点

丰宁县耕地面积为 99 617.86hm²。坝上地区各乡镇耕地面积普遍较大。鱼儿山镇和大滩镇耕地最多，面积分别为 15 414.33hm² 和 15 339.67hm²，分别占全县耕地总面积的 15.47% 和 15.40%；其次为草原乡和万胜永乡，面积分别为 6 841.34hm² 和 5 779.70hm²，分别占 6.87% 和 5.80%。坝下地区的凤山镇、土城镇地势平缓，耕地面积也较大，分别为 5 539.05hm² 和 5 022.69hm²，分别占 5.56% 和 5.04%。在耕地二级地类中，水田仅有 18.77hm²，主要分布在凤山镇、汤河乡和苏家店乡；水浇地分布面积在 1000hm² 以上的行政区有坝上地区的鱼儿山镇、大滩镇、草原乡及坝下地区的胡麻营镇、凤山镇、土城镇和黑山嘴镇，面积占全县水浇地总面积的 68.41%；旱地分布面积在 3000hm² 以上的行政区有坝上地区的大滩镇、鱼儿山镇、万胜永乡、草原乡、外沟门乡以及坝下地区的凤山镇、土城镇、黄旗镇、大阁镇和四岔口乡等，面积占全县旱地总面积的 70.42%。丰宁县耕地分布情况如图 2-128 所示。

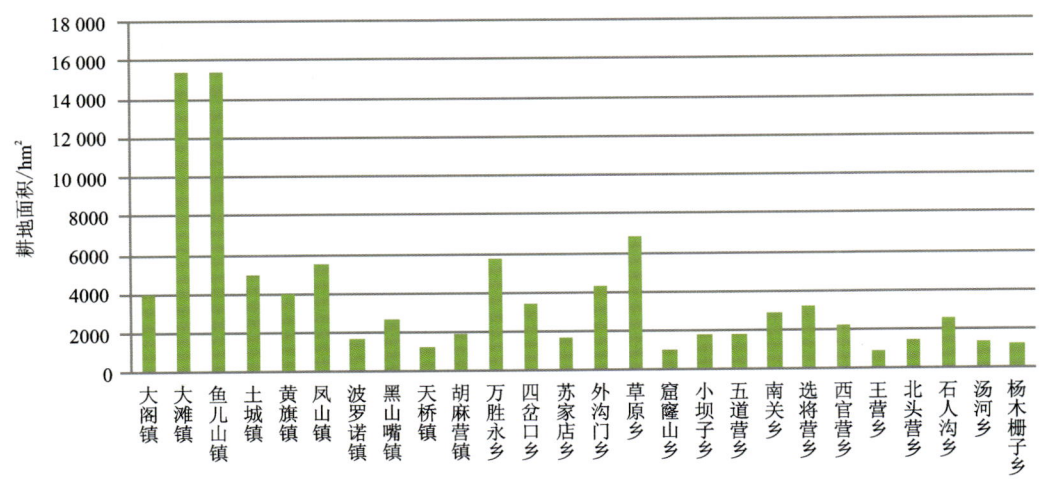

图 2-128　丰宁县耕地分布情况柱状图

2. 园地分布特点

丰宁县园地面积为 2 540.74hm²。园地分布最多的行政区是胡麻营镇，面积为 334.03hm²，占全县园地总面积的 13.15%；其次为黑山嘴镇，面积为 313.82hm²，占 12.35%；第三为大阁镇，面积为 302.72hm²，占 11.91%；凤山镇有园地 292.10hm²，面积占 11.50%。在二级地类中，果园分布面积在 100hm² 以上的行政区有胡麻营镇、黑山嘴镇、大阁镇、凤山镇等 8 个乡镇，面积占全县果园总面积的 74.29%；其他园地主要分布在窟窿山乡、汤河乡、草原乡、五道营乡、胡麻营镇和南关乡等，面积占全县其他园地总面积的 72.05%。丰宁县园地分布情况如图 2-129 所示。

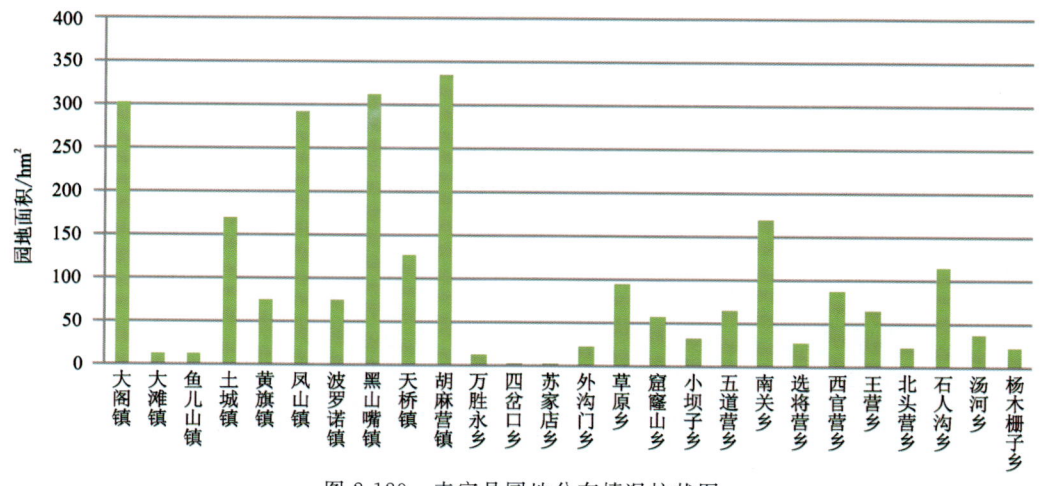

图 2-129　丰宁县园地分布情况柱状图

3. 林地分布特点

丰宁县林地面积为 588 877.26hm²；林地分布面积最大的行政区是苏家店乡，面积为 44 010.18hm²，占全县林地总面积的 7.47%；其次为四岔口乡，面积为 42 616.42hm²，占 7.24%；第三是汤河乡，面积为 40 687.90hm²，占 6.91%；大阁镇林地面积为 35 474.86hm²，占 6.02%。在二级地类中，乔木林地分布面积在 10 000hm² 以上的行政区有苏家店乡、五道营乡、汤河乡、四岔口乡等 14 个乡镇，面积占全县乔木林地总面积的 76.51%；灌木林地分布面积在 10 000hm² 以上的行政区有四岔口乡、汤河乡、苏家店乡、黑山嘴镇等 17 个乡镇，面积占全县灌木林地总面积的 86.04%；其他林地分布面积在 2000hm² 以上的行政区有大阁镇、外沟门乡、土城镇、大滩镇和凤山镇等，面积占全县其他林地总面积的 48.34%。丰宁县林地分布情况如图 2-130 所示。

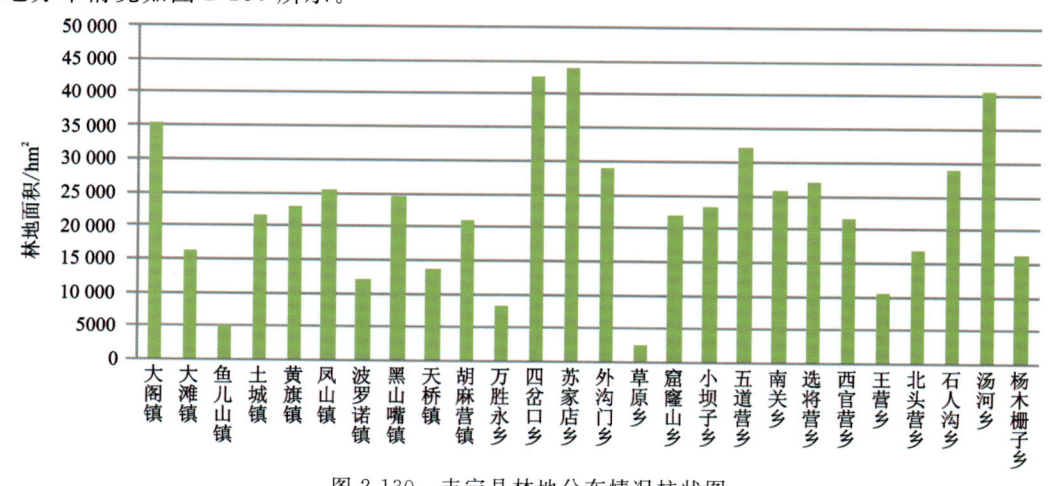

图 2-130　丰宁县林地分布情况柱状图

4. 草地分布特点

丰宁县草地面积为135 913.71hm²。草地分布最多的行政区是大滩镇,面积为25 308.47hm²,占全县草地总面积的18.62%;其次为外沟门乡,面积为22 229.37hm²,占16.36%;第三为四岔口乡,面积为17 045.83hm²,占12.54%;鱼儿山镇草地面积为13 194.12hm²,占9.71%。在二级地类中,天然牧草地分布面积在600hm²以上的行政区有坝上地区的大滩镇、鱼儿山镇、外沟门乡、万胜永乡和草原乡,以及接坝地区的四岔口乡、窟窿山、苏家店乡和小坝子乡等,面积占全县天然牧草地总面积的99.61%。其中坝上地区共有草地71 113.64hm²,面积占全县天然牧草地总面积的78.93%;人工牧草地主要分布在坝上地区的大滩镇、鱼儿山镇和外沟门乡,面积占全县人工牧草地总面积的80.38%;其他草地分布面积在3000hm²以上的行政区有坝上地区的大滩镇、万胜永乡以及坝下地区的土城镇、南关乡、小坝子乡和黄旗镇等,面积占全县其他草地总面积的49.92%。丰宁县草地分布情况如图2-131所示。

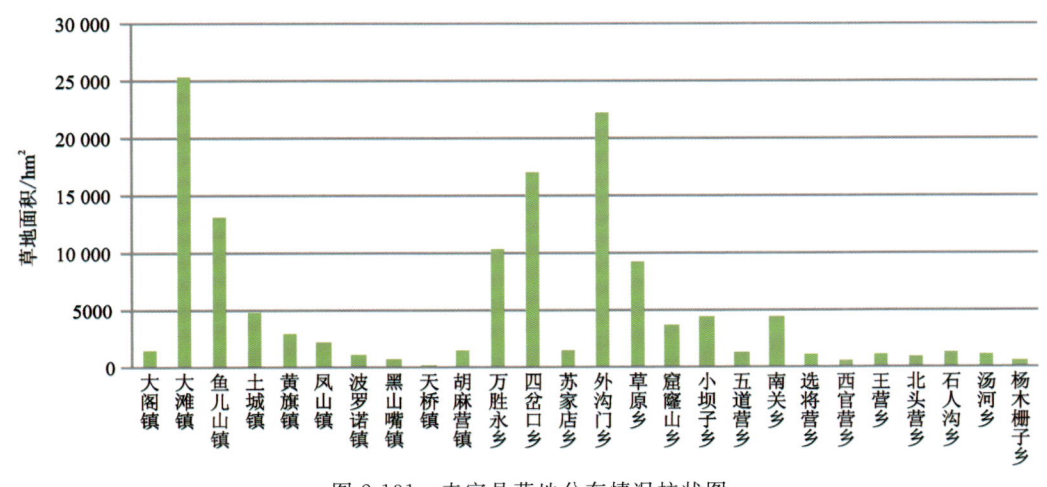

图2-131 丰宁县草地分布情况柱状图

5. 城镇村及工矿用地分布特点

丰宁县城镇村及工矿用地面积为15 504.58hm²。城镇村及工矿用地分布最多的行政区是大阁镇,面积为2 723.68hm²,占全县城镇村及工矿用地总面积的17.57%;其次为大滩镇,面积为1 406.89hm²,占9.07%;第三为胡麻营镇,面积为1 365.32hm²,占8.81%;凤山镇城镇村及工矿用地面积为1 111.70hm²,占7.17%。在二级地类中,建制镇用地主要分布在大阁镇、凤山镇、大滩镇,面积占全县建制镇用地总面积的80.52%;村庄用地面积分布较多的行政区主要有大滩镇、大阁镇、凤山镇、鱼儿山镇、南关乡和土城镇等,面积占全县村庄用地总面积的45.38%;采矿面积分布较多的行政区主要有胡麻营镇、大阁镇、石人沟乡、波罗诺镇、南关乡、四岔口乡和黑山嘴镇等,面积占全县采矿用地总面积的80.27%;特殊用地面积分布最多的行政区是大阁镇,占全县特殊用地总面积的52.11%,其余主要分布在土城镇、大滩镇、凤山镇和黄旗镇等。丰宁县城镇村及工矿用地分布情况如图2-132所示。

6. 交通运输用地分布特点

丰宁县交通运输用地面积为7 423.11hm²。交通运输用地分布最多的行政区是大滩镇,面积为844.71hm²,占全县交通运输用地总面积的11.38%;其次是大阁镇,面积为551.92hm²,占7.44%;第三为土城镇,面积为520.12hm²,占7.01%;南关乡交通运输用地面积为483.22hm²,占6.51%。在二级地类中,铁路用地分布面积在50hm²以上的行政区有胡麻营镇、黄旗镇、南关乡、外沟门乡、大阁镇,面积占全县铁路用地总面积的72.71%;公路用地分布面积在150hm²以上的行政区有大滩镇、大阁镇、土

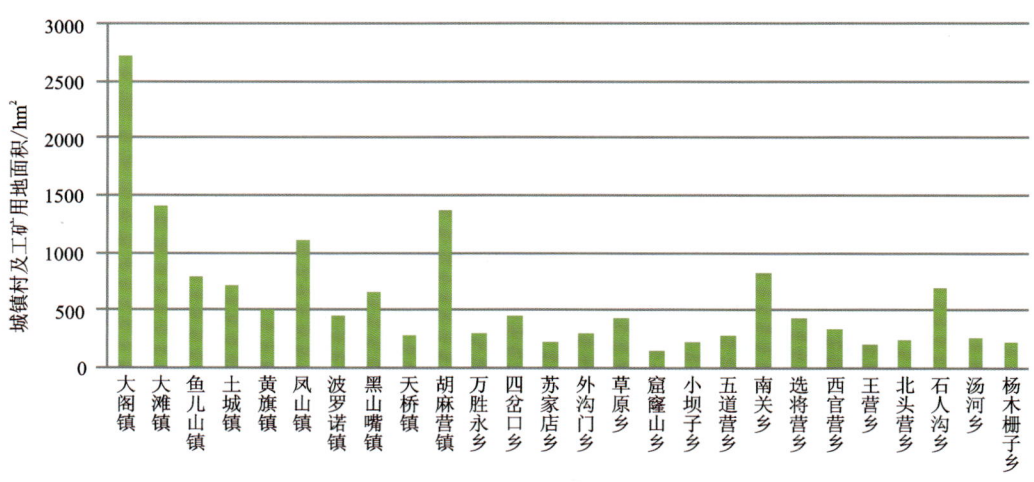

图 2-132　丰宁县城镇村及工矿用地分布情况柱状图

城镇、凤山镇、南关乡、四岔口乡和选将营乡,面积占全县公路用地总面积的 55.99%;农村道路用地分布较多的行政区为大滩镇、鱼儿山镇、大阁镇、土城镇和万胜永乡等,面积占全县农村道路用地总面积的 37.74%。丰宁县交通运输用地分布情况如图 2-133 所示。

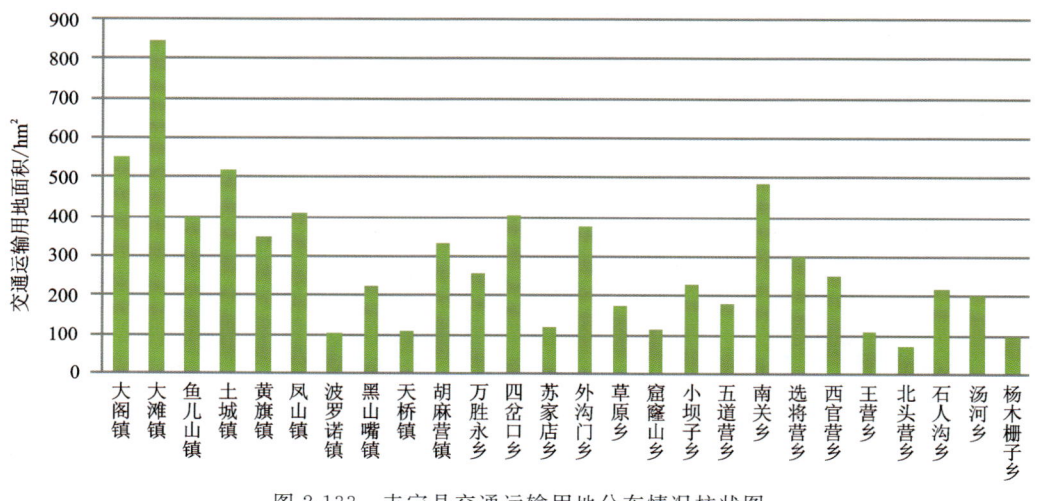

图 2-133　丰宁县交通运输用地分布情况柱状图

7. 水域及水利设施用地分布特点

丰宁县水域及水利设施用地面积为 5 642.05hm²。水域及水利设施用地分布最多的行政区是四岔口乡,面积为 808.27hm²,占全县水域及水利设施用地总面积的 14.33%;其次为大阁镇,面积为 454.28hm²,占 8.05%;第三为西官营乡,面积为 413.40hm²,占 7.33%。天桥镇和草原乡水域及水利设施用地较少,面积分别为 50.12hm² 和 29.65hm²,分别仅占全县水域及水利设施用地总面积的 0.89% 和 0.53%。在二级地类中,河流水面分布面积在 200hm² 以上的行政区有大阁镇、土城镇、汤河乡等 10 个乡镇,面积占全县河流水面总面积的 62.48%;水库水面全部分布在四岔口乡、西官营乡、大滩镇、石人沟乡、黄旗镇和万胜永乡,其中四岔口乡水库水面面积最大,为 348.12hm²,占全县水库水面总面积的 70.43%;坑塘水面主要分布在大滩镇、西官营乡、鱼儿山镇和黑山嘴镇,面积占全县坑塘水面总面积的 62.37%;沟渠分布在各个乡镇,面积差别不大;水工建筑用地主要分布在四岔口乡抽水蓄能电站,面积占全县水工建筑用地总面积的 78.02%。丰宁县水域及水利设施用地分布情况如图 2-134 所示。

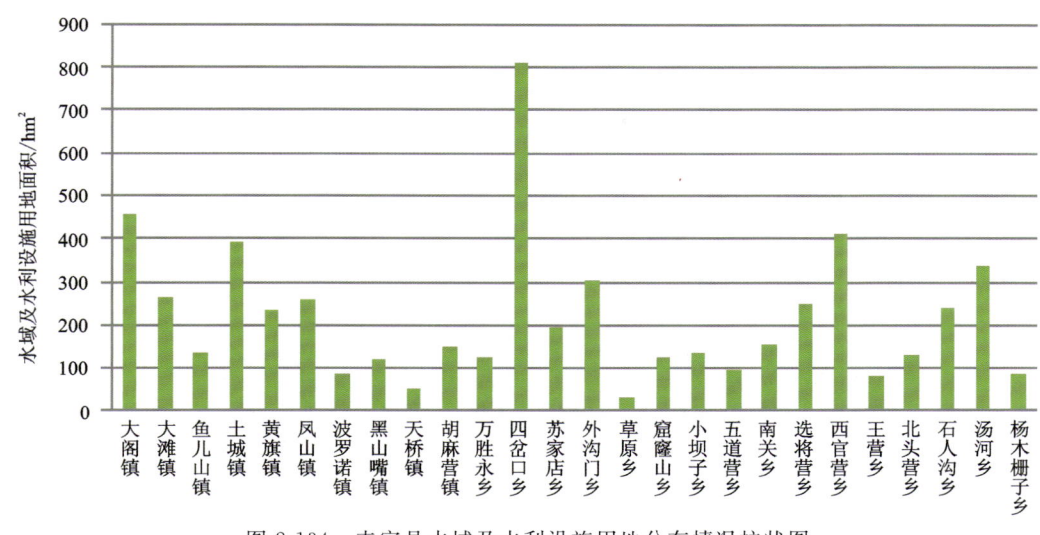

图 2-134　丰宁县水域及水利设施用地分布情况柱状图

8. 湿地分布特点

丰宁县湿地面积为 5 185.76hm²。湿地分布最多的行政区是大滩镇，面积为 2 305.01hm²，占全县湿地总面积的 44.45%；其次是外沟门乡，面积为 571.95hm²，占 11.03%；第三是鱼儿山镇，面积为 562.86hm²，占 10.85%；凤山镇的湿地面积为 229.96hm²，占 4.43%。在二级地类中，森林沼泽分布在五道营乡，灌丛沼泽分布在北头营乡，沼泽草地分布在大滩镇和鱼儿山镇，内陆滩涂分布面积在 100hm² 以上的行政区有外沟门乡、凤山镇、小坝子乡、苏家店乡等 8 个乡镇，面积占全县内陆滩涂总面积的 66.56%。丰宁县湿地分布情况如图 2-135 所示。

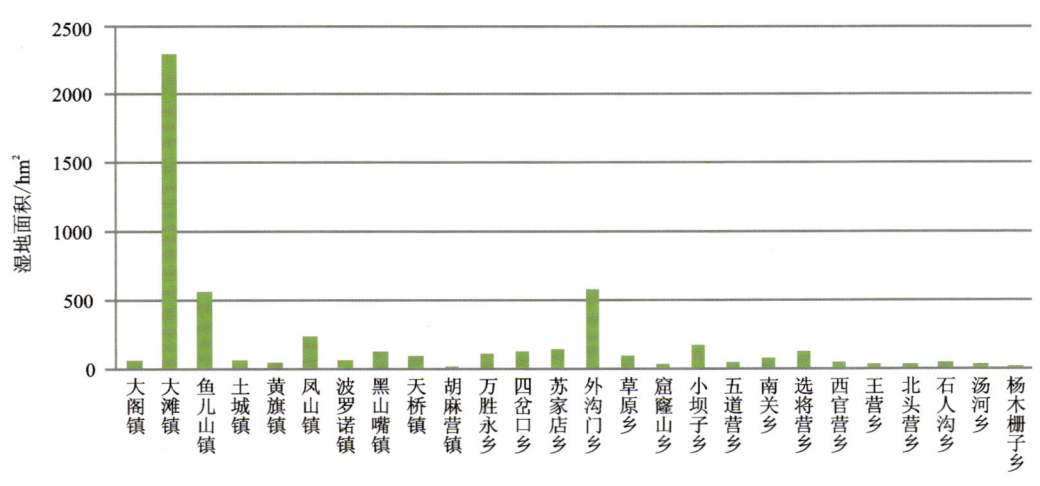

图 2-135　丰宁县湿地分布情况柱状图

9. 其他土地分布特点

丰宁县其他土地面积为 10 780.98hm²。其他土地分布最多的行政区是外沟门乡，面积为 836.93hm²，占全县其他土地总面积的 7.76%；其次是凤山镇，面积为 814.14hm²，占 7.55%；第三是黄旗镇，面积为 777.67hm²，占 7.21%。土城镇其他土地面积为 733.75hm²，占 6.81%；大阁镇其他土地面积为 719.71hm²，占 6.68%。在二级地类中，设施农用地分布面积在 30hm² 以上的行政区有大滩镇、大阁镇、土城镇、凤山镇等10个乡镇,面积占全县设施农用地总面积的66.55%;田坎分布面积在500hm²以上的行政区有外沟门乡、黄旗镇、凤山镇、土城镇等9个乡镇,面积占全县田坎总面积的60.39%;沙地主要分布在接坝地区的小坝子乡,面积占全县沙地总面积的59.50%,其余大部分分布在坝上地区和接坝地区的草原乡、四岔口乡、鱼儿山镇、大滩镇和外沟门乡。丰宁县其他土地分布情况如图2-136所示。

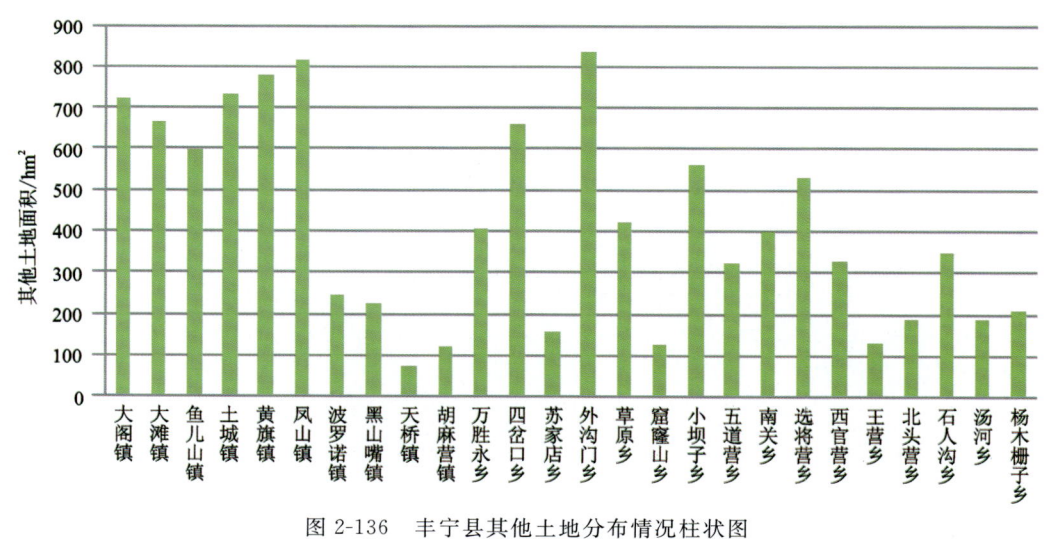

图2-136　丰宁县其他土地分布情况柱状图

九、宽城县土地利用现状

(一)县域土地环境条件

1. 自然环境条件

宽城县位于河北省东北部,承德市东南部,东与辽宁省凌源市、秦皇岛市青龙县接壤,西与兴隆县毗连,北与平泉市和承德县相连,南隔长城,与唐山市迁西县相邻,地理坐标为北纬40°17′—40°45′,东经118°10′—119°10′。宽城县处于暖温带,为半湿润、半干旱、大陆性、季风型的燕山山地气候。夏季炎热多雨,春、秋寒暖适中,冬季雪少干燥,年平均气温为8.6℃,无霜期达150~175d。全县多年平均降水量为662mm。境内河流较多,以瀑河、滦河、青龙河、长河为主流,纵贯全县,总流域面积为66 452.1hm²,多年平均径流量为3.07亿m³。总面积为3 622.30hm²的引滦入津枢纽工程——潘家口水库位于宽城县西部。土壤以褐土为主,占全县耕地面积的90%以上,兼有棕壤、亚高山草甸土和草甸土等。亚高山草甸土主要分布在都山阴坡海拔为1500m的林线以上。棕壤主要分布在荒山林地和海拔较高的坡耕地。草甸土主要分布在河流沿岸的低洼地。土壤厚度一般在30~100cm之间,土壤肥力中等,pH值在5.5~7.5之间。县域内有千鹤山省级自然保护区、宽城都山省级自然保护区、宽城都山望海省级森林公园、宽城都阴河省级湿地公园、宽城蟠龙湖省级湿地公园等重要保护区。

2. 社会经济条件

2019年宽城县总人口为26.29万人,常住人口密度为133.1人/km²,其中城镇人口为7.3万人,城镇化率达27.9%,辖10个镇、8个乡,205个行政村。宽城县因"元设宽河驿、明筑宽河城"而得名,1963年建县,1989年经国务院批准设立宽城满族自治县,县政府驻宽城镇,距承德市区87km,距北京

230km,距天津240km,距秦皇岛180km。2019年全县生产总值实现148.6亿元,比上年增长6.6%。其中,第一产业实现增加值19.21亿元,比上年增长6.9%;第二产业实现增加值68.08亿元,比上年增长3.1%;第三产业实现增加值61.31亿元,比上年增长11.6%。三次产业的比重为12.9∶45.8∶41.3。农村居民人均可支配收入为14 215元,比上年增长11.0%;城镇居民人均可支配收入为34 801元,比上年增长9.4%。该县先后被评为"全国文明县城""国家园林县城""国家卫生县城""全国文化先进县""全国国土资源集约节约利用模范县""全国科技进步先进县""河北省森林城市",是全国"板栗之乡",河北"桑蚕之乡"。

(二)土地利用现状结构

1. 一、二级地类构成特点

第三次全国国土调查结果显示,宽城县土地总面积占承德市土地总面积的4.90%。按一、二级分类,其构成特点如下。

耕地面积为12 268.22hm^2,占全市耕地总面积的2.97%。耕地类型以旱地为主,面积为12 081.97hm^2,占全县耕地总面积的98.49%;其次为水浇地,面积为159.97hm^2,占1.30%;水田最少,面积为26.28hm^2,占0.21%。

园地面积为29 374.92hm^2,占全市园地总面积的20.30%。园地类型以果园为主,面积为20 394.06hm^2,占全县园地面积的69.43%;其他园地面积为8 980.86hm^2,占30.57%。

林地面积为101 068.40hm^2,占全市林地总面积的3.77%。林地类型以乔木林地为主,面积为60 456.15hm^2,占全县林地总面积的59.82%;其次为灌木林地,面积为32 229.14hm^2,占31.89%;其他林地最少,面积为8 383.11hm^2,占8.29%。

草地面积为30 087.60hm^2,占全市草地总面积的6.61%。草地类型全部为其他草地。

城镇村及工矿用地面积为10 571.55hm^2,占全市城镇村及工矿用地总面积的9.59%。城镇村及工矿用地类型以村庄为主,面积为5 311.22hm^2,占全县城镇村及工矿用地总面积的50.24%;其次为采矿用地,面积为4 129.72hm^2,占39.06%;再次为建制镇,面积为1 103.43hm^2,占10.44%;特殊用地最少,面积为27.18hm^2,仅占0.26%。

交通运输用地面积为1 780.71hm^2,占全市交通运输用地总面积的5.34%。交通运输用地类型以公路用地为主,面积为1 009.55hm^2,占全县交通运输用地总面积的56.69%;其次为农村道路,面积为658.94hm^2,占37.00%;再次为铁路用地,面积为108.38hm^2,占6.09%。此外,宽城县有管道运输用地3.84hm^2,占0.22%。

水域及水利设施用地面积为6 871.77hm^2,占全市水域及水利设施用地总面积的15.49%。水域及水利设施用地类型以公路用地为主,面积为4 224.24hm^2,占全县水域及水利设施用地总面积的61.47%;其次为河流水面,面积为2 512.40hm^2,占36.56%;再次为沟渠,面积为75.10hm^2,占1.09%。此外有坑塘水面29.97hm^{2}和水工建筑用地30.06hm^2,面积均占0.44%。

湿地面积为85.62hm^2,占全市湿地总面积的0.42%。湿地类型全部为内陆滩涂。

其他土地面积为1 117.54hm^2(不包含裸岩石砾地和裸土地地类面积,下同),占全市其他土地总面积的2.72%。其他土地类型以田坎为主,面积为787.82hm^2,占全县其他土地总面积的70.50%;其次为设施农用地,面积为329.72hm^2,占29.50%。宽城县土地利用现状一、二级地类构成见表2-86、图2-137。

表 2-86 宽城县土地利用现状一、二级地类构成表

土地利用类型		面积/hm²	占一级类型面积比例/%	占全市本类土地面积比例/%
耕地	小计	12 268.22	100.00	2.97
	水田	26.28	0.21	0.47
	水浇地	159.97	1.30	0.32
	旱地	12 081.97	98.49	3.37
园地	小计	29 374.92	100.00	20.30
	果园	20 394.06	69.43	16.58
	其他园地	8 980.86	30.57	41.39
林地	小计	101 068.40	100.00	3.77
	乔木林地	60 456.15	59.82	4.41
	灌木林地	32 229.14	31.89	3.65
	其他林地	8 383.11	8.29	1.97
草地	小计	30 087.60	100.00	6.61
	其他草地	30 087.60	100.00	10.18
城镇村及工矿用地	小计	10 571.55	100.00	9.59
	建制镇	1 103.43	10.44	9.49
	村庄	5 311.22	50.24	7.79
	采矿用地	4 129.72	39.06	18.21
	特殊用地	27.18	0.26	1.78
交通运输用地	小计	1 780.71	100.00	5.34
	铁路用地	108.38	6.09	3.23
	公路用地	1 009.55	56.69	6.71
	农村道路	658.94	37.00	4.50
	管道运输用地	3.84	0.22	64.32
水域及水利设施用地	小计	6 871.77	100.00	15.49
	河流水面	2 512.40	36.56	7.42
	水库水面	4 224.24	61.47	57.54
	坑塘水面	29.97	0.44	3.24
	沟渠	75.10	1.09	4.67
	水工建筑用地	30.06	0.44	7.15
湿地	小计	85.62	100.00	0.42
	内陆滩涂	85.62	100.00	1.11
其他土地	小计	1 117.54	100.00	2.72
	设施农用地	329.72	29.50	5.74
	田坎	787.82	70.50	2.28

注:其他土地面积汇总不包含裸岩石砾地、裸土地地类面积。

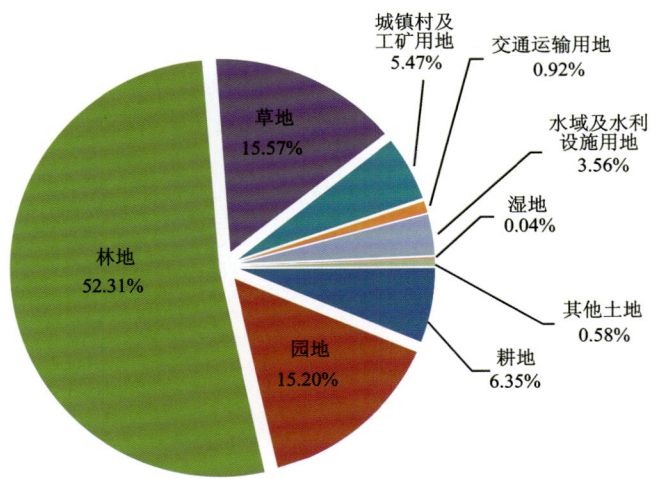

图 2-137　宽城县土地利用现状一级地类构成图

2. 三大分类构成特点

在农用地中,林地面积所占比例最大,占全县农用地总面积的 67.91%;其次为园地面积,占全县农用地总面积的 19.74%;第三为耕地面积,占全县农用地总面积的 8.24%。

在建设用地中,城镇村及工矿用地面积所占比例最大,占全县建设用地总面积的 90.17%;其次为交通运输用地面积,占全县建设用地总面积的 9.57%;第三为水工建筑用地面积,占全县建设用地总面积的 0.26%。

在未利用地中,其他草地面积所占比例最大,占全县未利用地总面积的 91.08%;其次为河流水面面积,占全县未利用地总面积的 7.61%。全县土地利用现状综合指标见表 2-87。

表 2-87　宽城县土地利用现状综合指标统计表　　　　单位:%

行政区	农用地率	建设用地率	土地利用率	未利用地比例
宽城镇	73.10	9.66	82.76	17.24
龙须门镇	71.41	6.59	78.00	22.00
峪耳崖镇	77.20	12.37	89.57	10.43
板城镇	71.96	8.78	80.74	19.26
汤道河镇	68.24	3.05	71.29	28.71
梓罗台镇	80.65	4.31	84.96	15.04
碾子峪镇	76.74	14.30	91.04	8.96
亮甲台镇	79.49	8.55	88.04	11.96
化皮溜子镇	72.84	4.72	77.56	22.44
松岭镇	79.31	13.67	92.98	7.02
塌山乡	92.62	1.87	94.49	5.51
孟子岭乡	87.82	2.20	90.02	9.98
独石沟乡	98.34	0.96	99.30	0.70
铧尖乡	84.75	4.74	89.49	10.51
东黄花川乡	75.56	11.16	86.72	13.28
苇子沟乡	64.22	3.49	67.71	32.29

续表 2-87

行政区	农用地率	建设用地率	土地利用率	未利用地比例
大字沟门乡	91.81	3.17	94.98	5.02
大石柱子乡	55.63	1.89	57.52	42.48
林场	99.06	0.09	99.15	0.85
水库	99.00	0.42	99.42	0.58

（三）土地利用分布特点

宽城县辖区内，土地面积最大的行政区为汤道河镇，其次为龙须门镇，第三为宽城镇。土地面积最小的行政区为东黄花川乡。宽城县一级地类分布情况见表 2-88。

表 2-88 宽城县一级地类分布情况统计表　　　　单位：hm²

行政区	耕地面积	园地面积	林地面积	草地面积	城镇村及工矿用地面积	交通运输用地面积	水域及水利设施用地面积	湿地面积	其他土地面积
宽城县	12 268.22	29 374.92	101 068.4	30 087.6	10 571.55	1 780.71	6 871.77	85.62	1 117.54
宽城镇	798.30	2 813.32	8 843.00	2 708.56	1 443.71	254.86	257.75	14.33	100.56
龙须门镇	1 906.52	1 469.30	9 683.79	3 841.40	1 069.20	197.32	255.84	0.00	189.62
峪耳崖镇	643.38	3 103.63	7 038.85	1 155.64	1 649.49	164.50	321.80	4.41	58.54
板城镇	1 552.41	2 885.15	6 944.65	2 790.21	1 194.80	324.15	186.72	0.58	108.21
汤道河镇	2 299.90	1 901.07	11 282.60	6 271.18	643.44	136.36	366.08	3.79	214.49
桲罗台镇	78.92	2 229.83	4 169.40	1 175.85	314.05	58.97	39.55	0.51	8.34
碾子峪镇	248.90	2 988.39	2 721.93	539.25	1 038.29	120.41	169.01	1.99	15.41
亮甲台镇	698.14	741.65	3 792.78	711.35	547.12	55.18	89.87	0.36	75.42
化皮溜子镇	355.00	1 587.94	2 251.40	1 158.34	255.42	45.22	140.69	12.86	29.98
松岭镇	141.99	1 509.76	2 155.96	312.76	641.97	40.00	32.11	0.00	5.49
塌山乡	190.71	1 747.73	5 666.69	402.33	125.76	52.78	50.02	0.00	25.44
孟子岭乡	138.32	1 901.69	6 357.88	895.67	190.04	47.51	82.82	0.76	15.70
独石沟乡	6.94	382.81	4 398.50	32.93	37.62	17.89	0.11	0.00	1.71
铧尖乡	208.96	1 764.02	3 299.94	612.88	288.37	33.12	45.24	0.32	20.09
东黄花川乡	315.82	587.42	2 372.44	480.51	448.14	67.70	103.15	2.39	32.49
苇子沟乡	1 124.49	752.54	4 135.31	2 989.94	299.51	60.17	160.99	2.40	62.37
大字沟门乡	634.52	656.90	5 218.44	295.48	202.95	40.17	68.45	0.08	57.46
大石柱子乡	865.24	304.45	4 118.77	3 711.31	164.88	49.50	303.16	40.21	92.96
林场	1.41	43.58	6 608.60	0.14	2.36	8.40	22.62	0.00	0.16
水库	58.35	3.74	7.47	1.87	14.43	6.50	4 175.79	0.63	3.10

注：其他土地面积汇总不包含裸岩石砾地、裸土地地类面积。

1. 耕地分布特点

宽城县耕地面积为 12 268.22hm²。耕地分布最多的行政区是汤道河镇,面积为 2 299.90hm²,占全县耕地总面积的 18.75%;其次是龙须门镇,面积为 1 906.52hm²,占 15.54%;第三是板城镇,面积为 1 552.41hm²,占12.65%。苇子沟乡有耕地面积 1 124.49hm²,占 9.17%。其余乡镇耕地面积均在 1000hm² 以下。耕地分布较少的行政区为桲罗台镇和独石沟乡,耕地面积分别为 78.92hm² 和 6.94hm²,分别仅占全县耕地总面积的 0.64%和 0.06%。在二级地类中,水田仅为 26.28hm²,全部分布在汤道河镇;水浇地主要分布在苇子沟乡、龙须门镇、大石柱子乡和汤道河镇,面积占全县水浇地总面积的94.44%;旱地分布面积在 1000hm² 以上的行政区有汤道河镇、龙须门镇、板城镇和苇子沟乡,面积占全县旱地总面积的 55.65%。宽城县耕地分布情况如图 2-138 所示。

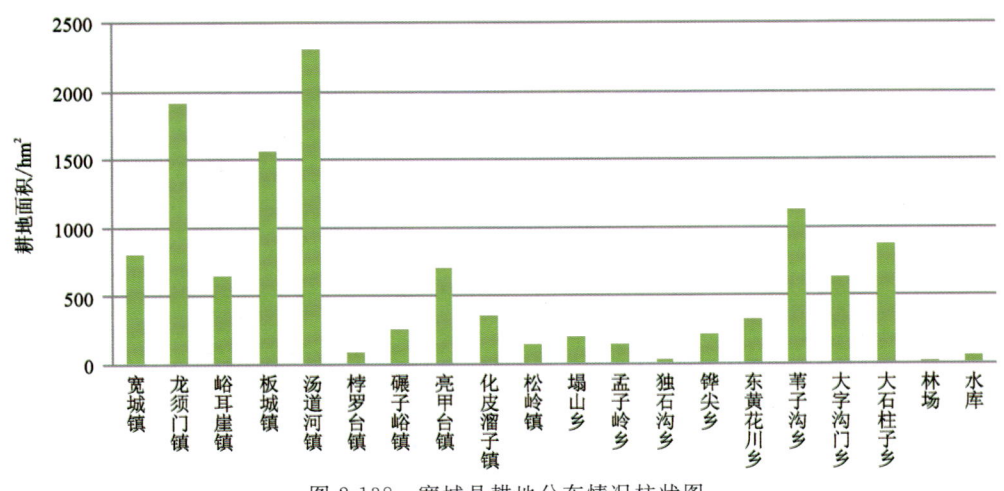

图 2-138 宽城县耕地分布情况柱状图

2. 园地分布特点

宽城县园地面积为 29 374.92hm²。园地面积在 2000hm² 以上的行政区有峪耳崖镇,面积为 3 103.63hm²,占全县园地总面积的 10.57%;碾子峪镇园地面积为 2 988.39hm²,占 10.17%;板城镇园地面积为 2 885.15hm²,占 9.82%;宽城镇园地面积为 2 813.32hm²,占 9.58%;桲罗台镇园地面积为2 229.83hm²,占 7.59%。在二级地类中,果园分布面积在 1500hm² 以上的行政区有峪耳崖镇、板城镇、宽城镇、碾子峪镇、桲罗台镇和孟子岭乡,面积占全县果园总面积的 55.84%;其他果园分布面积在 600hm² 以上的行政区有碾子峪镇、铧尖乡、峪耳崖镇、塌山乡、板城镇、宽城镇、桲罗台镇和松岭镇,面积占全县其他果园总面积的 72.38%。宽城县园地分布情况如图 2-139 所示。

3. 林地分布特点

宽城县林地面积为 101 068.4hm²。林地分布最多的行政区是汤道河镇,面积为 11 282.6hm²,占全县林地总面积的 11.16%;其次是龙须门镇,面积为 9 683.79hm²,占 9.58%;第三是宽城镇,面积为 8 843.00hm²,占 8.75%。在二级地类中,乔木林地分布面积在 6000hm² 以上的行政区有龙须门镇、林场、汤道河镇和宽城镇,面积占全县乔木林地总面积的 41.08%;灌木林地分布面积在 2000hm² 以上的行政区有汤道河镇、峪耳崖镇、宽城镇、苇子沟乡、龙须门镇、大字沟门乡和板城镇,面积占全县灌木林地总面积的 59.44%;其他林地分布面积在 500hm² 以上的行政区有孟子岭乡、汤道河镇、板城镇、铧尖乡、宽城镇和峪耳崖镇,面积占全县其他林地总面积的 71.95%。宽城县林地分布情况如图 2-140 所示。

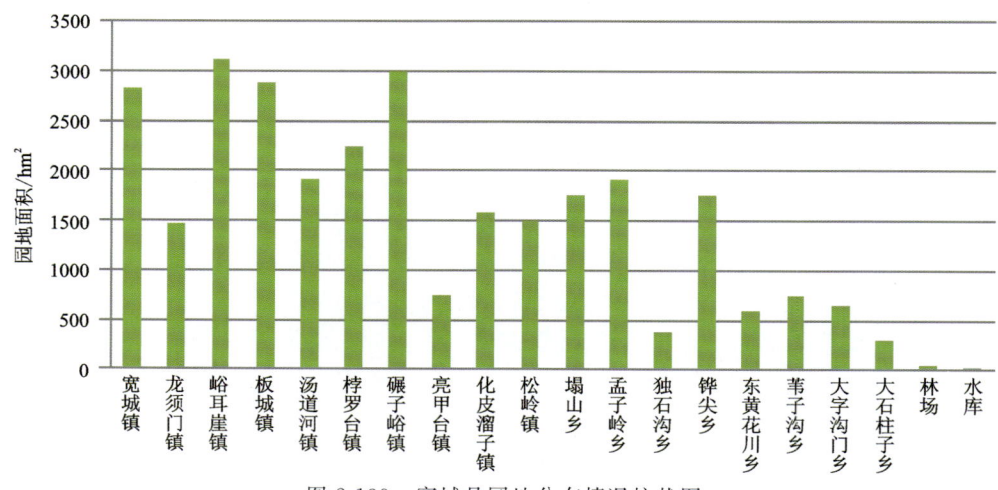

图 2-139 宽城县园地分布情况柱状图

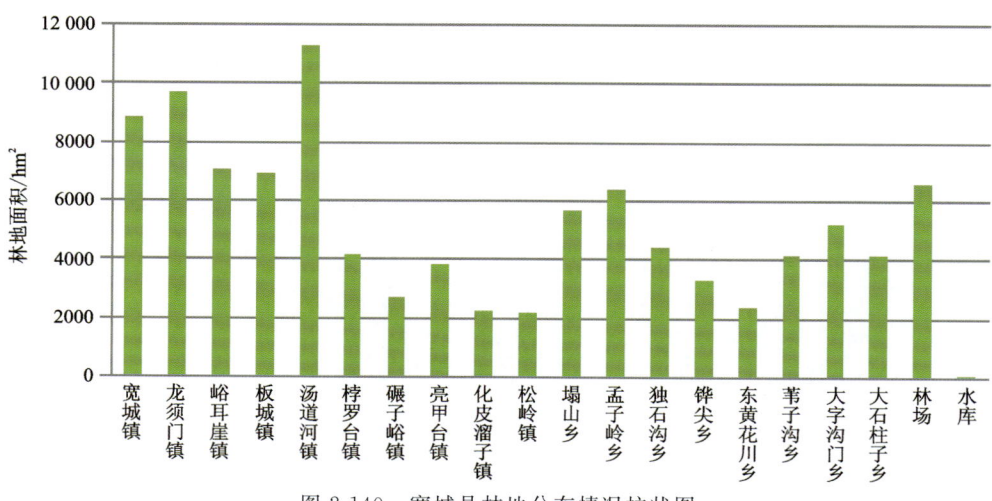

图 2-140 宽城县林地分布情况柱状图

4. 草地分布特点

宽城县草地面积为 30 087.6hm²。草地分布最多的行政区是汤道河镇,面积为 6 271.18hm²,占全县草地总面积的 20.84%;其次是龙须门镇,面积为 3 841.40hm²,占 12.77%;第三为大石柱子乡,面积为 3 711.31hm²,占 12.34%。在二级地类中,宽城县草地只有其他草地一种类型,分布情况与上述情况一致。宽城县草地分布情况如图 2-141 所示。

5. 城镇村及工矿用地分布特点

宽城县城镇村及工矿用地面积为 10 571.55hm²。城镇村及工矿用地分布最多的行政区是峪耳崖镇,面积为 1 649.49hm²,占全县城镇村及工矿用地总面积的 15.60%;其次为宽城镇,面积为 443.71hm²,占 13.65%;第三为板城镇,面积为 1 194.80hm²,占 11.30%;龙须门镇的城镇村及工矿用地面积为 1 069.20hm²,占 10.11%。在二级地类中,建制镇面积最大的行政区是宽城镇,面积占全县建制镇用地总面积的 75.03%;村庄用地分布面积在 300hm² 以上的行政区有龙须门镇、峪耳崖镇、板城镇、宽城镇、汤道河镇和碾子峪镇,面积占全县村庄用地总面积的 64.77%;采矿用地分布面积在 300hm² 以上的行政区有峪耳崖镇、碾子峪镇、板城镇、松岭镇和亮甲台镇,面积占全县采矿用地总面积的 69.73%;特殊用地较少,主要分布在宽城镇。宽城县城镇村及工矿用地分布情况如图 2-142 所示。

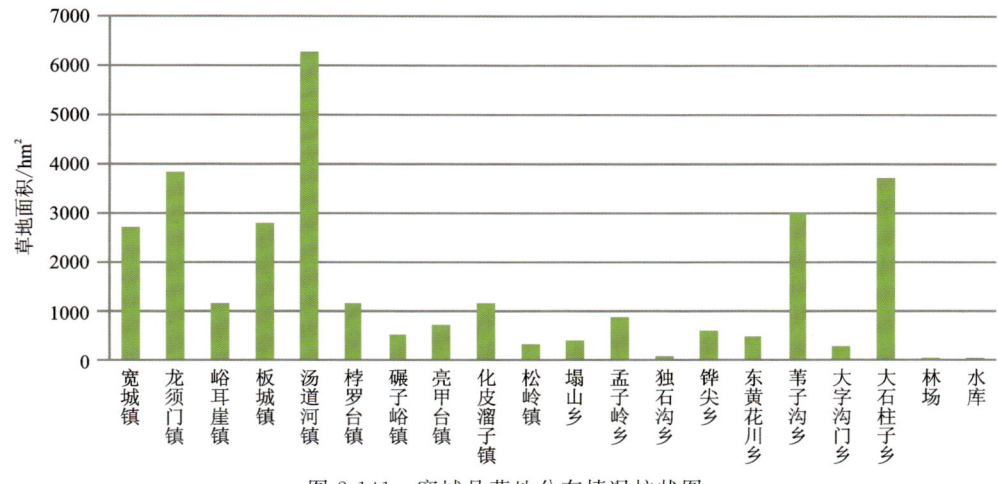

图 2-141 宽城县草地分布情况柱状图

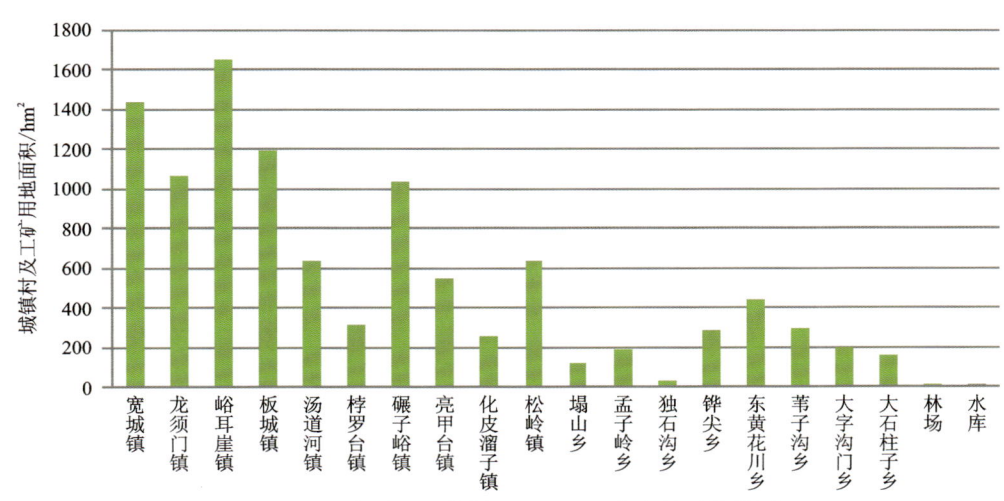

图 2-142 宽城县城镇村及工矿用地分布情况柱状图

6. 交通运输用地分布特点

宽城县交通运输用地面积为 1 780.71hm²。交通运输用地分布最多的行政区是板城镇,面积为 324.15hm²,占全县交通运输用地总面积的 18.20%;其次为宽城镇,面积为 254.86hm²,占 14.31%;第三为龙须门镇,面积为 197.32hm²,占 11.08%。在二级地类中,铁路用地全部分布在峪耳崖镇、板城镇、碾子峪镇和龙须门镇;公路用地分布面积在 50hm² 以上的行政区有宽城镇、板城镇、龙须门镇、峪耳崖镇、汤道河镇和碾子峪镇,面积占全县公路用地总面积的 71.21%;农村道路分布最多的行政区是板城镇,面积占全县农村道路用地总面积的 15.61%,其余乡镇均有分布,面积差别较小;管道运输用地很少,分布在亮甲台镇、东黄花川乡和龙须门镇。宽城县交通运输用地分布情况如图 2-143 所示。

7. 水域及水利设施用地分布特点

宽城县水域及水利设施用地面积为 6 871.77hm²。水域及水利设施用地分布最多的行政区是水库,面积为 4 175.79hm²,占全县水域及水利设施用地总面积的 60.77%;其次为汤道河镇,面积为 366.08hm²,占 5.33%;第三为峪耳崖镇,面积为 321.8hm²,占 4.68%。在二级地类中,河流水面分布面积在 200hm² 以上的行政区有汤道河镇、峪耳崖镇、大石柱子乡、龙须门镇和宽城镇,面积占全县河流水面总面积的 57.55%;水库水面主要分布在水库、苇子沟乡和孟子岭乡,面积占全县水库水面总面积的

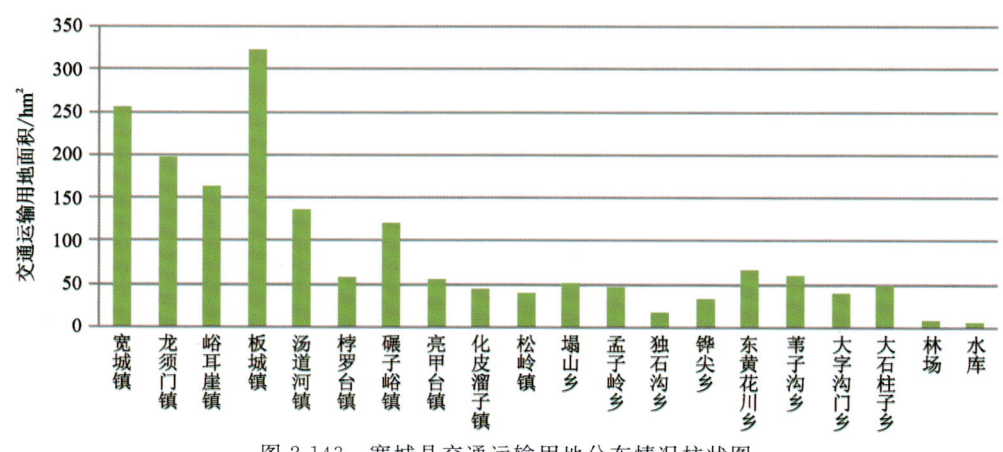

图 2-143　宽城县交通运输用地分布情况柱状图

99.88%；坑塘水面较少，主要分布在板城镇、东黄花川乡和峪耳崖镇；沟渠较少，主要分布在峪耳崖镇、板城镇、碾子峪镇和松岭镇；水工建筑用地很少，主要分布在宽城镇和苇子沟乡。宽城县水域及水利设施用地分布情况如图 2-144 所示。

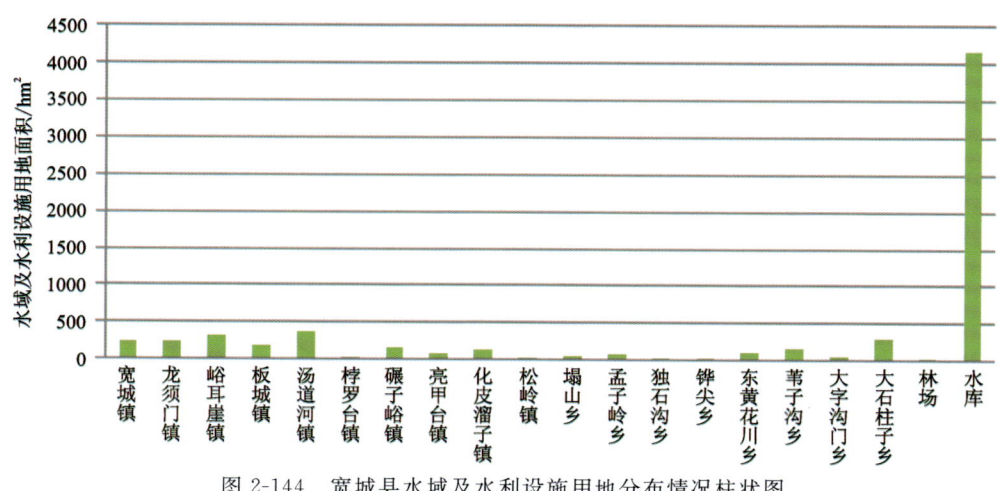

图 2-144　宽城县水域及水利设施用地分布情况柱状图

8. 湿地分布特点

宽城县湿地面积为 85.62hm²，主要分布在大石柱子乡、化皮溜子镇和宽城镇，面积分别为 40.21hm²、14.33hm² 和 12.86hm²，分别占全县湿地总面积的 46.96%、16.74% 和 15.02%。在二级地类中，宽城县湿地只有内陆滩涂一种类型，分布情况与上述一致。宽城县湿地分布情况如图 2-145 所示。

9. 其他土地分布特点

宽城县其他土地面积为 1 117.54hm²。其他土地分布最多的行政区是汤道河镇，面积为 214.49hm²，占全县其他土地总面积的 19.19%；其次为龙须门镇，面积为 189.62hm²，占 16.97%；第三为板城镇，面积为 108.21hm²，占 9.68%。在二级地类中，设施农用地分布面积在 20hm² 以上的行政区有汤道河镇、龙须门镇、板城镇、大石柱子乡、宽城镇和苇子沟乡，面积占全县设施农用地总面积的 71.79%；田坎分布面积在 50hm² 以上的行政区有汤道河镇、龙须门镇、板城镇、宽城镇、大石柱子乡和亮甲台乡，面积占全县田坎总面积的 69.96%。宽城县其他土地分布情况如图 2-146 所示。

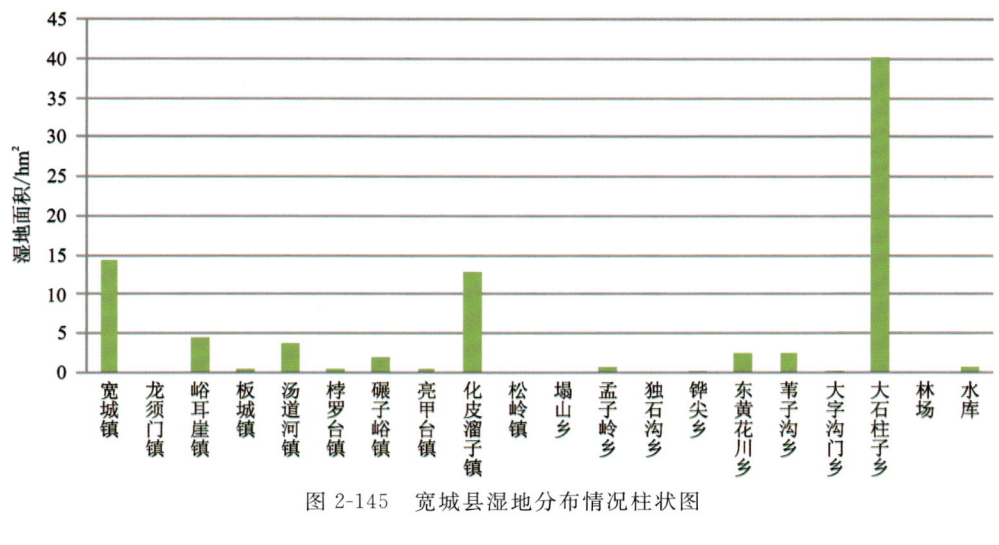

图 2-145　宽城县湿地分布情况柱状图

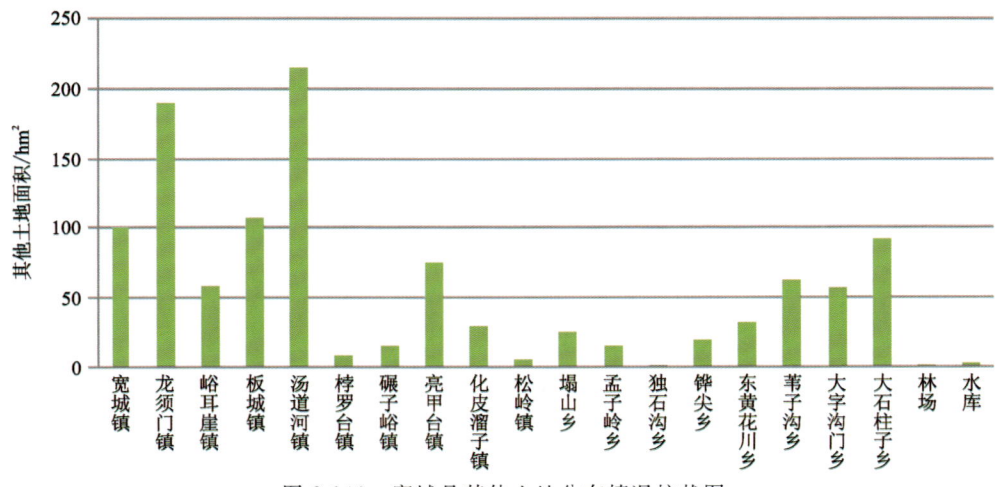

图 2-146　宽城县其他土地分布情况柱状图

十、围场县土地利用现状

(一)县域土地环境条件

1. 自然环境条件

围场县位于河北省最北部,承德市的西北部,地处内蒙古高原和冀北山地的过渡带,为阴山山脉、大兴安岭山脉的尾部和燕山山脉的结合部。地理坐标为北纬 41°35′—42°40′,东经 116°32′—118°14′。地势西北高,东南低,海拔在 750~2067m 之间。东、西、北 3 个面分别与内蒙古自治区的喀喇沁旗、赤峰市、克什克腾旗、多伦县接壤,西南和南部分别与丰宁县、隆化县相连,围场县是华北地区通往内蒙古和东北地区的要道之一。辖区总面积为 9 037.43km²,是河北省面积最大的县级行政区。境内河流众多,主要有伊逊河、小滦河、阴河 3 条河流。伊逊河是本县境内的一条主要河流,在本县境内长 88.5km,流域内为主要经济区。小滦河自北向南流经西部地区,在本县境内长 95km,该河源于塞罕坝上茂密的森林,因汇入滦河故得名"小滦河"。阴河源于北部接坝地区,在本县境内长 62.1km,也是本县北部最大的河流。围场县纬度较高,年均气温为3.3℃,年均降水为445mm,地形复杂,气候多样。北部坝上属于温带大陆性蒙古高原季风气候,气温低,降水少,风大沙多,无霜期短;西北部和中南部属于北温带大陆性燕山山地季风气候,气温较高,降水较多,旱、洪霜雹冻等自然灾害较多。矿产以非金属矿为主,已探明的矿产有36种,已开发利用18种。其中,沸石、硅砂、萤石、大理石、玄武岩、铁、油母页岩等储量较大。围场县林木资源丰富,是"三北"防护林体系和河北省用材林重点基地县,森林覆盖率达58.8%。县域内有河北滦河上游国家级自然保护区、河北塞罕坝国家级自然保护区、红松洼国家级自然保护区、河北御道口省级自然保护区、小滦河国家湿地公园、钓鱼台省级湿地公园、木兰围场景区等重要保护区。全县自然保护区总面积达11.1万hm^2,占县域土地总面积的12.28%,保护区数量和面积均居河北省第一位。

2. 社会经济条件

2019年围场县全县总人口为53.66万人,是承德市人口最多的县,常住人口密度为47.4人/km^2,辖12个镇、25个乡、312个行政村。县政府驻围场镇,距承德市153km,距省会石家庄588km。2019年全县生产总值实现154.66亿元,比上年增长7.2%。其中,第一产业实现增加值57.75亿元,比上年增长7.0%;第二产业实现增加值36.82亿元,比上年增长1.7%;第三产业实现增加值60.10亿元,比上年增长11.6%。三次产业的比重为37.3∶23.8∶38.9。农村居民人均可支配收入为10 118元,比上年增长12.4%;城镇居民人均可支配收入为27 001元,比上年增长9.3%。

清康熙年代开辟木兰围场,光绪三年(1877年)设置粮捕厅,中华民国元年(1912年)改厅建围场县。1989年6月,经国务院批准,撤销围场县,设立围场满族蒙古族自治县。境内包括省属塞罕坝机械林场、木兰围场国有林场管理局、市属御道口牧场管理区,是"塞罕坝精神"的发源地,是国际农业发展基金会援助的"北方草原和畜牧现代化建设试点县"。该县先后被确定为"中国马铃薯之乡""国家级无公害蔬菜生产基地""全国商品牛基地县""中国旅游明星县""第一批国家农业可持续发展试验示范区""国家首批绿色能源示范县"。2019年入选"中国最美县域榜单"。2020年入选"中国夏季休闲百佳县市""中国秋季休闲百佳县市"。

(二)土地利用现状结构

1. 一、二级地类构成特点

第三次全国国土调查结果显示,围场县土地总面积占承德市土地总面积的22.89%。按一、二级分类,其构成特点如下。

耕地面积为112 037.00hm^2,占全市耕地总面积的27.07%。耕地类型以旱地为主,面积为104 363.52hm^2,占全县耕地总面积的93.15%;其次为水浇地,面积为7 661.33hm^2,占6.84%;水田最少,面积为12.15hm^2,仅占0.01%。

园地面积为3 170.08hm^2,占全市园地总面积的2.19%。园地类型以果园为主,面积为3 077.45hm^2,占97.08%;其他园地面积为92.63hm^2,占2.92%。

林地面积为624 468.35hm^2,占全市林地总面积的23.32%。林地类型以乔木林地为主,面积为370 283.42hm^2,占全县林地总面积的59.29%;其次为其他林地,面积为199 074.71hm^2,占31.88%;灌木林地最少,面积为55 110.22hm^2,占8.83%。

草地面积为111 649.53hm^2,占全市草地总面积的24.52%。草地类型以天然牧草地为主,面积为68 788.39hm^2,占全县草地总面积的61.61%;其次为其他草地,面积为42 616.40hm^2,占38.17%;人工牧草地最少,面积为244.74hm^2,占0.22%。

城镇村及工矿用地面积为14 808.21hm^2,占全市城镇村及工矿用地总面积的13.44%。城镇村及工矿用地类型以村庄为主,面积为13 018.83hm^2,占全县城镇村及工矿用地总面积的87.91%;其次为建制镇用地,面积为 1 310.36hm²,占 8.85%;再次为采矿用地,面积为 399.59hm²,占 2.70%;特殊用地面积为 79.43hm²,仅占 0.54%。

交通运输用地面积为 6 537.15hm²,占全市交通运输用地总面积的 19.62%。交通运输用地类型以农村道路为主,面积为 4 525.47hm²,占全县交通运输用地总面积的 69.22%;其次为公路用地,面积为 1 805.47hm²,占 27.62%;再次为铁路用地,面积为 152.70hm²,占 2.34%;机场用地最少,面积为 53.51hm²,占 0.82%。

水域及水利设施用地面积为 9 788.74hm²,占全市水域及水利设施用地总面积的 22.08%。水域及水利设施用地类型以河流水面为主,面积为 8 075.65hm²,占全县水域及水利设施用地总面积的 82.5%;其次为水库水面,面积为 840.94hm²,占 8.59%;再次为沟渠,面积为 357.05hm²,占 3.65%。坑塘水面面积为 290.96hm²,占 2.97%;湖泊水面面积为 166.44hm²,占 1.70%;水工建筑用地面积为 57.70hm²,占 0.59%。

湿地面积为 10 584.79hm²,占全市湿地总面积的 51.41%。湿地类型以沼泽草地为主,面积为 7 251.63hm²,占全县湿地总面积的 68.51%;其次为沼泽地,面积为 2 005.87hm²,占 18.95%;再次为灌丛沼泽,面积为 836.83hm²,占 7.91%。内陆滩涂面积为 490.46hm²,占 4.63%。

其他土地面积为 8 513.74hm²(不包含裸岩石砾地和裸土地地类面积,下同),占全市其他土地总面积的 20.71%。其他土地类型以田坎为主,面积为 7 348.43hm²,占全县其他土地总面积的 86.31%;其次为设施农用地,面积为 710.01hm²,占 8.34%。沙地面积为 455.30hm²,占 5.35%。围场县土地利用现状一、二级地类构成见表 2-89 和图 2-147。

表 2-89 围场县土地利用现状一、二级地类构成表

土地利用类型		面积/hm²	占一级类型面积比例/%	占全市本类土地面积比例/%
耕地	小计	112 037.00	100.00	27.07
	水田	12.15	0.01	0.22
	水浇地	7 661.33	6.84	15.46
	旱地	104 363.52	93.15	29.10
园地	小计	3 170.08	100.00	2.19
	果园	3 077.45	97.08	2.50
	其他园地	92.63	2.92	0.43
林地	小计	624 468.35	100.00	23.32
	乔木林地	3 70283.42	59.29	27.00
	灌木林地	55 110.22	8.83	6.25
	其他林地	199 074.71	31.88	46.86
草地	小计	111 649.53	100.00	24.52
	天然牧草地	68 788.39	61.61	43.20
	人工牧草地	244.74	0.22	39.10
	其他草地	42 616.40	38.17	14.42
城镇村及工矿用地	小计	14 808.21	100.00	13.44
	建制镇	1 310.36	8.85	11.27
	村庄	13 018.83	87.91	19.08
	采矿用地	399.59	2.70	1.76
	特殊用地	79.43	0.54	5.21

续表 2-89

土地利用类型		面积/hm²	占一级类型面积比例/%	占全市本类土地面积比例/%
交通运输用地	小计	6 537.15	100.00	19.62
	铁路用地	152.70	2.34	4.55
	公路用地	1 805.47	27.62	12.00
	农村道路	4 525.47	69.22	30.90
	机场用地	53.51	0.82	20.33
水域及水利设施用地	小计	9 788.74	100.00	22.08
	河流水面	8 075.65	82.50	23.85
	湖泊水面	166.44	1.70	83.70
	水库水面	840.94	8.59	11.45
	坑塘水面	290.96	2.97	31.42
	沟渠	357.05	3.65	22.19
	水工建筑用地	57.70	0.59	13.73
湿地	小计	10 584.79	100.00	51.41
	灌丛沼泽	836.83	7.91	99.72
	沼泽草地	7 251.63	68.51	72.15
	内陆滩涂	490.46	4.63	6.39
	沼泽地	2 005.87	18.95	100.00
其他土地	小计	8 513.74	100.00	20.71
	设施农用地	710.01	8.34	12.37
	田坎	7 348.43	86.31	21.26
	沙地	455.30	5.35	57.45

注：其他土地面积汇总不包含裸岩石砾地、裸土地地类面积。

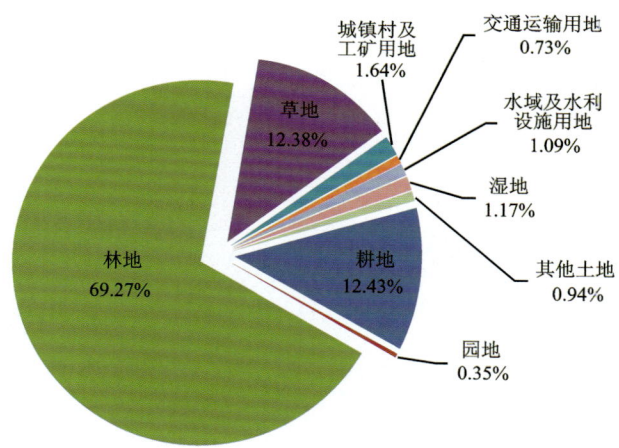

图 2-147 围场县土地利用现状一级地类构成图

2. 三大分类构成特点

在农用地中，林地面积所占比例最大，占全县农用地总面积的 75.16%；其次为耕地面积，占全县农用地总面积的 13.48%；第三为草地面积，占全县农用地总面积的 8.31%。

在建设用地中，城镇村及工矿用地面积所占比例最大，占全县建设用地总面积的 87.74%；其次为交通运输用地面积，占全县建设用地总面积的 11.92%；第三为水工建筑用地面积，占全县建设用地总面积的 0.34%。

在未利用地中，其他草地面积所占比例最大，占全县未利用地总面积的 76.11%；其次为河流水面面积，占全县未利用地总面积的 14.42%；第三为沼泽地面积，占全县未利用地总面积的 3.58%。全县土地利用现状综合指标见表 2-90。

表 2-90　围场县土地利用现状综合指标统计表　　　　　　　　　　　　　单位：%

行政区	农用地率	建设用地率	土地利用率	未利用地比例
围场镇	87.59	7.60	95.19	4.81
四合永镇	89.28	5.91	95.19	4.81
克勒沟镇	90.41	3.51	93.92	6.08
棋盘山镇	91.33	2.43	93.76	6.24
半截塔镇	92.81	2.09	94.90	5.10
朝阳地镇	85.40	3.37	88.77	11.23
朝阳湾镇	86.67	3.01	89.68	10.32
腰站镇	90.89	3.64	94.53	5.47
新拨镇	90.23	1.75	91.98	8.02
龙头山镇	91.91	3.54	95.45	4.55
御道口镇	92.21	2.14	94.35	5.65
城子镇	89.75	1.48	91.23	8.77
道坝子乡	94.33	1.69	96.02	3.98
黄土坎乡	97.58	1.40	98.98	1.02
四道沟乡	95.79	2.45	98.24	1.76
兰旗卡伦乡	94.77	2.99	97.76	2.24
银窝沟乡	91.49	2.60	94.09	5.91
新地乡	93.22	2.83	96.05	3.95
广发永乡	84.91	2.02	86.93	13.07
育太和乡	86.52	2.32	88.84	11.16
郭家湾乡	86.34	1.96	88.30	11.70
杨家湾乡	88.17	2.01	90.18	9.82
大唤起乡	94.76	2.28	97.04	2.96
哈里哈乡	95.27	1.73	97.00	3.00
张家湾乡	88.28	1.35	89.63	10.37
宝元栈乡	95.36	1.93	97.29	2.71
山湾子乡	91.74	1.88	93.62	6.38
三义永乡	92.86	1.32	94.18	5.82
姜家店乡	84.21	1.47	85.68	14.32
下伙房乡	94.76	1.24	96.00	4.00

续表 2-90

行政区	农用地率	建设用地率	土地利用率	未利用地比例
燕格柏乡	92.19	0.70	92.89	7.11
牌楼乡	92.72	2.50	95.22	4.78
老窝铺乡	80.25	0.98	81.23	18.77
石桌子乡	95.21	1.41	96.62	3.38
大头山乡	93.92	2.13	96.05	3.95
南山嘴乡	92.46	1.62	94.08	5.92
西龙头乡	90.81	1.14	91.95	8.05
红松洼牧场	96.82	0.67	97.49	2.51
卡伦后沟牧场	91.58	0.56	92.14	7.86
庙宫水库	86.55	2.87	89.42	10.58
塞罕坝机械林场	94.68	0.30	94.98	5.02
御道口牧场	95.30	0.58	95.88	4.12

（三）土地利用分布特点

围场县辖区内，面积最大的行政区为御道口牧场，其次为塞罕坝机械林场。县属乡镇以燕格柏乡和城子镇面积较大，土地面积最小的乡镇为育太和乡。围场县一级地类分布情况见表 2-91。

表 2-91 围场县一级地类分布情况统计表　　　　　　　　　　　　　　单位：hm²

行政区	耕地面积	园地面积	林地面积	草地面积	城镇村及工矿用地面积	交通运输用地面积	水域及水利设施用地面积	湿地面积	其他土地面积
围场县	112 037.00	3 170.08	624 468.35	111 649.53	14 808.21	6 537.15	9 788.74	10 584.79	8 513.74
围场镇	1 501.89	57.18	14 636.75	610.12	1 292.72	238.69	237.86	0.00	142.24
四合永镇	1 928.00	170.11	11 215.41	517.92	788.06	206.45	246.94	2.41	144.09
克勒沟镇	4 900.85	5.41	9 845.19	911.68	526.06	151.88	110.18	6.30	364.85
棋盘山镇	5 463.63	38.18	18 894.10	1 061.11	624.74	199.10	558.26	11.72	510.54
半截塔镇	2 339.72	35.06	16 629.76	557.63	388.57	140.01	326.51	5.60	181.54
朝阳地镇	5 319.53	0.50	7 626.29	1 926.84	506.74	136.69	291.19	6.73	408.41
朝阳湾镇	5 322.39	46.32	9 911.55	1 584.10	501.71	141.03	265.36	10.55	456.19
腰站镇	4 322.90	325.38	13 857.75	860.49	605.12	283.15	369.92	18.20	315.50
新拨镇	4 863.26	83.58	18 181.16	2 885.03	448.85	145.15	363.35	20.00	306.84
龙头山镇	1 464.74	54.10	11 916.88	417.17	487.42	96.65	224.16	11.42	132.42
御道口镇	5 828.99	9.28	8 461.29	7 701.93	420.31	296.25	229.34	428.88	301.91
城子镇	2 839.85	0.00	23 398.04	2 384.22	395.87	130.68	199.19	7.73	174.81
道坝子乡	2 170.03	21.10	16 098.00	652.08	312.76	121.48	110.58	0.42	176.39
黄土坎乡	2 655.91	94.91	20 662.52	155.79	310.79	118.23	252.41	0.00	237.52

续表 2-91

行政区	耕地面积	园地面积	林地面积	草地面积	城镇村及工矿用地面积	交通运输用地面积	水域及水利设施用地面积	湿地面积	其他土地面积
四道沟乡	717.18	1 500.49	7 253.01	84.24	208.78	65.81	91.08	0.31	43.21
兰旗卡伦乡	1 970.59	39.06	16 622.75	462.04	357.03	383.29	213.65	1.52	149.85
银窝沟乡	4 176.43	18.25	14 263.85	994.08	434.90	235.70	203.44	15.09	352.23
新地乡	5 600.00	61.20	10 583.60	576.81	489.24	167.89	159.39	22.25	380.22
广发永乡	2 865.52	67.41	7 930.70	1 532.77	248.13	90.15	237.66	24.12	234.31
育太和乡	2 368.89	4.85	5 475.62	914.42	209.19	59.28	154.59	1.64	206.82
郭家湾乡	4 217.10	86.92	10 971.80	1 749.98	339.85	186.89	283.18	5.68	401.49
杨家湾乡	2 575.13	16.93	11 898.81	1 450.58	310.38	102.66	114.63	5.64	199.70
大唤起乡	1 574.37	4.69	10 452.73	242.08	268.80	75.13	129.52	0.30	77.81
哈里哈乡	2 178.45	13.04	19 869.05	411.66	323.49	166.95	271.58	0.00	162.00
张家湾乡	2 099.70	323.70	8 664.76	1 281.74	168.62	89.88	114.79	23.82	100.58
宝元栈乡	2 466.92	21.60	10 956.36	3 165.70	310.93	81.33	116.76	2.41	175.90
山湾子乡	3 894.67	14.75	11 797.85	6 022.37	415.74	122.55	240.41	59.12	299.14
三义永乡	4 694.55	27.38	10 719.86	8 387.94	306.64	124.78	281.89	14.81	349.19
姜家店乡	1 841.71	1.33	8 772.46	6 902.65	243.87	95.61	125.87	8.75	130.77
下伙房乡	1 673.01	0.24	14 891.24	479.86	201.98	75.37	204.96	2.00	100.70
燕格柏乡	1 703.05	0.51	25 417.48	1 870.24	183.75	101.00	227.68	49.89	95.45
牌楼乡	2 058.15	1.78	11 804.04	475.88	346.00	56.12	200.60	11.51	149.26
老窝铺乡	1 497.20	0.00	13 287.79	3 355.43	150.38	176.90	198.59	53.76	96.57
石桌子乡	1 103.24	0.18	13 999.41	356.32	174.71	131.02	132.62	2.13	83.41
大头山乡	1 745.58	11.06	14 723.07	481.14	352.32	89.08	138.89	1.30	124.69
南山嘴乡	1 489.82	0.60	14 508.91	796.00	254.64	91.55	236.59	20.43	72.92
西龙头乡	1 836.24	0.72	19 385.35	1 594.64	225.39	157.90	204.22	75.32	178.07
红松洼牧场	2.50	0.00	875.49	5 141.02	37.48	33.78	0.00	0.00	1.10
卡伦后沟牧场	581.41	0.00	3 930.22	4 105.09	47.26	79.37	50.40	0.35	46.09
庙宫水库	214.36	9.08	46.26	33.17	9.38	14.05	605.08	53.59	0.86
塞罕坝机械林场	241.03	2.10	77 165.13	4 304.62	189.12	398.82	90.31	3 438.07	7.05
御道口牧场	3 728.51	1.10	46 866.06	32 250.95	390.49	678.85	975.11	6 161.02	441.10

注：其他土地面积汇总不包含裸岩石砾地、裸土地地类面积。

1. 耕地分布特点

围场县耕地面积为 112 037.00hm²。耕地分布最多的行政区是御道口镇，面积为 5 828.99hm²，占全县耕地总面积的 5.20%；其次为新地乡，面积为 5 600.00hm²，占 5.00%；再次为棋盘山镇，面积为 5 463.63hm²，占 4.88%；朝阳湾镇和朝阳地镇的耕地面积分别为 5 322.39hm² 和 5 319.53hm²，均占全县耕地面积的4.75%。在二级地类中,水田只有12.15hm^2,其中11.04hm^{2}主要分布在承德庙宫水库,面积占全县水田总面积的90.86%,其余1.11hm^{2}分布在半截塔镇;水浇地分布面积在300hm^{2}以上的乡镇(牧场)有新拨镇、腰站镇、张家湾乡、南山嘴乡、朝阳地镇、杨家湾乡、棋盘山镇和御道口牧场,面积占全县水浇地总面积的67.89%;旱地分布面积在3000hm^{2}以上的行政区有御道口镇、新地乡、棋盘山镇、朝阳湾镇等13个乡镇(牧场),面积占全县旱地总面积的55.53%。围场县耕地分布情况如图2-148所示。

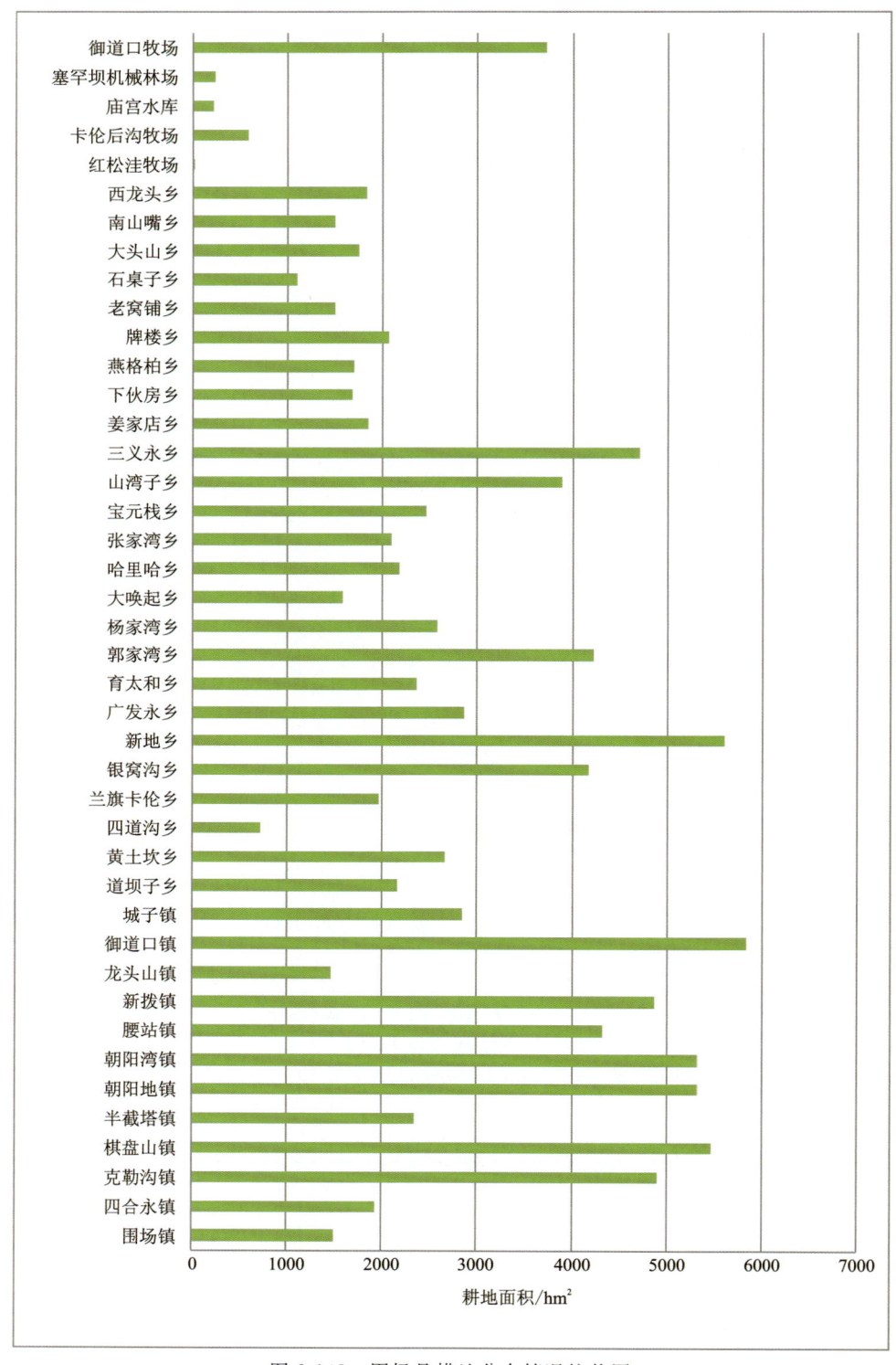

图 2-148 围场县耕地分布情况柱状图

2. 园地分布特点

围场县园地面积为 3 170.08hm²。园地分布最多的行政区是四道沟乡，面积为 1 500.49hm²，占全县园用地总面积的 47.33%；其次是腰站镇，面积为 325.38hm²，占 10.26%；第三为张家湾乡，面积为 323.70hm²，占10.21%。在二级地类中，果园主要分布在四道沟乡、腰站镇和张家湾乡，面积占全县果园总面积的69.75%，其中四道沟乡果园分布最多，面积为 1 500.49hm²，占全县果园总面积的 48.76%；其他园地较少，主要分布在郭家湾乡和新拨镇。围场县园地分布情况如图 2-149 所示。

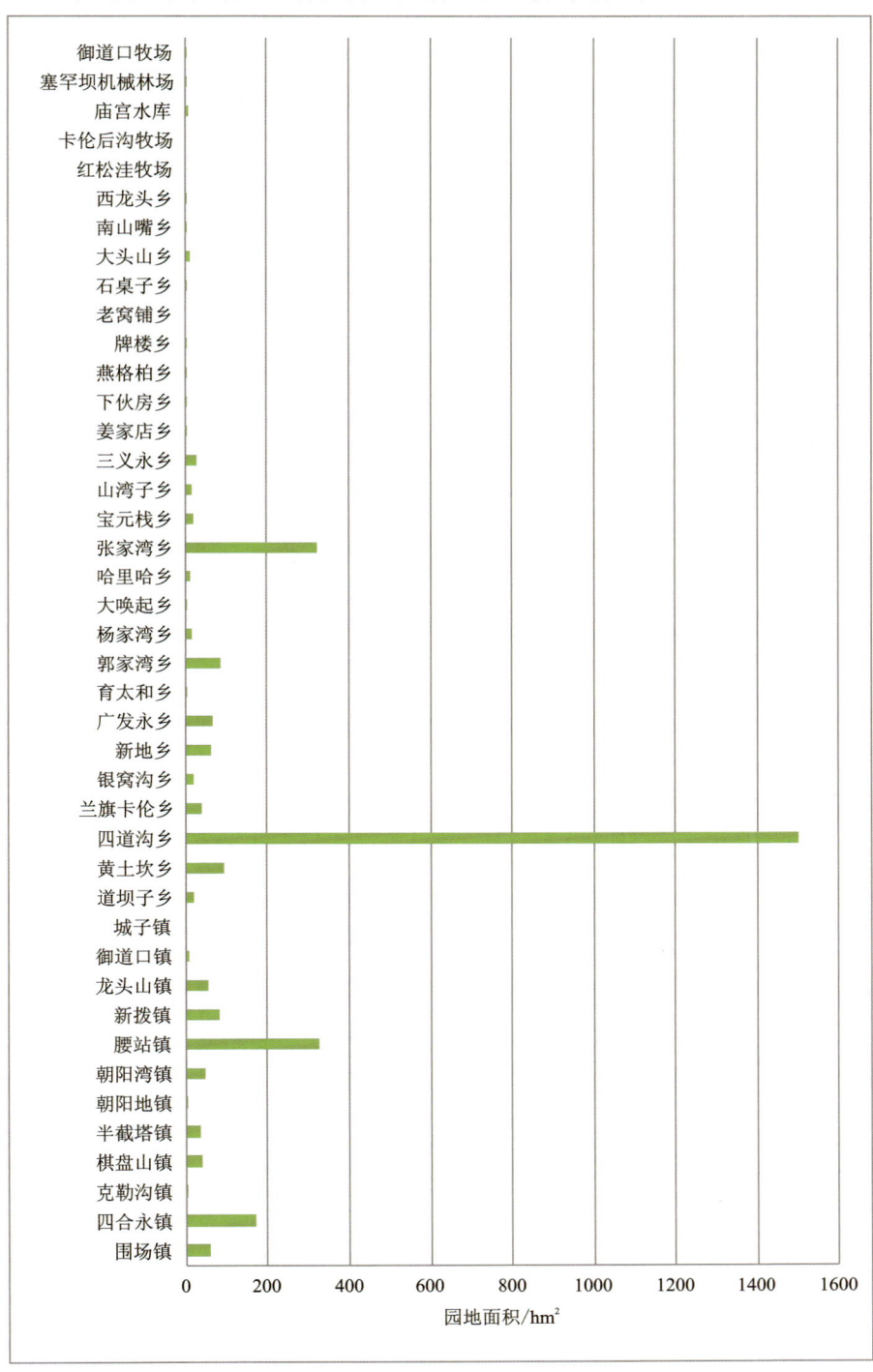

图 2-149　围场县园地分布情况柱状图

3. 林地分布特点

围场县林地面积为 624 468.35hm²。林地分布最多的行政区是塞罕坝机械林场,面积为 77 165.13hm²,占全县林地总面积的 12.36%;其次为御道口牧场,面积为 46 866.06hm²,占 7.50%;第三为燕格柏乡,面积为 25 417.48hm²,占 4.07%;城子镇的林地面积为 23 398.04hm²,占 3.75%;黄土坎乡的林地面积为 20 662.52hm²,占 3.31%;哈里哈乡的林地面积为 19 869.05hm²,占 3.18%;西龙头乡的林地面积为 19 385.35hm²,占 3.10%;棋盘山镇的林地面积为 18 894.10hm²,占 3.03%。在二级地类中,乔木林地分布面积在 10 000hm² 以上的行政区有塞罕坝机械林场、燕格柏乡、城子镇、御道口牧场、黄土坎乡、西龙头乡、兰旗卡伦乡、哈里哈乡、棋盘山镇和道坝子乡,面积占全县乔木林地总面积的 48.56%;灌木林地分布面积在 2000hm² 以上的行政区有御道口牧场、大头山乡、下伙房乡、棋盘山镇、南山嘴乡、道坝子乡、围场镇和杨家湾乡,面积占全县灌木林地总面积的 51.16%;其他林地分布面积在 5000hm² 以上的行政区有御道口牧场、塞罕坝机械林场、半截塔镇、新拨镇、城子镇、黄土坎乡、哈里哈乡和三义永乡,面积占全县其他林地总面积的 42.84%。围场县林地分布情况如图 2-150 所示。

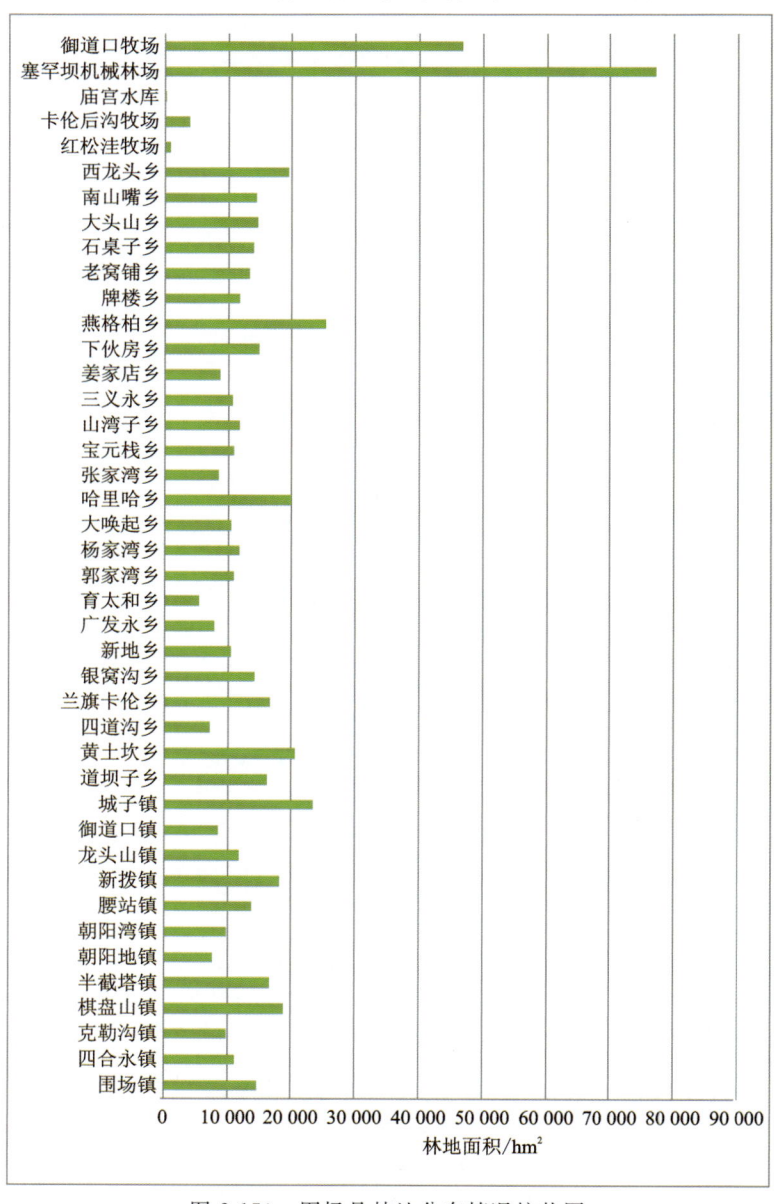

图 2-150 围场县林地分布情况柱状图

4. 草地分布特点

围场县草地面积为 111 649.53hm²。草地分布最多的行政区是御道口牧场,面积为 32 250.95hm²,占全县草地总面积的 28.89%;其次为三义永乡,面积为 8 387.94hm²,占 7.51%;第三为御道口镇,面积为 7 701.93hm²,占 6.90%;姜家店乡的草地面积为 6 902.65hm²,占 6.18%;山湾子乡的草地面积为 6 022.37hm²,占 5.39%;红松洼牧场的草地面积为 5 141.02hm²,占 4.60%。在二级地类中,天然牧草地分布面积在 5000hm² 以上的行政区有御道口牧场、三义永乡、御道口镇和红松洼牧场,面积占全县天然牧草地总面积的 70.49%;人工牧草地主要分布在御道口镇、城子镇、卡伦后沟牧场和御道口牧场,面积占全县人工牧草地总面积的 97.98%,其中御道口镇人工牧草地最多,面积占全县人工牧草地总面积的 56.07%;其他草地分布面积在 2000hm² 以上的行政区有老窝铺乡、御道口牧场、姜家店乡和城子镇,面积占全县其他草地总面积的 25.04%。围场县草地分布情况如图 2-151 所示。

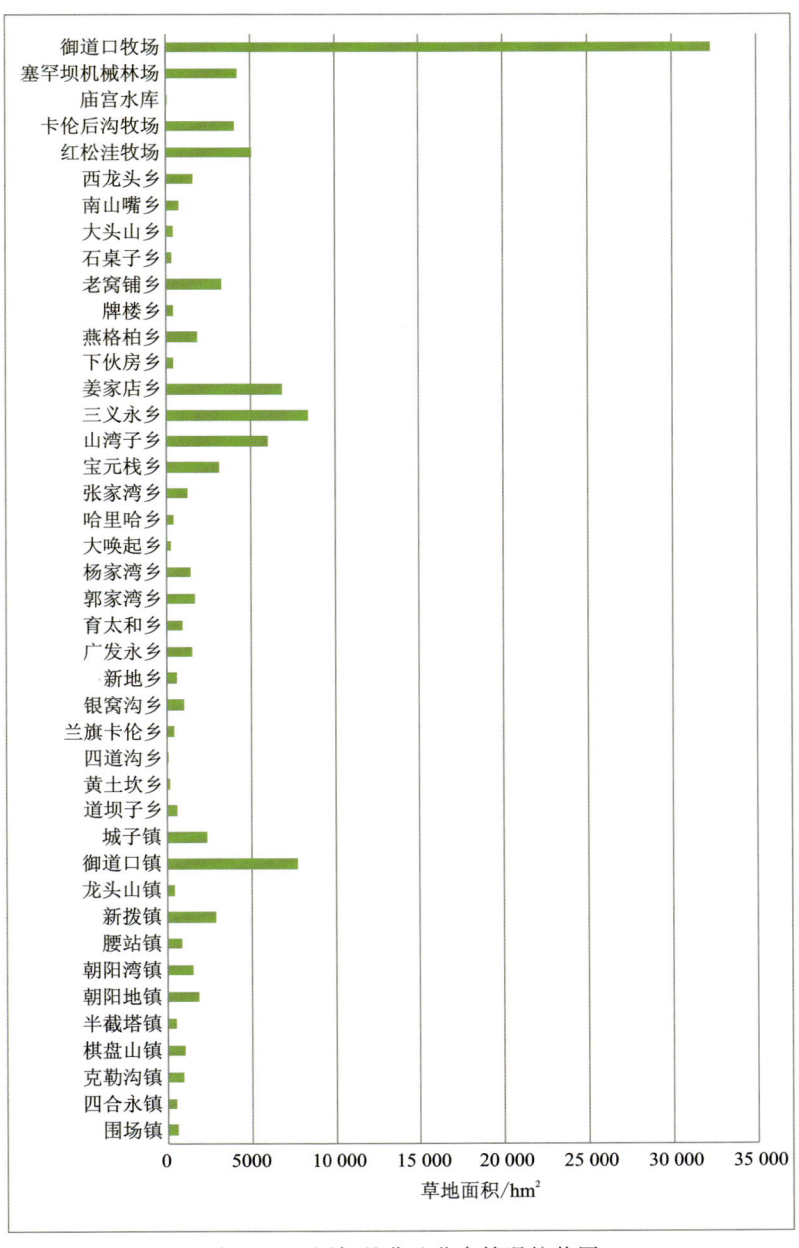

图 2-151 围场县草地分布情况柱状图

5. 城镇村及工矿用地分布特点

围场县城镇村及工矿用地面积为 14 808.21hm²。城镇村及工矿用地分布最多的行政区是围场镇，面积为 1 292.72hm²，占全县城镇村及工矿用地面积的 8.73%；其次为四合永镇，面积为 788.06hm²，占 5.32%；第三为棋盘山镇，面积为 624.74hm²，占 4.22%；腰站镇的城镇村及工矿用地面积为 605.12hm²，占 4.09%；克勒沟镇的城镇村及工矿用地面积为 526.06hm²，占 3.55%；朝阳地镇的城镇村及工矿用地面积为 506.74hm²，占 3.42%；朝阳湾镇的城镇村及工矿用地面积为 501.71hm²，占 3.39%。在二级地类中，建制镇用地主要分布在围场镇和四合永镇，面积占全县建制镇用地总面积的 72.16%；村庄用地面积在 400hm² 以上的行政区有四合永镇、棋盘山镇、腰站镇、新地乡等 10 个乡镇，面积占全县村庄用地总面积的 37.61%；采矿用地较少，主要分布在南山嘴乡、山湾子乡、龙头山镇、围场镇和腰站镇，面积占全县采矿用地总面积的 55.84%；特殊用地很少，主要分布在半截塔镇和围场镇等。围场县城镇村及工矿用地分布情况如图 2-152 所示。

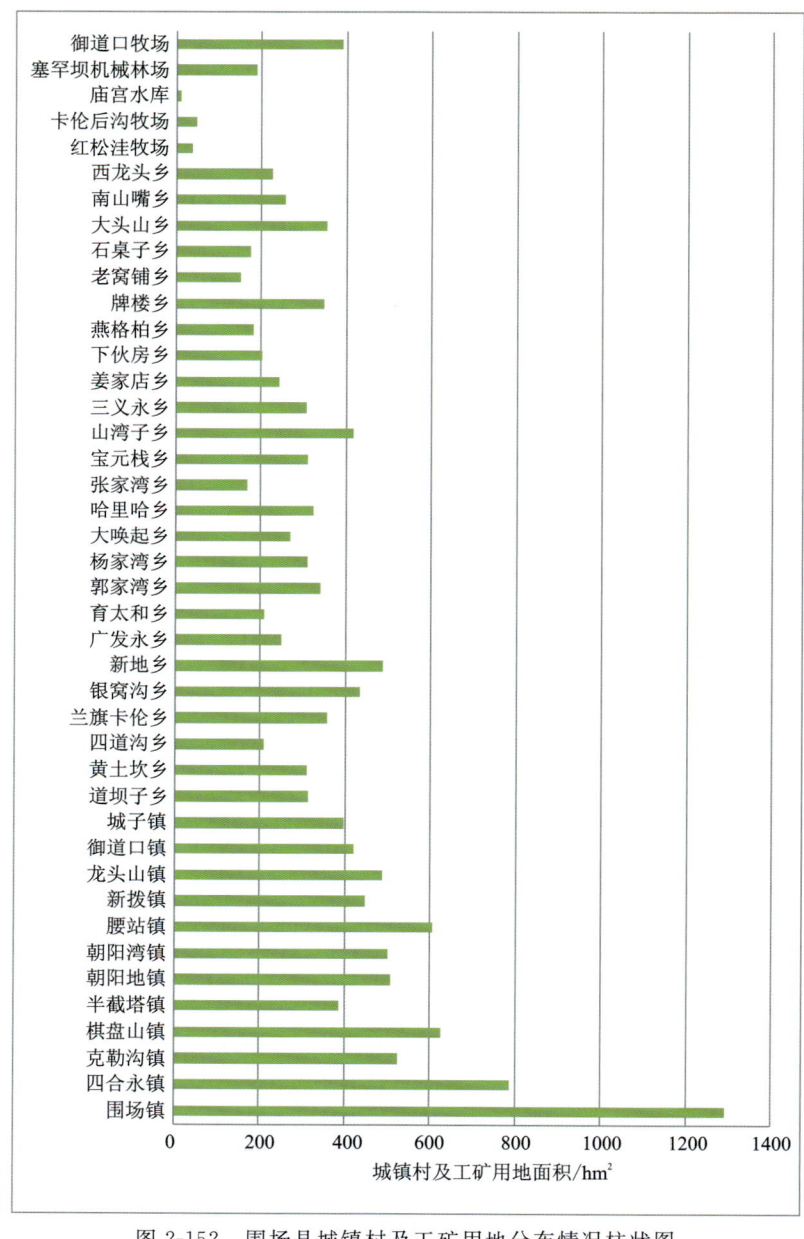

图 2-152 围场县城镇村及工矿用地分布情况柱状图

6. 交通运输用地分布特点

围场县交通运输用地面积为 6 537.15hm²。交通运输用地分布最多的行政区是御道口牧场,面积为678.85hm²,占全县交通运输用地总面积的 10.38%;其次为塞罕坝机械林场,面积为 398.82hm²,占 6.10%;第三为兰旗卡伦乡,面积为 383.29hm²,占 5.86%;御道口镇的交通运输用地面积为 296.25hm²,占 4.53%;腰站镇的交通运输用地面积为 283.15hm²,占4.33%。在二级地类中,铁路用地主要分布在京通铁路沿线的银窝沟乡、腰站镇、克勒沟镇和四合永镇,面积占全县铁路用地总面积的 87.43%;公路用地面积在100hm² 以上的行政区有兰旗卡伦乡、御道口牧场、围场镇和腰站镇,面积占全县公路用地总面积的 33.84%;农村道路用地面积在 100hm² 以上的行政区有御道口牧场、塞罕坝机械林场和御道口镇等 16 个乡镇(场),面积占全县农村道路用地总面积的 61.31%;机场用地分布在御道口镇和塞罕坝机械林场。围场县交通运输用地分布情况如图 2-153 所示。

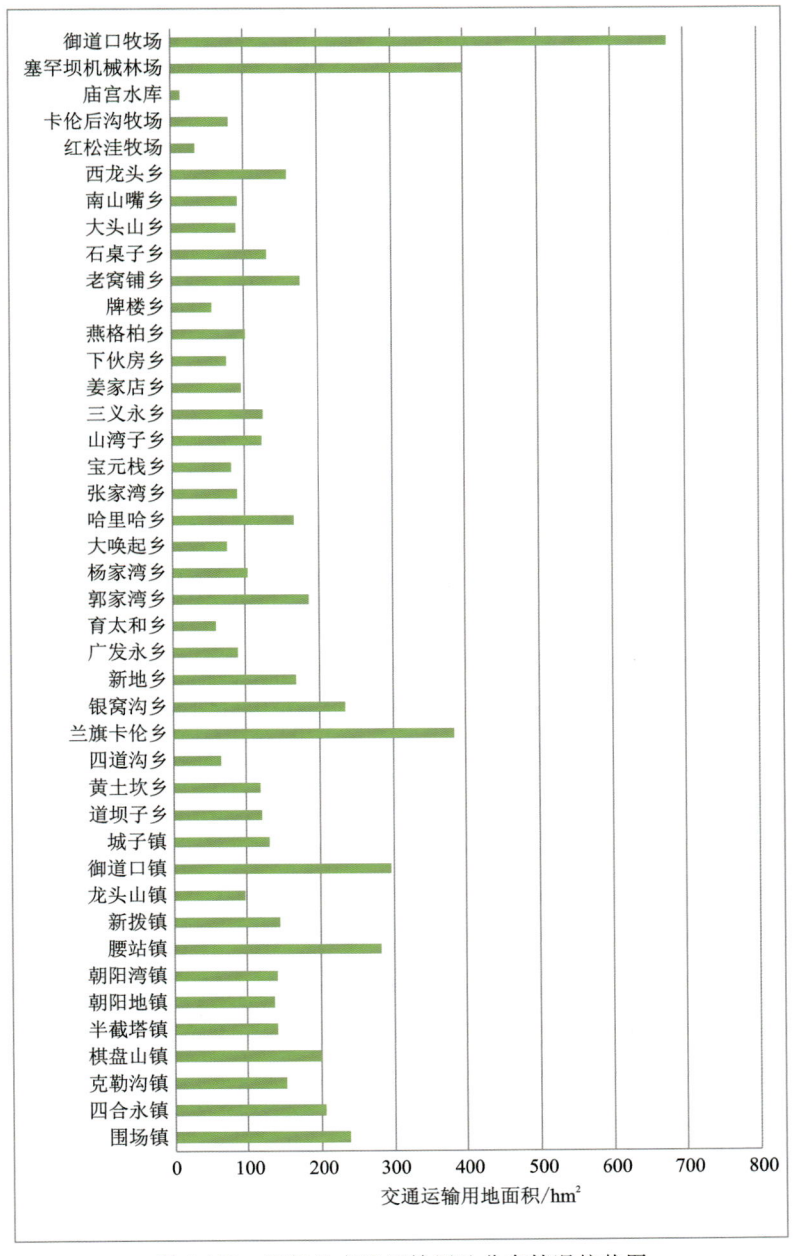

图 2-153 围场县交通运输用地分布情况柱状图

7. 水域及水利设施用地分布特点

围场县水域及水利设施用地面积为 9 788.74hm²。水域及水利设施用地分布最多的行政区是御道口牧场，面积为 975.11hm²，占全县水域及水利设施用地的 9.96%；其次为承德庙宫水库，面积为 605.08hm²，占 6.18%；第三为棋盘山镇，面积为 558.26hm²，占 5.70%；腰站镇的水域及水利设施用地面积为 369.92hm²，占 3.78%；新拨镇的水域及水利设施用地面积为 363.35hm²，占 3.71%；半截塔镇的水域及水利设施用地面积为 326.51hm²，占 3.34%。在二级地类中，河流水面面积在 300hm² 以上的行政区有御道口牧场、棋盘山镇、新拨镇和半截塔镇，面积占全县总面积的 22.75%；湖泊水面分布在御道口牧场和塞罕坝机械林场，其中御道口牧场有湖泊水面 136.39hm²，面积占全县湖泊水面总面积的 81.95%；水库水面主要分布在承德庙宫水库、御道口牧场和老窝铺乡，面积占全县水库水面总面积的 85.13%；坑塘水面主要分布在御道口牧场、塞罕坝机械林场、御道口镇和育太和乡，面积占全县坑塘水面总面积的 64.19%；沟渠主要分布在黄土坎乡和腰站镇，面积占全县沟渠总面积的 57.45%；水工建筑用地较少，主要分布在兰旗卡伦乡，面积占全县水工建筑用地总面积的 44.85%。围场县水域及水利设施用地分布情况如图 2-154 所示。

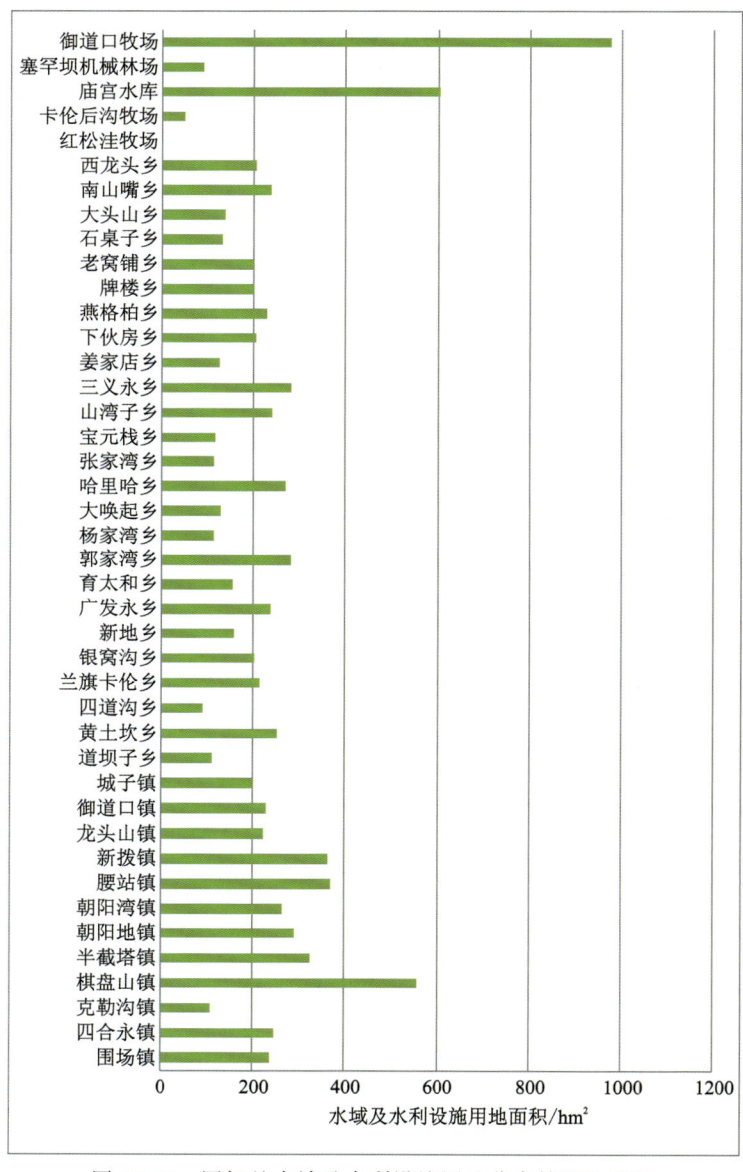

图 2-154　围场县水域及水利设施用地分布情况柱状图

8. 湿地分布特点

围场县湿地面积为 10 584.79hm²。湿地分布最多的行政区是御道口牧场,面积为 6 161.02hm²,占全县湿地总面积的 58.21%;其次为塞罕坝机械林场,面积为 3 438.07hm²,占 32.48%;第三为御道口镇,面积为 428.88hm²,占 4.05%;其他行政区湿地面积占比不足 1%。在二级地类中,灌丛沼泽面积为 836.83hm²,全部分布在塞罕坝机械林场;沼泽草地面积为 7 251.63hm²,主要分布在御道口牧场,占全县沼泽草地总面积的 83.35%,其次为塞罕坝机械林场,占 10.78%;内陆滩涂分布面积在 20hm² 以上的行政区有西龙头乡、山湾子乡、老窝铺乡、燕格柏乡、广发永乡、张家湾乡和新拨乡,面积占全县湿地总面积的 64.57%;沼泽地主要分布在塞罕坝机械林场,面积占全县沼泽地总面积的 90.71%,其次为御道口牧场,面积为 114.87hm²,占 5.73%,御道口镇有沼泽地 71.56hm²,占 3.57%。围场县湿地分布情况如图 2-155 所示。

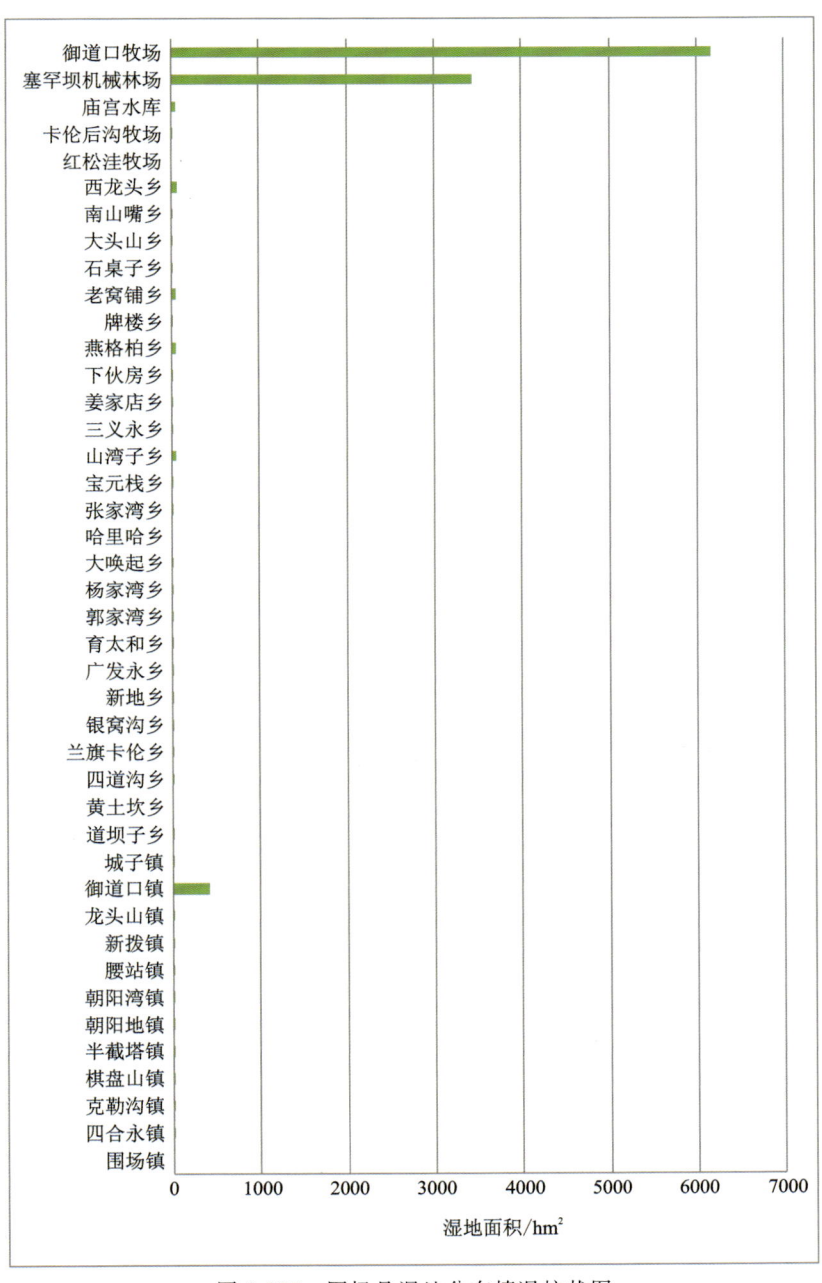

图 2-155 围场县湿地分布情况柱状图

9. 其他土地分布特点

围场县其他土地面积为 8 513.74hm²。其他土地分布最多的行政区是棋盘山镇,面积为 510.54hm²,占全县其他土地总面积的 6.00%;其次为朝阳湾镇,面积为 456.19hm²,占 5.36%;第三为御道口牧场,面积为 441.10hm²,占 5.18%;朝阳地镇的其他土地面积为 408.41hm²,占 4.80%。在二级地类中,设施农用地面积在 30hm² 以上的行政区有御道口牧场、棋盘山镇、腰站镇和御道口镇等 8 个乡镇(场),面积占全县设施农用地总面积的 46.96%;田坎面积在 300hm² 以上的行政区有棋盘山镇、朝阳湾镇和朝阳地镇等 8 个乡镇,面积占全县田坎总面积的 41.52%;沙地主要分布在御道口牧场、御道口镇和西龙头乡,面积占全县沙地总面积的 93.80%。围场县其他土地分布情况如图 2-156 所示。

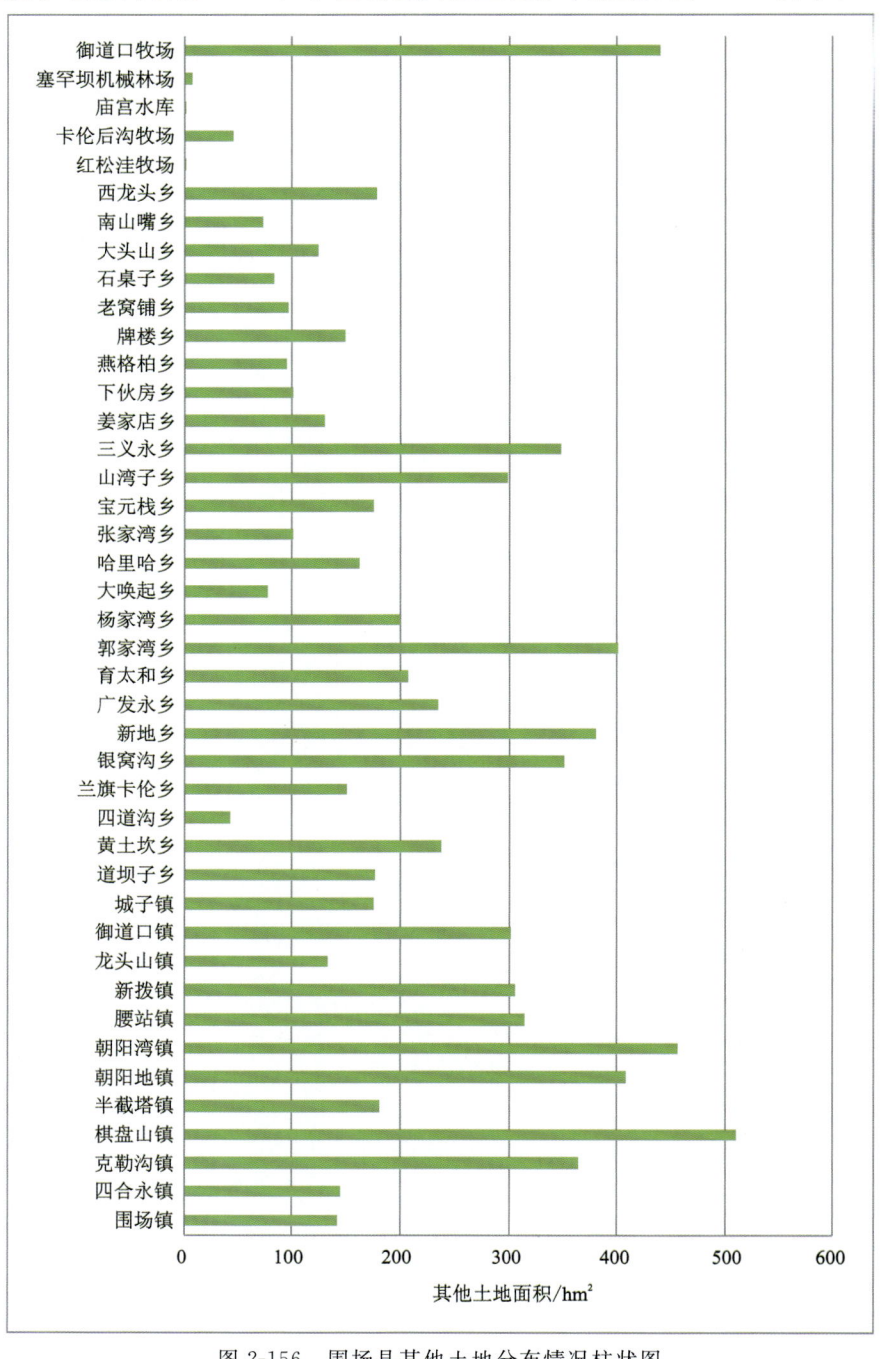

图 2-156　围场县其他土地分布情况柱状图

十一、平泉市土地利用现状

（一）市域土地环境条件

1. 自然环境条件

平泉市位于河北省东北部，承德市东部，地处冀、辽、蒙三省（区）交界处。东临辽宁省凌源市，西连承德县，南与宽城县相邻，北接内蒙古宁城县。地理坐标为北纬40°24′0″—40°40′17″，东经118°21′03″—119°15′34″。平泉市属温带大陆性季风型山地气候，四季分明，日照充足，昼夜温差大。年均气温为7.3℃，年均日照时间为2700~2900h，平均降水量为531mm，无霜期为98~145d。境内山脉、河流、丘陵、坡地、洼地、平川兼具，为七山一水二分田。西北为七老图山系，东北为努鲁尔虎山系，县内群峦叠嶂，沟壑纵横，以中低山和丘陵为主，地势北高南低。柳溪乡的光头山为群山之首，海拔为1756m，党坝镇八道河地势最低，海拔为335m，县政府驻地平泉镇海拔为492m。境内有5条河流：瀑河、青龙河、老牛河流经南境，属滦河水系；老哈河流经北境，属辽河水系；大凌河流经境东北，属大凌河水系。境内有24条较大的沟川。平泉市自然资源丰富，植物种类繁多，全市有野生植物千余种，已开发利用550余种，其中药用类400余种，乔木类40余种，灌木类30余种，菌类10余种。杏仁、蘑菇、山枣仁、树籽是享誉省内外的四大特产。平泉市矿产资源丰富，金属矿物有金、银、铜、铁、铅、锌、锰、铀、钼等20余种；非金属矿物有萤石、氟石、石灰石、陶瓷黏土、闪石棉、蛇纹石、松脂岩、黑耀岩、水晶石、冰洲石、孔雀石、玛瑙、石英、方解石、云母、大理石、花岗岩、膨润土、煤、磷等40余种。县域内有辽河源省级自然保护区、辽河源国家森林公园、平泉瀑河省级湿地公园等重要保护区。

2. 社会经济条件

2019年平泉市总人口为47.97万人，土地总面积为3 294.11km²，常住人口密度为138.1人/km²，现辖15个镇、4个乡，241个行政村。2019年全市生产总值实现135.05亿元，比上年增长6.3%。人均地区生产总值为29 695亿元，比上年增长6.0%。其中，第一产业实现增加值41.48亿元，比上年增长6.9%；第二产业实现增加值28.08亿元，比上年增长1.1%；第三产业实现增加值65.48亿元，比上年增长9.6%，三次产业的比重为30.7∶20.8∶48.5。农村居民人均可支配收入为14 097元，比上年增长12.5%；城镇居民人均可支配收入为31 327元，比上年增长10.0%。平泉市古称"八沟"，历史悠久。辽金元时期设置泽州、会州。明为诺音卫。清初为喀喇沁蒙古封地，清康熙十六年（1677年）夏，康熙皇帝北巡至平泉，因见街中心平地有清泉翻涌而出，赞曰"此乃平地涌泉之圣地"，平泉由此得名。雍正七年（1729年）设八沟直隶厅。乾隆四十三年（1778年）撤厅建平泉州。中华民国二年（1913年）撤州建平泉市。2017年4月，经国务院批准，撤销平泉县，设立平泉市，由河北省直辖，承德市代管。市政府驻平泉镇，距承德市92km，距首都北京293km，距省会石家庄489km。该市先后被评为"全国文明县城""国家园林县城""国家卫生县城""全国粮食生产先进县"和"国家可持续发展实验区"，是"全国优质生态示范区""全国食用菌产业十大基地县""中国食用菌之乡""中国山杏之乡""中国活性炭之乡"。

（二）土地利用现状结构

1. 一、二级地类构成特点

第三次全国国土调查结果显示，平泉市土地总面积占承德市土地总面积的8.34%。按一、二级地类划分,其构成特点为如下。

耕地面积为 54 343.33hm²,占承德市耕地总面积的 13.13%。耕地类型以旱地为主,面积为 51 918.07hm²,占耕地总面积的 95.54%;其次为水浇地,面积为 2 379.49hm²,占 4.38%;水田最少,面积为 45.77hm²,仅占 0.08%。

园地面积为 6 017.58hm²,占承德市园地总面积的 4.16%。园地类型以果园为主,面积为 4 911.51hm²,占园地总面积的 81.62%;其他园地面积为 1 106.07hm²,占 18.38%。

林地面积为 220 099.27hm²,占承德市林地总面积的 8.22%。林地类型以乔木林地为主,面积为 115 855.50hm²,占林地总面积的 52.64%;其次为灌木林地,面积为 87 052.75hm²,占 39.55%;其他林地最少,面积为 17 191.02hm²,仅占 7.81%。

草地面积为 21 979.16hm²,占承德市草地总面积的 4.83%。草地类型以其他草地为主,面积为 21 619.51hm²,占草地总面积的 98.36%;其次为天然牧草地,面积为 356.25hm²,占 1.62%;人工牧草地最少,面积为 3.40hm²,仅占 0.02%。

城镇村及工矿用地面积为 13 400.09hm²,占承德市城镇村及工矿用地总面积的 12.16%。城镇村及工矿用地类型以村庄为主,面积为 7 829.13hm²,占城镇村及工矿用地总面积的 58.42%;其次为灌木林地,面积为 3 058.77hm²,占 22.83%;特殊用地最少,面积为 339.31hm²,仅占 2.53%。

交通运输用地面积为 2 754.61hm²,占承德市交通运输用地总面积的 8.27%。交通运输用地类型以公路用地为主,面积为 1 406.18hm²,占交通运输用地总面积的 51.05%;其次为农村道路,面积为 819.38hm²,占 29.75%;铁路用地最少,面积为 529.05hm²,占 19.20%。

水域及水利设施用地面积为 4 129.20hm²,占承德市水域及水利设施用地总面积的 9.31%。水域及水利设施用地类型以河流水面为主,面积为 3 769.00hm²,占水域及水利设施用地总面积的 91.28%;其次为沟渠,面积为 131.39hm²,占 3.18%;再次为水库水面,面积为 119.63hm²,占 2.90%。坑塘水面和水工建筑用地较少,面积分别为 51.19hm² 和 57.99hm²,分别仅占 1.24% 和 1.40%。

湿地面积为 101.22hm²,占承德市湿地总面积的 0.49%。平泉市湿地类型全部为内陆滩涂。

其他土地面积为 6 506.15hm²(不包含裸岩石砾地和裸土地地类面积,下同),占承德市其他土地总面积的 15.83%。其他土地类型以田坎为主,面积为 5 041.64hm²,占其他土地总面积的 77.49%;其次为设施农用地,面积为 1 464.51hm²,占 22.51%。平泉市土地利用现状一、二级地类构成见表 2-92 和图 2-157。

表 2-92 平泉市土地利用现状一、二级地类构成表

土地利用类型		面积/hm²	占一级类型面积比例/%	占全市本类土地面积比例/%
耕地	小计	54 343.33	100.00	13.13
	水田	45.77	0.08	0.81
	水浇地	2 379.49	4.38	4.80
	旱地	51 918.07	95.54	14.48
园地	小计	6 017.58	100.00	4.16
	果园	4 911.51	81.62	3.99
	其他园地	1 106.07	18.38	5.10
林地	小计	220 099.27	100.00	8.22
	乔木林地	115 855.50	52.64	8.44
	灌木林地	87 052.75	39.55	9.87
	其他林地	17 191.02	7.81	4.05

续表 2-92

土地利用类型		面积/hm²	占一级类型面积比例/%	占全市本类土地面积比例/%
草地	小计	21 979.16	100.00	4.83
	天然牧草地	356.25	1.62	0.22
	人工牧草地	3.40	0.02	0.54
	其他草地	21 619.51	98.36	7.32
城镇村及工矿用地	小计	13 400.09	100.00	12.16
	城市	1 187.28	8.86	19.29
	建制镇	985.60	7.36	8.48
	村庄	7 829.13	58.42	11.48
	采矿用地	3 058.77	22.83	13.49
	特殊用地	339.31	2.53	22.26
交通运输用地	小计	2 754.61	100.00	8.27
	铁路用地	529.05	19.20	15.75
	公路用地	1 406.18	51.05	9.34
	农村道路	819.38	29.75	5.59
水域及水利设施用地	小计	4 129.20	100.00	9.31
	河流水面	3 769.00	91.28	11.13
	水库水面	119.63	2.90	1.63
	坑塘水面	51.19	1.24	5.53
	沟渠	131.39	3.18	8.17
	水工建筑用地	57.99	1.40	13.79
湿地	小计	101.22	100.00	0.49
	内陆滩涂	101.22	100.00	1.32
其他土地	小计	6 506.15	100.00	15.83
	设施农用地	1 464.51	22.51	25.52
	田坎	5 041.64	77.49	14.58

注：其他土地面积汇总不包含裸岩石砾地、裸土地地类面积。

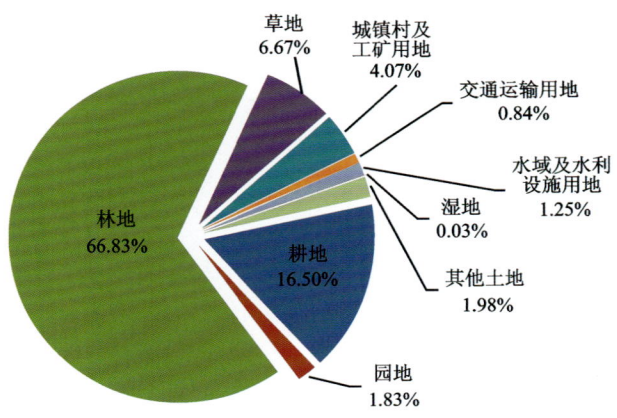

图 2-157 平泉市土地利用现状一级地类构成图

2. 三大分类构成特点

在农用地中,林地面积所占比例最大,占平泉市农用地总面积的76.30%;其次为耕地面积,占平泉市农用地总面积的18.84%;第三为其他土地面积,占平泉市农用地总面积的2.26%。

在建设用地中,城镇村及工矿用地面积所占比例最大,占平泉市建设用地总面积的87.05%;其次为交通运输用地面积,占平泉市建设用地总面积的12.57%;第三为水工建筑用地面积,占平泉市建设用地总面积的0.38%。

在未利用地中,其他草地面积所占比例最大,占平泉市未利用地总面积的84.54%;其次为河流水面面积,占平泉市未利用地总面积的14.74%;第三为内陆滩涂面积,占平泉市未利用地总面积的0.40%。平泉市土地利用现状综合指标见表2-93。

表2-93 平泉市土地利用现状综合指标统计表　　　　　　　　　　单位:%

行政区	农用地率	建设用地率	土地利用率	未利用地比例
平泉镇	80.61	11.79	92.40	7.60
黄土梁子镇	91.44	4.26	95.70	4.30
榆树林子镇	90.21	2.02	92.23	7.77
杨树岭镇	82.88	5.81	88.69	11.31
七沟镇	93.10	2.65	95.75	4.25
小寺沟镇	80.95	5.72	86.67	13.33
党坝镇	86.26	3.28	89.54	10.46
卧龙镇	83.55	10.55	94.10	5.90
南五十家子镇	81.03	8.75	89.78	10.22
北五十家子镇	88.75	4.41	93.16	6.84
柳溪镇	87.72	4.72	92.44	7.56
柳溪镇	95.97	2.10	98.07	1.93
平北镇	86.96	3.60	90.56	9.44
青河镇	82.11	2.63	84.74	15.26
台头山镇	90.85	2.54	93.39	6.61
王土房乡	86.65	3.07	89.72	10.28
七家岱乡	92.77	4.19	96.96	3.04
茅兰沟乡	89.83	2.69	92.52	7.48
道虎沟乡	83.97	5.86	89.83	10.17

(三)土地利用分布特点

平泉市辖区内,面积最大的行政区为榆树林子镇,其次为七沟镇,第三为卧龙镇。土地面积最小的行政区为道虎沟乡。平泉市一级地类分布情况见表2-94。

表 2-94 平泉市一级地类分布情况统计表 单位：hm²

行政区	耕地面积	园地面积	林地面积	草地面积	城镇村及工矿用地面积	交通运输用地面积	水域及水利设施用地面积	湿地面积	其他土地面积
平泉市	54 343.33	6 017.58	220 099.27	21 979.16	13 400.09	2 754.61	4 129.20	101.22	6 506.15
平泉镇	3 276.86	278.59	13 976.55	1 381.57	2 274.54	399.22	334.84	14.93	427.22
黄土梁子镇	3 624.94	140.85	9 807.51	305.79	588.76	98.73	347.21	20.27	404.69
榆树林子镇	5 060.02	1 254.07	20 085.30	1 938.75	549.54	116.09	367.02	10.12	476.03
杨树岭镇	4 213.42	278.41	11 779.03	2 122.76	867.92	401.38	200.32	0.00	603.06
七沟镇	3 626.07	455.91	21 603.71	991.95	616.86	199.76	234.22	2.48	378.73
小寺沟镇	3 173.60	442.65	8 277.78	1 853.66	751.49	147.12	145.04	10.31	256.09
党坝镇	3 552.65	462.88	14 783.50	2 021.17	606.88	174.06	308.65	4.93	326.58
卧龙镇	3 175.73	255.57	14 896.56	1 065.01	2 247.19	239.17	421.56	1.87	717.45
南五十家子镇	1 966.06	211.35	5 049.67	814.42	592.37	233.99	116.26	7.02	148.67
北五十家子镇	2 206.43	86.71	7 708.27	583.59	475.45	61.52	207.22	7.27	219.15
柠栳树镇	2 077.96	811.73	8 927.36	945.76	614.66	85.02	105.74	1.58	258.94
柳溪镇	1 588.66	3.04	19 655.36	643.77	420.25	84.79	148.22	1.10	264.86
平北镇	2 948.51	168.16	7 356.22	922.52	410.89	73.85	257.85	11.47	386.32
青河镇	2 279.82	345.00	9 806.05	2 200.64	378.86	69.43	154.37	3.20	220.91
台头山镇	3 843.11	184.43	12 793.75	1 028.68	420.83	113.04	231.16	1.19	398.86
王土房乡	482.28	93.54	10 419.15	1 219.85	361.87	36.51	105.80	0.00	81.84
七家岱乡	1 364.84	10.86	9 016.97	207.57	451.77	45.39	145.08	1.81	180.03
茅兰沟乡	3 738.87	169.47	10 816.29	1 057.10	431.60	65.66	215.42	1.67	501.29
道虎沟乡	2 143.50	364.36	3 340.24	674.60	338.36	109.88	83.22	0.00	255.43

注：其他土地面积汇总不包含裸岩石砾地、裸土地地类面积。

1. 耕地分布特点

平泉市耕地面积为 54 343.33hm²。耕地分布最多的行政区为榆树林子镇，面积为 5 060.02hm²，占平泉市耕地总面积的 9.31%；其次为杨树岭镇，面积为 4 213.42hm²，占 7.75%；再次为台头山镇，面积为 3 843.11hm²，占 7.07%。耕地分布最少的行政区是王土房乡，面积为 482.28hm²，仅占 0.89%。在二级地类中，水田较少，全部分布在黄土梁子镇和七沟镇；水浇地主要分布在榆树林子镇、台头山镇、黄土梁子镇和平北镇，面积占全县水浇地总面积的 76.22%，其中，榆树林子镇水浇地最多，面积为 1 089.46hm²，占全县水浇地总面积的 45.79%；旱地分布面积在 3500hm² 以上的行政区有杨树岭镇、榆树林子镇、茅兰沟乡、七沟镇、台头山镇和党坝镇，面积占全县旱地总面积的 27.62%，其他乡镇分布面积差别较小。平泉市耕地分布情况如图 2-158 所示。

2. 园地分布特点

平泉市园地面积为 6 017.58hm²。园地分布最多的行政区为榆树林子镇，面积为 1 254.07hm²，占平泉市园地总面积的 20.84%；其次为柠栳树镇，面积为 811.73hm²，占 13.49%；其他行政区园地分布

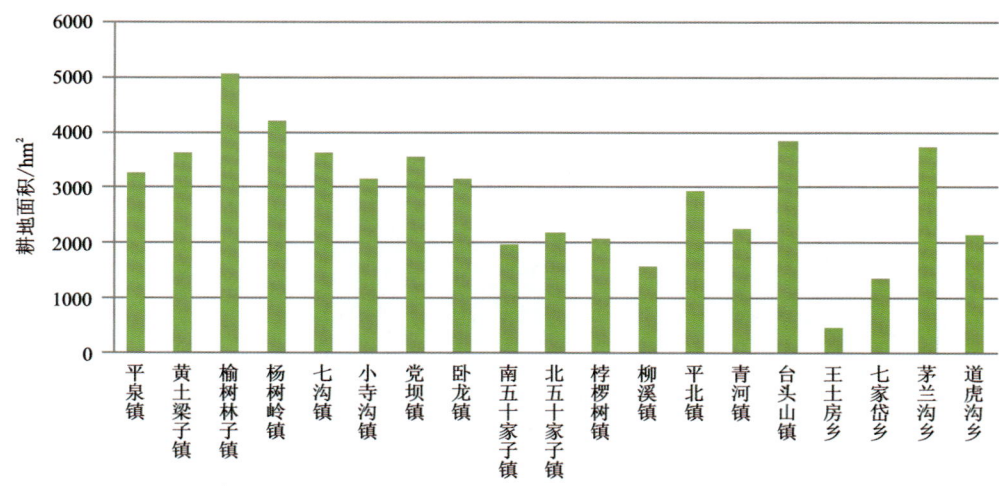

图 2-158 平泉市耕地分布情况柱状图

较少,面积占比均不足 10%,其中,园地分布最少的行政区为七家岱乡,面积为 10.86hm²,占 0.18%,柳溪镇的园地面积为 3.04hm²,占 0.05%。在二级地类中,果园分布面积在 300hm² 以上的行政区有榆树林子镇、梓椤树镇、七沟镇、党坝镇和小寺沟镇,面积占平泉市果园总面积的 62.51%。其中,榆树林子镇果园最多,面积为 1 194.49hm²,占平泉市果园总面积的 24.32%。七家岱乡和柳溪镇果园较少,面积分别为 10.86hm² 和 3.04hm²,仅占平泉市果园总面积的 0.22% 和 0.06%;其他园地分布面积在 100hm² 以上的行政区有青河镇、党坝镇、卧龙镇、杨树岭镇和小寺沟镇,占平泉市其他园地总面积的 54.92%。平泉市园地分布情况如图 2-159 所示。

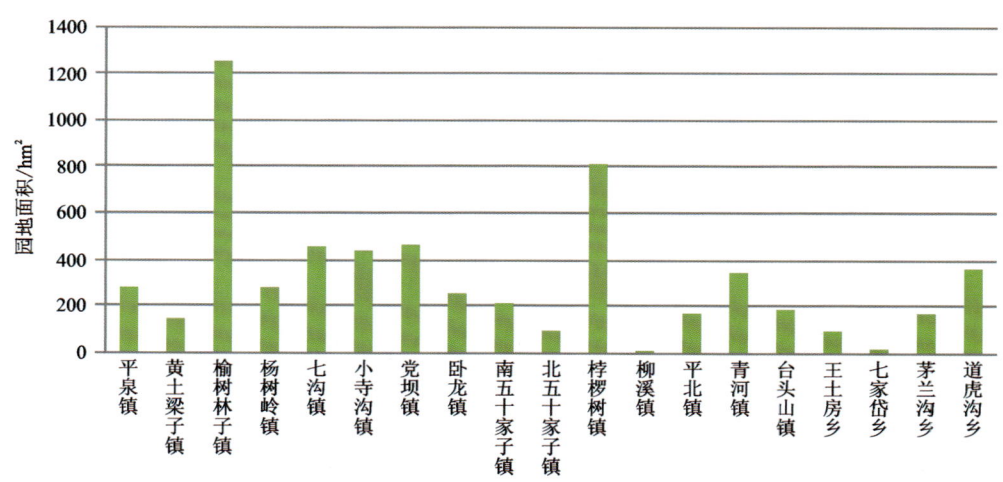

图 2-159 平泉市园地分布情况柱状图

3. 林地分布特点

平泉市林地面积为 220 099.27hm²。林地分布最多的行政区为七沟镇,面积为 21 603.71hm²,占平泉市耕地总面积的 9.82%;其次为榆树林子镇,面积为 20 085.30hm²,占 9.13%;再次为柳溪镇,面积为 19 655.36hm²,占 8.93%。林地分布最少的行政区是道虎沟乡,面积为 3 340.24hm²,仅占 1.52%。在二级地类中,乔木林地分布面积在 7000hm² 以上的行政区有柳溪镇、七沟镇、王土房乡、七家岱乡和卧龙镇,面积占平泉市乔木林地总面积的 43.91%;灌木林地分布面积在 7000hm² 以上的行政区有榆树林子镇、七沟镇、党坝镇、台头山镇,面积占平泉市灌木林地总面积的 42.92%;其他林地分布面积在 1000hm² 以上的行政区有榆树林子镇、茅兰沟乡、台头山镇等 8 个乡镇,面积占平泉市其他林地总面积的68.98%。平泉市林地分布情况如图2-160所示。

图2-160 平泉市林地分布情况柱状图

4. 草地分布特点

平泉市草地面积为21 979.16hm²。草地分布最多的行政区为青河镇，面积为2 200.64hm²，占平泉市草地总面积的10.01%；其次为杨树岭镇，面积为2 122.76hm²，占9.66%；再次为党坝镇，面积为2 021.17hm²，占9.20%。草地分布最少的行政区是七家岱乡，面积为207.57hm²，仅占0.94%。在二级地类中，平泉市有天然牧草地356.25hm²，主要分布在柳溪镇，面积为350.70hm²，占平泉市天然牧草地总面积的98.44%，其余分布在黄土梁子镇；人工牧草地只有3.40hm²，全部分布在道虎沟乡；其他草地分布面积在1000hm²以上的行政区有青河镇、杨树岭镇、党坝镇等10个乡镇，面积占平泉市其他草地总面积的73.49%。平泉市草地分布情况如图2-161所示。

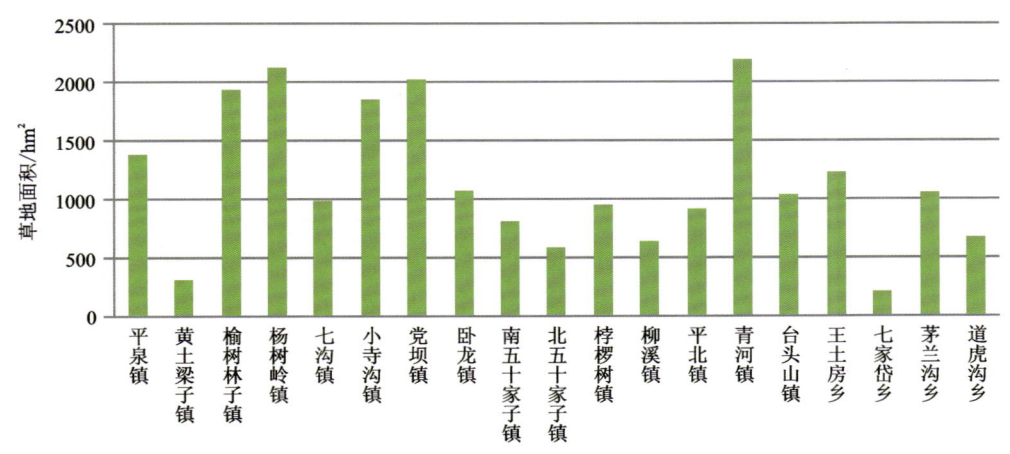

图2-161 平泉市草地分布情况柱状图

5. 城镇村及工矿用地分布特点

平泉市城镇村及工矿用地面积为13 400.09hm²。城镇村及工矿用地分布最多的行政区为平泉镇，面积为2 274.54hm²，占平泉市城镇村及工矿用地总面积的16.97%；其次为卧龙镇，面积为2 247.19hm²，占16.77%；其他乡镇面积差别较小。在二级地类中，城市用地全部分布在平泉镇；建制镇面积最大的行政区是卧龙镇，面积为448.41hm²，占平泉市建制镇总面积的45.50%，其他建制镇面积差别较小；村庄用地在各乡镇均有分布，面积差别较小，其中分布面积在500hm²以上的行政区有杨树岭镇、卧龙镇、平泉镇和七沟镇,面积占平泉市村庄用地总面积的32.28%;采矿用地分布面积较大的行政区有卧龙镇、平泉镇、七家岱乡、梓楹树镇和王土房乡,面积占平泉市采矿用地总面积的72.54%,其中卧龙镇采矿用地最多,面积为1 113.45hm²,占平泉市采矿用地总面积的36.40%;特殊用地主要分布在小寺沟镇、南五十家子镇、卧龙镇和平泉镇等,面积占平泉市特殊用地总面积的85.93%。平泉市城镇村及工矿用地分布情况如图2-162所示。

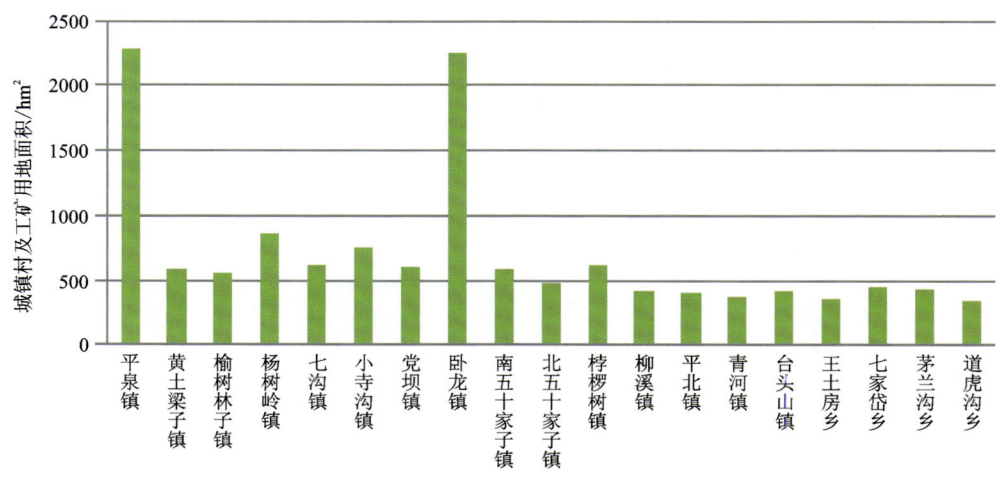

图2-162 平泉市城镇村及工矿用地分布情况柱状图

6. 交通运输用地分布特点

平泉市交通运输用地面积为2 754.61hm²。交通运输用地分布最多的行政区为杨树岭镇,面积为401.38hm²,占平泉市交通运输用地总面积的14.57%;其次为平泉镇,面积为399.22hm²,占14.49%;其他行政区差别较小,占比均在10%以下。在二级地类中,铁路用地分布面积在50hm²以上的行政区有平泉镇、杨树岭镇、南五十家子镇和小寺沟镇,面积占平泉市铁路用地总面积的77.11%;公路用地分布面积在100hm²以上的行政区有平泉镇、杨树岭镇、南五十家子镇、卧龙镇和七沟镇,占平泉市公路用地总面积的52.95%;农村道路分布面积在50hm²以上的行政区有杨树岭镇、七沟镇、卧龙镇、榆树林子镇、平泉镇、党坝镇和台头山镇,面积占平泉市农村道路用地总面积的54.90%。平泉市交通运输用地分布情况如图2-163所示。

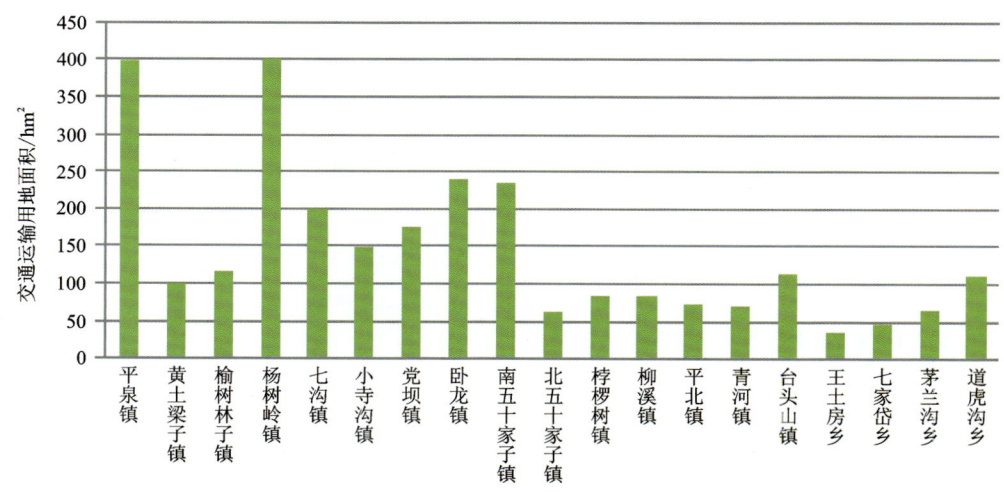

图2-163 平泉市交通运输用地分布情况柱状图

7. 水域及水利设施用地分布特点

平泉市水域及水利设施用地面积为 4 129.20hm²。水域及水利设施用地分布最多的行政区为卧龙镇，面积为 421.53hm²，占平泉市水域及水利设施用地总面积的 10.21%，其他行政区面积占比均在 10% 以下。在二级地类中，河流水面分布面积在 200hm² 以上的行政区有乡镇为榆树林子镇、黄土梁子镇、党坝镇、卧龙镇、平泉镇、平北镇、台头山镇和茅兰沟乡，面积占平泉市河流水面总面积的 59.74%；水库水面分布较多的行政区是卧龙镇，面积为 99.53hm²，占平泉市水库水面总面积的 83.20%，此外，只在道虎沟乡、杨树岭镇、七沟镇和榆树林子镇有少量分布；坑塘水面较少，主要分布在卧龙镇、党坝镇和平泉镇；沟渠主要分布在七沟镇、平泉镇和杨树岭镇，面积占平泉市沟渠总面积的 49.36%；水工建筑用地较少，主要分布在平泉镇、卧龙镇和王土房乡。平泉市水域及水利设施用地分布情况如图 2-164 所示。

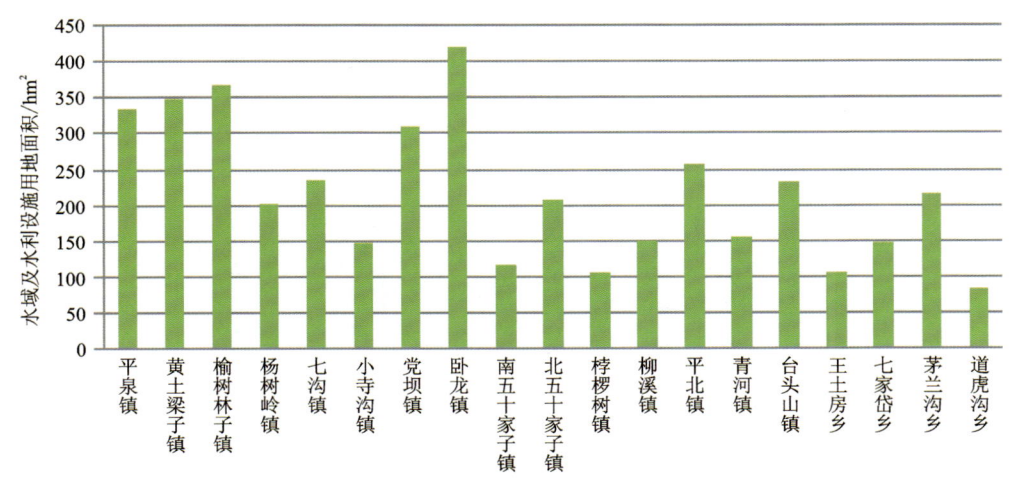

图 2-164　平泉市水域及水利设施用地分布情况柱状图

8. 湿地分布特点

平泉市湿地面积为 101.22hm²。湿地分布最多的行政区是黄土梁子镇，面积为 20.27hm²，占全市湿地总面积的 20.02%；其次为平泉镇，面积为 14.93hm²，占 14.75%；第三为平北镇，面积为 11.47hm²，占 11.33%；小寺沟镇和榆树林子镇湿地面积分别为 10.31hm² 和 10.12hm²，分别占全市湿地总面积的 10.18% 和 10.00%；杨树岭镇、王土房乡和道虎沟乡无湿地。在二级地类中，平泉市湿地只有内陆滩涂一种类型，分布情况同上述情况一致。平泉市湿地分布情况如图 2-165 所示。

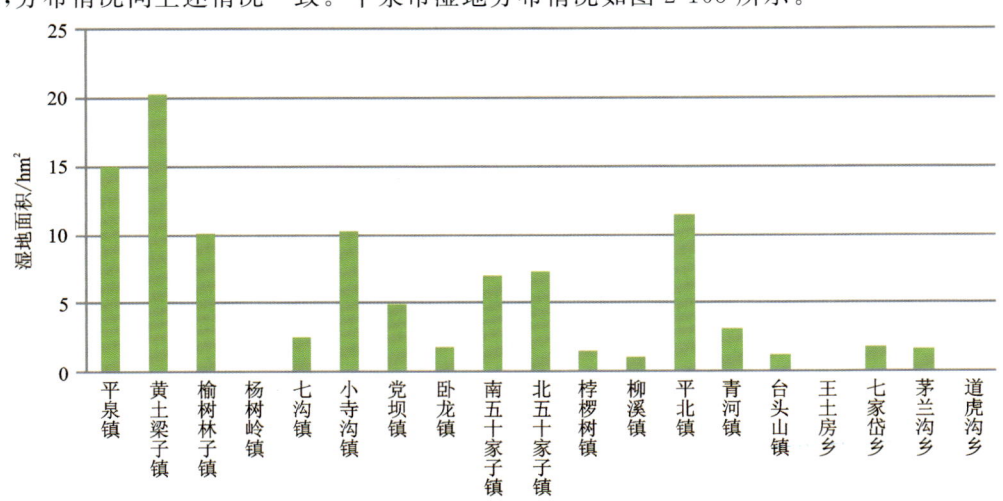

图 2-165　平泉市湿地分布情况柱状图

9. 其他土地分布特点

平泉市其他土地面积为 6 506.15hm²。其他土地分布最多的行政区为卧龙镇，面积为 717.45hm²，占平泉市其他土地总面积的 11.03%，其他行政区面积占比均在 10% 以下。在二级地类中，设施农用地分布面积在 100hm² 以上的行政区有卧龙镇、黄土梁子镇和平北镇，占平泉市设施农用地总面积的 45.67%；田坎分布面积在 300hm² 以上的行政区有杨树岭镇、榆树林子镇、茅兰沟乡、卧龙镇、台头山镇和平泉镇，占平泉市田坎总面积的 49.50%。平泉市其他土地分布情况如图 2-166 所示。

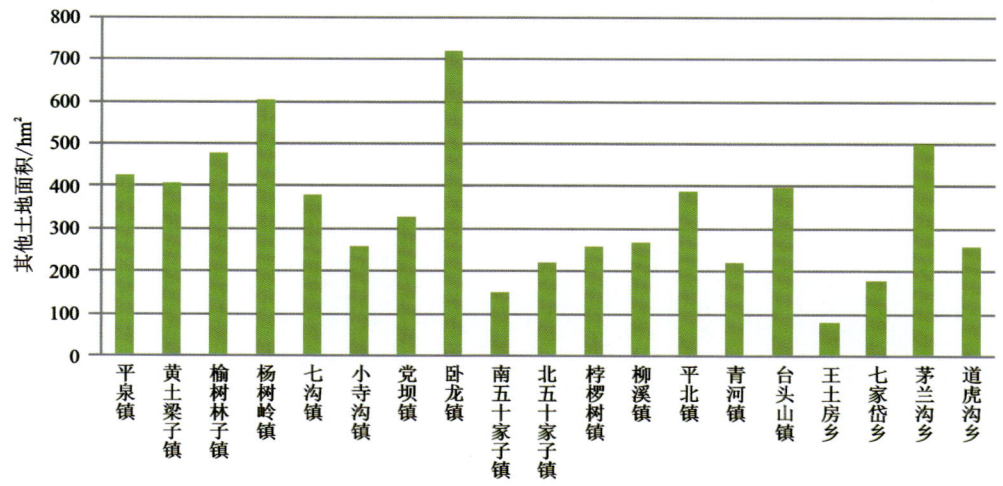

图 2-166　平泉市其他土地分布情况柱状图

第三章　土地利用分区

第一节　土地利用分区的目的、原则和依据

土地利用分区就是根据土地的综合属性以及土地利用结构、方向、特点、潜力的相似性和差异性原理,对区域内土地利用进行科学划分,揭示土地利用的地域分异规律,分区确定土地利用方向和土地管理措施,合理调整各区土地利用结构,以便因地制宜,扬长避短,发挥优势,达到科学、合理、充分利用一切土地的目的。进行土地利用分区在实行土地用途管制和宏观调控中具有十分重要的现实意义和指导作用。

一、土地利用分区的目的

(一)有利于进一步优化土地利用的空间结构

土地利用分区结果反映了不同区域间的土地利用差异性和同一区域内部土地利用结构的主导性。这种差异性和主导性,是适应自然条件和社会经济需求的结果。但某些区域往往存在自然条件和社会经济需求之间的矛盾和不协调性,从而使土地利用结构必然也存在一定的不合理、不科学的现象。通过土地利用分区,可以进一步明确各区的土地利用主导方向,并针对土地利用过程中存在的主要问题,合理调整土地利用结构,实现土地利用结构在各区之间以及区域内部的优化配置,找出最佳的组合方式,充分发挥土地利用的经济、社会和生态效益。

(二)有利于进一步推进土地资源的合理开发利用

根据分区结果,针对不同分区后备土地资源潜力的数量、质量和分布,依据各区的土地利用主导方向,可以合理确定后备土地资源开发利用的方向、规模和时序。如以林业为主导的区域,后备土地资源开发利用应以林为主;以牧业为主导的区域,后备土地资源开发利用应以牧为主。这样,不但可以使土地资源得到充分、合理的开发利用,同时可以保持土地生态系统的平衡,避免盲目开发、过度开垦,做到土地资源开发利用与保护的有机结合。

(三)有利于进一步促进土地生产力的持续提高

通过土地利用分区,可以确定不同区域土地利用的主导方向,即明确了需要鼓励和优先发展的土地

利用类型,引导土地投资方向,建立区域化、专业化和集约化的农业生产方式,实现土地的规模经营,从而促进土地生产能力持续提高,促进农业生产及区域社会经济持续发展。

(四)有利于进一步完善土地利用的科学管理

土地利用分区既明确了各区的土地利用方向,也明确了在土地管理中应提倡和鼓励的土地利用行为及应限制的土地利用行为,可以做到分类指导和管理,对不同区域制订不同的管理措施。如农业用地区土地利用的主导方向就是发展农业生产,应加大对农业的投资力度,实行土地规模经营,建立高产、高效和优质农业生产基地,同时应严格控制耕地转用,禁止乱占滥用,切实保护耕地尤其是基本农田。同时,通过土地利用分区,可较好地协调各类用地之间的关系,充分发挥土地资源优势,促进国民经济各行业协调发展。

二、土地利用分区的原则

(一)坚持自然和社会经济条件相似性的原则

土地利用分区主要反映人类利用自然、适应自然,对土地利用产生的影响及结果,并可指明今后合理利用土地的方向及措施。因此,在分区过程中应坚持自然条件和社会经济条件相似性的原则。在同一土地利用区内,应保持地貌类型、气候条件、土壤植被等自然条件基本相似,人口数量、人均土地资源、经济发展水平等社会经济条件基本相似。

(二)坚持综合分析与主导因素相结合的原则

土地利用结构和方向是自然及社会经济因素综合作用的结果,而主导因素是影响区域土地利用结构和方向的主要功能因子,它决定着区域资源环境的最大社会、经济和生态效益。同时,主导因素与其他要素间相互制约、相互影响、相互作用,共同影响土地利用的综合效益。因此,在土地利用分区过程中,要在综合分析影响土地利用各要素的基础上,以主导因素为主要指标,充分体现不同土地利用区的差异性。

(三)坚持土地利用结构相对一致性的原则

土地利用现状是人们长期生产实践的结果。由于受自然条件和社会经济条件的影响,土地利用的方式,土地的类型结构、利用特点和利用方向等在客观上存在着空间上的相似性和差异性,这种差异性是形成不同生产区域的基础。因此,土地利用分区应坚持同一区域内土地利用结构和方向的相对一致性。只有土地利用结构和土地利用方向相对一致,才能制订相应的利用措施,才能达到利用分区成果指导生产实践的目的。

(四)坚持统筹兼顾综合平衡的原则

土地利用分区既要最大限度地发挥土地的经济效益,做到地尽其力,又必须尽量满足各类用地需求,协调好各部门之间的用地矛盾,建立最佳的土地利用组合结构,发挥土地利用的最佳社会经济效益。

同时,还要满足改善生态环境建设的要求。因此,土地利用分区必须坚持统筹兼顾、综合平衡的原则,既要充分提高土地的利用效率,又要最大限度地满足各方面的利益需求,做到土地利用的经济、社会和生态效益的协调统一。

(五)坚持定性分析与定量分析相结合的原则

定性分析方法指根据以往的经验习惯,利用已有资料,进行综合分析,划分土地利用区。这种方法适用于地域差异和分区界线明显的区域。而对土地利用区的细分和界线模糊的区域,为提高土地利用分区的科学性,应坚持定性分析与定量分析相结合的原则,将分区指标进一步量化,根据定量指标的差异来划分土地利用区。

(六)坚持县乡级行政界线相对完整性的原则

县、乡级行政界线是目前我国行政管理体制中最基本的单元界线,包括土地管理在内的所有行政管理内容都必须以做好县、乡级工作为基础。因此,在土地利用分区过程中应尽量保持县、乡级行政界线的完整性。唯此才能针对不同土地利用区制订、实施不同的土地规划和整治措施,才能提高分区成果的可行性和应用性。在具体分区工作中,首先应考虑保持县级行政界线的完整性,其次,在充分体现分区差异化和合理化的前提下,确实有必要打破县级行政界线的,也必须保持乡级行政界线的完整性。

三、土地利用分区的依据

(一)以地理位置和地貌类型作为土地利用分区的基础依据

地理位置和地貌类型是影响土地自然条件状况的重要因素,对土地质量和土地利用具有重要影响。一般情况下,同一地貌单元的土地利用结构和方向基本一致,不同单元之间差异明显。如承德市西北部地处内蒙古高原的边缘,具有高原气候特征,气温低,无霜期短,土地沙化情况较严重,土地利用应以林牧业为主。

(二)以土地利用结构作为土地利用分区的主导依据

土地利用现状类型与结构是人们在长期的生产实践过程中利用自然、适应自然的结果,土地利用方向和措施基本符合自然规律。由于受自然条件区域差异性的影响,土地利用类型与结构也必然存在区域差异性,并成为影响土地利用分区的主导依据。

(三)以土地质量的差异性作为土地利用分区的重要依据

受自然条件影响,土地质量存在区域差异性,并在很大程度上影响土地利用方式和利用类型。不同区域的土地质量不同,土地利用类型和利用方向亦不同。如承德坝下燕山盆地的河谷阶地,土壤肥沃,地势平坦,面积大,宜耕地,这就决定了土地利用以种植业为主;而中低山区棕壤有机质含量较高,地形起伏大,适宜发展林牧业。土地质量的差异性还决定了土地利用障碍因素和存在问题的区域差异性,从而导致土地改良途径与措施不同。

(四)借鉴吸收有关部门的研究成果作为土地利用分区的参考依据

根据不同专业要求,市直有关部门近年来在土地利用分区方面做了许多工作,如农业区划、国土规划、林业区划、土地利用总体规划等,这些部门都从不同角度研究了土地利用问题,并反映了全市土地利用的区域差异状况。根据上述分区依据,本次土地利用分区借鉴吸收了《承德市土壤》《承德市综合农业区划》《承德市生态功能区划研究》和《承德土地资源》等相关研究成果和资料。

第二节 土地利用分区的系统与方法

一、土地利用分区系统

土地利用分区系统是根据分区的原则和依据,将全市土地划分成不同层次、若干区域的等级体系。同一区域的自然条件、土地利用方式、类型结构、土地质量、生产水平等具有相对一致性,不同区域间有明显的差异性。承德市位于内蒙古高原与华北平原的过渡地带,地貌类型复杂。在不同的自然条件下,社会经济状况、土地利用方式与结构、土地利用特点等方面有着明显的区域差异性。为了较为全面地反映承德市的土地利用区域特点,在土地利用分区过程中采取"区"和"亚区"两级分区体系。

(1)区:根据所处地理位置,对主要地貌单元进行一致性划分。区内自然、经济条件相近,土地利用主导方向、土地利用改良与管理措施基本相似。

(2)亚区:在同一区范围内,依据地理位置、土地利用类型和利用方向的差异继续分类。亚区与中地貌单元相吻合,主要地类组合和改良措施基本一致。

二、土地利用分区的方法

根据分区的原则、依据,以自然条件中的地貌类型单元为框架,以主导土地利用类型为基础,进行土地利用分区。

(一)土地利用区的划分

依据地貌类型,并综合考虑自然植被、气候和土壤等因素,全市可划分成2个大的地貌单元,即坝上高原区、冀北及燕山山地区。以坝上高原地貌与坝下山地、丘陵地貌的分界线作为不同土地利用区的分界线,在同一地貌单元内找出主导土地利用类型,采用"地理位置+地貌特征+土地利用区构成"的连续命名法对土地利用区进行命名。

(二)土地利用亚区的划分

根据土地利用类型的差异,包括部分二级地类的差异,以及土地利用方向、措施的变化,将同一土地利用区划分若干亚区。在划分亚区时重点考虑以下因素:①土地利用的自然条件和社会经济条件相对一致;②土地利用特点、目标、方针相对一致;③土地利用途径与措施相对一致;④保持乡(镇)界线的完整性。亚区名字由"地名＋地貌类型＋土地利用主导或特色方向＋土地利用亚区"构成。

三、土地利用分区方案

根据分区原则、依据，结合承德市的土地市情，将承德市划分为 2 个土地利用区，即坝上高原土地利用区、冀北及燕山山地土地利用区。在坝上高原土地利用区，以草原生态系统类型分布和县级行政区区界为依据将该区划分为 2 个亚区，即坝上高原西部牧农旅游土地利用亚区和坝上高原东部林牧旅游土地利用亚区；在冀北及燕山山地土地利用区，以土地利用主导方向为依据将该区划分为 3 个亚区，即冀北山地林农牧土地利用亚区、燕山山地北部城镇工矿土地利用亚区和燕山山地南部果林桑矿土地利用亚区。分区方案见表3-1。

第三节　土地利用分区评述

一、坝上高原土地利用区（Ⅰ）

（一）区域概况

1. 位置与范围

本区位于承德市最北部，系内蒙古高原的南缘，俗称"坝上"。西面与张家口坝上地区接壤，北面和东面与内蒙古自治区毗邻，南部与冀北及燕山山地土地利用区相接。行政区包括丰宁县坝上地区的大滩镇、万胜永乡、草原乡、鱼儿山镇、外沟门乡；围场县坝上地区的御道口镇、老窝铺乡、西龙头乡、姜家店乡及塞罕坝机械林场、御道口牧场、卡伦后沟牧场和红松洼牧场。

2. 自然资源特点

本区地貌类型为湖积高原和冲积洪积高原。土壤类型主要是灰色森林土、栗褐土、草甸土、风沙土和沼泽土，土壤有机质含量较高，多为 2.5%～3%，有的高达 10%以上。气候属寒温带大陆性季风气候，年平均气温为 -0.3～1.5℃，≥0℃积温为 2100～2400℃，≥10℃积温为 1600～1800℃，年平均降水量为 450mm，无霜期不足 80d。本区虽热量条件在全市最差，但牧草资源丰富，森林资源状况条件较好。植被类型为森林草原和草甸草原，草原面积大，牧草种类多，主要植物有无芒雀麦、冰草、羊草、披碱草、赖草、早熟禾、草木樨、山野豌豆、羊胡子草、委陵菜等，主要树种有油松、落叶松、云杉、白桦、辽东栎、蒙古栎等。

本区以森林、草原生态系统为主，属于温带草原区域与暖温带落叶阔叶林区域的过渡带，在水源涵养、土壤保持、生物多样性保护、荒漠化控制方面有重要作用，是京津冀生态系统协同圈中的北方第一道生态屏障。本区分布有塞罕坝、红松洼 2 个国家级自然保护区，滦河源、御道口 2 个省级自然保护区，有塞罕坝国家级森林公园、千松坝省级森林公园以及京北第一草原风景名胜区，有着高寒区森林—草地—沼泽—沙地等交错地带生态景观，生物多样性丰富。其中，坝上高原西部地区以草原生态系统为主，主要生态功能为水源涵养、防风固沙和荒漠化控制。坝上高原东部地区以森林生态系统为主，主要生态功能为生物多样性保护和荒漠化控制。

表 3-1 承德市土地利用分区系统表

区号	土地利用区名称	乡(镇,场,街道,水库)数	面积占土地总面积的比例/%	亚区号	土地利用亚区名称	乡(镇,场,街道,水库)数	面积占本区土地总面积的比例/%	县(区)	土地利用亚区范围所包括的乡(镇)及国营林(牧)场名称
I	坝上高原土地利用区	13	12.15	I 1	坝上高原西部牧农旅游土地利用亚区	5	42.17	丰宁县	大滩镇、鱼儿山镇、万胜永乡、外沟门乡、草原乡5个乡(镇)
				I 2	坝上高原东部林牧旅游土地利用亚区	8	57.83	围场县	御道口镇、姜家店乡、老窝铺乡、西龙头乡4个乡镇和红松洼牧场、卡伦后沟牧场、御道口牧场、塞罕坝机械林场
II	冀北及燕山山地土地利用区	211	87.85	II 1	冀北山地林农牧土地利用亚区	81	53.19	围场县	围场镇、四合永镇、克勒沟镇、棋盘山镇、半截塔镇、朝阳地镇、朝阳湾镇、腰站镇、新拨镇、龙头山镇、城子镇、道坝子乡、黄土坎乡、四道沟乡、育太和乡、牌楼乡、郭家湾乡、杨家湾乡、广发永乡、张家湾乡、下伙房乡、哈里哈乡、宝元栈乡、山湾子乡、三义永乡、大唤起乡、燕格柏乡、南山嘴乡33个乡(镇)和承德庙宫水库
								丰宁县	大阁镇、土城镇、黄旗镇、凤山镇、波罗诺镇、黑山嘴镇、天桥镇、胡麻营镇、南关乡、选将营乡、汤河乡、西官营乡、王营乡、北头营乡、石人沟乡、苏家店乡、隆化镇、杨木栅子乡、四岔口乡、五道营乡21个乡(镇)
								隆化县	隆化镇、韩麻营镇、中关镇、七家镇、汤头沟镇、张三营镇、唐三营镇、蓝旗镇、步古沟镇、郭家屯镇、茅荆坝乡、八达营乡、尹家营乡、太平庄乡、荒地乡、章吉营乡、山湾乡、庙子沟乡、旧屯乡、偏坡营乡、西阿超乡、碱房乡、韩家店乡、湾沟门乡25个乡(镇)和安洲街道1个街道

续表 3-1

区号	土地利用区名称	乡(镇、场、街道、水库)数	面积占土地总面积的比例/%	亚区号	土地利用亚区名称	乡(镇、场、街道、水库)数	面积占本区土地总面积的比例/%	县(区)	土地利用亚区范围 所包括的乡(镇)及国营林(牧)场名称
II	冀北及燕山山地土地利用区	211	87.85	II2	燕山山地北部城镇工矿土地利用亚区	86	31.82	承德县	下板城镇、高寺台镇、甲山镇、六沟镇、三沟镇、头沟镇、三家镇、石灰窑镇、鞍匠镇、上谷镇、磴上镇、新杖子镇、大营子乡、东小白旗乡、刘杖子乡、孟家院乡、八家乡、满杖子乡、五道河乡、岔沟乡、岗子乡、两家乡、仓子乡 23 个乡(镇)
								平泉市	平泉镇、黄土梁子镇、榆树林子镇、杨树岭镇、七沟镇、小寺沟镇、党坝镇、邰龙镇、南五十家子镇、北五十家子镇、梓檀树镇、柳溪镇、平北镇、青河镇、台头山镇、王土房乡、七家岱乡、茅兰沟乡、道虎沟乡 19 个乡(镇)
								滦平县	滦平镇、长山峪镇、红旗镇、金沟屯镇、虎什哈镇、巴克什营镇、张百湾镇、大屯镇、火斗山镇、付营子镇、平坊乡、安纯沟门乡、小营乡、西沟乡、邓厂乡、五道营子乡、马营子乡、付家店乡、两间房乡、涝洼乡 20 个乡(镇)和中兴路街道 1 个街道
								双桥区	狮子沟镇、牛圈子沟镇、水泉沟镇、大石庙镇、双峰寺镇、冯营子镇、上板城镇 7 个镇和新华路街道、西大街街道、中华路街道、桥东街道、潘家沟街道、头道牌楼街道、石洞子沟街道 7 个街道
								双滦区	双塔山镇、滦河镇、大庙镇、偏桥子镇、西地镇、陈栅子乡 6 个乡(镇)和元宝山街道、钢城街道、秀水街道 3 个街道

续表 3-1

区号	土地利用区名称	乡(镇、场、街道、水库)数	面积占土地总面积的比例/%	亚区号	土地利用亚区名称	乡(镇、场、街道、水库)数	面积占本区土地总面积的比例/%	县(区)	土地利用亚区范围 所包括的乡(镇)及国营林(牧)场名称
II	冀北及燕山山地土地利用区	211	87.85					兴隆县	兴隆镇,平安堡镇,北营房镇,李家营镇,雾灵山镇,大杖子镇,大水泉镇,蘑菇峪镇,半壁山镇,挂兰峪镇,青松岭镇,六道河镇,孤山子镇,蓝旗营镇,三道河镇,南天门乡,上石洞乡,安子岭乡,八卦岭乡,陡子峪乡 20个乡(镇)
				II3	燕山山地南部果林桑矿土地利用亚区	44	14.99	宽城县	宽城镇,龙须门镇,板城镇,汤道河镇,亮甲台镇,化皮溜子镇,峪耳崖镇,梓罗台镇,碾子峪镇,松岭镇,塌山乡,孟子岭乡,东黄花川乡,苇子沟乡,大字沟门乡,大石柱子乡,独石沟乡,铧尖乡 18个乡(镇)和潘家口水库
								营子区	鹰手营子镇,北马圈子镇,寿王坟镇,汪家庄镇 4个镇和铁北路街道 1个街道

由于地貌、气候等因素综合作用,生态区形成了以草原为主体的脆弱生态系统,一旦失去草被,便会产生土地风蚀沙化、水土流失加剧、土壤肥力下降等一系列反应,使生态平衡失调。目前本区由于人为过度开垦放牧等原因,草原面积锐减,草场退化,土壤侵蚀和土地荒漠化严重,水土流失加剧,这些也加剧了风沙、干旱、洪灾等灾害的发生。本区位于京、津的上风地带,又是北京的水源保护地,地理位置的特殊性使得区域生态建设显得尤为重要。

(二)土地利用现状

按土地利用现状一级分类,其中,耕地面积为 63 268.35hm^2,占全市耕地总面积的 15.29%;园地面积为164.08hm^2,占全市园地总面积的 0.11%;林地面积为 239 753.95hm^2,占全市林地总面积的8.95%;草地面积为 145 878.79hm^2,占全市草地总面积的 32.04%;城镇村及工矿用地面积为 4 923.31hm^2,占全市城镇村及工矿用地总面积的 4.47%;交通运输用地面积为 3 966.49hm^2,占全市交通运输用地总面积的 11.90%;水域及水利设施用地面积为 2 731.14hm^2,占全市水域及水利设施用地总面积的 6.16%;湿地面积为 13 805.08hm^2,占全市湿地总面积的 67.05%。本区土地利用现状见表 3-2。

表 3-2 坝上高原土地利用区土地利用现状一级地类面积统计表　　　　单位:hm^2

行政区		耕地面积	园地面积	林地面积	草地面积	城镇村及工矿用地面积	交通运输用地面积	水域及水利设施用地面积	湿地面积
围场县	小计	15 557.59	14.53	178 743.79	65 356.33	1 704.30	1 917.48	1 873.84	10 166.15
	御道口镇	5 828.99	9.28	8 461.29	7 701.93	420.31	296.25	229.34	428.88
	姜家店乡	1 841.71	1.33	8 772.46	6 902.65	243.87	95.61	125.87	8.75
	老窝铺乡	1 497.20	0.00	13 287.79	3 355.43	150.38	176.90	198.59	53.76
	西龙头乡	1 836.24	0.72	19 385.35	1 594.64	225.39	157.90	204.22	75.32
	红松洼牧场	2.50	0.00	875.49	5 141.02	37.48	33.78	0.00	0.00
	卡伦后沟牧场	581.41	0.00	3 930.22	4 105.09	47.26	79.37	50.40	0.35
	塞罕坝机械林场	241.03	2.10	77 165.13	4 304.62	189.12	398.82	90.31	3 438.07
	御道口牧场	3 728.51	1.10	46 866.06	32 250.95	390.49	678.85	975.11	6 161.02
丰宁县	小计	47 710.76	149.55	61 010.16	80 522.46	3 219.01	2 049.01	857.30	3 638.93
	大滩镇	15 339.67	10.91	16 216.83	25 308.47	1 406.89	844.71	261.91	2 305.01
	鱼儿山镇	15 414.33	11.58	4 973.22	13 194.12	791.37	398.02	135.58	562.86
	万胜永乡	5 779.70	10.78	8 261.99	10 412.16	289.24	255.78	126.24	104.45
	外沟门乡	4 335.72	21.73	28 882.68	22 229.37	298.84	374.88	303.92	571.95
	草原乡	6 841.34	94.55	2 675.44	9 378.34	432.67	175.62	29.65	94.66
合计		63 268.35	164.08	239 753.95	145 878.79	4 923.31	3 966.49	2 731.14	13 805.08

注:表中不汇总其他土地面积。

(三)开发利用方向

持续实施国家重点生态建设工程,加大京津风沙源治理、京津冀水源林、京北防护林、湿地保护与修复等工程建设力度,提高森林、草原、湿地涵养水源和防风固沙能力。加强京北草原、御道口牧场、塞罕坝林场的生态建设;加强红松洼国家级自然保护区、塞罕坝国家级自然保护区的管理和基础设施建设;

按照国家国土绿化行动的统一部署,根据适地适树的原则,遵循近自然林经营要求,对区内现有的宜林沙地、荒山、荒滩实施人工造林,扩大混交林规模,稳步提升涵养水源和防风固沙能力,构建沿边沿坝防风固沙生态屏障。

(四)亚区

本土地利用区划分为2个土地利用亚区。

1. 坝上高原西部牧农旅游土地利用亚区(Ⅰ1)

1)区域概况

本亚区位于承德坝上高原土地利用区的西部,包括丰宁县的大滩镇、万胜永乡、草原乡、鱼儿山镇、外沟门乡。本亚区平均海拔为1500m,地势较为平坦,气候属寒温带大陆性季风气候,年平均气温为2.2~3.1℃,年平均降水量为350mm,无霜期为80d。土壤类型有栗钙土、栗钙土性土、暗栗钙土、草甸栗钙土等,植被类型有温带草原和高原河漫滩草甸。

2)土地利用状况。

本亚区土地面积占本土地利用区土地总面积的42.17%。按土地利用现状一级分类,其中:耕地面积为47 710.76hm^2,占全市耕地总面积的11.53%;园地面积为149.55hm^2,占全市园地总面积的0.10%;林地面积为61 010.16hm^2,占全市林地总面积的2.28%;草地面积为80 522.46hm^2,占全市草地总面积的17.69%;城镇村及工矿用地面积为3 219.01hm^2,占全市城镇村及工矿用地总面积的2.92%;交通运输用地面积为2 049.01hm^2,占全市交通运输用地总面积的6.15%;水域及水利设施用地面积为857.3hm^2,占全市水域及水利设施用地总面积的1.93%;湿地面积为3 638.93hm^2,占全市湿地总面积的17.67%。本亚区土地利用现状见表3-2(丰宁县部分)。

3)生态特点及存在问题

本亚区以草原生态系统为主,在水源涵养、生物多样性保护、荒漠化控制方面有重要作用,区内有滦河源省级自然保护区。本亚区是滦河、潮白河的发源地之一,水环境污染敏感性较高。本亚区由于过度开垦和放牧,草场退化和土地荒漠化,水土流失严重,是土壤侵蚀敏感区和荒漠化敏感区。

4)保护措施和开发利用方向

调整农牧用地比例,加大退耕还林还草力度,合理利用土地资源;合理利用草原资源,严禁开垦现有草场,保护好现有草场,改造退化草场,恢复草原植被;控制草场的载畜量,采取禁牧、休牧、轮牧、舍饲等措施严格防止草原过度放牧;保护水资源,增强水源涵养功能;加强荒漠化治理,防治水土流失;加强自然保护区的管理力度,开展生态旅游,处理好旅游开发与环境保护之间的关系;营造农田防护林,发展生态农业。

2. 坝上高原东部林牧旅游土地利用亚区(Ⅰ2)

1)区域概况

本亚区位于承德坝上高原生态区的东部,包括围场县的御道口镇、老窝铺乡、西龙头乡、姜家店乡,以及塞罕坝机械林场、御道口牧场、卡伦后沟牧场和红松洼牧场。本亚区平均海拔在1500m以上,地势平坦。年平均气温为-1.0℃,年平均降水量为450~500mm,降水多集中在7月、8月。春秋季风力较大,年均6级以上大风天达68d,土壤质地主要为轻壤质和砂壤质。土壤类型主要为沙质黄土状暗栗钙土、山地草甸土和山地黑土。主要生态系统类型有草地、森林、湿地和农田生态系统,物种多样性丰富。本亚区是滦河和辽河的发源地。

2）土地利用状况。

本亚区土地面积占本土地利用区土地总面积的57.83%。

按土地利用现状一级分类，其中：耕地面积为15 557.59hm²，占全市耕地总面积的3.76%；园地面积为14.53hm²，占全市园地总面积的0.01%；林地面积为178 743.79hm²，占全市林地总面积的6.67%；草地面积为65 356.33hm²，占全市草地总面积的14.35%；城镇村及工矿用地面积为1 704.30hm²，占全市城镇村及工矿用地总面积的1.55%；交通运输用地面积为1 917.48hm²，占全市交通运输用地总面积的5.75%；水域及水利设施用地面积为1 873.84hm²，占全市水域及水利设施用地总面积的4.22%；湿地面积为10 166.15hm²，占全市湿地总面积的49.37%。本亚区土地利用现状见表3-2（围场县部分）。

3）生态特点及存在问题

本亚区有塞罕坝和红松洼国家级自然保护区以及御道口省级自然保护区，生物多样性丰富，在生物多样性保护、水源涵养、土壤保持、荒漠化控制方面有重要作用。本亚区处于寒温带和温带的森林和草原的过渡地带，由于人类活动频繁，过度开垦土地和放牧，因而部分地区草场退化，生物多样性减少，土地沙化，造成了水土流失等问题，是土壤侵蚀（风蚀）敏感区。

4）保护措施和开发利用方向

保护各类生态系统，加强各自然保护区的保护与建设力度；加强天然林保护，进一步实施封山育林、退耕还林、退耕还草措施；加强植被恢复，调整农牧用地比例，合理利用土地资源，控制过度放牧，治理水土流失，增加植被覆盖率，增强水源涵养功能；合理利用水土资源，保护湿地生态环境，维持生物多样性；合理利用自然资源，适当开展生态旅游，但要处理好旅游开发与生态环境保护之间的关系。

二、冀北及燕山山地土地利用区（Ⅱ）

（一）区域概况

1. 位置与范围

冀北及燕山山地土地利用区位于承德市坝下及接坝地区，包括丰宁县坝下地区的大阁镇、黄旗镇、土城镇等21个乡（镇）；围场县坝下地区的围场镇、四合永镇、半截塔镇等33个乡（镇）；隆化县、滦平县、平泉市、承德县、兴隆县、宽城县、双桥区、双滦区、营子区的全部行政区。

2. 自然资源特点及存在问题

本区地貌类型以中山为主，山高谷深，坡度陡峻，南部以低山丘陵地貌为主，沟谷低地散布于山地丘陵之间。区内气候大部分地区处于中温带，宽城县、兴隆县南部小部分地区处于暖温带，属大陆性季风气候，四季分明，雨热同季，昼夜温差大，年平均日照时数为2600～2900h，年平均气温为4～9℃，年平均降水量为500～800mm，无霜期达100～180d。本区土壤类型复杂多样，以棕壤、褐土为主，主要有山地棕壤、山地棕褐土、淋溶褐土和典型褐土等，土层厚度不一，山间盆地或谷地土壤肥力较高，生产力较好。

本区是滦河、潮白河、辽河等河流的水源地及水源涵养地，在水文调蓄、城市供水和农业生产等方面发挥着巨大作用，是京津重要水源地，其汇水区在水源涵养和水土保持方面也发挥着巨大作用，是本区重要保护和敏感地区。

本区是承德市森林的集中分布区，地带性植被为落叶阔叶林，主要树种有桦树、辽东栎、蒙古栎、栓皮栎、山杨等。在海拔较高、温度较低的区域分布有针叶树种，如华北落叶松、雾灵落叶松、青杄、云杉等，经济林作物有山杏、毛榛、花椒、板栗等。天然华北落叶松主要分布于围场县、隆化县、兴隆县。低山丘陵为灌丛草原，代表植物有荆条、酸枣、白羊草、黄背草等。

本区农业耕作制度为一年一熟或两年三熟，农作物以玉米、谷子、豆类、莜麦等农作物为主，分布在山间盆地和河流谷地。本区适宜发展林果业，作物以板栗、核桃、山楂等为主。深山区生产水平比较落后，以自给自足的粗放式农业为主，经济水平很低。低山丘陵地区，人口相对较多，生态承载强度高，农业生产水平较高，经济比较发达。本区矿产资源丰富，以煤、铁为主，采矿业较发达。

本区有雾灵山、滦河上游、茅荆坝等国家级自然保护区和辽河源、御道口、千鹤山、都山、六里坪、白草洼等省级自然保护区，生物多样性相对丰富，生态系统保存相对完好。本区生态系统受人为干扰严重，部分地段植被覆盖率较低，水土流失严重，生物多样性较低。景观生态和系统结构简单，土地风蚀沙化严重，荒漠化程度加剧。干旱、沙尘暴、洪涝等自然灾害频发。本区是滦河、潮河、辽河流域重要的水源涵养区和京津冀重点风沙源治理区，主要生态功能为水源涵养、生物多样性保护和水土保持。同时，隆化县、平泉市还具有农产品主产区的主导功能。

（二）土地利用现状

按土地利用现状一级分类，其中，耕地面积为350 466.03hm²，占全市耕地总面积的84.71%；园地面积为144 523.94hm²，占全市园地总面积的99.89%；林地2 439 136.84hm²，占全市林地总面积的91.05%；草地面积为309 436.11hm²，占全市草地总面积的67.96%；城镇村及工矿用地面积为105 261.60hm²，占全市城镇村及工矿用地总面积的95.53%；交通运输用地面积为29 358.62hm²，占全市交通运输用地总面积的88.10%；水域及水利设施用地面积为41 620.60hm²，占全市水域及水利设施用地总面积的93.84%；湿地面积为6 785.61hm²，占全市湿地总面积的32.95%。本区土地利用现状见表3-3。

表3-3 冀北及燕山山地土地利用区土地利用现状一级地类面积统计表　　　　单位：hm²

行政区	耕地面积	园地面积	林地面积	草地面积	城镇村及工矿用地面积	交通运输用地面积	水域及水利设施用地面积	湿地面积
围场县	96 479.41	3 155.55	445 724.56	46 293.20	13 103.91	4 619.67	7 914.90	418.64
丰宁县	51 907.10	2 391.19	527 867.10	55 391.25	12 285.57	5 374.10	4 784.75	1 546.83
隆化县	56 705.69	5 894.45	390 771.85	61 743.99	13 550.69	3 623.24	3 637.78	3 523.29
承德县	35 719.83	19 809.94	268 162.08	18 775.13	11 443.15	3 098.55	4 257.12	143.01
滦平县	27 288.10	5 049.93	202 556.25	44 874.68	10 709.58	3 165.15	3 314.95	128.08
平泉市	54 343.33	6 017.58	220 099.27	21 979.16	13 400.09	2 754.61	4 129.20	101.22
兴隆县	5 721.24	66 788.40	213 315.59	8 510.45	8 658.62	2 588.27	4 646.19	194.78
宽城县	12 268.22	29 374.92	101 068.40	30 087.60	10 571.55	1 780.71	6 871.77	85.62
双桥区	5 615.62	3 357.09	40 800.07	5 730.73	5 956.66	1 158.98	1 469.61	414.41
双滦区	3 812.34	1 489.22	17 388.49	15 849.90	4 398.46	1 058.87	452.23	229.73
营子区	605.15	1 195.67	11 383.18	200.02	1 183.32	136.47	142.10	0.00
合 计	350 466.03	144 523.94	2 439 136.84	309 436.11	105 261.60	29 358.62	41 620.60	6 785.61

注：表中不汇总其他土地面积。

(三)开发利用方向

加强生态功能区建设,有效恢复和提升生态功能,提高生态产品生产能力。实施风沙源治理、天然林保护、封山育林、退耕还林还草、水土流失治理、矿山生态恢复等生态工程,保护森林、草原等生态系统。严格控制城镇空间规模和产业发展规模,严禁新上消耗资源、破坏环境、效益低下的生产性项目和污染性企业。引导人口向城镇转移,减轻生态环境的压力。加强滦河流域生态保护与修复力度,着力提升生态系统功能,改善生态环境质量。重点开展水源涵养、水土保持、造林绿化等生态建设工程,治理水土流失,开展矿山环境综合整治。承接北京市非首都功能疏解,有效控制开发强度,逐步形成点状开发、面上保护的空间结构,优先发展不影响生态系统功能的适宜产业、特色产业和服务业,形成与自然环境相和谐的产业结构。

(四)亚区

本区划分为3个土地利用亚区。

1. 冀北山地林农牧土地利用亚区(Ⅱ1)

1)区域概况

本亚区位于承德市中北部,冀北及燕山山地土地利用区的北部,北与坝上高原西部牧农旅游土地利用亚区和坝上高原东部林牧旅游土地利用亚区相接。该区包括丰宁县坝下地区的21个乡(镇)、围场县坝下地区的34个乡(镇、水库)和隆化全县26个乡(镇、街道),共81个乡(镇),含省属木兰林管局所辖国有林场和市属庙宫水库。

本亚区地处滦河上游,地貌类型为中低山和丘陵,其间分布着大小不等的山间盆地和谷地。地势自西北向东南倾斜,海拔多为500~1500m,有的超过2000m,如云雾山等,河谷地带海拔为500~800m。地形由西北向东南倾斜,岩性以燕山期火山岩为主,有部分变质岩,地表比较破碎,素有"八山一水一分田"之说。河流交错,为潮白河、滦河等水系的上游。土壤类型主要是棕壤、褐土、潮土和风沙土等,有机质含量为1.22%~4.06%,土壤呈中性—微酸性反应,适宜多种树木生长。气候属亚干旱中温带气候,年平均降水量为400~600mm,年平均气温为4~9℃,≥10℃积温低于3200℃,无霜期为76~150d,干旱、多风、少雨、光照充足、雨热同季,昼夜温差大,多灾害性天气。本亚区耕地较多,种植业具有一定规模。由于气候条件影响,干鲜果品生产受到一定限制,但林地比例大,约占河北省林地的1/3,草场资源丰富,畜牧业潜力较大。本亚区以森林生态系统为主,植被类型属落叶阔叶林、温性针叶林,树种以白桦、山杨林占优势,其他有辽东栎、蒙古栎、栓皮栎、槲栎、华北落叶松、油松等。在低山区,植物以荆条、酸枣、白羊草、黄背草等灌草丛为主。

2)土地利用现状

本亚区土地面积占本土地利用区土地总面积的53.19%。

按土地利用现状一级分类,其中,耕地面积为205 092.20hm²,占全市耕地总面积的49.57%;园地面积为11 441.19hm²,占全市园地总面积的7.91%;林地面积为1 364 363.51hm²,占全市林地总面积的50.93%;草地面积为163 428.44hm²,占全市草地总面积的35.89%;城镇村及工矿用地面积为38 940.17hm²,占全市城镇村及工矿用地总面积的35.34%;交通运输用地面积为13 617.01hm²,占全市交通运输用地总面积的40.86%;水域及水利设施用地面积为16 337.43hm²,占全市水域及水利设施用地总面积的36.84%;湿地面积为5 488.76hm²,占全市湿地总面积的26.66%。本亚区土地利用现状见表3-4。

表 3-4 冀北山地林农牧土地利用亚区土地利用现状一级地类面积统计表 单位：hm²

行政区	耕地面积	园地面积	林地面积	草地面积	城镇村及工矿用地面积	交通运输用地面积	水域及水利设施用地面积	湿地面积
围场县	96 479.41	3 155.55	445 724.56	46 293.20	13 103.91	4 619.67	7 914.90	418.64
丰宁县	51 907.10	2 391.19	527 867.10	55 391.25	12 285.57	5 374.10	4 784.75	1 546.83
隆化县	56 705.69	5 894.45	390 771.85	61 743.99	13 550.69	3 623.24	3 637.78	3 523.29
合 计	205 092.20	11 441.19	1 364 363.51	163 428.44	38 940.17	13 617.01	16 337.43	5 488.76

注：表中不汇总其他土地面积。

3）自然资源特点及存在问题

本亚区内河流水系发达，是滦河、潮白河两大水系的主要发源地，在洪水调蓄、城市供水和农业生产等方面发挥着巨大作用。本亚区生物多样性丰富，植被保护良好，区内分布有滦河上游、茅荆坝 2 个国家级自然保护区，南大天、云雾山和白云古洞 3 个省级森林公园，是承德市最重要的林业生产和发展基地，在发挥保持水土、涵养水源、保护生物多样性等生态系统服务功能中起着重要作用，其生态功能质量直接影响京津唐地区的生态安全。

本亚区森林以天然次生林为主，林相单一，林龄偏小，森林生态功能较弱；陡坡种植、乱砍滥伐、过度放牧，造成天然植被破坏比较严重；土壤侵蚀问题突出，水土流失日趋严重，土壤肥力下降，局部荒漠化现象严重；矿业开采形成的废水、粉尘、尾矿等造成矿区环境污染，矿石、尾矿等固体废弃物占用了大量土地，土地浪费现象严重；矿山开采破坏了山体的植被和土体，大量堆放的废石、碎渣等松散物质极易造成矿区水土流失，区内未利用的土地面积较大，土地资源的利用率亟待提高。

4）保护措施和开发利用方向

严格保护良好的森林生态系统，利用封山育林与人工营林相结合的方法，调整林（草）种类结构，形成林、灌、草相结合的生态结构，增加生态系统的稳定性，提高径流产流和水源涵养能力，加强水土流失重点区域治理，推进水土流失综合防治等生态建设，推进退耕还林、还草，发展生态农业、生态林业，控制水土流失现象的加剧。严格保护自然保护区、森林公园、水源地等并加强生态建设，充分挖掘开发区域的旅游潜力，利用旅游业带动区域生态环境的保护。加强旅游业的监管和控制，注重旅游开发项目和生态系统的融合。严禁在旅游景区内建设工业项目。坚持开发与保护并举的原则，合理开发矿产资源。坚持"事前预防，事中治理，事后恢复"，积极做好矿山环境恢复工作，严格治理矿山开采环境，防止水土流失。在保护生态环境的前提下，开展生态旅游。充分利用区域自然优势和气候、土壤多样性的特点，因地制宜，发展农牧业。

2. 燕山山地北部城镇工矿土地利用亚区（Ⅱ2）

1）区域概况

本亚区位于承德市中南部，其北部与冀北山地林农牧土地利用亚区相接，南部与燕山山地南部果林桑矿土地利用亚区相接。该区包括滦平县、平泉市、承德县和双桥、双滦 2 个市辖区，共 75 个乡（镇）、11 个街道，土地总面积达 11 038.61km²。

本区地形起伏较大，海拔高度为 400~1500m，有中山、低山、丘陵和盆地。其中低山面积较大，形成山峦密集不对称的带状山。年平均气温为 7~8℃，≥10℃积温为 3200~3500℃，无霜期达 150~180d，年均降雨量为 500~600mm，适宜多种作物生长。滦河、潮河、辽河三大水系均流经本区。本区川地较多，土壤以褐土、棕壤为主。有机质含量为 1.5%左右。土层厚度一般为 40~80cm，河谷耕地由于洪水淤积，土层较厚，肥力较高，是本区的主要农耕地。主要气象灾害有干旱、洪涝、大风、霜冻、冰雹等。本亚区中温作物以一年一熟为主，褐土区保水保肥能力强，适于种植玉米、高粱、谷子、豆类等作物。天然植被以灌丛草原为主，森林较少。灌木以山杏、荆条、酸枣、榛子、山楂、三裂绣线菊、山皂荚、照山白等为主。草本植物以白羊草、黄背草、委陵菜等为主。本亚区属典型温带森林生态系统，生物多样性丰富，涵养水源能力强。

2）土地利用现状

本亚区土地面积占本土地利用区土地总面积的31.82%。按土地利用现状一级分类，其中，耕地面积为126 779.22hm²，占全市耕地总面积的30.64%；园地面积为35 723.76hm²，占全市园地总面积的24.69%；林地面积为749 006.16hm²，占全市林地总面积的27.96%；草地面积为107 209.60hm²，占全市草地总面积的23.55%；城镇村及工矿用地面积为45 907.94hm²，占全市城镇村及工矿用地总面积的41.66%；交通运输用地面积为11 236.16hm²，占全市交通运输用地总面积的33.72%；水域及水利设施用地13 623.11hm²，占全市水域及水利设施用地总面积的30.72%；湿地面积为1 016.45hm²，占全市湿地总面积的4.94%。本亚区土地利用现状见表3-5。

表3-5 燕山山地北部城镇工矿土地利用亚区土地利用现状一级地类面积统计表　　　单位：hm²

行政区	耕地面积	园地面积	林地面积	草地面积	城镇村及工矿用地面积	交通运输用地面积	水域及水利设施用地面积	湿地面积
承德县	35 719.83	19 809.94	268 162.08	18 775.13	11 443.15	3 098.55	4 257.12	143.01
滦平县	27 288.10	5 049.93	202 556.25	44 874.68	10 709.58	3 165.15	3 314.95	128.08
平泉市	54 343.33	6 017.58	220 099.27	21 979.16	13 400.09	2 754.61	4 129.20	101.22
双桥区	5 615.62	3 357.09	40 800.07	5 730.73	5 956.66	1 158.98	1 469.61	414.41
双滦区	3 812.34	1 489.22	17 388.49	15 849.90	4 398.46	1 058.87	452.23	229.73
合计	126 779.22	35 723.76	749 006.16	107 209.60	45 907.94	11 236.16	13 623.11	1 016.45

注：表中不汇总其他土地面积。

3）自然资源特点及存在问题

本亚区降水条件较差，河流水系发达，有潮河、滦河、辽河三大水系，是辽河的主要发源地，在洪水调蓄、城市供水和农业生产等方面发挥着巨大作用。生物多样性丰富，植被保护良好，在发挥保持水土、涵养水源、保护生物多样性等生态系统服务功能中起着重要作用。

区内坐落着2处世界文化遗产——避暑山庄和周围寺庙以及金山岭长城，有白草洼、辽河源、北大山3处省级自然保护区，有磬锤峰、白草洼、辽河源、松云岭、北大山、双塔山6处省级以上森林公园，有承德避暑山庄外八庙、辽河源、北大山石海、碧霞山及金山岭长城5处风景名胜区，有承德丹霞地貌国家地质公园，具有发展全域旅游的优势条件。本亚区具有良好的工业和城镇发展基础，各类矿产资源储量丰富，是全市资源型工业最具发展潜力的地区。本亚区有规模以上工业企业199家，占全市规模以上工业企业总数（370家）的53.78%，营业收入达842.89亿元，占全市规模以上工业企业营业收入总额的57.83%。城市和工业的快速发展也带来了环境污染、植被破坏、矿山生态环境恶化等一系列问题，部分地区河流污染、水土流失、土壤侵蚀严重。随着城镇化和工业化的不断推进，城镇规模不断扩大，城郊耕地被大量占用，人地矛盾日益突出。本亚区森林以天然次生林为主，林相单一，林龄偏小，森林生态功能较弱，土壤侵蚀问题突出，水土流失日趋严重，土壤肥力下降，局部荒漠化现象严重。

4）保护措施和开发利用方向

保护森林生态系统，调整林草结构，加强生态系统的稳定性，形成林、灌、草相结合的生态结构，提高径流产流和水源涵养能力，积极推进水土流失综合防治等生态建设，有效实施退耕还林、还草，发展生态农林业，控制水土流失。

严格自然保护区、森林公园、风景名胜区管理，加强生态保护建设，充分挖掘、适度开发区域内的旅游资源潜力,利用旅游业带动保护区域生态环境。加强旅游业的监管和控制力度,注重旅游开发项目和生态系统的融合。在保护生态环境的前提下,开展生态旅游。充分利用区域的自然优势,利用区域气候和土壤多样性的特点,因地制宜,发展农牧业。

在加强城镇开发建设的同时,要十分重视节约集约利用土地和保持生态环境质量;保护现有的森林资源,并广泛开展植树造林、绿化荒山、退耕还林、恢复植被工作;通过技术更新、改造,提高矿产资源的综合回收利用率,有效节约资源;发展以尾矿、废渣等工业废物为原料的循环经济;加快绿色矿山生态建设,解决矿山生态环境问题;在开发的同时,加强矿山生态环境保护与恢复治理,创建"绿色矿区",建立健全的矿山地质灾害预报和防治系统。降低农药、化肥及农用薄膜的使用量,推广使用沼气等清洁能源,采用小型水力发电等办法发展农村经济,改善农民生活环境。发展生态农业,加强绿色无公害产地认证工作。

3. 燕山山地南部果林桑矿土地利用亚区(Ⅱ3)

1)区域概况

本亚区位于承德市的最南部,长城北侧。北面与燕山山地北部城镇工矿土地利用亚区相接,包括宽城县、兴隆县和营子区及水利部所属潘家口水库,共44个乡(镇、街道、水库),土地总面积为 5 201.54km²。该亚区中山面积较大,海拔 1000m 以上的中山占有较大面积,构成燕山山脉的主体。地貌特点是峰峦叠嶂,山势陡峭,谷窄水急,沟壑纵横。地势北高南低,山高谷深,耕地少。本亚区属于中温带较湿润气候区,年平均气温为 8~10℃,≥10℃积温为 3100~3980℃,无霜期达 150~172d,年均降雨量为 500~800mm。土壤类型以褐土、棕壤为主。植被以油松林、落叶栎林、次生白桦林、山杨林为主,灌草丛以荆条、酸枣、黄背草、白羊草等为主。海拔 1500m 以上生长的植被为亚高山植被,1000m 以下的山坡为次生的灌丛草原。河流主要有柳河、洒河、瀑河、青龙河和长河等。果树资源丰富是该区的优势,干鲜果品年产量占承德市年总产量的 45% 以上,该区是承德市干鲜果品基地,其中板栗、红果是承德市的特色果品,享誉国内外。这里是河北省的桑蚕集中产区。此外,山枣、猕猴桃等野生资源也较丰富。

2)土地利用现状

本亚区土地总面积占本土地利用区土地总面积的 14.99%。按土地利用现状一级分类,其中,耕地面积为 18 594.61hm²,占全市耕地总面积的 4.50%;园地面积为 97 358.99hm²,占全市园地总面积的 67.29%;林地面积为 325 767.17hm²,占全市林地总面积的 12.16%;草地面积为 38 798.07hm²,占全市草地总面积的 8.52%;城镇村及工矿用地面积为 20 413.49hm²,占全市城镇村及工矿用地总面积的 18.53%;交通运输用地面积为 4 505.45hm²,占全市交通运输用地总面积的 13.52%;水域及水利设施用地面积为 11 660.06hm²,占全市水域及水利设施用地总面积的 26.29%;湿地面积为 280.40hm²,占全市湿地总面积的 1.36%。本亚区土地利用现状见表3-6。

表3-6 燕山山地南部果林桑矿土地利用亚区土地利用现状一级地类面积统计表   单位:hm²

行政区	耕地面积	园地面积	林地面积	草地面积	城镇村及工矿用地面积	交通运输用地面积	水域及水利设施用地面积	湿地面积
兴隆县	5 721.24	66 788.40	213 315.59	8 510.45	8 658.62	2 588.27	4 646.19	194.78
宽城县	12 268.22	29 374.92	101 068.40	30 087.60	10 571.55	1 780.71	6 871.77	85.62
营子区	605.15	1 195.67	11 383.18	200.02	1 183.32	136.47	142.10	0.00
合计	18 594.61	97 358.99	325 767.17	38 798.07	20 413.49	4 505.45	11 660.06	280.40

注:表中不汇总其他土地面积。

3)自然资源特点及存在问题

本亚区区内降水条件较好,河流水系发达,在洪水调蓄、城市供水和农业生产等方面发挥着巨大作用。该区分布有雾灵山国家级自然保护区和六里坪、千鹤山、都山省级自然保护区,生物多样性丰富,植被保护良好,在发挥保持水土、涵养水源、保护生物多样性等生态系统服务功能中起重要作用。

本亚区矿产开采强度较高,部分区域水土流失、河流污染现象严重,矿山生态环境亟待恢复;降水分布不均,调节能力较差,汛期洪水暴涨暴落,易引发下游洪水灾害;部分城镇大气污染、水污染等生态环境问题突出。

4)保护措施和开发利用方向

本亚区土薄石多,应封山育林育草,营造水土保持林,采用"林、梯、坝"结合治理的方式,控制水土流失。坡面种植橡树、椿树、刺槐等植物;沟谷内可种板栗、核桃、柿、杏、花椒、红枣等作物,用材林宜种栎类和油松,适于发展苹果、梨、葡萄等果品。加强水源地保护,加大潘家口水库上游及周边地区的水源涵养林建设和天然林保护工作力度,保证各水库的水量、水质,充分发挥水源地生态服务功能。结合生态示范区建设,加快退耕还林工作进程,提高植被覆盖率,保护生物多样性。发展生态林业、生态农业、生态旅游业及农林产品深加工业,发展循环经济,积极治理工业污染,提高区域生态系统服务功能;加强矿山环境治理,落实生态恢复措施。

第四章　耕地与基本农田保护

第一节　耕地保护现状与对策

一、耕地保护现状

河北省人民政府批准的《承德市土地利用总体规划主要内容（2009—2020年）调整完善方案》，确定承德市到2020年耕地保有量规划控制指标为347 333.33 hm²（约521.00万亩），承德市第三次全国国土调查2019年统一时点耕地面积为413 734.38 hm²（约620.60万亩），超额完成规划调整完善方案确定的耕地保有量指标。但就县级行政区而言，兴隆县只完成了规划确定耕地保有量指标的63.66%；隆化县虽然完成了规划确定的指标，但只略有盈余，建设占用耕地的空间十分有限，今后耕地保护的任务日益繁重。承德市2019年耕地保有量指标完成情况见表4-1。

表4-1　承德市2019年耕地保有量完成情况表

行政区	规划确定2020年耕地保有量指标/hm²	三调2019年统一时点耕地面积/hm²	耕地保有量指标完成率/%
承德市	347 333.333 3	413 734.38	119.12
双桥区	3 210.066 7	5 615.62	174.94
双滦区	2 706.670 0	3 812.34	140.85
营子区	493.330 0	605.15	122.67
承德县	30 219.196 6	35 719.83	118.20
兴隆县	8 986.670 0	5 721.24	63.66
滦平县	20 733.333 3	27 288.10	131.61
隆化县	56 505.330 0	56 705.69	100.35
丰宁县	88 652.066 7	99 617.86	112.37
宽城县	8 853.333 3	12 268.22	138.57
围场县	82 846.666 7	112 037.00	135.23
平泉市	44 126.670 0	54 343.33	123.15

二、耕地保护中存在的突出问题

1. 耕地减少压力持续增大

随着京津冀协同发展、新型城镇化和乡村振兴战略的加快推进,建设用地将大量增加,非农建设占用耕地压力持续增大。另外,土地生态建设对保护耕地数量形成新的压力。为保障生态环境可持续发展,全市有相当部分耕地使用情况要根据国家退耕还林、还草、还湿和耕地休养生息等安排逐步调整,生态退耕导致耕地减少成为耕地保护主要压力之一。

2. 耕地后备资源明显不足

随着土地整治的实施,全市未利用地不断减少,数据显示,承德市第三次全国国土调查 2019 年 12 月 31 日统一时点与第二次全国土地调查 2009 年 12 月 31 日统一时点相比,全市其他草地减少 34.31 万 hm^2,内陆滩涂减少 1.75 万 hm^2,沙地减少 0.10 万 hm^2。剩余的未利用地主要位于偏远山区的其他草地,地形复杂,交通不便,自然条件恶劣,开发利用难度大,耕地后备资源潜力严重不足,耕地占补平衡面临严峻挑战。

3. 耕地"非农化""非粮化"倾向抬头

近年来,全市农业结构不断优化,布局趋于合理,粮食生产连年丰收,为稳定经济社会发展大局提供了坚实支撑。与此同时,部分地区也出现了耕地"非农化",永久基本农田"非粮化"倾向。如一些地区将农业结构调整简单理解为压减粮食生产,违规在永久基本农田上种树挖塘;一些工商资本流转耕地改种非粮作物;一些地区以河流、湿地治理为名,擅自占用耕地及永久基本农田挖田造景、挖湖造景。这些问题如果任其发展,将会严重影响全市的粮食安全。

4. 耕地保护缺乏长效激励机制

依照《中华人民共和国土地管理法》实施土地用途管制和耕地保护制度,有效保护了耕地和永久基本农田,全市耕地保护工作取得显著成效,为确保粮食安全奠定了物质基础。但是,由于缺乏耕地保护的长效激励机制,耕地保护者的权益尚未得到完全体现,影响了耕地的长久保护和高效利用。进入新时代,除了继续采用传统手段之外,应尽快建立和完善耕地保护长效激励机制,从根本上提升耕地保护主体地位,增强耕地保护的内在动力。

三、加强耕地保护的对策

土地是人类生存之本,耕地是最宝贵的自然资源。我国人多地少的基本国情,决定了我们必须把关系十几亿人吃饭大事的耕地保护好,决不能有闪失。要实行最严格的耕地保护制度,落实"十分珍惜,合理利用土地和切实保护耕地"的基本国策,像保护大熊猫一样保护耕地。

(一)行政保护对策

1. 加大耕地保护宣传力度

充分认识耕地保护的重要性和面临的严峻形势,切实增强保护耕地的紧迫感和责任感。尽管全市第三次全国国土调查数据显示耕地面积有所增加,但粮食生产的实有耕地面积并未增长,粮食安全和耕地保护形势依然严峻，必须采取有效措施严守耕地红线，确保耕地实有面积基本稳定、质量不降低。严禁占用耕地挖鱼塘、栽果树和从事其他破坏耕作层的活动。禁止以建设现代农业园区或设施农业等名义占用耕地，严格控制非农业建设占用耕地的比例。充分利用各种媒体加强耕地保护的宣传工作，强化社会各界依法依规用地和按规划用地的法律意识，将保护耕地的国家意志转化为全体单位和公众保护耕地的自觉行动。

2. 加强国土空间规划实施管理

科学编制并严格实施国土空间规划，按照规划确定的目标，对耕地保有量、基本农田保护面积和建设用地规模进行总量控制。严格划定城市开发边界、永久基本农田和生态保护红线，严格按照国土空间规划批地用地管地。以国土空间规划为依据，通过年度土地利用计划从严控制新增建设用地规模，控制各项建设占用耕地比例，实现土地资源合理配置。强化耕地占补平衡管理，严格执行以补定占、先补后占制度，引导各项建设不占或少占耕地；推进"空心村"治理，探索宅基地有偿退出机制，盘活利用闲置农房。加强农村土地承包经营权流转管理，不得借农地流转之名违规搞非农业建设。加大对违反国土空间规划、非法占用农用地改作他用行为的打击力度，将最严格的土地用途管制制度落到实处。

3. 严肃查处乱占滥用耕地行为

强化耕地保护执法监察，充分利用卫星遥感、动态巡查、网络信息、群众举报等手段，健全"天上看、地上查、网上管、群众报"违法行为发现机制，对耕地进行全天候、全覆盖监测，及时掌握耕地利用变化情况，及时发现和处理违法用地行为。采取多方联动的方式，整合力量，共同打击违法用地行为；以耕地保护目标责任落实、规划计划执行、建设用地审批、基本农田划定、耕地占补平衡和农地流转等为重点，加强耕地保护情况的监督检查，坚决遏制耕地"非农化"和基本农田"非粮化"。

4. 健全耕地保护目标责任制

完善耕地保护责任目标考核办法，强化地方政府耕地保护责任。将永久基本农田划定和保护、高标准农田建设、补充耕地质量等纳入考核内容，实行耕地数量与质量并重的考核奖惩机制。将耕地保护责任目标落实情况与用地指标分配、土地整治项目安排、新增建设用地土地有偿使用费分配等相挂钩。全面推行党政领导干部耕地保护离任审计，严格执行《违反土地管理规定行为处分办法》，实行耕地保护责任追究制度。对耕地保护目标责任履行不到位的情况，要相应追究地方党政一把手的领导责任，并实行"一票否决"制度。

（二）技术保护对策

1. 建立健全耕地监测系统

充分利用3S技术[①]和定点取样测试等技术，开展耕地的数量、质量、环境变化动态监测，及时发现耕地占用及耕地撂荒情况。在动态监测基础上，依据自然生态规律，遵循生态效益、经济效益与社会效益相结合的原则，对土地综合效益进行分析和评价。发挥地区优势，突出不同区域生态特征和主导因素，为因地制宜地利用和改善土地条件提供依据。

2. 加强建设用地土壤环境准入管理

一是严格规划管理。在编制国土空间规划时，应充分考虑建设用地土壤污染环境风险，合理确定土

---

① 3S技术即地理信息技术，是遥感（remote sensing，RS）、地理信息系统（geographic information system，GIS）和全球定位系统（global positioning system，GPS）这三项技术的总称。

地用途。对列入建设用地土壤污染风险管控和修复名录的地块,不得作为住宅、公共管理与公共服务用地。二是严格转征管理。凡未依法开展或尚未完成土壤污染状况调查评估的地块,不得进入用地程序;三是严格供地管理。凡列入土壤污染风险管控和修复名录的地块,不得纳入政府储备土地;严格依据规划用途、规划条件和土壤环境质量状况,编制土地供应方案,不符合土壤环境质量要求的地块,不得进入供地流程。四是严格许可管理。对列入土壤污染风险管控和修复名录的地块,禁止开工建设任何与风险管控、修复无关的项目,不得批准环境影响评价技术文件、建设工程规划许可证等事项。

(三)经济保护对策

1. 建立完善耕地保护激励机制

一是进一步提高占用耕地的成本,对占用永久基本农田、水田和高等级耕地的行为,提高耕地开垦费收缴标准,以经济手段约束对优质耕地的占用行为,倒逼各项非农业建设不占或少占耕地;二是完善中央和地方转移支付制度,将耕地保护,特别是永久基本农田保护任务作为转移支付的重要因素,给予耕地保护,特别是永久基本农田保护任务重的地区财政支持,激发他们实施耕地保护的积极性;三是建立节约集约用地鼓励机制,对实施建设用地内涵挖潜,节约占用耕地效果明显的土地使用权人在有关税费方面给予相应的优惠;四是积极探索对农民和农村集体经济组织进行激励性补偿的形式,不断增强农民和农村集体经济组织切实保护耕地的内生动力。

2. 加强高标准农田建设

以推动高质量发展为主题,深入实施"藏粮于地、藏粮于技"战略,以提升粮食产能为首要目标,以永久基本农田、粮食生产功能区、重要农产品生产保护区为重点区域,坚持新增建设和改造提升并重、建设数量和建成质量并重、工程建设与建后管护并重的理念,大力推进土地综合整治,建设高标准基本农田。加大对沙化耕地、污染耕地、缓坡耕地的治理与修复力度,不断提高耕地质量。切实补齐农业基础设施短板,确保建一块成一块,提高水土资源利用效率,做到土地平整、灌排通畅,道路通达、防护成网,切实增强农田防灾减灾能力,为保障国家粮食安全和重要农产品有效供给提供坚实基础。

3. 合理开发耕地后备资源

在保护和改善生态环境的前提下,适度开发耕地后备资源,加大灾毁耕地恢复、退化和污染耕地修复力度,有效补充耕地面积,提高耕地质量。禁止毁林开荒,严禁在生态环境脆弱区、沙化区、水土流失严重地区、坡度大于 25°的山地和湿地开发耕地。大力推广将建设占用耕地的耕作层土壤剥离措施,用于新开垦耕地和劣质耕地的土壤改良,培肥地力。加强新增耕地后期管护,严防抛荒和挪作他用。

第二节 永久基本农田现状与保护对策

一、永久基本农田划定状况

依据《国土资源部农业部关于全面划定永久基本农田实行特殊保护的通知》(国土资规〔2016〕10号)和《河北省国土资源厅河北省农业厅关于印发〈全面划定永久基本农田实行特殊保护工作方案〉的通知》(冀国土资办字〔2016〕87号)等文件要求,全市共划定永久基本农田 278 461.71 hm² (约 417.69 万亩),占省政府下达 277 000.00 hm² (约 415.50 万亩)任务的 100.52%,并按要求完成了永久基本农田

二、永久基本农田的结构与布局

1. 永久基本农田地类结构

全市划定永久基本农田 278 461.71hm²（约 417.69 万亩），其地类组成如下。耕地面积为 265 557.47hm²（约 398.34 万亩），占永久基本农田划定总面积的 95.37%。其中，旱地面积为 244 244.36hm²，占划定耕地面积的 91.98%，水浇地面积为 12 675.93hm²，占划定耕地面积的 4.77%，水田面积为 8 637.18hm²，占划定耕地面积的 3.25%；园地面积为 12 904.24hm²（约 19.36 万亩），占永久基本农田划定面积的 4.63%。其中，果园面积为 6 458.75hm²，占划定园地面积的 50.05%，其他园地面积为 6 445.49hm²，占划定园地面积的 49.95%。承德市永久基本农田划定地类见图 4-1。

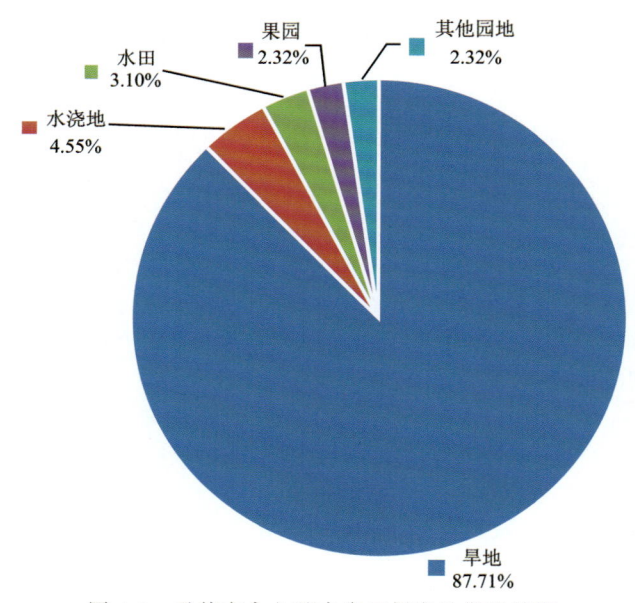

图 4-1　承德市永久基本农田划定地类饼状图

2. 永久基本农田耕地坡度组成

承德市永久基本农田中耕地的坡度均小于 25°，其中坡度＜15°的耕地面积为 255 817.39hm²（约 383.73 万亩），占永久基本农田耕地面积的 96.33%；坡度在 15°～25°之间的耕地面积为 9 740.08hm²（约 14.61 万亩），占永久基本农田耕地面积的 3.67%。承德市永久基本农田耕地坡度分级见图 4-2。

3. 永久基本农田分布

全市永久基本农田主要分布于北部的围场、丰宁、隆化三县，其中丰宁县有 73 248.67hm²，面积占全市划定永久基本农田总面积的 26.30%；围场县有 70 623.69hm²，面积占 25.36%；隆化县有 48 386.65hm²，面积占 17.38%。三县合计划定永久基本农田 192 259.01hm²，面积占全市划定永久基本农田总面积的 69.04%。划定永久基本农田面积最小的是市辖三区，合计划定永久基本农田 268.51hm²，面积占全市划定永久基本农田总面积的 0.10%。其中，双桥区有 101.74hm²，面积占全市划定永久基本农田总面积的 0.04%；双滦区有 100.10hm²，面积占 0.04%；营子区有 66.67hm²，面积占 0.02%。在 8 个县中，宽城县和兴隆县划定永久基本农田面积较小，其中，宽城县有 7 135.63hm²，面积占全市划定永久基本

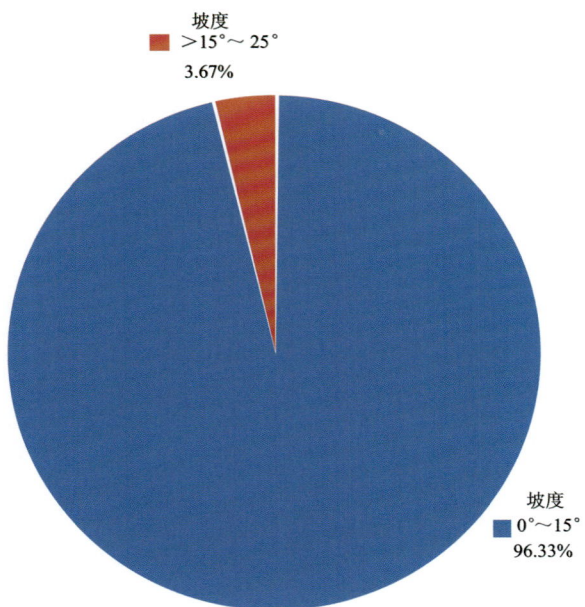

图 4-2　承德市永久基本农田耕地坡度饼状图

农田总面积的 2.56%;兴隆县有 6 986.76hm^2,面积占全市划定永久基本农田总面积的 2.51%。承德市永久基本农田分布情况见图 4-3。

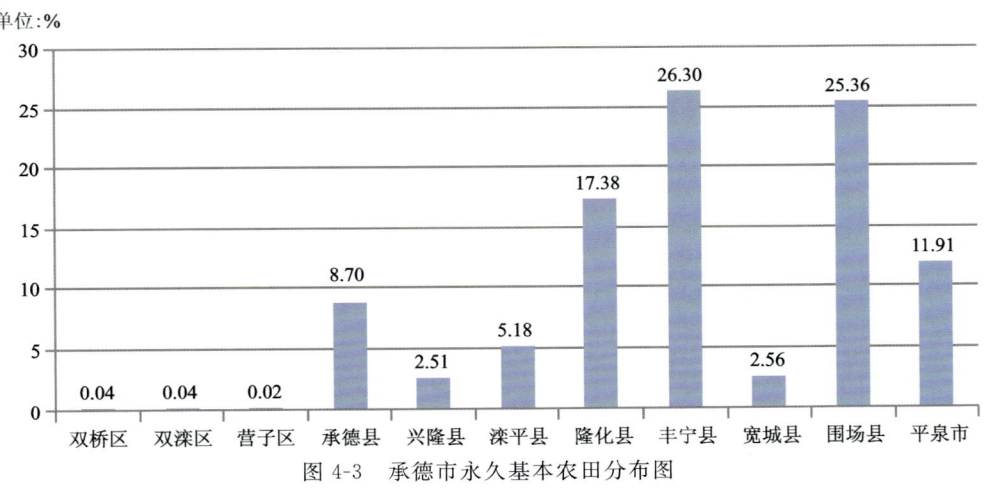

图 4-3　承德市永久基本农田分布图

在地类分布上,双桥、双滦、营子市辖三区,丰宁、宽城、围场三县和平泉市所划定的永久基本农田皆为耕地。承德县在所划定的永久基本农田中,耕地面积为 21 859.91hm^2,占所划定永久基本农田总面积的 90.25%,园地面积为 2 361.57hm^2,占所划定永久基本农田总面积的 9.75%;兴隆县在所划定的永久基本农田中,耕地面积为 3 021.77hm^2,占所划定永久基本农田总面积的 43.25%,园地面积为 3 964.99hm^2,占所划定永久基本农田总面积的 56.75%;滦平县在所划定的永久基本农田中,耕地面积为 12 776.60hm^2,占所划定永久基本农田总面积的 88.55%,园地面积为 1 652.63hm^2,占所划定永久基本农田总面积的 11.45%;隆化县在所划定的永久基本农田中,耕地面积为 43 461.60hm^2,占所划定永久基本农田总面积的 89.82%,园地面积为 4 925.05hm^2,占所划定永久基本农田总面积的 10.18%。承德市永久基本农田地类及分布情况见表 4-2。

表 4-2　承德市永久基本农田地类及分布情况表　　　　　　　　　　　　　　　　单位:hm²

县区	划定面积	划定地类						
		耕地				园地		
		合计	旱地	水浇地	水田	合计	果园	其他园地
承德市	278 461.71	265 557.47	244 244.36	12 675.93	8 637.18	12 904.24	6 458.75	6 445.49
双桥区	101.74	101.74	101.74	—	—	—	—	—
双滦区	100.10	100.10	100.1	—	—	—	—	—
营子区	66.67	66.67	66.67	—	—	—	—	—
承德县	24 221.48	21 859.91	20 973.19	301.74	584.98	2 361.57	553.85	1 807.72
兴隆县	6 986.76	3 021.77	2 981.39	40.38	—	3 964.99	3 964.99	—
滦平县	14 429.23	12 776.60	11 386.85	889.92	499.83	1 652.63	422.42	1 230.21
隆化县	48 386.65	43 461.60	35 648.09	1 003.26	6 810.25	4 925.05	1 517.49	3 407.56
丰宁县	73 248.67	73 248.67	67 441.72	5 777.56	29.39	—	—	—
宽城县	7 135.63	7 135.63	7 070.59	7.41	57.63	—	—	—
围场县	70 623.69	70 623.69	66 263.77	4 031.12	328.80	—	—	—
平泉市	33 161.09	33 161.09	32 210.25	624.54	326.30	—	—	—

三、加强永久基本农田保护的对策

(一)巩固永久基本农田划定成果

充分运用卫星遥感和信息化技术手段,以耕地质量调查监测与评价等成果为基础,结合在第三次全国国土调查、自然资源督察、永久基本农田划定成果专项检查、粮食生产功能区和重要农产品生产保护区划定等工作中发现的问题,对永久基本农田划定成果进行全面核实,全面清理、纠正划定不实、违法占用等问题。根据《中华人民共和国土地管理法》《中华人民共和国基本农田保护条例》等法律法规要求,将需要退耕还林还草的陡坡耕地基本农田和其他适宜退耕还林还草还湖的基本农田、因自然灾害和生产建设活动严重损毁无法复垦的耕地及质量不符合要求的其他农用地等退出永久基本农田,并按照"总体稳定、局部微调、量质并重"的原则,带位置下达各地耕地保有量和永久基本农田保护目标任务。优先将高等别、集中连片耕地和已建成的高标准农田调整划入永久基本农田,调整后的永久基本农田数量不减少,质量有提高,布局总体稳定。确保永久基本农田划得准、建得好、保得住。

(二)落实永久基本农田保护责任

按照国土空间规划划定永久基本农田,健全和完善基本农田保护资料,落实基本农田保护行政首长负责制,规范基本农田保护管理。按照"一乡一图,一村一档,一户一书,一地一牌"的模式,将永久基本农田落实到地块,保护责任落实到村组和农户。建立永久基本农田保护区管理信息系统和公开查询系统,对划定的永久基本农田设立统一保护标志,完成永久基本农田"落地块、明责任、设标志、建表册、入图库"等工作。要运用卫星遥感、地理信息系统等技术手段,建立耕地和永久基本农田动态监测监管机制,采取"人防+技防"的手段,及时发现和查处违法行为。对新增农村乱占耕地建房问题实行"零容忍",无论什么项目,无论项目是否符合规划,一律拆除复耕,一律不予补办用地手续,一律实施县域用地限批,一律严肃追责问责。

(三)严格永久基本农田用途管制

永久基本农田一经划定,任何单位和个人不得占用。禁止占用永久基本农田进行绿色通道、绿化隔离带和防护林建设;禁止以农业结构调整为名,在永久基本农田内挖塘养鱼,从事畜禽养殖及其他破坏耕作层的生产经营活动;禁止临时工程和其他各种活动对永久基本农田耕作层造成永久性破坏;不得破坏、污染永久基本农田集中区内的耕地,不得在永久基本农田内建窑、建坟、挖沙、采石、取土、采矿、堆放固体废弃物或者进行其他破坏基本农田的活动。建立县(市、区)、乡镇和行政村三级"田长制",打造"县级负总责、乡镇负主责、行政村具体负责"的责任机制,实现块块永久基本农田有田长,保护责任全覆盖。严禁违反法律规定擅自修改县、乡镇级国土空间规划,改变永久基本农田区位、减少永久基本农田面积、降低永久基本农田质量、改变永久基本农田用途。重大建设项目选址确实难以避让永久基本农田的,在可行性研究阶段,要对占用的必要性、合理性和补划方案的可行性进行严格论证,并报自然资源部用地预审。

(四)依法处置违法违规占用永久基本农田行为

对各类未经批准或不符合规定要求的建设项目、临时用地、农村基础设施、设施农用地,以及人工湿地、景观绿化工程等占用永久基本农田的行为,属地自然资源主管部门依法依规严肃处理,责令限期恢复原种植条件。经自然资源主管部门会同农业农村主管部门核实、论证、审核确实不能恢复的,按有关要求整改补划永久基本农田。对违法违规占用永久基本农田建窑、建房、建坟、挖沙、采石、采矿、取土、堆放固体废弃物或者从事其他活动破坏永久基本农田,毁坏种植条件的行为,按《中华人民共和国土地管理法》《中华人民共和国基本农田保护条例》等法律法规进行查处,构成犯罪的,依法移送司法机关追究刑事责任。坚决遏制耕地"非农化",基本农田"非粮化"。

(五)加强永久基本农田质量建设

加大公共财政对永久基本农田建设的支持力度,政府投资的土地整理项目优先在永久基本农田实施,提高永久基本农田质量。建立健全耕地质量调查监测与评价制度。定期对永久基本农田质量水平进行全面评价并发布评价结果。完善永久基本农田质量监测网络,开展耕地质量年度调查监测成果更新活动。加强耕地质量保护与提升,采取工程、化学、生物、农艺等措施,开展农田整治、土壤培肥改良、退化耕地综合治理、污染耕地阻控修复等活动,有效提高永久基本农田综合生产能力。

(六)强化考核和激励补偿机制。

按照《省级政府耕地保护责任目标考核办法》,将永久基本农田保护情况列为各级政府耕地保护责任目标考核、粮食安全市县(区)长责任制考核、领导干部自然资源资产离任审计的重要内容,与安排年度土地利用计划、高标准农田建设资金和耕地质量提升资金等相挂钩。对检查考核中发现的突出问题,及时公开通报,限期进行整改。按照"谁保护、谁受益"的原则,探索实行耕地保护激励性补偿和跨区域资源性补偿方案。积极探索建立耕地保护基金,加大对农村集体经济组织与农户管理和保护永久基本农田的补贴和奖励力度,引导政府资金和社会资金共同参与高标准永久基本农田建设。

第五章　建设用地节约集约利用

第一节　建设用地现状与变化

一、建设用地现状

(一)建设用地总体情况

承德市建设用地总规模为 129 284.96hm²,占全省建设用地总面积的 5.47%。在全市建设用地中,城乡建设用地为主要类型,面积为 108 660.52hm²,占建设用地总面积的 84.05%;交通水利建设用地面积为 19 100.05hm²,占建设用地总面积的 14.77%;其他建设用地面积为 1 524.39hm²,占建设用地总面积的 1.18%。承德市 2019 年建设用地结构见图 5-1。

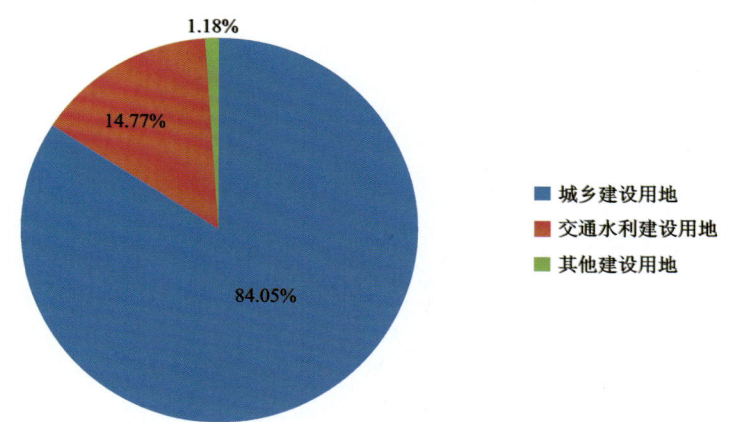

图 5-1　承德市 2019 年建设用地结构图

在城乡建设用地中,村庄用地为主要类型,面积为 68 208.54hm²,占城乡建设用地总面积的 62.77%,占建设用地总规模的 52.76%;城镇工矿用地面积为 40 451.98hm²,占城乡建设用地总面积的 37.23%,占建设用地总规模的 31.29%。

在城镇工矿用地中,城镇用地面积为 17 778.26hm²,占城乡建设用地总面积的 16.36%,占建设用地总规模的 13.75%;采矿用地面积为 22 673.72hm²,占城乡建设用地总面积的 20.87%,占建设用地总规模的 17.54%。承德市 2019 年城乡建设用地结构见图 5-2。

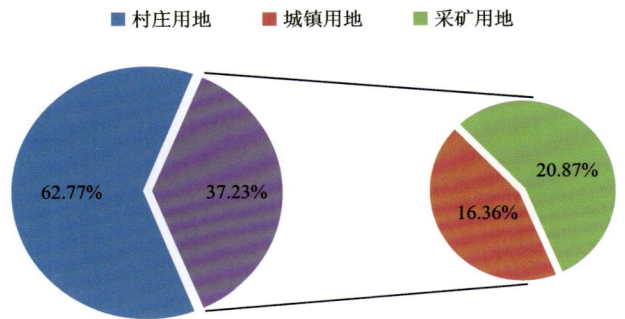

图 5-2 承德市 2019 年城乡建设用地结构图

(二)建设用地分布情况

在县级行政区中,建设用地分布最多的行政区是丰宁县,面积为 19 434.55hm²,占全市建设用地总规模的 15.03%;其次为围场县,面积为 16 877.59hm²,占 13.05%;再次为隆化县,面积为 15 504.26hm²,占 11.99%。建设用地分布较少的行政区为市辖三区(双桥区、双滦区、营子区),面积分别为 6 913.05hm²、5 256.53hm²、1 286.73hm²,分别占全市建设用地总规模的 5.35%、4.07% 和 1.00%。

城乡建设用地分布最多的行政区是丰宁县,面积为 15 283.05hm²,占全市城乡建设用地总面积的 14.06%;其次为围场县,面积为 14 728.78hm²,占 13.55%;再次为隆化县,面积为 13 435.43hm²,占 12.36%。城乡建设用地分布较少的行政区为市辖三区(双桥区、双滦区、营子区),面积分别为 5 675.00hm²、4 338.05hm²、1 178.03hm²,分别占全市城乡建设用地总面积的 5.22%、3.99% 和 1.08%。就城乡建设用地占其行政区建设用地面积的比例而言,营子区、宽城县和围场县排在全市前列,占比分别为 91.55%、89.94% 和 87.27%;丰宁县、双滦区排在全市后二位,占比分别为 78.64% 和 48.16%。其他县(市、区)城乡建设用地占比均在 80% 以上。

在城乡建设用地结构方面,双桥区、双滦区和营子区城镇用地面积占其行政区建设用地面积比例在全市排在前列,分别为 46.41%、39.75% 和 32.92%;承德县、宽城县、围场县和滦平县占比较低,分别为 9.42%、9.41%、7.76% 和 7.29%。围场县、隆化县和丰宁县村庄用地面积占其行政区建设用地面积比例在全市排在前列,均超过 50%,分别为 77.14%、61.86% 和 54.98%;营子区、双桥区和双滦区占比较低,分别为 39.65%、32.91% 和 23.26%。宽城县、滦平县和承德县采矿用地面积占其行政区建设用地面积比例在全市排在前列,分别为 35.23%、30.00% 和 22.29%;双桥区和围场县占比较低,分别为 2.76% 和 2.37%,其他县(市、区)城乡建设用地占比均在 10% 以上。

交通水利建设用地分布最多的行政区是丰宁县,面积为 3 929.97hm²,占全市交通水利建设用地总面积的 20.58%;其次为承德县,面积为 2 235.26hm²,占 11.70%;再次为滦平县,面积为 2 180.41hm²,占 11.42%。交通水利建设用地分布较少的行政区为市辖三区,其中,双桥区面积为 956.39hm²、双滦区面积为 858.07hm²、营子区面积为 103.41hm²,分别占全市交通水利建设用地总面积的 5.01%、4.49% 和 0.54%。

其他建设用地分布最多的行政区是平泉市,面积为 339.31hm²,占承德市其他建设用地总面积的 22.26%;其次为双桥区,面积为 281.66hm²,占 18.48%;再次为丰宁县,面积为 221.53hm²,占 14.53%。其他建设用地分布较少的行政区依次为围场县、双滦区、宽城县和营子区,面积分别为 79.43hm²、60.41hm²、27.18hm²、5.29hm²,分别占全市其他建设用地总面积的 5.21%、3.96%、1.78% 和 0.35%。承德市 2019 年建设用地构成及分布情况见表 5-1。

表 5-1　承德市 2019 年建设用地构成及分布情况统计表　　　　　　　　　　　　　　　　单位：hm²

行政区	建设用地总规模	城乡建设用地				交通水利建设用地	其他建设用地
		小计	城镇用地	村庄用地	采矿用地		
承德市	129 284.96	108 660.52	17 778.26	68 208.54	22 673.72	19 100.05	1 524.39
双桥区	6 913.05	5 675.00	3 208.59	2 275.31	191.10	956.39	281.66
双滦区	5 256.53	4 338.05	2 089.48	1 222.41	1 026.16	858.07	60.41
营子区	1 286.73	1 178.03	423.63	510.20	244.20	103.41	5.29
承德县	13 678.41	11 335.82	1 288.00	6 999.30	3 048.52	2 235.26	107.33
兴隆县	10 327.16	8 496.56	1 545.07	4 987.73	1 963.76	1 668.54	162.06
滦平县	12 889.99	10 584.65	939.30	5 778.55	3 866.80	2 180.41	124.93
隆化县	15 504.26	13 435.43	1 723.34	9 590.59	2 121.50	1 953.57	115.26
丰宁县	19 434.55	15 283.05	1 974.18	10 685.27	2 623.60	3 929.97	221.53
宽城县	11 723.38	10 544.37	1 103.43	5 311.22	4 129.72	1 151.83	27.18
围场县	16 877.59	14 728.78	1 310.36	13 018.83	399.59	2 069.38	79.43
平泉市	15 393.31	13 060.78	2 172.88	7 829.13	3 058.77	1 993.22	339.31

二、建设用地变化

承德市第三次全国国土调查（以下简称三调）2019 年 12 月 31 日统一时点建设用地面积合计为 129 284.96hm²，第二次土地调查（以下简称二调）2009 年 12 月 31 日统一时点建设用地面积合计为 99 770.86hm²（注：二调时建设用地包括水库水面，三调将其调为农用地，故为保持分类标准的一致性，该数据不含水库水面的数据），三调的建设用地面积比二调的建设用地面积增加了 29 514.10hm²，增加的主要原因如下。一是城乡建设用地面积增加 24 631.70hm²，增长了 29.31%，其中，城镇用地、村庄用地和采矿用地面积均呈增加趋势；二是交通水利用地面积增加 6 838.75hm²，增长 55.78%，主要是交通基础建设用地面积增加，铁路、高速公路、国道、省道等路网进一步优化。承德市二调与三调建设用地面积对比情况见表 5-2。

表 5-2　承德市二调与三调建设用地面积对比表　　　　　　　　　　　　　　　　　　　单位：hm²

地类		二调面积	三调面积	三调比二调增（减）面积
城乡建设用地	城镇用地	12 583.97	17 778.26	5 194.29
	村庄用地	58 152.45	68 208.54	10 056.09
	采矿用地	13 292.40	22 673.72	9 381.32
	小计	84 028.82	108 660.52	24 631.70
交通水利建设用地		12 261.30	19 100.05	6 838.75
其他建设用地		3 480.74	1 524.39	−1 956.35
合计		99 770.86	129 284.96	29 514.10

三、建设用地面临的主要问题

（1）用地布局分散，国土空间集约集聚难度大。受地形地貌环境影响，承德市山区面积大，素有"八山一水一分田"之称。生态区面积大，占土地总面积的75.3%，生态保护红线面积占土地总面积近40%，建设用地布局极为分散，需要更多配套设施支撑国土空间开发利用。

（2）建设管控严格，建设用地利用率总体偏低。受历史文化名城保护、山地城市风貌管控等因素影响，承德市对开发建设中的建设用地容积率、建筑高度等指标控制严格，单位建设用地利用率比平原城市的低40%左右，承载相同人口需要更多建设用地。

（3）城镇化发展滞后，城镇带动能力有待增强。全市常住人口城镇化率为53.26%，比全省平均水平低3.18%。城镇建设用地中工业用地仅占13%，低于国家规范15%~30%，中心城区城镇建设用地为52km²，县城城镇建设用地平均为9.6km²，城市首位度低，未来城镇化和产业发展用地需求比较突出。

（4）设施短板明显，发展支撑体系有待加强。近年来，承德市不断加大基础设施投入力度，但支撑区域协同发展和城乡统筹发展的交通路网布局不均衡，旅游通道单一，与京津同标准对接还存在差距，全市基础设施、公共服务设施覆盖水平有待提升。

第二节　建设用地节约集约利用评价

一、全域建设用地节约集约利用评价

（一）人口变化与城乡建设用地变化匹配程度分析

1. 常住人口与城镇化率变化情况

承德市2010—2019年间常住总人口和常住城镇人口数量呈逐年递增状态，其中常住总人口数量由2010年的347.63万人增加到2019年的358.27万人，增加了10.64万人，增长率为3.06%；常住城镇人口由2010年的137.00万人增加到2019年的190.81万人，增加了53.81万人，增长率为39.28%。常住农村人口2010—2019年呈逐年递减状态，由2010年的210.63万人降低到2019年的167.46万人，减少了43.17万人，减少率为20.50%。

承德市常住城镇增加的人口不仅来自人口的自然增长，更多的是来自向城镇转移的农村人口，同时说明了承德市城镇化速度在不断加快。城镇化率是衡量城镇化水平高低的一个重要指标，是一个地区常住城镇人口占该地区总人口的比例。承德市2010—2019年，城镇化率呈逐年递增状态，由2010年的39.41%增加到2019年的53.26%，增加了13.85%。虽然增幅高于全省平均水平，但到2019年城镇化率仍低于全省平均水平（56.44%），相差3.18%。城镇化是人口持续向城镇集聚的转变过程，意味着城镇人口数量的增多和城镇规模的扩大，同时也伴随着工业化的快速推进，需要消耗大量的土地资源。然而，由于人口多、耕地少，为保障国家粮食安全，必须严格坚守耕地红线，因此，走集约利用土地资源的新型城镇化道路是必然的选择。承德市2010—2019年常住人口和城镇化率见表5-3和图5-3。

表 5-3　承德市 2010—2019 年常住人口和城镇化率统计表

年份	常住总人口/万人	常住城镇人口/万人	常住农村人口/万人	城镇化率/%
2010 年	347.63	137.00	210.63	39.41
2011 年	348.91	142.04	206.87	40.71
2012 年	350.63	146.98	203.65	41.92
2013 年	351.51	152.10	199.41	43.27
2014 年	352.72	156.96	195.76	44.50
2015 年	353.01	165.21	187.80	46.80
2016 年	353.18	173.06	180.12	49.00
2017 年	356.50	180.75	175.75	50.70
2018 年	357.89	186.46	171.43	52.10
2019 年	358.27	190.81	167.46	53.26

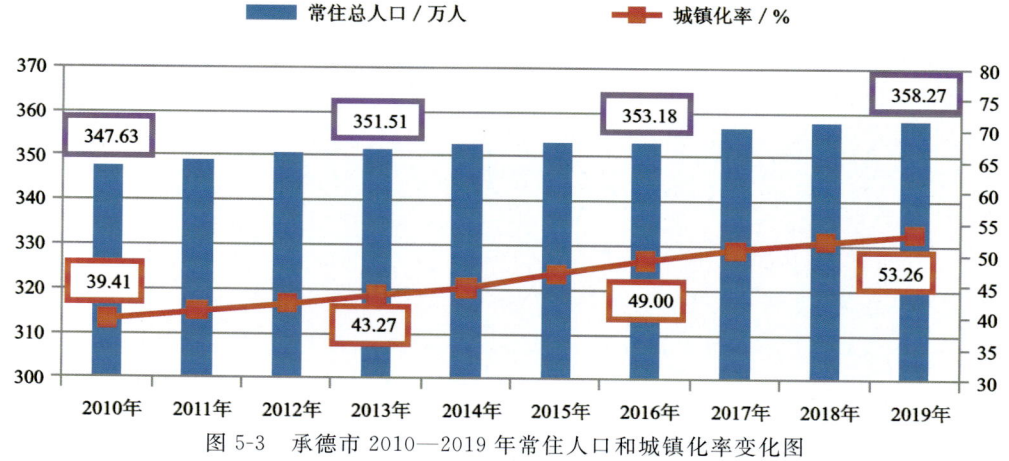

图 5-3　承德市 2010—2019 年常住人口和城镇化率变化图

2. 人口与城乡建设用地匹配状况分析

承德市 2016—2019 年常住总人口增长幅度为 1.44%，低于城乡建设用地增长幅度（16.45%），总人口与城乡建设用地增长弹性系数（PEI1）为 0.15，地增速度大于人增速度，土地利用类型为粗放趋势型，表明承德市常住总人口与城乡建设用地匹配程度较差，城乡建设用地集约利用水平有待提高。

承德市常住城镇人口增长幅度为 10.26%，低于城镇工矿用地增长幅度（39.21%），城镇人口与城镇工矿用地增长弹性系数（PEI2）为 0.26，表明承德市城镇工矿用地增长速度快于城镇人口增长速度，全市整体城镇工矿用地利用水平有待提高。

承德市常住农村人口降低幅度为 7.03%，村庄用地增长幅度为 6.15%，常住农村人口与村庄用地增长弹性系数（PEI3）为 −1.12，表明承德市农村人口减少的同时村庄用地不减反增，全市村庄用地整体利用水平较为粗放，亟待提高集约利用水平。

（二）经济发展与建设用地变化匹配程度分析

承德市 2016—2019 年的地区生产总值（2015 年可比价）呈逐年增加趋势，地区生产总值与建设用地增长弹性系数（EEI1）为2.78（河北省为2.07），地区生产总值与建设用地增长贡献度（ECI1）为0.70，土地利用趋势类型（经济）为粗放趋势型，表明承德市在消耗大量建设用地的同时，地区生产总值并未明显提高，区域经济发展与建设用地变化的匹配程度较差。

（三）建设用地节约集约利用规划目标实现状况分析

承德市2019年建设用地总面积为129 284.96hm²，较2009年第二次全国土地调查结果增加29 514.10hm²，与规划目标年（2020年）规划指标相比，多6 611.63hm²；全市2019年城乡建设用地面积为108 660.52hm²，较2009年第二次土地调查结果增加了24 631.70hm²，与规划目标年（2020年）规划指标相比，多11 201.84hm²；全市2019年城镇工矿用地面积为40 451.98hm²，较2009年第二次土地调查结果增加了14 575.61hm²，与规划目标年（2020年）规划指标相比，少1 689.08hm²；全市2019年人均城镇工矿用地为212m²，较2009年第二次土地调查结果增加了22m²，与规划目标年（2020年）控制指标超出80m²。从以上分析可见，到2019年底，承德市城乡建设用地规模和人均城镇工矿用地规模两个约束性指标均超过了《承德市土地利用总体规划主要内容（2009—2020年）》确定的2020年控制指标。建设用地总规模预期性指标也超过了《承德市土地利用总体规划主要内容（2009—2020年）》确定的2020年预期性指标。只有城镇工矿用地规模尚有增大余地，未达到《承德市土地利用总体规划主要内容（2009—2020年）》确定的2020年预期性指标。因此，今后应通过大力实施土地整治、加强用途管制、发挥市场调节机制等多种途径，挖潜存量建设用地潜力，逐步将不符合规划、违法、低效等类别的建设用地转换为农用地和生态用地，缩减建设用地总体规模，特别是有效控制城乡建设用地规模，不断提高建设用地集约节约利用水平。承德市土地利用总体规划主要建设用地指标对比分析见表5-4。

表5-4 承德市土地利用规划主要建设用地指标对比分析表

指标项	2019年三调数据①	2009年二调数据		2020年规划控制指标	
		面积②	变化量③	面积④	变化量⑤
建设用地总规模/hm²	129 284.96	99 770.86	29 514.10	122 673.33	−6 611.63
城乡建设用地规模/hm²	108 660.52	84 028.82	24 631.70	97 458.68	−11 201.84
城镇工矿用地规模/hm²	40 451.98	25 876.37	14 575.61	42 141.06	1 689.08
人均城镇工矿用地/(m²/人)	212	190	22	132	−80

注：③=①−②；⑤=④−①。

二、开发区土地节约集约利用评价

根据《中国开发区审核公告目录》（2018年版），全市共有省级以上开发区10个，其中，国家级高新技术产业开发区1个、省级高新技术产业开发区2个、省级经济技术开发区7个。承德市省级以上开发区基本情况见表5-5。

（一）土地利用程度评价

承德市省级以上开发区土地开发率平均为77.92%，高于全省平均水平（61.07%）16.85%。土地供应率平均为67.97%，低于全省平均水平18.48%，表明全市开发区还存在大量的批而未供土地。土地建成率平均为96.75%，高于全省平均水平6.86%。

表 5-5 承德市省级以上开发区基本情况表

开发区名称	级别	代码	批准时间	核准面积/hm²	主导产业
承德高新技术产业开发区	国家级	G132055	2012.08	620	装备制造、食品饮料、生物医药
河北双滦经济开发区	省级	S137121	2011.07	1 802.05	黑色金属采冶压延加工、炼焦
河北承德县高新技术产业开发区	省级	S138122	2011.05	1 003.90	装备制造、新材料、食品
河北兴隆经济开发区	省级	S137123	2012.07	317.16	钢延产品、农副产品加工、医药化工
河北滦平高新技术产业开发区	省级	S138124	2012.11	380.96	食品、医药、装备制造
河北隆化经济开发区	省级	S137125	2012.10	605.89	装备制造、食品、建筑材料
河北丰宁经济开发区	省级	S137126	2012.07	738.62	新能源装备、节能环保、新材料
河北宽城经济开发区	省级	S137127	2011.05	415.77	冶金、装备制造、新材料
河北围场经济开发区	省级	S137128	2014.11	306.35	食品、药品、矿产品加工
河北平泉经济开发区	省级	S137129	2012.10	461.69	矿山冶金、新能源、化工

（二）用地结构状况评价

承德市省级以上开发区工业用地率平均为57.77%，低于全省平均水平4.13%，不符合河北省《开发区建设用地控制指标实施细则（试行）》（冀国土资发〔2015〕11号，以下简称"河北省《实施细则》"）中关于"独立型（产业主导或相对独立的开发区）工业、仓储用地比例≥60%"的规定。

（三）土地利用强度评价

承德市省级以上开发区综合容积率和工业用地综合容积率较高，分别达到1.02和0.86，但对比河北省《实施细则》中规定的开发区新建工业项目用地容积率控制指标，全市开发区工业用地综合容积率仍有较大提升空间。承德市省级以上开发区建筑密度达到49.32%，比全省平均水平高7.81%。工业用地建筑系数达到62.45%，比全省平均水平高3.88%，比河北省《实施细则》中规定的工业项目建筑系数40%最低限高22.45%。

（四）用地效益评价

承德市省级以上开发区工业用地固定资产投入强度达到4 718.67万元/hm²（约314.58万元/亩），超过了河北省《实施细则》中规定的国家级开发区最低限（300万元/亩），但与全省平均水平相比低1 981.74万元/hm²（约132.12万元/亩），在全省11个设区市中排第9位，可见承德市开发区的工业用地固定资产投入强度在全省较低。承德市省级以上开发区工业用地地均税收为267.79万元/hm²（约17.85万元/亩），比全省平均水平高8.83万元/hm²（约0.59万元/亩），但未达到河北省规定的20万元/亩省级开发区最低限，与河北省规定的国家级开发区最低限30万元/亩相比更有一定差距。承德市省级以上开发区综合地均税收为250.46万元/hm²（约16.70万元/亩），比全省平均水平高32.58万元/hm²（约2.17万元/亩），但其产出效益仍有很大的提升空间。

（五）土地利用监管绩效评价

承德市省级以上开发区土地闲置率为0.02%，比全省平均水平低0.04%。根据《关于2019年度河北省开发区土地节约集约利用监测统计情况的公示》,全省164个工业主导型开发区土地集约利用监测统计结果显示,平泉经济开发区排在第20位,双滦经济开发区排在第26位,滦平高新技术产业开发区排在第65位,丰宁经济开发区排在第99位,宽城经济开发区排在第101位,兴隆经济开发区排在第150位,隆化经济开发区排在第152位,承德县高新技术产业开发区排在第154位;23个产城融合型开发区土地集约利用监测统计结果显示,承德高新技术开发区排在第8位,围场经济开发区排在第18位。

综上所述,承德市省级以上开发区土地开发率和建成率较高,但供地率较低,且存在一定数量的闲置土地。建设用地建筑分布较为密集,但综合容积率仍有一定提升空间。在用地结构上,工业用地率较低,工业主导型开发区尚未突出工业主导型利用特征。固定资产投入强度较高,但未形成相应的产出效益,开发区土地利用的综合效益尚有很大提升空间。

第三节 建设用地节约集约利用对策

土地节约集约利用指通过规模引导、布局优化、标准控制、市场配置、盘活利用等手段,达到节约土地、减量用地、提升用地强度、促进低效废弃地再利用、优化土地利用结构和布局、提高土地利用效率的各项行为与活动。实现土地节约集约利用是党中央国务院的部署要求,是法律法规赋予各级政府和自然资源部门的法定职责,也是承德市经济欠发达地区实现高质量发展、跨越式发展的必然选择。因此,必须站在国家粮食安全和可持续发展的高度,采取强有力措施,积极推进土地节约集约利用。

一、完善节约集约用地管理制度

(一)完善国土空间规划管控制度

通过编制国土空间规划,合理确定建设用地的规模、布局、结构和时序安排,对建设用地实行总量控制。引导工业向开发区集中、人口向城镇集中、住宅向社区集中,推动农村人口向中心村、中心镇集聚,产业向功能区集中,耕地向适度规模经营集中。禁止在国土空间规划确定的城镇建设用地范围之外设立各类城市新区、开发区和工业园区。鼓励线性基础设施并线规划和建设,促进集约布局和节约用地。

(二)加强土地利用计划调节制度

加强和改进土地利用年度计划管理力度,严格控制新增建设用地总量和新增建设用地占用耕地的数量,降低经济发展对土地资源的过度消耗。

(1)实行有保有压的用地政策,优先安排保障性住房和农民住房,环保、医疗卫生和现代服务业用地;合理安排能源、交通、水利等基础设施项目用地;支持开发战略性新兴产业项目用地,高技术、高附加值、低消耗、低排放的新产业项目用地和新工艺、新产品项目用地。

(2)按照"管住总量、严控增量、盘活存量、节约集约"的原则,大力开展节地挖潜工作,统筹安排城乡建设用地增减挂钩,盘活城乡存量建设用地和闲置土地。新上项目优先使用存量建设用地,特别是优先使用工业园区存量建设用地。鼓励符合条件的地区开展工矿废弃地复垦调整利用和低丘缓坡荒滩等未利用地开发利用工作。

（三）严格执行建设用地使用标准控制制度

实行建设项目用地准入标准和实施限制禁止用地目录，控制资源消耗高、环境危害大、产能过剩、土地利用强度低、投入产出效益差的项目用地。

（1）实行城乡统一的建设用地指标控制。完善科学可行的建设用地标准体系，修订和实施工程建设项目用地指标，合理确定城镇规划区范围以外的农村宅基地和宅基地建筑占地最高控制面积，控制建设项目用地规模，逐步形成覆盖城乡、各类产（行）业的建设用地使用标准体系。

（2）实行工业项目建设用地指标控制。严格执行工业项目建设用地控制指标，明确工业项目投资强度、容积率、建筑系数、绿地率、非生产设施占地比例等控制性指标要求，实现工业用地节约集约和优化配置。

（3）探索建立经营性建设项目投资和产出标准体系，综合评定土地利用效率和效益。在严格执行国家建设项目用地标准的基础上，根据本地实际情况，制定和实施更加节约集约的地方性建设项目用地控制标准。

（4）督促和指导用地者和勘察设计单位严格按照建设项目用地控制标准进行测算、设计和施工。确保建设项目符合用地控制标准和供地政策。不得为禁止用地的建设项目办理建设用地供应手续。对违反建设项目用地控制标准和供地政策使用土地的单位和个人依法予以处理。

（5）对国家和地方尚未出台建设项目用地控制标准的建设项目，或者因安全生产、特殊工艺、地形地貌等原因，确实需要超标准建设的项目，县级以上自然资源主管部门应当组织开展建设项目用地评价，并将评价结果作为建设用地供应的依据。

（四）完善土地资源市场化配置制度

实行土地资源市场配置，完善国有土地出让、租赁、作价入股等配置机制。各类有偿使用的土地供应应当充分贯彻市场配置的原则，通过运用土地租金和价格杠杆，促进土地节约集约利用。

（1）实行经营性基础设施用地有偿使用机制，缩小划拨供地范围；坚持和完善国有土地招标拍卖挂牌出让制度，依据规划确定用途，通过市场竞争确定土地价格和用地者。

（2）鼓励集体土地使用权人以土地使用权联营、入股等形式兴办企业，盘活闲置土地和低效用地。扩大国有土地有偿使用范围，减少非公益性用地划拨。除军事、保障性住房和涉及国家安全和公共秩序的特殊用地可以以划拨方式供应外，对国家机关办公和交通、能源、水利等基础设施（产业）、城市基础设施以及各类社会事业用地要积极探索有偿使用模式，对其中的经营性用地先行实行有偿使用。

（3）经营性用地应当以招标拍卖挂牌的方式确定土地使用者和土地价格。各类有偿使用的土地供应价格不得低于国家规定的用地最低价标准。禁止以土地换项目、先征后返、补贴、奖励等形式变相减免土地出让价款。

（4）鼓励土地使用者在符合规划的前提下，通过厂房加层、厂区改造、内部用地整理等途径提高土地利用率。在符合规划、不改变土地用途的前提下，土地使用者若提高现有工业用地土地利用率和增加容积率的，不再增收土地价款。

（5）各级自然资源主管部门在供应工业用地时，应当将工业项目投资强度、容积率、建筑系数、绿地率、非生产设施占地比例等控制性指标纳入土地使用条件。有偿供应各类建设用地时，应当在建设用地使用权出让、出租合同中明确节约集约用地的规定。在供应住宅用地时，应当将最低容积率限制、单位土地面积的住房建设套数和住宅建设套型等规划条件写入建设用地使用权出让合同。

二、健全节约集约用地激励机制

(一)建立低效用地和废弃地再开发利用激励机制

统筹开展农村建设用地、历史遗留工矿废弃地和自然灾害毁损土地的整治行动。对布局散乱、利用粗放、用途不合理、闲置浪费等城乡低效用地进行再开发,对因采矿损毁、交通改线、居民点搬迁、产业调整形成的废弃地实行复垦再利用,提高建设用地利用效率和效益。制定优惠政策鼓励社会资金参与城镇低效用地、废弃地再开发和利用,鼓励土地使用者自行开发或者合作开发土地,提高土地利用效率。

(二)建立地下空间合理开发利用激励机制

目前承德市对土地资源的利用还主要停留在地上阶段,对地下空间的利用形式较为单一,主要开发了一些小区停车场、人防设施等。对地下空间的复合利用有利于改善地上建设用地紧缺的情况,增强土地资源的空间节约集约利用度。要进一步完善地上地下空间建设用地使用权配置方式,健全地价确定、权利设定和登记制度。在符合法律和市场配置原则的前提下,编制地下空间合理开发利用规划,制定用地取得、地价等支持政策,鼓励开发利用城市地下空间,提高建设用地综合利用效率。

(三)完善鼓励开发区节约集约用地鼓励机制

完善开发区节约集约利用评价、考核与升级扩区、优先安排建设用地指标相挂钩的激励机制。对节约集约利用评价效果好的开发区,优先升级扩区,优先安排建设用地计划指标。实行工业用地节约集约利用鼓励政策,深化完善工业用地提高利用率和容积率不再增收土地价款的规定;实行优先发展产业的地价政策,对优先发展产业且用地集约的工业项目,出让底价可按不低于《全国工业用地出让最低价标准》规定的出让底价的70%确定。

三、强化节约集约用地考核机制

(一)实施土地利用监测监管制度

(1)土地供应全程监管。以供地前发布实施供地计划、供后规范履行出让合同(划拨决定书)为重点,以国土资源遥感监测"一张图"为基础的综合监管平台为支撑,对土地供应总量、布局、结构、价格和开发利用情况实行全面监管,形成"全面覆盖、全程监管、科技支撑、执法督查、社会监督于一体"的综合监管体系。

(2)土地利用动态巡查。以建设项目开工、竣工、土地用途改变、土地闲置、土地开发利用强度为重点,开展动态巡查。

(3)土地开发利用信息公开。定期公布批而未供、供而未用、低效用地、合同履行等情况,提高公众参与度,发挥社会监督作用。依据法律法规对存在浪费土地行为的责任主体予以处理并公开通报。

（二）健全土地利用评价考核制度

（1）实行城乡建设用地节约集约利用评价考核，上一级政府以下一级政府单位管辖范围内的国内生产总值建设用地面积下降为考核重点，定期公布考核结果，作为控制区域建设用地规模、下达土地利用年度计划的依据。

（2）定期开展开发区土地集约利用评价，并将评价结果作为开发区升级、扩区的依据。

（3）开展城镇建设用地节约集约利用潜力评价，全面掌握城镇建设用地利用状况、集约利用程度、潜力规模与空间分布，评价结果作为科学用地管地、制定相关用地政策的重要依据。

（三）建立节约集约用地责任制度

（1）建立节约集约用地共同责任制度。由各级党委政府领导节约集约用地工作，加强部门协同联动，充分调动社会力量参与，着力构建"党委领导、政府负责、部门协同、公众参与、上下联动"的共同责任制度。

（2）严格节约集约用地法律责任制度。根据《节约集约利用土地规定》，县级以上自然资源主管部门及其工作人员违反《节约集约利用土地规定》，为不符合建设项目用地标准和供地政策的建设项目供地的，或为禁止或者不符合限制用地条件的建设项目办理建设用地供应手续的，或低于国家规定的工业用地最低价标准供应工业用地的，对有关责任人员依法给予处分；构成犯罪的，依法追究刑事责任。

第六章　土地生态环境保护

　　土地是人类赖以生存和发展的物质基础,同时,土地本身也是一个复杂的生态系统,在整个陆地生态系统中发挥着非常重要的作用。人类通过对土地资源的开发利用,不断地改变土地本身及其周围环境。土地作为自然-社会-经济复合生态系统,是自然地理要素之间,以及与人类之间相互作用所构成的统一整体。伴随着我国人口的持续增长和城镇化、工业化的快速发展,土地利用的强度、深度和广度不断提高,土地覆盖变化所产生的资源、生态、环境问题日益凸显,成为制约我国经济社会可持续发展的关键因素,受到社会各界的广泛关注和高度重视。

　　在传统发展模式下,各地普遍重视土地的生产功能及其经济价值,忽视土地生态功能及其自然资本价值,导致注重生产性投入,忽视土地生态管护和抚育,土地生态安全成为区域社会经济发展的制约因素。随着社会经济迅速发展,土地生态环境所面临的压力也在不断增大。因此,为优化土地利用结构与布局,缓解土地生态环境压力,实现土地资源数量、质量和生态并重管理的目标,保障区域土地资源的可持续利用与社会经济的和谐发展,亟须在第三次全国国土调查成果的基础上,对全市土地生态环境状况进行研究,分析不同生态用地时空分布格局和变化特征,提出生态用地保护和土地资源可持续利用的建议,为建设高质量发展的"生态强市、魅力承德"奠定坚实基础。

第一节　土地生态系统

一、土地生态系统的主要类型

　　土地生态系统是地球陆地表面上由相互作用、相互依存的地貌、岩石、水文、植被、土壤、气候等自然要素之间,以及与人类活动之间相互作用而形成的统一整体。根据承德市自然条件的特点及其区域分布特征,全市生态系统可划分为农田生态系统、森林生态系统、草地生态系统、水域生态系统、湿地生态系统和城镇生态系统6个土地生态类型。

（一）农田生态系统

1. 现状

　　承德市农田生态系统面积为41.37万 hm^2,其中86.62%的农田分布在北部丰宁、围场、隆化三县和中部地区的平泉市、承德县,51.15%的农田分布于丰宁、围场两县,坝上地区有农田6.33万 hm^2。全市旱作农田面积为35.85万 hm^2,占农田总面积的86.66%。水浇地和水田面积为5.52万 hm^2,占农田总面积的13.34%。优良农田主要分布在各河系支流两岸的河漫滩地、一、二级阶地及宽谷台地区。按耕地坡度统计,坡度小于或等于2°的平地面积占耕地面积的43.90%,坡度为<2°～6°的缓坡耕地面积占

耕地面积的15.31%,<6°～15°的缓坡耕地面积占耕地面积的36.83%,坡度在<15°～25°之间的坡耕地面积占3.64%,坡度在25°以上的坡耕地面积占耕地总面积的0.32%。坡耕地占比较大而且分布零散,肥力低,水土流失严重,抗灾能力差,粮食产量低且不稳定。

栽培的粮食作物主要有小麦、玉米、谷子、高粱、大豆、水稻等,经济作物主要有麻类等。栽培的果品主要有山楂、板栗、仁用杏、苹果等。此外,全市主要的食用菌有20多个品种,如香菇、滑子菇、平菇、双孢菇、金针菇、杏孢菇、鸡腿菇、榆黄菇、茶薪菇、黑木耳、灵芝等,生产规模及产量均位居全省第1位,在国内外有较大影响。全市有5个食用菌生产重点县(市),分别为平泉市、兴隆县、承德县、宽城县和围场县。

2. 特点

农田生态系统结构简单、抗逆性差。由于境内中山、丘陵区等生态条件不同,生产技术及经济条件存在差异,农田生态系统多数具有较为单一的组分结构,养地作物偏少。一般来说,组分结构单一,使农田生态系统的抗逆性较自然生态系统差,存在生态不稳定性。过度垦殖、侵占森林及草地,造成土地荒漠化,尤其在接坝和坝上地区较为严重。

全市接近65%的农田集中在丰宁、围场、隆化三县,这3个县受气候因素的限制,气温低、无霜期短,≥10℃的活动积温为2600℃,干燥度在0.7左右,冰雹、冻害、冷害频繁发生,农田生产能力极低,旱涝保收基本农田比例较低。而南部地区无霜期稍长,≥10℃的活动积温为2900～3500℃,干燥度为0.8～1.1,干旱、冰雹、低温、大风、局部暴雨时有发生,且农田坡度大,多数土壤瘠薄、肥力低,集中连片的少,加之农田本身结构简单,导致农田抵抗外界干扰能力低,抗灾能力差,生态系统不稳定,影响农田产量的稳定性,同时对人类的生态服务功能较差。特别是坡度大的农田,不适宜耕种,易造成水土流失,严重者农田土壤流失殆尽,农作物无法生长。不适宜耕种而适宜种植林草的坝上高原和草原地区,因被开垦为耕地而引起了荒漠化。

(二)森林生态系统

1. 现状

承德市森林生态系统划分为针叶林生态系统、阔叶林生态系统和针阔混交林生态系统,各生态系统又可以根据植被的不同划分为不同的生态系统类型。各生态系统详述如下。

1)针叶林生态系统

针叶林指以针叶树为建群种所组成的各种森林群落的总称。它包括各种针叶纯林、针叶树种的混交林以及以针叶树为主的针阔混交林。针叶林的立木通常高大、挺直,单位面积蓄积量高,且建群作用极明显,有力地影响着其他层次的植物和生态系统中的其他成分。承德市的针叶林生态系统由寒温性针叶林生态系统和温性针叶林生态系统组成。

寒温性针叶林生态系统包括寒温性落叶针叶林生态系统和寒温性常绿针叶林生态系统两类。寒温性落叶针叶林生态系统分布于冀北海拔1500m以上和燕山中部1800m以上的山地及围场县塞罕坝机械林场,代表物种为华北落叶松。因各地生境条件不同,群落种类组成和结构特征有所差异。寒温性常绿针叶林生态系统分布在雾灵山、塞罕坝机械林场、大滩林场等地,主要代表物种有青杆林和云山林。

温性针叶林生态系统中各类建群种要求的热量条件比寒温性针叶林高,分布区年平均气温为8～14℃,气候特征为温和干燥、四季分明。构成温性针叶林的建群种较少,只有松属和侧柏属。两属植物分别属于两个群系组,即温性松林和侧柏林。

2)阔叶林生态系统

阔叶林指以阔叶树种为建群种的森林,承德市阔叶林生态系统包括落叶阔叶林生态系统和山地桦杨林生态系统,没有常绿阔叶林系统。

落叶阔叶林生态系统由典型落叶阔叶林(栎类林)生态系统、沟谷中生阔叶林生态系统和低山丘陵散生阔叶林生态系统3类组成。落叶阔叶林(栎类林)主要分布在围场县、承德县、兴隆县和隆化县等地,代表物种有蒙古栎林、辽东栎林和麻栎林。沟谷中生阔叶林主要分布在燕山山地和冀北山地,代表物种有胡桃楸林、鹅耳枥林、椴树林和大叶白蜡、臭檀、色木槭林等杂木林群。低山丘陵散生阔叶林主要分布在燕山中南部和冀北山地,代表物种有刺槐林、榆树林及毛白杨林。

山地桦杨林生态系统的群落优势种是白桦林,分布在围场县、丰宁县、隆化县等县,在燕山中部、冀西山地的雾灵山垂直带谱中也有分布。从分布界线来看,水平地带性的白桦林位于落叶阔叶林分布的最北界,在垂直带谱中,白桦林的分布上限也靠近针叶林。此外,还有棘皮桦林分布在兴隆县的雾灵山;红桦林在雾灵山有零星分布;坚桦林分布在燕山及冀北山地海拔1800m以上的山顶或山坡,在雾灵山成片分布。山杨林分布在海拔700～1600m的冀北山地,常与桦木、蒙古栎混生,形成混交林。从空间上来看,山杨与桦木混交林分布地的海拔相对较高,而蒙古栎或其他栎类混交而成的群落,分布地的海拔相对较低。

3)针阔混交林生态系统

针阔混交林生态系统面积小,主要分布在海拔为1300～1600m的阳坡或半阳坡,林木疏密不均,林相不整,郁闭度在0.5左右,有油松-蒙古栎林、落叶松-桦木-山杨林及油松-山杏林等。

2. 特点

承德市是河北省森林资源较丰富的地区,承德市林地面积为2 678 890.79hm^2,占全省林地总面积的41.69%。森林覆盖率达60%,高出全国森林覆盖率36%,高出全省25%。森林生态系统类型多样,拥有针叶林、阔叶林和针阔混交林3种生态系统,此外,还有许多人工栽植营造的用材林、防护林、经济林和农林复合生态系统类型,更丰富了森林生态系统类型的多样性;物种种类较多,生物量较同纬度地区较高。整个森林生态系统发展还处于初期阶段,生态环境还比较脆弱,需要进行合理的利用和保护,维持森林生态系统更好的生长环境。

1)森林分布广,但分布不均

承德市森林生态系统分布面广,但不均匀,主要分布在围场坝上地区及交通不便的深山区,且北部多于南部,70%的森林分布于北部中低山区的丰宁、围场、隆化三县。而人口多,面积大的浅山区(主要包括双桥区、双滦区、滦平县、平泉市、宽城县大部及承德县南部)林地多为疏林区。除了白草洼、辽河源、都山、千鹤山自然保护区外,其余大部分地区面积较大的成片森林很少。

2)森林生态系统类型多样

承德市位于温带落叶阔叶林植被带,属于燕山山地落叶阔叶林-温性针叶林区,包括针叶林、落叶阔叶林和针阔混交林3个森林生态系统。针叶林包括寒温性针叶林和温性针叶林两种类型。寒温性针叶林主要分布在海拔1500m以上的坝上高原地区,代表物种为自然华北落叶松和人工华北落叶松。温性针叶林主要分布于燕山东段海拔1000～1500m和冀北山地海拔800～1300m的地区以及滦平、兴隆等县,代表植物为油松林和侧柏林。

承德市阔叶林生态系统包括落叶阔叶林生态系统和山地桦杨林生态系统。落叶阔叶林生态系统由典型落叶阔叶林(栎类林)生态系统、沟谷中生阔叶林生态系统和低山丘陵散生阔叶林生态系统3类组成,主要分布在燕山山地和冀北山地及围场县、承德县、兴隆县和隆化县等地,代表物种有蒙古栎林、辽东栎林、胡桃楸林、榆林等。山地桦杨林生态系统的群落优势种是白桦林,分布在围场县、丰宁县、隆化县等地。针阔混交林较少,主要分布在海拔1300～1600m的阳坡或半阳坡,有油松-蒙古栎林、落叶松-桦木-山杨林及油松-山杏林等。

3)天然林遭到破坏,生态系统须向良性循环方向发展

由于人为的干扰,曾经非常成熟、典型的森林生态系统遭受了极大的破坏。原始的森林已经不复存在,山区的天然林因人类的乱砍滥伐也破坏殆尽。森林生态系统在时序上生态过程存在中断,在空间上存留残缺,因此森林植被的群落构成和食物链均不具有典型性和完整性。尽管人类随着对森林生态功

能重要性认识程度的逐步提高,人为地采取了封山育林、人工种植等保护、恢复措施,部分次生的天然林得到逐步恢复,而且这些措施在一定程度上对承德市的森林生态系统的恢复起了积极作用,但是天然林生态系统不成熟、不完善,宜林地利用率低、人工化倾向严重、人工林品种单一,针叶林主要有油松和华北落叶松等,阔叶树大部分是杨树、柳树、榆树,山区有部分桦树,其余树种更少,这种结构既不利于森林生态效益的发挥,也不利病虫害的防治,致使作为承德市主要自然系统的森林生态系统的整体生态功能比较薄弱,得不到充分发挥,生态系统向良性循环的顶极化发展需要相当长的过程。

(三)草地生态系统

1.现状

承德市草地生态系统主要分布在坝上高原地区和坝下山地丘陵地区。草地总面积为45.53万hm^2。其中,天然草地面积为15.92万hm^2,占全市草地总面积的34.97%;人工牧草地面积为0.06万hm^2,占全市草地总面积的0.14%;其他草地面积为29.54万hm^2,占全市草地总面积的64.89%。承德市草地生态系统主要包括温性高原半干旱草地生态系统、温性高原半湿润草甸草地生态系统、温性山地半湿润草甸生态系统和暖性山地灌木草丛生态系统4种类型,各生态系统又可以根据植被的不同划分为不同的生态系统类型。各生态系统简述如下。

1)温性高原半干旱草地生态系统

此类草地生态系统主要分布在丰宁县坝上高原地区北部,面积为4.327万hm^2,占全市草场总面积的2.89%。由于长期处于半干旱气候条件下,植被分布较均匀,草地生态系统景观广阔开朗。植被类型以旱生、中旱生为主,多年生丛生草本植物占优势。由于气候比较干旱,因而草本层覆盖度不高,一般在50%左右。草地群落为多年生禾草群落和多年生草灌结合群落。

2)温性高原半湿润草甸草地生态系统

此类草地生态系统多分布在林缘附近,发育于草原与森林的接壤地带,主要分布在丰宁、围场两县的坝上和接坝地区,包括围场县御道口牧场、卡伦后沟牧场和小滦河两岸以及在丰宁县境内部分地区,面积为16.947万hm^2,占全市草场总面积的11.32%。草甸草原类草地生态系统的种类丰富,覆盖度大,生产力比较高,草群中含有中生杂类旱中生植物(也是常见的优势植物)。多年生草本植物及根茎性禾草占优势。主要的草地群落有多年生禾草型群落和多年生莎草群落。

3)温性山地半湿润草甸生态系统

山地草甸草地生态系统分布在围场县坝上红松洼、塞罕坝机械林场、御道口东部的大肚子梁、大光顶子山一带和兴隆县雾灵山区及丰宁县、平泉市等部分地势较高地区,面积为6.797万hm^2,占全市草场总面积的4.54%。植被以中生和旱生的多年生草本植物为主,植物种类丰富。主要草地群落包括多年生莎草群落、多年生禾草群落和多年生杂类草群落。

多年生莎草型群落包含披针叶薹草群落,其伴生种有地榆、风毛菊、委陵菜、铁杆蒿、野菊花、珠芽蓼、蓝花棘豆、早熟禾、隐子草、羊草、披碱草、大油芒、叶青茅。多年生禾草型群落主要为华灰早熟禾群落。该群落的伴生种主要有披针叶薹草、紫苞风毛菊、青茅、狼针叶、地榆、羊草、多叶隐子草、铁杆蒿、大油芒、白茅。多年生杂类草型群落主要包括:①线叶菊群落,该群落中的其他伴生种有线叶菊、冷蒿、糙隐子草、铁杆蒿等杂类草;②地榆群落,伴生种有蓝花棘豆、风毛菊;③小菊群落,该群落主要伴生种为小红菊等杂类草;④委陵菜群落,伴生种有委陵菜、黄花菜、薹草;⑤阿尔泰狗娃花群落,伴生种有阿尔泰狗娃花、蒿类、薹草类等。

4)暖性山地灌木草丛生态系统

该草地生态系统在承德市草地生态系统类中面积最大,分布最广,面积为121.639万hm^2,占全市草场总面积的81.25%。外貌变化很大,结构比较零乱,种类形成环境十分复杂。该草地生态系统主要分布在山地丘陵、低中山山地丘陵地区的河谷阶地,自然植被以中生和中旱生落叶阔叶灌木、草本植物为主,其建群种以荆条为主,除少数为原生植被以外,多数为次生落叶阔叶灌木草丛。按生境条件分为两大类:一类是阴坡、半阴坡灌木,以平榛、虎榛子为主,草本层以禾草及薹草组成灌木草丛;另一类是阳坡灌木草丛类,由山杏、绣线菊、铁杆蒿、隐子草、薹草、野古草等群落组成。该区的草地群落多属于草灌结合型的群落。

2. 特点

1)草地生态系统类型多样

承德市草地生态系统主要分布在坝上高原区、山地丘陵区和低中山地丘陵地区的河谷阶地,包括温性高原半干旱草地生态系统、温性高原半湿润草甸草地生态系统、温性山地半湿润草甸生态系统和暖性山地灌木草丛生态系统4种类型。其中,温性高原半湿润草甸草地生态系统和温性山地半湿润草甸生态系统植被种类丰富,郁闭度大,生产力比较高。建群种以荆条为主,除少数为原生植被类型以外,多数为次生落叶阔叶灌木草丛,即低山丘陵地带阔叶林被破坏后形成旱生灌草丛。

2)天然草地生态系统比例较高、草场质量较好

承德市天然牧草地面积为15.92万hm^2,占全市草地总面积的34.97%。草原生态环境的主要特点是面积大,坝上草原以及远山、深山处的草场质量较好。草场理论载畜量为542万个羊单位,实际载畜量最多时达到713万个羊单位。坝上草地植物区系成分居多,优良牧草就有90多种,如羊草、赖草、冰草、披碱草、山野豌豆和花苜蓿等。

3)草地生态系统存在退化现象

目前退化草地面积为767.43hm^2,占可用草地面积的42.7%。其中,轻度退化草地面积为272.58hm^2,占退化草地面积的35.52%;中度退化草地面积为387.96hm^2,占50.55%;重度退化草地面积为66.69hm^2,占8.69%;沙化草地面积为40.2hm^2,占5.24%。丰宁、围场两县草地退化现象最为严重,尤其是大面积的农牧交错带部分地区沙质基底已经裸露,荒漠化面积不断扩大,草地破坏导致土壤风蚀沙化严重,恢复稳定性和阻抗稳定性相对较差。草地生态系统的逆向演替也引起草地的退化,造成水土大量流失,频频引发旱涝灾害,阻碍了自然生态系统的恢复和发展。此外,草地鼠害、草原火灾也威胁着草地生态系统,人类对草地的利用,如超载放牧,以及对优良草地的不适当连续开垦,破坏了草地生境条件,引起风沙侵蚀及草地的退化,致使草地生态系统的逆向演替,影响整个草地生态系统服务功能的正常发挥。

(四)水域生态系统

水域生态系统包括湖泊、水库、河流生态系统,以液体水为主体。水是最重要的溶剂和分散介质,具有特殊的吸收和渗透能力。天然水体是巨大的物质库,容纳了多种气体和固体物质,为水生生物活动创造了条件。由于水的比热较大,导热率低,因而水体增温和降温都比较缓慢,水温稳定。水环境中光照较弱,含氧量较低,有的含盐量高,常常限制水生生物的生长和繁殖。

湖泊是地面上长期存在的洼地。承德市湖泊水面较少,共有198.85hm^2,面积仅占河北省湖泊水面总面积的0.80%。承德市湖泊水面只分布在围场县和双桥区,围场县湖泊水面面积为166.44hm^2,全部分布在坝上地区,面积占全市湖泊水面总面积的83.70%,主要有七星湖、太阳湖、月亮湖、桃山前湖、桃山后湖等,与草原森林共同构成坝上主要的旅游景观,成为游客流连忘返的景点。双桥区湖泊水面面积为32.41hm^2,全部分布在避暑山庄,面积占全市湖泊水面总面积的16.30%,主要包括如意湖、澄湖、上湖、下湖、镜湖和银湖。

湖泊生态系统中的表层水和深层水存在着复杂的营养关系,在湖泊的深水区域,表水层光照充足,温度较高,氧气含量较高,浮游植物及其他自养生物占优势,还有许多小水生动物;深水层光线微弱,生物以异养动物和嫌气性细菌为主,异养动物以各种小型浮游动物为食饵,细菌分解沉落下来的有机体可供藻类利用。

水库是一种人工湖泊,承德市水库面积为 7 342.62hm²,是天然湖泊面积的 36.9 倍,主要分布在宽城县、兴隆县、围场县和双桥区。水库由于受人为因素的影响和控制,其结构单一,生态功能也较天然湖泊较弱。

承德市河流水面相对较多,面积为 33 855.52 万 hm²,占河北省河流水面总面积的 18.91%,是全省河流水面最多的设区市。但承德市河流多为季节性河流,由于水量多来自降水集中的汛期,因而生态系统整体功能较低。河流最大的特点是不断地流动。尽管水量较其他水体小,但其更新速度很快,更新时长平均为 11d,是湖泊更新速率的千倍以上,从动态演化的角度看,河流对系统的物质循环和能量转化作用不可低估,尤其是在对地表物质的侵蚀、搬运和堆积方面。河流中所含的营养物质和泥沙取决于水源和沿岸的植被、土壤情况。

(五)湿地生态系统

按照国际《湿地公约》的定义,"湿地是指天然或人工、长久或暂时性的沼泽地、泥炭地或水域地带、静止或流动、淡水、半咸水、咸水体,包括低潮时水深不过 6m 的水域"。湿地被认为是全球三大生态系统之一,具有调节径流、控制污染、调节气候、美化环境等多种生态服务功能,被称为"地球之肾"。按《第三次全国国土调查技术规程》中的规定,湿地指红树林地,天然的或人工的,永久的或间歇性的沼泽地、泥炭地,盐田,滩涂等,分为红树林地、森林沼泽、灌丛沼泽、沼泽草地、盐田、沿海滩涂、内陆滩涂和沼泽地 8 个二级地类。承德市无红树林地、盐田和沿海滩涂,因此湿地包括森林沼泽、灌丛沼泽、沼泽草地、内陆滩涂和沼泽地 5 个二级地类。按此分类,承德市共有湿地面积 2.06 万 hm²,占全省湿地总面积(14.27 万 hm²)的 14.44%。

承德市共有森林沼泽 14.79hm²,面积占全市湿地总面积的 0.07%,全部分布在丰宁县;共有灌丛沼泽 839.15hm²,面积占全市湿地总面积的 4.08%,全部分布在丰宁县和围场县;共有沼泽草地 10 050.12hm²,面积占全市湿地总面积的 48.81%,全部分布在丰宁县和围场县;共有沼泽地 2 005.87hm²,面积占全市湿地总面积的 9.74%,只分布在围场县的坝上地区;共有内陆滩涂 7 680.76hm²,面积占全市湿地总面积的 37.30%,除营子区外,各县(市、区)均有分布。

沼泽草地主要由适于潮湿环境的多年湿生和中生盐生植物组成,多数植物有发达的根系,可形成大丛草群落,一年生植物较少。由于此类草甸土壤潮湿,不利于有机质的分解,在微生物作用下促成土壤的潜育化作用,形成比较单纯的生境条件,因而往往出现局部的单优势种群落。形成的主要草地群落有多年生莎草型群落和多年生杂类草型群落。多年生莎草型群落由寸草苔群落、赖草群落、芦苇群落、小叶章群落、碱茅群落和星星草群落组成;多年生杂类草型群落由碱蓬群落和马蔺群落组成,各群落都有其伴生种。

沼泽地多分布在地势低洼、径流汇集,有长期或短期积水和地下水接近地表、土壤过湿的地方。该草本沼泽中湿生草本植物以莎草科和蓼科植物为主,伴生杂类草,主要包括芦苇群落和塔头莎草群落。

内陆滩涂主要分布于四大水系常水位至洪水位间以及水库正常蓄水位与洪水位间的滩地。2019年第三次全国国土调查内陆滩涂面积比 2009 第二次全国土地调查的内陆滩涂面积减少了 17 463.81hm²,减少 69.45%。滩涂减少的主要原因是为补充耕地,大量开垦内陆滩涂。今后应严格加以限制,在河道管理线控制范围内禁止开垦滩涂。

(六)城镇生态系统

城镇是以人类为主体,具有人工化环境的生态系统。它是流量大、容量大、运转快的开放系统,是依赖性强、独立性弱的人类自我驯化系统。承德市经过多年发展,城市化水平已达到了 53.30%,初步形成了中心城市—县城—中心城镇—建制镇的城镇体系格局,布局、职能趋于合理和完善。中心城市——承德市区是全市的政治、经济、文化中心,对市域经济社会发展具有一定的辐射和带动作用。各县城是各县域的政治经济文化中心,中心城镇和建制镇分别成为当地区域和区片的中心。但承德市的城镇化水平滞后于经济发展水平,城镇化水平低于全国的平均水平(60.60%)和河北省的平均水平(56.33%),而且城镇规模普遍偏小,对区域经济社会发展辐射带动能力较弱。

城市生态系统是特定地域内人口、资源和环境(包括生物、物理、社会、经济和文化要素),通过各种关系建立起来的人类聚居的自然、社会、经济复合体。它是高度人工化的生态系统,人类是最主要的消费者,具有消费者远多于生产者的特点。城市是开放性的、多层次的复杂系统,对环境具有很高的依赖性,生态系统极为脆弱,需要大量的物质能量人为地输入。另外,城市生态系统内部经过生产消费和生活消费所排出的废物,都要依靠人为的技术手段处理或向外界环境输出。

承德市城镇基础设施,特别是环境基础设施欠账多,与经济发达城市相比,基础设施还很不完善,集中供热率,集中供水率,自来水供给率,清洁能源利用率,以及液化气、煤气、天然气供给率,人均道路面积,绿地覆盖率,人均公共绿地面积,城镇生活污水处理集中率,城镇生活垃圾无害化处理率普遍偏低,这些影响了城市生态系统的健康发展。要保持城市生态系统良性循环,就必须解决目前城镇的生态环境问题。近年来,创建全国全省卫生城市(县城)、园林城市(县城)、文明城市(县城)等活动,促进了城市环境问题的解决,促使城市生态系统向良性循环方向发展,在创造宜居宜业、环境优美、景观漂亮的生态型园林市,积极建设功能完善、生态系统运转良好的城镇方面发挥了积极作用。

二、土地生态环境状况

(一)土壤环境状况

1. 土地侵蚀状况

承德市是河北省水土流失比较严重地区之一。根据2020年全国水土流失动态监测,承德市水土流失面积为12 625.30km²。其中,年侵蚀模数在2500t/km²以下的轻度侵蚀面积为12 186.70km²,占水土流失面积的96.53%;侵蚀模数在2500~5000t/km²之间的中度侵蚀面积为278.08km²,占水土流失面积的2.20%;侵蚀模数在5000~8000t/km²之间的强烈侵蚀面积为120.03km²,占水土流失面积的0.95%;侵蚀模数在8000~15 000t/km²之间的极强烈侵蚀面积为36.63km²,占水土流失面积的0.29%;侵蚀模数在15 000t/km²以上的剧烈侵蚀面积为3.86km²,占水土流失面积的0.03%。从地域分布看,水土流失面积分布最大的行政区是丰宁县,面积占全市水土流失面积的21.7%,其次是围场县、隆化县,面积分别占全市水土流失面积的19.0%和13.2%。从流域分布来看,水土流失主要出现在滦河流域。

2. 土地荒漠化状况

承德市地处内蒙古高原与华北平原的过渡带,属半干旱半湿润大陆性季风性山地气候,由于地质构造复杂、地形地貌差异较大,局地气候差异大,全市降雨量一般在330~835mm之间。承德市北部的丰宁县、围场县坝上的农牧交错带是林地-草地-风蚀荒漠化生态系统,属季风气候和大陆性气候过渡区,由于受东南季风边缘的气候波动和全球增温的影响,因而农牧业生产的气候条件极不稳定,干旱、洪涝、风沙、霜冻、沙尘暴等自然灾害频繁发生,生态环境较为敏感脆弱。

承德市的荒漠化土地以风蚀-沙质荒漠化为主。2014年全国荒漠化土地监测结果显示,承德市现有沙化土地48.84万hm²。坝上地区沙化土地面积为21.95万hm²,占全市沙化土地面积的44.95%,全市95%以上的半固定沙地分布在坝上地区。调查资料显示,坝上地区风蚀荒漠化程度总体自西北至东南呈由重到轻分布。重度风蚀荒漠化区主要分布在丰宁县小坝子北部、鱼儿山镇、万胜永乡和围场县御道口镇、老窝铺乡等乡镇及周边地区。以内蒙古多伦县沙区为沙源,以御道口牧场为顶点,形成4条沙带,移动沙丘面积为 600km²,正以年均 24.6m 的速度向东南移动。中度风蚀荒漠化区主要分布在丰宁县小坝子北部、大滩镇、窟窿山和围场县御道口镇北部、西龙头乡等乡镇及周边地区。在这些地区,高度为 2~5m 的流动沙丘呈片状分布。固定沙丘群中沙丘活化显著,旱作农地有明显风蚀洼地和风蚀残丘,有广泛分布的粗化沙砾地表。轻度风蚀荒漠化区主要分布在丰宁县窟窿山南部,围场县姜家店乡、山湾子乡镇及周边地区。这些地区已有斑点状流沙或风蚀地,有高度在 2m 以下的低矮沙丘或沙堆,固定沙丘群中有零星分布的流沙(风蚀窝),旱作农地表面有风蚀痕迹和粗化低地表,局部地段有积沙。该区生态环境脆弱,不仅是沙化土地的集中分布区,也是全市沙化程度最严重的区域。土地沙化不仅造成土壤肥力下降乃至丧失,土地生态环境恶化,农作物、牧草植物产品的产量下降,严重影响区域农牧业生产,造成当地生态环境恶化,也威胁京津地区的生态安全。坝上地区生态环境较为敏感脆弱。地表植被一旦破坏,恢复难度相对较大。同时,土地退化沙化导致土壤黏粒减少、持水能力减弱、肥力降低,即使植被短期可以恢复,土壤肥力恢复周期也很长。

除丰宁、围场两县坝上属高原地貌外,其余坝下地区及隆化县、平泉市、承德县、宽城县、兴隆县、滦平县等属冀北-燕山中低山地貌。其中丰宁、围场两县坝下地区及隆化县全部是此区荒漠化较为严重的地区,兴隆县、滦平县、平泉市、承德县等其余县(市、区)沙化土地均有零星分布。丰宁、围场两县的坝下山地区由于受风蚀和水蚀两种侵蚀力作用,沙化现象依然较为严重。坝上沙化地在强烈的风蚀作用下沿着河谷向坝下发展,在坝下形成大面积的沙带。围场县在小滦河、蚁蚂吐河、伊逊河、阴河流域形成 4 条沙带,沙化面积达 6 万 hm²,潜在沙化面积为 9 万 hm²,并且这几条沙带面积每年以其现有面积的 10% 的速度在扩大。隆化县土地荒漠化较严重,沙化土地面积占全县总面积的 21.8%。

3. 土壤干旱化状况

按承德市多年来的旱灾情况分析,旱灾主要发生在春季(3—5月)和夏季(6—8月),干旱分为春旱、初夏旱、伏旱和秋旱,一般春旱每隔 2~3 年发生一次,较严重的春旱每隔 9~11 年发生一次,初夏旱和伏旱一般 4~5 年一遇。历史上的大旱灾或特大旱灾往往具有连续性,时间最长的大旱持续时间达 7 年。各地区干旱级别由南向北加重,南部各县(市)及市区为中灾区,北部丰宁县、围场县、滦平县等县多为重灾区。

4. 土壤污染状况

由于工业"三废"大量排放及农药、化肥广泛使用,大量有毒有害物质进入土地生态系统,造成土地生态环境污染,土地质量和生产力下降,危害人、畜健康。2019 年,全市农药年使用量达 1114t,平均每公顷耕地使用农药 2.69kg;化肥年施用量(折纯)为 10.0438 万 t,平均每公顷耕地施用化肥(折纯) 242.76kg。同时,一些地方含有大量有毒有害物质的工业废水和城镇污染物多数未经净化处理直接排放,造成土地污染。此外,工业固体废物和生活垃圾污染物占用大量土地。全市 241 个灭失矿山迹地共有 575 处露采掌子面、518 个开采基底平台和 33 处露天采坑,共计占用、破坏土地植被面积达 549.13hm²。截至 2019 年底,全市共有尾矿库 870 余座,尾矿累计存积量约为 30 亿 t,主要集中在滦平县、隆化县和承德县。采矿剥岩、干选等形成的矿山废石约为 16 亿 t,主要分布在丰宁县、宽城县、滦平县和隆化县。废渣的随意堆放,不仅破坏了山体植被,还有可能造成土地沙化,废渣也有可能成为泥石流的物源。尾矿砂的堆积,改变了原有地形地貌,掩埋了原有的植被,尾矿砂在原有空间形成了沙漠阻挡空间,使得原有植被很难向外扩展,造成矿山生态环境的极大破坏。

(二)水资源环境状况

承德市域多年平均水资源总量为 37.6 亿 m³,其中,地表水占 45%,地下水占 55%。地表水主要由滦河、北三河(潮白蓟运河)、辽河和大凌河四大水系组成,年产水量为 36.0 亿 m³,四大水系是京津唐的重要供水源地。滦河水系，在承德市流域面积约为 2.89 万 km^2，每年向潘家口水库供水 16.49 亿 m^3，占潘家口水库年均总入库量的 82%，是天津、唐山两地的主要饮用水水源地。次之是潮白河水系，汇水面积为 6 776.74 km^2，每年向密云水库供水 4.73 亿 m^3，占密云水库年均总入库量的 59%，是北京市的主要饮用水水源地；第三是辽河水系，汇水面积为 3 718.88 km^2。全市汇水面积大于 1000 km^2 的河流有 13 条，汇水面积大于 500 km^2 的河流有 500 多条。其中滦河、潮河为承德市最主要的河流，主要的一级支流有小滦河、兴洲河、伊逊河、瀑河、武烈河、老牛河、柳河、青龙河等。2019 年，承德市按照《地表水环境质量标准》(GB 3838—2002)的要求，共监测 9 条河流 29 个监测断面，达到Ⅰ—Ⅲ类水质标准的断面数量为 28 个，占所监测断面数量的 96.6%；Ⅳ类水质断面数量为 1 个，占所监测断面数量的 3.4%，流域总体水质状况为优。2019 年，承德市按照《地下水质量标准》(GB/T 14848—2017)，实际监测 23 个地下水监测点位，其中，Ⅲ类水质点位有 12 个，所占比例为 52.2%；Ⅳ类水质点位有 10 个，所占比例为 43.5%；Ⅴ类水质点位有 1 个，所占比例为 4.3%。2019 年，市区城市集中式饮用水水源地（一水厂、二水厂、三水厂、四水厂、五水厂）水质状况为良好，均达到《地下水质量标准》(GB/T 14848—2017)中提出的Ⅲ类水质标准，全年水质达标率为 100%。出境断面水质达标率保持 100%。

（三）林园草资源环境状况

承德市自然环境复杂，气候类型多样，造就了生物资源丰富、分布广泛的特点。全市林园草资源丰富，第三次全国国土调查结果显示，2019 年底承德市现有林地 267.89 万 hm^2、园地 14.47 万 hm^2、草地 45.53 万 hm^2，初步建成了水源涵养林、沿边沿坝防风固沙林等生态防护林体系，是京津冀林草植被覆盖面积最大的设区市。

空间上，不同类型林地的空间分布特征不同。区内森林呈现北多南少、分布不均的特点，主要分布在围场县、丰宁县坝缘地区及交通不便的深山区，近 60% 的森林分布于丰宁县、围场县、隆化县的中低山区。而人口较多的坝下浅山区，包括承德市区、兴隆县、滦平县、平泉市、宽城县大部及承德县南部，除了雾灵山、白草洼、辽河源、都山、千鹤山自然保护区外，大部分地区成片森林较少。全市森林中幼龄林面积和中龄林面积占林地面积的 85%，成熟林面积仅占 15%；人工林品种单一，针叶林主要有油松和华北落叶松等，阔叶树大部分是杨树、柳树、榆树，山区有部分桦树。特定的自然地理环境，造成森林生态系统群落结构较为简单，食物链不完整，整体生态环境敏感脆弱，自我调节能力差，既经受不住自然灾害的冲击，又经受不住高强度开发的影响，林草植被一旦遭到破坏，生态系统难以在短期内恢复和还原。

承德市园地呈现南多北少的特点。承德市南部水热条件较好，适于林果业发展，80% 以上的园地分布于承德市南部的兴隆县、承德县、宽城县的浅山区。目前林果业产业体系已初步建成，林果业也已成为当地富民增收的主要支柱产业之一。

承德市草地呈北多南少、分布不均的特点，主要分布在坝上高原区和山地丘陵区，围场县、丰宁县、隆化县是草地资源大县，3 个县共有草地 30.93 万 hm^2，面积占承德市草地总面积的 67.93%。草地资源承载规模评估结果显示，承德市域内草地超载问题严重，丰宁县、围场县、隆化县、滦平县和承德县属于严重超载地区。草地超载直接引发草地退化，其中，丰宁县、围场县草地退化最为严重，尤其是农牧交错带部分地区沙质基底已经大面积裸露，造成水土大量流失，导致旱涝灾害频频发生，阻碍了自然生态系统的恢复和发展。

（四）湿地生态环境状况

承德市共有湿地 2.06 万 hm^2，面积占全省湿地总面积（14.27 万 hm^2）的 14.44%。其中，森林沼泽面积为 14.79 hm^2、灌丛沼泽面积为 839.15 hm^2、沼泽草地面积为 10 050.12 hm^2、沼泽地面积为 2 005.87 hm^2，全部分布在围场县和丰宁县的坝上地区。内陆滩涂面积为 7 680.76 hm^2，除营子区外，各县（市、区）均有分布。

全市湿地生态系统虽然发展状况良好,总体环境状况较好,但由于面积小,调控能力不足,加之局部地区尤其是坝上高原和农牧交错过渡带的降水量减少和地下水开采量增加,影响了生态流的合理流动,出现湿地萎缩甚至消失等环境问题,因而需要加强保护和修复工作,以维护其生态功能。

(五)地质灾害状况

1. 地质灾害现状

地质灾害指由自然因素或者人为活动引发的危害人民生命和财产安全的山体崩塌、滑坡、泥石流、地面塌陷、地裂缝、地面沉降等与地质作用有关的灾害。承德市域地质地理条件复杂,坝上高原区山势低缓,地形起伏;燕山山地地区地形切割强烈,沟谷发育。地质构造复杂,自北向南依次分布有康保-围场深断裂、丰宁-隆化深断裂、大庙-娘娘庙深断裂、尚义-平泉深断裂、上黄旗-乌龙沟深断裂、密云-喜峰口大断裂、平坊-桑园大断裂、密云-喜峰口大断裂,一般断裂遍布全区。交接型的地理位置使承德市成为河北省生态环境脆弱和地质环境敏感程度很高的地区,即地质灾害多发地区。区内地质灾害具有种类多、分布广、危害大的特点。突发性滑坡、崩塌、泥石流、地面塌陷、地裂缝和缓变性土地沙化等地质灾害均有发生。随着社会经济的发展,人为诱发的地质灾害也呈日益增加的趋势。据调查,承德市共有地质灾害隐患点890处,其中崩塌413处、泥石流393处、滑坡64处、地面塌陷18处,地裂缝2处。地质灾害已成为承德市主要灾害之一,严重威胁人民生命财产安全。

2. 地质灾害评价

市域内地质灾害的总体分布状况如下。西北坝上高原主要有崩塌、滑坡等地质灾害,燕山山地地区主要地质灾害为崩塌、滑坡、泥石流。近年来,随着采矿业的发展,南部地区大面积采空区内塌陷灾害日益凸显。崩塌、滑坡主要分布在人类工程削坡活动较强的承德县、兴隆县、滦平县、平泉市等,采空塌陷主要分布在鹰手营子、庙梁等矿区,泥石流则在区内各县市均有分布。按时间分类,崩塌、滑坡、泥石流地质灾害主要集中在雨季,每年6—8月为高发期;资源开发引起的地面塌陷及其伴生的地裂缝灾害的发生时间相对滞后于资源的开采时间。

1)泥石流为区内最严重的地质灾害

泥石流为区内最严重的地质灾害,区内大部分地区为中低山地貌,沟谷斜坡发育,松散堆积物丰富,为泥石流灾害提供了丰富的物源。北部构造发育,岩石破碎,干旱少雨,存在大量不稳定斜坡,泥石流灾害较为发育;南部地形雨发育,暴雨频繁,泥石流灾害发育。主要分布范围为围场县山湾子乡-姜家店乡一带,围场县朝阳湾镇-杨家湾乡一带,围场开发区,丰宁县喇嘛山风景区,丰宁县丰虎、宝丰公路沿线,隆化县公路铁路沿线,宽城县县城-缸窑沟一带,宽城县峪耳崖镇-铧尖乡一带,兴隆县半壁山镇、兰旗营乡一带。

2)资源开发诱发的地质灾害日趋严重

承德市域内共有各类持证矿山1000多处,其中大型矿山2处(峪耳崖金矿、寿王坟铜矿)、中型矿山6处(承钢黑山铁矿、承德钢铁集团有限公司双大矿业分公司、豆子沟铁矿、兴隆矿务局汪庄煤矿、小寺沟铜矿、铧尖金矿),其余为小型矿山。矿山开采残坡和尾矿堆积严重破坏地质环境,地下采空引起的地面塌陷、地裂缝和过度放牧垦荒引起的土地沙化等地质灾害日趋严重。

(六)其他自然灾害

承德市的农牧交错带是内蒙古高原和冀北山地之间的过渡带,属于季风气候和大陆性气候过渡区,是林地-草地-风蚀荒漠化生态系统,由于受到东南季风边缘的气候波动和全球气候变化的影响,农牧业生产的气候条件极不稳定,干旱、盐碱化、沙尘暴、风沙、霜冻、鼠害、洪涝、冰雹等自然灾害频繁发生,其中尤以旱灾最为严重。

第二节 生态用地分析

一、生态用地概念及分类

(一)生态用地概念

土地具有生产功能、生活功能、生态功能,三者既具有独立性,又相互联系。随着我国工业化、城镇化的快速发展,资源、环境、生态问题日益凸显,成为制约全国经济社会可持续发展的关键因素,得到了社会各界的广泛关注。与之紧密相关的"生态用地"的概念也普遍受到专家学者的高度重视。近年来,不同的专家学者从各自的专业角度,对"生态用地"的概念和内涵作出了多种解释。本书引用《中国土地资源与利用》中生态用地的研究成果,明确生态用地是以保护和稳定区域生态系统为目标,能够直接或间接发挥生态环境调节(防风固沙、保持水土、净化空气、美化环境)和生物支持(提供良好的栖息环境、维持生物多样性)等生态服务功能且其自身具有一定的自我调节、修复、维持和发展能力的土地利用类型。它不仅包括所有原生态自然存在的地类,如林地、草地、沼泽、水域、湿地等一切生态功能显著的土地,同时也包括半人工的绿色用地、水域等能够发挥气候调节、水源涵养等生态作用的土地,如耕地、园地、坑塘水面、养殖水面等地类。生态用地虽与生产用地和生活用地有交叉重叠,但显著区别于生产用地和生活用地。

(二)生态用地分类

借鉴《中国土地资源与利用》研究成果,结合承德市实际,按照生态用地的功能,将生态用地分为主导功能性生态用地和多功能性生态用地两大类。生态用地分类与现有土地利用分类对应关系见表6-1。

表6-1 生态用地分类与现有土地利用分类对应关系表

一级类		二级类	
类别	类别名称	类别名称	含义
主导功能性生态用地	湿地生态系统	河流水面	天然形成或人工开挖河流常水位岸线之间的水面。不包括被堤坝拦截后形成的水库区段水面
		湖泊水面	天然形成的积水区常水位岸线所围成的水面
		内陆滩涂	河流、湖泊常水位至洪水位间的滩地;时令湖、河洪水位以下的滩地;水库、坑塘的正常蓄水位与洪水位间的滩地
		森林沼泽	以乔木森林植物为优势群落的淡水沼泽
		灌丛沼泽	以灌丛植物为优势群落的淡水沼泽
		沼泽草地	以天然草本植物为主的沼泽化的低地草甸、高寒草甸
		沼泽地	经常积水或渍水,一般生长湿生植物的土地。包括草本沼泽、苔藓沼泽、内陆盐沼等,不包括森林沼泽、灌丛沼泽和沼泽草地

续表 6-1

一级类		二级类	
类别	类别名称	类别名称	含义
主导功能性生态用地	荒漠生态系统	盐碱地	表层盐碱聚集，生长天然耐盐植物的土地
		沙地	表层为沙覆盖、基本无植被的土地。不包括滩涂中的沙地
		裸土地	表层为土质，基本无植被覆盖的土地
		裸岩石砾地	表层为岩石或石砾，其覆盖面积大于或等于70%的土地
多功能性生态用地	林地生态系统	乔木林地	乔木郁闭度大于或等于0.2的林地。不包括森林沼泽
		灌木林地	灌木覆盖度大于或等于40%的林地。不包括灌丛沼泽
		其他林地	包括疏林地(0.1≤树木郁闭度<0.2的林地)、未成林地、迹地、苗圃等林地
	草地生态系统	天然牧草地	以天然草本植物为主，用于放牧或割草的草地。包括实施禁牧措施的草地，不包括沼泽草地
		人工牧草地	人工种植牧草的草地
		其他草地	树木郁闭度小于0.1，表层为土质，不用于放牧的草地
	农田生态系统	水田	用于种植水稻、莲藕等水生农作物的耕地。包括实行水生、旱生农作物轮种的耕地
		水浇地	有水源保证和灌溉设施，在一般年景能正常灌溉，种植旱生农作物(含蔬菜)的耕地。包括种植蔬菜的非工厂化的大棚用地
		旱地	无灌溉设施，主要靠天然降水种植旱生农作物的耕地。包括没有灌溉设施，仅靠引洪淤灌的耕地
		果园	种植果树的园地
		其他园地	种植桑树、胡椒、药材等其他多年生作物的园地
	其他多功能性生态用地	水库水面	人工拦截汇集而成的总设计库容大于或等于10万 m^3 的水库正常蓄水位岸线所围成的水面
		坑塘水面	人工开挖或天然形成的蓄水量小于10万 m^3 的坑塘常水位岸线所围成的水面
		设施农用地	直接用于经营性畜禽养殖生产设施及附属设施用地；直接用于作物栽培或水产养殖等农产品生产的设施及附属设施用地；直接用于农业项目辅助生产的设施用地；晾晒场、粮食果品烘干设施、粮食和农资临时存放场所、大型农机具临时存放场所等规模化粮食生产所必需的配套设施用地
		沟渠	人工修建，宽度大于或等于2.0m用于引、排、灌的渠道。包括渠槽、渠堤、护堤林及小型泵站
		田坎	梯田及梯状坡地耕地中，主要用于拦蓄水和护坡，宽度大于或等于2.0m的地坎

1. 主导功能性生态用地

主导功能性生态用地指具有较强生态服务功能的生态用地,主要包括湿地、天然水域、荒漠、沙漠、冰川及永久积雪地、盐碱地等,以及城市绿地、人工水域、防护林等。此类土地具有较强的生态服务功能,对改善区域生态环境、区域人地关系具有重要作用。此类土地多数尚未受到人类影响或受影响较小,土地生态功能最强。

2. 多功能性生态用地

多功能性生态用地指具有生态、生产、生活多功能的生态用地,主要包括耕地、园地、林地、草地、水库水面、坑塘水面等半人工景观类型。此类土地的主要功能是满足人类农业生产或休闲娱乐需求,同时,也具有生物保护或生态保护的功能,用以改善区域生态环境、区域人地关系。多功能性生态用地受人类活动影响较大,具有生产功能、生态功能等多种功能。

二、生态用地现状

依照主导功能性生态用地和多功能性生态用地统计结果,全市具有生态功能的土地面积约为380.50万 hm^2。其中,主导功能性生态用地面积约为6.22万 hm^2,占生态用地总面积的1.64%;多功能性生态用地面积约为374.28万 hm^2,占生态用地总面积的98.36%。按县级行政区统计,围场县和丰宁县生态用地面积占本辖区土地总面积的比例最高,分别为97.63%和97.36%;生态用地面积占本辖区土地总面积比例最低的行政区是双桥区和双滦区,占比分别为89.02%和87.89%;其他县(市、区)占比均在90%以上。全市生态用地分类结构情况见表6-2和图6-1。

表6-2 承德市各县(市、区)生态用地分类结构表　　　　单位:%

行政区	主导功能性生态用地面积占土地面积比例	多功能性生态用地面积占土地面积比例	生态用地总面积占土地面积比例
双桥区	2.03	86.99	89.02
双滦区	1.23	86.66	87.89
营子区	0.87	90.27	91.14
承德县	1.17	94.83	96.00
兴隆县	1.35	95.04	96.39
滦平县	1.17	94.19	95.36
隆化县	1.32	95.54	96.86
丰宁县	1.45	95.91	97.36
宽城县	1.52	92.08	93.60
围场县	2.38	95.25	97.63
平泉市	1.20	93.88	95.08

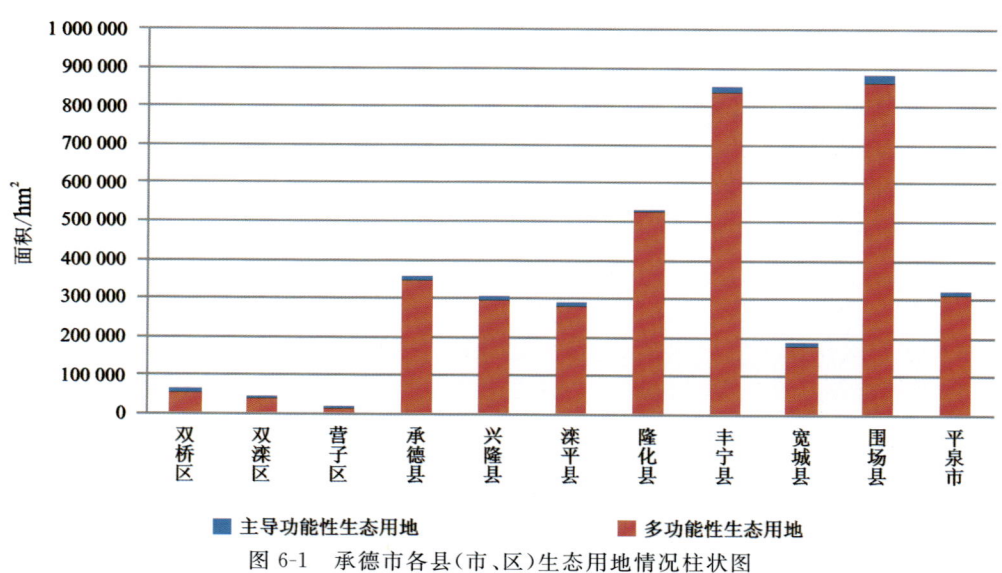

图6-1 承德市各县(市、区)生态用地情况柱状图

(一)主导功能性生态用地

承德市主导功能性生态用地面积占全市生态用地总面积的1.64%,生态用地主要以河流水面、沼泽草地和内陆滩涂为主,面积占主导功能性生态用地总面积的82.89%。其中,河流水面面积占主导功能性生态用地总面积的54.40%,沼泽草地占16.15%,内陆滩涂占12.34%。

按县级行政区统计,围场县的主导功能性生态用地面积占其辖区土地总面积的比例最高,为2.38%;其次为双桥区,占2.03%;第三为宽城县,占1.52%。营子区的主导功能性生态用地面积占其辖区土地总面积的比例最低,为0.87%。

(二)多功能性生态用地

承德市多功能性生态用地面积占全市生态用地总面积的98.36%,多功能性生态用地以林地、草地和耕地为主,占多功能性生态用地总面积的94.79%。其中,林地占多功能性生态用地的71.57%,草地占12.17%,耕地占11.05%。

按县级行政区统计,丰宁县的多功能性生态用地面积占其辖区土地总面积的比例最高,为95.91%;其次为隆化县,占95.54%;第三为围场县,占95.25%。双桥区和双滦区的多功能性生态用地面积占其辖区土地总面积的比例最低,分别为86.99%和86.66%。其余县(市、区)多功能性生态用地占其辖区土地总面积的比例均占90%以上。

三、生态用地变化分析

(一)生态用地总量变化分析

承德市第三次全国国土调查2019年统一时点生态用地总面积与第二次全国土地调查2009年统一时点生态用地总面积相比减少28 639.68hm²,减少0.75%。

（二）主导功能性生态用地变化分析

第三次全国国土调查2019年统一时点主导功能性生态用地面积与第二次全国土地调查2009年统一时点主导功能性生态用地面积相比减少39 390.59hm²，减少38.76%，占全市生态用地总面积的比例减少1.01%。其中，内陆滩涂减少17 463.81hm²，减少比例为69.54%；沙地减少1 017.75hm²，减少比例为56.22%；沼泽地减少2 495.93hm²，减少比例为55.44%；河流水面减少1 467.53hm²，减少比例为4.15%。湖泊水面增加172.4hm²，增加的原因主要是围场县坝上湖泊水面有所增加，双桥区避暑山庄湖区2009年调查时统计在城市用地范围内，2019年调查时单独调绘为湖泊水面。此外，2019年调查新增加森林沼泽、灌丛沼泽和沼泽草地共10 904.06hm²，减少盐碱地138.34hm²，为土地分类标准变化以及实地调绘差异造成的，实际变化量不大。

（三）多功能性生态用地变化分析

第三次全国国土调查2019年统一时点多功能性生态用地面积与第二次全国土地调查2009年统一时点多功能性生态用地面积相比增加10 750.91hm²，增加0.29%，占全市生态用地总面积的比例增加1.01%。其中，增加比例最高的地类是设施农用地，增加面积为4 201.83hm²，增加比例为273%；其次为水库水面，增加面积为2 105.46hm²，增加比例为40.20%；再次为坑塘水面，增加面积为147.10hm²，增加比例为18.89%。按面积分析，增加最多的地类是林地，增加面积为326 899.65hm²，增加比例为13.90%；其次为耕地，增加面积为10 782.20hm²，增加比例为2.68%；再次为园地，增加面积为6 896.64hm²，增加比例为5.01%；田坎增加面积为4 605.11hm²，增加比例为15.37%。面积减少最多的地类是草地，减少面积为344 437.87hm²，减少比例为43.07%；其次为沟渠，减少面积为449.21hm²，减少比例为21.83%。

第三节　生态用地保护与可持续发展对策

良好的生态环境是承德市的一块"金字招牌"。打造"华北最优、全国知名"的一流生态环境，不仅可以为建设"生态强市、魅力承德"提供强有力的支撑，更为重要的是可以全面提升承德市可持续发展的核心竞争力，形成后发优势。目前，随着经济社会的快速发展和城镇化进程的不断加快，承德市在生态环境方面也暴露出一些突出问题，生态环境的脆弱性和局限性开始显现，生态环境对经济发展的约束力不断增强。对此，我们必须居安思危，加强生态用地保护，促进全市经济社会可持续发展。

一、主要土地生态问题分析

进入20世纪80年代以来，由于人口增长和经济持续发展，全市土地利用强度不断增加，生态用地退化导致的土地沙化、水土流失、土地盐碱化等区域土地生态问题日渐突出。

（一）水资源短缺日趋严重

2019年，全市平均降雨量为481.9mm，与多年平均降雨量相比偏少51.2mm；水资源总量为22.114

亿 m³，较多年平均水资源总量 37.6 亿 m³ 减少 40.45%；多年平均入境水量为 1.8 亿 m³，出境水量为 31.6 亿 m³，人均水资源占有量仅为 992m³，不到全国人均淡水资源占有量的 1/2（全国约为 2100m³）。按国际标准划分，承德市属严重缺水地区。目前，干旱已经成为承德市发生最频繁、影响最大的气象灾害，素有"十年九旱"之称。干旱缺水的影响范围，已经由农业扩大到整个国民经济，乃至生态环境和社会安定。全市经济社会发展对各类生产要素供给提出了新的更高的要求，水资源已成为不可或缺的支撑要素。据测算，承德县六沟新兴产业聚集区建成后预计每天需水量为 10 万 t，而目前仅有老牛河这个水源，每天可供水量为 5 万 t，水资源将严重短缺。经分析，2015 年全市工业、农业、生活、生态总需水量为 13.5~15.2 亿 m³，2020 年达到 14.4~16.1 亿 m³，由于取水和供水能力不足，遇中等干旱年时，如 2015 年、2020 年分别缺水 3.25 亿 m³、4.27 亿 m³；遇特枯水年时，分别缺水 4.91 亿 m³ 和 5.65 亿 m³。

（二）水土流失形势严峻

全国水土流失普查结果显示，承德市水土流失面积为 1.53 万 km²，占全市总面积的 38.7%。现有水土流失地区主要分布在滦河中上游地区，侵蚀强度多数都在中度以上，其中丰宁县、围场县和隆化县水土流失现象最为严重，土地有机质含量逐年下降。虽然承德市草场资源丰富，但退化速度却不断加快，目前退化草场面积已占可用草场面积的 42.7%，其中丰宁县、围场县草场退化现象最为严重。由于植被破坏和草场退化，直接造成土壤风蚀沙化。目前，全市有沙化土地 55.5 万 hm²，其中沙化耕地达 11.4 万 hm²，面积占耕地总面积的 28.41%，土地利用率逐步下降的趋势还未得到有效控制。

（三）矿产开采造成植被破坏

据统计，目前全市采矿用地总面积为 12 443.47hm²，其中工矿废弃地面积为 4 423.95hm²。尤其值得注意的是，全市旅游沿线公路两侧山体正经受着"破相之痛"，绿色的山体之上，一眼望去，已是千疮百孔。仅在承秦高速、承围公路两侧，山体被"开膛破肚"处就多达 49 处，其中承秦高速 25 处、承围公路 24 处。在承秦高速沿线黄土梁隧道口到吴杖子隧道口 19km 范围内，被破坏的山体就有 18 处，挖开的山体随处可见。最为严重的是承围公路沿线官地村附近，整个山体被"吞噬"掉一半有余，裸露的岩石与周边绿色的山体形成鲜明对比，造成强烈的视觉污染。

（四）农业生态环境不容乐观

据统计，2019 年全市化肥使用量达到了 43.64kg/亩，远远超过为防止化肥对土壤和水体造成危害而设置的 15kg/亩的安全上限。超量施肥造成农产品品质下降，土壤酸化、板结、盐渍化程度加重，土壤养分结构失调，物理性状变差，部分地块有害金属含量超标。2019 年全市农药年均量达 1114t，研究资料表明，农药使用过程中 70%~80% 的残留物直接渗透到环境中。农用化学品的大量使用，对土壤、农作物、水体甚至地下水造成严重污染，直接危害人类健康。

此外，广大农村、城乡接合部及旅游景区沿线柴草乱堆、垃圾乱扔问题，违法采砂、占用河道问题，小煤场、小沙场、废品收购点紧邻路边和居民生活区等问题也十分突出，这些都是评价承德市生态环境优劣的重要影响因素。

二、加强生态用地保护的对策

(一)严守保护生态底线

强化国土空间规划和用途管制,推进以"三线一单"为核心的底线管控体系建设。按照保障区域生态过程连续性和生态系统完整性的要求,优先配置生态用地,确保生态用地数量和质量。以重要生态功能保护区为核心,因地制宜调整各类用地布局,构筑"点、线、面"相结合的结构合理、功能互补的土地生态空间格局,促进土地生态系统的良性循环,构建景观优美、人与自然和谐的宜居环境。构建"两区、三域、六廊、多节点"生态空间格局,推进构建"两区(坝上高原生态防护区和京津水源地水源涵养重要区)、三域(西部潮河流域、中部滦河流域和东部辽河及大凌河流域)、六廊(滦河生态廊道、潮河生态廊道、伊逊河生态廊道、武烈河生态廊道、柳河生态廊道、瀑河生态廊道)、多节点(茅荆坝、雾灵山、六里坪、都山、辽河源、避暑山庄等)"生态空间格局,推进生态建设向更高质量迈进。以水源涵养、水土保持和生物多样性维护为类别,牢牢守住全市域 1.54 万 km^2 的生态保护红线。坚持最严格的耕地保护制度,充分协调农业生产与生态保护的关系,稳定和优化农业空间。兼顾城镇布局和功能优化弹性需要,盘活存量、做优增量,完善绿色城镇体系,优化城镇空间结构,集约节约利用城镇建设用地。

(二)加强土壤污染综合防治

以管控耕地土壤环境风险为核心,依法开展未利用地、复垦土地等拟开垦为耕地的污染状况调查,动态实施农用地分类管理,建立受污染耕地安全利用和风险管控效果综合评估机制、土壤和农产品定期协同监测与评价机制,全力保障农产品质量安全;结合实际进一步完善建设用地联动监管机制,依法督促土地使用权人开展土壤污染状况调查评估,动态更新疑似污染地块名单、污染地块名录,确保污染地块的再开发利用符合规划用途的土壤环境质量要求;开展化肥、农药使用量零增长行动,严禁生产、销售、使用国家明令禁止的农业投入品。全面提高畜禽粪污资源化利用率,畜禽规模养殖场粪污处理设施装备配套率达到100%,畜禽粪污综合利用率达到85%以上。加强对重点行业企业的土壤环境监管力度,加强重金属减排与危险化学品污染防控,提升危险废物收集处置利用能力。

(三)统筹山水林田湖草沙治理修复

以保护优先、自然恢复为基本方针,全面提升水源涵养和防风固沙功能,推动实现全市山水林田湖草沙生态保护修复工程全覆盖。开展流域生态保护修复与综合整治,以潮河、滦河及主要支流等为重点,实施"八百里滦河水质保护工程"等重点工程,加强饮用水水源保护力度,推进滦河干流、伊逊河、小滦河源头区水土流失治理和潮河、武烈河、柳河、瀑河河道生态治理修复,恢复河流生态系统功能,促进全域水质整体改善。推进重要生态系统保育,加强森林、草原、湿地生态系统保护修复与管理,完成草地修复治理75万亩,优化生态安全屏障体系,构建生态廊道和生物多样性保护网络,提升生态系统质量和稳定性。强化矿山生态修复、地质灾害防治和采煤沉陷区综合治理,以矿山环境恢复治理为抓手,分期实施废弃矿山生态修复与治理工程,全力推进国家绿色矿业发展示范区建设。开展土地综合整治,强化土地沙化治理,推进农田综合整治和农业生态修复治理,实施耕地保护提升工程,有效改善农业生产环境,加大工矿废弃地生态复垦力度,巩固坝上地区防风固沙功能。

(四)大力推进生产绿色化

推进能源和水资源消费、建设用地总量和强度双控行动,在产业发展、项目布局上优先考虑生态环境承载能力。在省级以上园区全面推行能源梯级利用和资源综合利用。围绕绿色产品、绿色工厂、绿色园区、绿色供应链,加快构建绿色制造体系。大力发展循环经济,构建线上线下融合的废旧资源回收和循环利用体系,提高废旧资源再生利用水平。推进农业循环发展,大力推进化肥农药减量增效、农业废弃物资源化利用、畜禽粪污综合治理项目建设,推广"畜-沼-果菜""粮-畜-肥-田"等生态循环模式。大力推进植物秸秆、动物骨血、菜叶果壳等副产物综合利用。到2025年,全市畜禽粪污综合利用率、农膜回收率均达到85%以上,秸秆综合利用率持续提高。

(五)完善资源环境保护和考评机制

完善资源环境保护机制。以县(市、区)为评价单元,将资源环境承载能力分为超载、临界超载、不超载三大等级,从高到低细化为红色、橙色、黄色、蓝色、绿色5个预警等级,实施差异化管控。完善自然资源产权制度,落实资源有偿使用、总量管理制度,深化自然资源资产负债表应用。建立生态环境损害评估制度,推进流域横向生态补偿制度化。严格落实《承德市水源涵养功能区保护条例》,建立自然资源统一调查、评价、监测制度,建立健全资源环境承载能力监测预警机制和监管体制。建立生态文明建设目标评价考核制度,加快环境保护、自然资源管控、节能减排等约束性指标管理,严格落实企业主体责任和政府监管责任。建立生态环境保护综合行政执法机制。加快自然资源资产离任审计、生态环境损害赔偿和责任终身追究制度落实。

第七章 土地资源开发利用与保护战略

第一节 土地资源开发利用特点及存在的主要问题

一、土地资源开发利用特点

（一）土地资源开发利用优势

1. 区位优势明显，幅员辽阔

承德市面邻京津，北靠辽蒙，东接秦皇岛市、唐山市两个沿海城市，是连接京、津、冀、辽、蒙的重要节点，具有"一市连五省通三港"的独特区位优势，为承德市加快融入以首都为核心的世界级城市群，全方位扩大对外开放提供了基础条件。全市土地总面积约为 3.95 万 km^2，占河北省土地总面积的 1/5。该市是河北省土地面积最大的设区市。丰富的土地资源为国民经济和社会事业发展提供了广阔空间和承载能力；优越的地理位置为土地资源开发利用提供了便利条件。

2. 森林覆盖率高，生态环境优良

承德市作为京津重要水源地和生态屏障，是华北地区生态环境最好的城市之一，特别是林地面积大，占河北省林地总面积的 50%，森林覆盖率达 60%，高出全国水平 36%、全省水平 25%，被称为"华北之肺"，成功创建了"国家园林城市"和"国家森林城市"。承德市具有 14 处省级以上自然保护区（其中国家级 5 处）、27 处省级以上森林公园（其中国家级 8 处）、20 处省级以上湿地公园（其中国家级 5 处）和 3 处省级以上地质公园（其中国家级 2 处），为构建生态优先、高质量发展国土空间格局奠定了坚实基础。

3. 区域特征明显，土地类型多样

承德市为华北平原与内蒙古高原的过渡地带，地貌类型复杂多样。全市地貌分为坝上高原和坝下山地两大部分。坝上高原低山和缓丘相间分布。坝下由高到低依次分布中山、低山、丘陵和盆地。气候温和，积温较高，光照充足，雨热同季，土壤和植被类型多样，从而形成了土地利用上的区域差异。特定的自然条件有利于农业综合开发，对土地资源的合理开发利用具有重要意义。

4. 历史文化厚重，旅游资源丰富

承德市具有 5000 年的红山文化、300 年的山庄文化，融合了中原发达地区的农耕文明和西北草原地区的游牧文明。特别是避暑山庄及周围寺庙，为承德市积淀了深厚的文化底蕴，是不可多得的世界文化遗产。承德市人文景观丰富,自然风光旖旎,更兼气候凉爽,生态优良,是蜚声中外的历史文化名城和旅游避暑胜地。深厚的文化底蕴和丰富的旅游资源为承德市实行对外开放战略,加快城市化、工业化和农业现代化进程,建设国际旅游城市创造了得天独厚的条件。

5. 自然资源富集,开发前景广阔

第三次全国国土调查结果显示,承德市尚有未利用地约34万hm^2。丰富的土地后备资源,为全市保持耕地占补平衡,拓展建设用地空间和实行农业综合开发,实现经济社会可持续发展奠定了良好基础。承德市自然、地理条件特殊,蕴含丰富的钒钛磁铁矿资源,是中国两大钒钛战略资源基地之一,风能、水能、太阳能等清洁能源富集,有利于发展钒钛新材料、清洁能源等新兴产业,为创新发展、绿色发展提供了有力支撑。

(二)土地资源开发利用短板

1. 耕地质量不高,生产条件较差

一是由于承德地形复杂,山峦起伏,沟壑和河流纵横,耕地被零散切割,不利于土地规模经营和机械化作业。第三次全国国土调查结果显示,全市耕地图斑总数为22.45万个,平均每个耕地图斑面积仅为1.84hm^2(约27.64亩)。二是平地少、坡地多。第三次全国国土调查结果显示,全市坡度小于或等于2°的平耕地只有181 621.28hm^2,面积占耕地总面积的43.90%,而2°以上的坡耕地有232 113.31hm^2,面积占耕地总面积的56.10%。其中,坡度为15°以上的坡耕地为16 387.15hm^2,面积占河北省坡度为15°以上的坡度为坡耕地总面积的25.73%,承德市是全省坡度为15°以上的坡耕地分布面积最大的设区市。三是旱地多,水田和水浇地少。全市水田和水浇地面积只有55 206.17hm^2,仅占耕地总面积的13.34%。其余86.66%的耕地为无灌溉设施的旱耕地,靠天收。四是按国家统一分等定级标准,全市耕地质量平均等别为13.5等,质量等别较低。

2. 用地布局分散,国土空间集约利用率低

受区域地理环境影响,承德市山区面积大,素有"八山一水一分田"之称。生态面积大,生态空间面积占土地总面积的75.34%,生态红线区域面积占土地总面积的42.08%,占全省陆域生态红线总面积的43%。全市建设用地,尤其是中心城区建设用地布局极为分散,需要更多基础设施配套支撑土地空间开发利用。受历史文化名城保护、山地城市风貌管控等因素影响,承德市开发建设容积率、建筑高度等控制要求高,单位建设用地利用率比平原城市低40%左右,承载相同人口需要更多建设用地空间。

3. 城镇化率较低,辐射带动能力弱

承德主城区首位度低,城市辐射带动能力弱。2019年全市常住人口城镇化为53.26%,比全省平均水平低4.3%,比全国平均水平低7.3%。第三次全国国土调查结果显示,在全市17 778.26hm^2城镇建设用地中工业用地仅为2 300.57hm^2,占13%,低于国家规范水平(15%~30%)。中心城区城镇建设用地为48.65km^2,8个县城(含平泉市)城镇建设用地共73.65km^2,平均每个县城城镇建设用地仅为9.21km^2,城市首位度低,未来城镇化和产业发展需求较突出。

4. 土地退化严重,生态环境敏感

区域内部分重要生态空间被挤占和破碎化。生态保护极重要区有耕地、建设用地和采矿用地。坝上地区部分湖泊面积萎缩较严重。各县(市)均有乡镇、村庄或采矿用地在自然保护区内。承德市以高原、山地为主,土壤贫瘠,气候干旱少雨,土地存在不同程度荒漠化、沙化状况,全市尚有14%的土地荒漠化、27.1%的草地退化、31.4%的土地存在不同程度水土流失,需要修复的河段达3488km,需要治理水土流失面积达1.24万km^2。

5. 自然灾害频繁,抗灾能力较弱

承德市各地每年遭受不同程度的农业气象灾害,主要有旱灾、洪涝、冰雹、霜冻和风灾等,尤其是旱涝灾害较为频繁、严重,往往给农业生产造成很大损失,影响土地的生产能力。同时,矿产资源的过度开采造成了区域性地质灾害频发和部分地区的水土流失,甚至环境污染,不利于土地资源的深度开发利用和生态环境保护。

二、土地资源开发利用存在的主要问题

(一)建设用地粗放利用,节约集约程度较低

一是城镇建设用地外延步伐加快。2009年第二次全国土地调查结果显示,城镇面积为5 941.50 hm^2,到2019年底已达到12 583.97hm^2,较第二次全国土地调查结果增加了6 642.47hm^2,增长了111.80%。在市区和一些建制镇还存在大量的批而未用土地。二是存量工业用地布局分散,工业园区建设步伐缓慢,聚集效应低。大多数企业主要靠外延用地进行扩大再生产,个别企业在土地利用上宽打宽用,浪费土地的现象还比较普遍。三是农村居民点用地粗放利用。据统计,全市户均村庄用地为0.068hm^2(约1.02亩),人均农村居民点用地为213.85m^2,超过国家规定人均农村居民点用地标准(150m^2)42.57%。全市土地消耗系数为0.21亩/万元,高于河北省0.18亩/万元的平均水平,土地集约利用程度在河北省排第7位;全市存量建设用地产出率为4.14万元/亩,低于河北省4.91万元/亩的平均水平,在河北省排第6位;全市存量建设用地投资强度为3.30万元/亩,低于河北省3.49万元/亩的平均水平,在河北省排第5位;全市单位建设用地GDP为4.85万元/亩,低于河北省5.64万元/亩的平均水平,在河北省排第7位。全市2009—2020年征收集体土地总面积达31.60万亩,已供应土地面积为26.40万亩,供地率83.54%,尚存批而未供土地面积达5.20万亩。

(二)部分区域污染加剧,生态环境有待改善

随着城镇规模的扩大和工业的发展,特别是采矿、选矿、冶炼等工业企业发展,工业废水、废气、废渣排放量增加,造成部分区域点源污染范围扩大。同时在农业生产中,农药、化肥施用量增加造成部分土壤不同程度的污染,耕地质量和生产能力下降。据统计,2019年,全市化肥总施用量为27.08万t,平均每亩耕地施用量为43.64kg,农药总施用量为1114t,平均每亩耕地施用量为0.18kg。

第二节 经济社会发展与土地资源开发利用

一、经济社会发展对土地资源开发利用的要求

(一)国民经济和社会发展战略

根据承德市第十四届人民代表大会第六次会议批准的《承德市国民经济和社会发展第十四个五年

规划和二〇三五年远景目标纲要》和中国共产党承德市第十五次代表大会通过的《关于中共承德市十四届委员会报告的决议》,"十四五"期间,承德市要紧紧围绕建设高质量发展的"生态强市、魅力承德"总目标,大力弘扬塞罕坝精神,牢牢把握"京津冀水源涵养功能区""国家生态文明建设先行区""国家可持续发展创新示范区"和"国家历史文化名城""国际生态旅游城市"的"三区两城"发展定位,加快推进"四个转化"(把生态优势转化为发展优势,把文化优势转化为产业优势,把区位优势转化为承接优势,把潜在优势转化为竞争优势),确保"十四五"规划顺利实施,为全面建成社会主义现代化强国做出积极贡献。

(二)经济社会发展对土地资源开发利用的要求

1. 加强生态文明建设,提升水源涵养功能和生态环境支撑能力

认真贯彻落实习近平生态文明思想,深入践行"绿水青山就是金山银山"理念,大力弘扬塞罕坝精神,切实担负起"两区"建设政治责任,以争创国家生态文明建设示范市县为引领,坚定不移建生态、保生态,坚决打好蓝天、碧水、净土、环境安全保卫战,持续保持生态环境质量处于京津冀领先水平,促进经济社会发展全面绿色转型,加快建设人与自然和谐共生的现代化新承德。

2. 大力发展主导产业,构建特色鲜明现代产业体系

坚持以供给侧结构性改革为主线,紧紧围绕特色化、集约集群化、现代化方向,抢抓"高铁新时代""数字经济"新机遇,瞄准双循环经济新需求,紧盯国家稳定产业链供应链系列政策措施,做大做强文化旅游及医疗康养、钒钛新材料及制品、绿色食品及生物医药三大优势产业,培育壮大大数据、清洁能源、特色智能制造三大支撑产业,加快发展县域"1+2"特色产业。"十四五"末期,主导产业高质量创新发展取得重大进展,发展战略格局更加清晰,主导产业生产总值增加值占全市地区生产总值的比重力争达到60%。

3. 优先发展农业农村,推动乡村振兴战略全面落实

(1)稳定粮食综合生产能力。落实最严格的耕地保护制度,守住 27.8 万 hm^2 耕地底线,实施"藏粮于地、藏粮于技"战略,坚决遏制耕地"非农化"、防止耕地"非粮化",规范耕地占补平衡制度。加强高标准农田建设,强化土壤改良和地力培肥,不断提升耕地基础地力,确保产业产地环境优良、产品质量安全。坚持党政同责,落实"米袋子""菜篮子"负责制,完善粮食储备管理体制,保障粮油等重要农产品和肉菜蛋奶果等农副产品供给安全。到 2025 年,全市粮食播种总面积保持在 26.67 万 hm^2 以上,产量稳定在 140 万 t 以上。

(2)推进承德特色美丽宜居乡村建设。实施整村推进农村人居环境整治提升工程,推进农村面源污染治理,加大土壤污染、水土流失等治理和修复力度。传承燕山地区建筑风格,推进存量农房微改造和新建农房风貌塑造工程,建设具有承德特色——"看得见山、望得见水、记得住乡愁"的美丽宜居乡村风貌。坚持全域土地整治理念,围绕生产、生活、生态统筹规划,连片整治,梯次推进,融合发展,同步推进现代农业园区、新型农村社区、乡村生态功能区建设,不断提升乡村振兴示范区创建水平。

(3)深化农村土地制度改革。落实第二轮土地承包到期后再延长三十年政策,积极推进农村承包地确权成果应用进程,加强土地经营权流转和规模经营管理服务,农村土地流转率达到 45% 以上。深化农村宅基地制度改革,抓好国家、省级改革试点工作,探索农村宅基地所有权、资格权、使用权分置实现形式。保障进城落户农民土地承包权、宅基地使用权、集体收益分配权。稳妥实施农村集体经营性建设用地入市制度,建立土地征收公共利益用地认定机制,缩小土地征收范围,切实维护被征地农民的合法权益。

4. 优化国土空间布局,推进城乡融合一体化发展

(1)完善国土空间规划体系。坚决贯彻习近平总书记关于国土空间规划工作的重要指示精神,强化战略引领、科学规划、因地制宜、分级分类,全面对标对表国家和省级规划,建立市、县、乡镇、村四级体系,总体规划、详细规划、专项规划3类国土空间规划体系,为全面建设"生态强市、魅力承德"奠定坚实规划基础。强化山水林田湖草生命共同体理念,科学划定并严守生态保护红线、耕地和永久基本农田红线、城镇开发边界3条控制线,完善重点领域空间管控,实行网格化、立体化、清单化管理,基本形成覆盖全市的国土空间开发保护"一张图",有效实施国土空间监测预警和绩效考核机制,形成以国土空间规划为基础,以统一用途管制为手段的国土空间开发保护制度,实现国土空间开发保护更高质量、更有效率、更加公平、更可持续。

(2)科学合理构建空间发展格局。坚决扛起"京津冀水源涵养功能区"和"京津冀西北部生态环境支撑区"建设重大责任,在适应自然资源环境承载能力和国土空间开发适宜性的基础上,全面优化生态、农业和城镇空间布局。稳定生态空间,坚决守住自然生态空间边界,按照应划尽划、应保尽保、提升质量的原则,优化调整生态保护红线,形成"两区三域六廊多节点"生态格局,为打造京津冀世界级城市群提供生态支撑。保障农业空间,按照面积不减、质量提升、布局稳定的原则,巩固优化永久基本农田划定成果,发挥县域农业特色优势,形成"一核五区十示范"农业空间,确保国家粮食安全,为乡村振兴提供基础支撑。优化城镇空间,综合考虑人口布局、城镇化发展阶段的潜力,按照框定总量、限定容量的原则,科学适度划定城镇开发边界,引导城镇空间集约有序发展。全面落实国家安全战略、区域协调发展战略和主体功能区战略,科学划分生态保护区、自然保留区、永久基本农田集中区、农业农村发展区、城镇发展区等国土空间分区,形成主体功能明显、优势互补、高质量发展的国土空间开发保护体系。到2025年,全市常住人口城镇化率超过63%。

(3)加快统筹城乡融合发展。承德市为典型的山区市,幅员广阔,但由于山地河川多、平地少,人口居住区分散,不宜以一个中心城市单独支撑,因而必须坚持多点布局、梯次融合、统筹规划、组团发展。要坚持以山为骨、以水为脉、以文为魂、以绿为韵,构建以主城区为中心,以各县城为支撑的城市发展体系;以各县城为重点,以建制镇和特色小镇为依托的城镇发展体系;以重点镇为支点,以中心村、特色村为基础的乡村发展体系,形成"1+7+N"城乡统筹发展新格局。

一是加快推进中心城市由武烈河时代迈向滦河时代。按照资源环境承载能力状况和开发强度控制要求,兼顾城镇布局和功能优化的需要,把握好战略定位、空间格局和要素配置,从严划定城市开发边界,限制城市无序蔓延和低效扩张,推动城市发展方式由外延扩张式向内涵集中式转变,实现城市有序建设、适度开发、高效运行、宜居宜业宜游。坚持在老城区建设上做减法,在品质上做加法,把老城做优。实施老城更新行动,推动城市低效用地再开发,推进城市生态修复和功能完善,强化历史文化遗产保护和永续利用。综合考量城市发展要素和空间支撑,推进中心城市边界向南拓展延伸,高标准建设"滦河新城"。要在坚守生态环境保护、水资源保护、国土空间规划等红线底线的基础上,坚持高起点谋划、高水平规划,让"滦河新城"成为提升城市能级的新引擎,不断增强中心城市的辐射带动作用。

二是加快建设以县城为支撑的现代城镇体系。严格划定城镇建设增长边界,明确城镇建设开发强度,实现城乡建设用地有序开发和控量增效。深入实施县城建设提质升级三年行动,加强规划边界管控,扎实开展特色风貌塑造、城市更新改造、宜居环境打造等"七个专项行动",循序提升县城资源环境综合承载能力,加快推动人口、产业聚集步伐,真正增强县城整体实力。紧密结合资源禀赋、区位特点和产业特色,加快做强一批中心镇,重点培育32个中心镇、30个特色小镇,打造一批文化名镇、商贸重镇、旅游强镇,培育一批具有民宿经济、体育竞技、冰雪运动、温泉康养、天文科普、冷链物流等特色的小镇,走出一条以特色小城镇为载体的新型城镇化道路。

三是以乡村振兴战略为统领,按照城中类、城郊融合类、集聚提升类、特色保护类、搬迁撤并类等分类优化村庄布局,在尊重群众意愿的前提下,有序推动乡村规划理顺调整工作,适度撤并行政村,压减自然村,治理空心村。积极推动生态易地扶贫搬迁和农村建设用地整理,实现农村集体建设用地腾退集约与城乡建设用地增长挂钩。

5. 深化要素市场化配置改革

围绕土地、劳动力、资本、技术、数据等重点要素,深入推进市场化配置改革。完善城市更新等土地二次开发利用机制,推动实施城镇低效用地再开发。研究推动不同产业用地类型合理转换机制,探索增加混合产业用地供给。积极推行弹性出让、先租后让、租让结合等工业用地供应方式。

二、土地资源开发利用面临的机遇和挑战

(一)面临的重大机遇

1. 京津冀协同发展深入推进带来新机遇

实现京津冀协同发展是国家重大战略布局。承德市处于京畿重地,是"四河之源""两库上游""两沙区前沿"和京津"上风头、上水头",是华北地区的生态屏障和京津重要水源,战略地位十分重要。承德市是习近平总书记亲自定位的京津冀水源涵养功能区,是京津冀西北部生态环境支撑区,"两区"建设责任重大。承德市必须利用京津冀协同发展的有关优惠政策和扶持措施,明确城市发展定位,持续加强"两区"建设,坚持生态优先、绿色发展,以区域水土资源、环境承载力等为约束,推进区域发展布局优化和产业结构转型升级。在"十四五"期间,京津冀协同发展向纵深推进,特别是承德"高铁时代"的到来,有效突破了长期以来的交通"瓶颈",实现与北京"同城化",有利于京津和承德市在国土空间规划、开发利用和生态环境保护等多领域实现信息共享,优势互补,将全面推动承德市融入以首都为核心的世界级城市群,对加速提升承德市区域战略地位产生积极促进作用。

2. 承德市国家可持续发展议程创新示范区增添新助力

2019年5月,国务院正式批复承德市以"城市群水源涵养功能区可持续发展"为主题建设国家可持续发展议程创新示范区。根据国务院的批复,承德市制定了《承德市可持续发展规划(2018—2030年)》,针对"水源涵养功能不稳固""精准稳定脱贫难度大"两大瓶颈问题,大力实施水源涵养能力提升、绿色产业培育、精准扶贫脱贫和创新能力提升"四大行动",为全国同类的城市群生态功能区实现可持续发展提供可复制、可推广的"承德模式"。到2030年,承德市将全面建成京津冀水源涵养功能区、绿色发展先行区、环京津宜居宜业典范区、国际旅游城市。国家可持续发展议程创新示范区的建设与自然资源和规划工作息息相关,将对承德市国土空间规划的编制、自然资源开发利用等提出更高更新的要求。

3. 国家绿色矿业发展示范区建设助推转型发展

2016年,《全国矿产资源规划(2016—2020年)》将承德市列为国家级绿色矿业发展示范区。承德市委、市政府精心谋划"四个一批"工作举措,强力实施矿山综合治理"6743工程",即2020年,实施完成矿山复垦披绿60km^2,整合改造压减矿业权700个,转型升级400家矿山企业,淘汰取缔300家,力争在全国率先建成绿色矿业发展示范区。国家级绿色矿业发展示范区的建设将为承德市彻底打破"一矿独大"的产业结构,推进全市矿业脱胎换骨、绿色转型,促进经济高质量发展带来前所未有的机遇,同时也必将对矿业用地布局优化和结构调整,加强工矿废弃地复垦利用、尾矿资源综合开发利用和矿山生态环境治理起到非常重要的推动作用。

(二)面临的重大挑战

未来 5 年承德市将处在转型升级、绿色发展的关键阶段,发展不平衡不充分矛盾突出,面临诸多问题和挑战。

1. 土地供需矛盾将长期存在

承德市经济总量小、基础设施历史欠账多,要在全面建设社会主义现代化国家进程中与全国保持同频共振,必须采取超常规发展方式,土地供需矛盾势必将长期存在。其一,承德市的城镇化率明显低于全国、全省的平均水平,要实施新型城镇化战略,使城镇化率赶上或超过全国、全省的平均水平,必然要外延一定数量的城镇发展空间;其二,虽经积极建设,承德市的交通、电力、公共服务等相关基础设施得到迅速发展,但与经济社会发展的需要相比,还有很大差距,仍需一定数量的土地要素保障;其三,实施乡村振兴战略,对改善农村生产生活条件提出更高要求,需要一部分新增建设用地供应;其四,国家、省、市重点建设项目和保障性住房等民生用地继续保持刚性需求;其五,为加快生态文明建设,需要进一步扩大生态用地需求。而承德市的国土空间虽然较大,但受生态保护红线等因素影响,新增建设用地空间十分有限。

2. 生态环境敏感脆弱

承德市是以高原山地为主的地级市,也是生态环境敏感脆弱地区。随着人口持续增长和城镇化进程的不断加快,特别是坝上地区森林草原旅游业快速发展导致的过度开发,以及长期以来对草原生态价值的认知偏差和生态保护措施实施不够到位,承德市生态环境的脆弱性在局部地区开始显现。坝上及接坝部分地区土地沙化、草场退化的势头虽然经过多年持续治理得以初步遏制,但生态系统抗干扰能力弱,对气候变化和土地沙化较敏感。丰宁县、围场县存在退化、沙化、盐渍化草场 1330km^2,局部草原生态系统面临过度开发风险,潜在沙漠化面积约为 1 416.2km^2。塞罕坝林场及周边地区森林覆盖率虽然较高,但人工林树种结构单一、成(过)熟林面积大,天然次生林林分结构不合理、低质低效林比重大,森林可持续经营水平总体偏低。

3. 耕地占补平衡难度逐步加大

第三次全国国土调查数据显示,全市现有未利用地 34.68 万 hm^2(不含裸岩石砾地和裸土地面积),扣除生态保护红线面积和难以开发的裸岩石砾地面积等,实际可开发复垦为耕地的后备资源仅为 1 万 hm^2 左右。尽管从全省来讲,承德市的耕地开发后备资源较多,但由于经过几十年的开发复垦,大部分条件较好的后备资源已基本上开发完毕,剩余的后备资源由于立地条件较差,开发难度和投资大,耕地占补平衡将会越来越困难。

第三节 土地资源开发利用与保护的战略目标及对策

一、土地资源开发利用与保护的战略目标

根据《承德市国民经济和社会发展第十四个五年规划和二〇三五年远景目标纲要》和承德市"十四五"相关专项规划,结合承德市土地利用现状和土地资源潜力,为综合协调各业用地矛盾,优化土地利用

结构与布局,实现建设高质量发展的"生态强市、魅力承德"总目标的用地保障,促进土地资源的可持续利用,确定到2025年国土空间开发利用的主要目标有以下几个方面。

(一)稳定生态保护空间

落实京津冀区域保护生态要求,保护和修复生态资源,维护生态系统的完整性和连续性,严守生态保护红线,扩大生态用地规模。划定生态空间2.97万km^2,占全市土地总面积的75%。划定生态保护红线面积1.63万km^2(含自然保护地4 580.08km^2),占全市土地总面积的41.2%。划定永久基本农田面积2770km^2,占全市耕地总面积的67%。严格控制永久基本农田集中区内耕地和永久基本农田占用率。依据保护区内"田、水、路、林、村"特征,加强农田基础设施建设,逐步将永久基本农田保护区内的耕地建设成为高标准基本农田。

(二)严格耕地和林草资源保护

坚守耕地保护底线。到2025年,耕地保有量不低于34.73万hm^2。坚持耕地数量和质量保护并重,落实国家"藏粮于地、藏粮于技"战略。到2025年,承德特色生态高效农业和现代都市型农业基本成型,全市粮食播种面积保持在26.67万hm^2以上,产量稳定在140万t以上。强化天然林、生态公益林保护。到2025年,确保森林覆盖率稳定在60%以上,林木蓄积量达到1.2亿m^3。严格划定基本草原边界,优化草地草原空间布局。到2025年,划定基本草原面积3 737.60km^2,占全市总草地面积80%以上。

(三)严格控制城乡建设用地规模

从严控制建设用地总规模,特别是城乡建设用地规模,到2025年,全市建设用地总规模控制在1200km^2以内,其中城乡建设用地总规模控制在758km^2以内。建立城镇用地与采矿用地、村庄用地挂钩机制,压缩采矿用地及村庄用地规模,提高城镇用地规模。构建"一核、三带、六组团"空间结构,推动形成中心城区空间优化布局。划定中心城区城镇开发边界211km^2,其中城镇集中建设区111km^2、城镇弹性发展区22km^2、特别用途区78km^2。

(四)大力实施山水林田湖草沙生态修复

以滦河、潮河流域为重点,推动水生态保护与建设工程,全面解决主要河流生态环境问题,增强全市水源涵养功能,到2025年,生态修复河道620km,重点地区坡耕地治理水土流失5km^2以上。以坝上地区为重点,实施沙化土地综合治理,到2025年,治理修复退化草原57.24km^2,重点区域治理沙地4.89km^2,农田土壤沙化问题得到有效解决。以滦河、潮河"两河",京承高速、承唐高速、承秦高速、承朝高速、承赤高速、张承高速"六路",坝上生态脆弱区、干旱阳坡裸露区、市县建成区、美丽乡村片区"四区"为重点,全力推进荒山荒地绿化、经济林基地、森林城市、森林乡村、生态廊道等重点造林工程,努力补齐深山远山缺林少绿地带生态短板,到2025年实现营造林面积16.67万hm^2。

(五)加强矿山生态环境修复

优化调整矿业规模和布局,严格矿山开发准入管理,加强矿山地质环境保护监管。开展历史遗留矿山生态治理,到2025年,完成生态修复历史遗留矿山30个,有证矿山覆绿800hm^2。加快推进国家绿色矿山示范区建设，继续实施"六大工程"（环保、安全、绿色"三达标"工程，矿业减量化工程，复垦披绿工程，整合升级工程，转型转业工程，机制保障工程）。到2025年，基本建成绿色矿业发展示范区，新建矿山全部达到绿色矿山建设要求，生产矿山全部建成绿色矿山，全市形成绿色矿业发展长效机制和绿色矿山格局。

二、合理开发利用与保护土地资源的战略及对策

改革开放以来，承德市经济社会建设取得长足发展，举全市之力打赢脱贫攻坚战，已与全国人民一道步入小康社会，目前已经进入工业化、城镇化加速发展中期阶段。第三次全国国土调查数据显示，全市耕地后备资源数量不断减少，土地污染退化日益严重，农用地特别是耕地保护的形势日趋严峻，土地资源对经济社会发展的约束不断强化。但是，受发展的路径依赖和惯性思维影响，建设用地粗放低效利用问题仍较严重，耕地保护和生态建设的意识有待加强，土地管理与制度建设仍需完善。为了更好地服务新型城镇化建设，实施乡村振兴战略和生态文明发展战略，保障全面建设高质量发展的"生态强市、魅力承德"目标的顺利实现，我们必须推进土地资源开发利用战略转变，准确把握新常态下土地资源开发利用所面临的机遇和挑战，全面提升土地资源保障经济社会发展的能力和水平。

（一）土地资源开发利用与保护战略

土地资源开发利用是经济社会发展的重要组成部分，关系到粮食安全、生态安全和经济安全大局。新时期，实施土地资源开发利用时应认真贯彻落实习近平生态文明思想和党中央关于新型城镇化的战略部署，紧紧围绕新时期土地资源开发利用的主要矛盾和关键问题，按照"创新、协调、绿色、开放、共享"的新发展理念，加快推进土地利用方式转变，提高土地利用效率。切实贯彻"十分珍惜、合理利用土地和切实保护耕地的基本国策"，认真落实最严格的耕地保护制度和最严格的节约集约用地制度，提升土地资源对经济社会发展的保障能力，促进生态文明建设和新型城镇化发展，为实现全面建设高质量发展的"生态强市、魅力承德"目标提供坚实的土地资源保障。

1. 严防死守耕地红线

习近平总书记指出，耕地是我国最宝贵的资源。我国人多地少的基本国情，决定了我们必须把关系十几亿人吃饭大事的耕地保护好，绝不能有闪失。要实行最严格的耕地保护制度，依法依规做好耕地占补平衡工作，规范有序推进农村土地流转，像保护大熊猫一样保护耕地。我们要深刻理解和把握习近平总书记关于耕地作为我国最为宝贵资源的重要论断，充分认识当前落实最严格耕地保护制度的重要性和紧迫性。坚决贯彻落实党中央决策部署，以"零容忍"态度严厉打击、坚决遏制土地违法行为，坚决遏制耕地"非农化"，严格控制耕地"非粮化"，严防死守耕地红线。

2. 强化土地集约利用

承德市是典型的山区城市，虽然地域面积广阔，但山多川窄平地少，除生态保护红线区域外，可用土地资源十分有限。因此，节约集约利用土地资源是促进经济社会可持续发展、推进产业转型升级、缓解资源供需矛盾的根本出路和现实选择；控制建设用地总量，盘活存量建设用地，优化增量建设用地，提高土地集约利用水平，是解决当前和未来一段时间土地利用矛盾的关键举措。我们要充分认识现阶段土地资源开发利用的主要矛盾，改变粗放的土地利用方式，强化土地资源节约集约利用，切实提高土地利用效率，以集约利用统领土地利用与管理工作，以资源利用方式转变促进经济发展方式转变和产业升级。

3. 深化土地制度改革

充分发挥市场在土地资源配置中的决定性作用,逐渐缩小划拨用地总量,扩大市场配置用地总量。认真贯彻实施新修正的《中华人民共和国土地管理法》,积极推进农村土地征收、集体经营性建设用地入市和宅基地制度改革,不断发展和完善土地市场。坚持集体所有权不变,稳定承包权,放活经营权,实行农村承包地"三权分置"政策,探索宅基地所有权、资格权、使用权"三权分置"模式。不断释放土地制度改革红利,为推进新型城镇化建设和乡村振兴夯实土地之基,让人民群众在改革过程中有更多的获得感、幸福感和安全感。

(二)合理开发利用与保护土地资源的对策

1. 建立和完善数量、质量和生态并重的耕地保护机制

(1)强化国土空间规划管控,严守生态保护红线、永久基本农田和城镇开发边界3条控制线。根据耕地资源的自然条件、分布状况、利用现状等,按照耕地质量等别从高到低的顺序,划定永久基本农田,并上图入库,设置永久性保护标志,接受社会监督。把永久保护基本农田作为重点监测对象,建立和完善基本农田保护负面清单,永久基本农田一经划定,不得随意调整,更不得擅自占用或改变用途。禁止在永久基本农田范围内开展挖沙、采石、取土等破坏基本农田的活动。在永久基本农田范围内,除法律规定的能源、交通、水利、军事设施等重点建设项目外,其他任何建设项目都不得占用基本农田,确需占用的必须报国务院批准,并补划同等数量和质量的基本农田,确保永久基本农田面积不减少、质量不降低。

(2)完善耕地保护约束激励机制,增强耕地保护共同责任意识。在耕地保护责任目标考核中,加大对永久保护基本农田划定和保护、高标准基本农田建设、补充耕地质量等内容考核分量,增强政府耕地保护的责任意识。建立"田长制",将耕地保护目标纳入各县(市、区)经济社会发展和领导干部政绩考核评价指标体系,考核结果作为对领导班子和领导干部综合考核评价的参考依据。严格执行领导干部耕地保护离任审计制度,落实各县(市、区)政府保护耕地的主体责任。建立奖惩机制,将耕地保护责任目标落实情况与用地计划指标分配、土地整治项目安排相挂钩。加大耕地保护宣传力度,增强公众耕地保护意识。逐步建立耕地保护经济补偿机制,提高非农建设占用耕地成本。加强高标准农田建设,不断提高耕地和永久基本农田质量。

(3)完善耕地保护和监测手段,增强耕地保护监督力度。以第三次全国国土调查、年度土地变更调查和卫星遥感监测数据为基础,建立完善的国土空间规划、永久基本农田、土地整治和占补平衡等数据库,并实时更新数据,纳入国土资源"一张图"综合监管平台,强化耕地保护全流程动态监管。健全耕地质量监管机制和耕地质量等级评价制度,建立补充耕地质量建设与管理机制,强化耕地数量和质量占补平衡。

(4)加大土地开发整理力度,多渠道补充耕地。积极推动实施非农业建设占用耕地耕作层土壤剥离再利用政策,鼓励有条件的企业或个人依据国土空间规划和项目管理有关要求,利用社会资金或结合生产建设活动,组织实施土地综合整治补充耕地,确保建设项目用地"先补后占",实现耕地占补平衡。同时,结合卫片执法检查,坚决查处未报即用、未批先占、以租代征、随意侵占永久基本农田等违法行为,持续开展"大棚房"和农村乱占耕地建房专项整治工作,对典型案件公开曝光,在全市起到警示震慑作用。

2. 建立和完善以节约集约为目标的城乡建设用地约束机制

(1)实行城乡建设用地总量控制。依据第三次全国国土调查成果,科学编制国土空间规划,从严控制城乡建设用地总规模,合理引导乡村建设集中布局、集约用地。按照资源环境承载能力状况和国土空间开发适宜性,划定城镇开发边界,优化城镇开发边界内的功能布局和空间结构,限制城市无序蔓延和低效扩张,推动城市发展由外延扩张式向内涵集中式转变,实现城镇有序建设、适度开发、高效运行、宜居宜业宜游。结合人口调控目标,建立实施建设用地增存挂钩机制,逐步减少新增建设用地供应,把土地节约集约利用纳入对县(市、区)政府经济社会发展和党政领导干部的政绩考核中。

(2)健全土地用途管制制度。强化城市建设用地开发强度、土地投资强度、人均用地指标整体控制力度,提高区域土地利用效率和城市土地资源的集约利用水平。严把建设项目用地预审关,鼓励申报、实施高科技含量、高附加值、用地节约的新型工业化项目,切实把有限的用地指标用在刀刃上。在编制工业项目供地文件和签订出让合同时,明确约定容积率、建筑系数、行政办公及生活服务设施用地所占比重,绿地率等土地利用控制性指标要求及相关违约责任。大力推行"标准地"改革,明确投资强度、亩均税收、环境、建设、能耗、排放等刚性指标,倒逼节约用地。禁止开发高耗能、高污染项目用地,防止建设项目多占地、占好地,力争到2025年,全市单位国内生产总值建设用地使用面积下降率达5.5%以上。开展绿色矿业发展示范区建设,通过实行取缔关闭、淘汰退出、整合优化等措施达到采矿用地减量化目标,对铁、金等重点矿区进行资源整合,逐渐调整矿业规模结构,促进矿产资源开发利用向节约集约方向发展。

(3)健全存量土地盘活机制。将实际供地率作为安排新增建设用地计划的重要依据,对多年年平均供地率较低的地区,减少新增建设用地指标,必要时实行区域限批,促进批而未供土地盘活利用。加快闲置土地的认定、公示和处置。对超过《国有建设用地使用权出让合同》约定或者《国有建设用地使用权划拨决定书》规定的动工开发期限尚未动工,造成土地闲置满1年的单位,按出让或者划拨土地价款的20%征收土地闲置费;对属于企业原因闲置满2年的土地,报原批准机关依法收回,重新安排使用。对属于政府或政府部门原因不能收回的土地,采取改变用途、等价置换、纳入储备等多种办法,及时盘活利用,确保土地要素有效供应。

(4)进一步深化土地有偿使用制度改革。全面落实规划土地功能分区和保护利用的要求,优化土地利用布局,规范经营性土地有偿使用。对具有重要生态功能的国有土地,要坚持保护优先,其中对依法允许进行经营性开发利用的土地,要严格审批,全面实行有偿使用。逐步扩大国有建设用地有偿使用范围,缩小无偿划拨用地范围,对可以使用划拨土地的能源、环境保护、保障性安居工程,养老、教育、文化、体育及供水、燃气供应、供热设施等公共服务项目,鼓励以出让、租赁方式供应土地,支持各县(市、区)政府(管委会)以国有建设用地使用权作价出资或入股的方式提供土地,与社会资本共同投资建设。完善政府主导的土地收购储备制度,促进工业用地等各类存量用地回购和转让。积极梳理筛选闲置用地、低效用地、边角地,以及与区域功能定位不符的建设用地,将这些用地统筹纳入土地储备范围,优先合理安排公共服务设施用地、城市基础设施用地和产业项目用地,稳步推进城市建设和产业升级调整。

3. 建立多措并举适应科学发展需求的土地资源保障机制

(1)要用好省级计划指标,积极争取省预留指标。一方面要按照突出重点、保障重点的原则,优先保证国家和省市重点项目、央企合作项目、大额外资项目、高科技项目以及符合产业政策的项目用地,不为产能过剩行业以及重复建设项目安排用地指标,把有限的建设用地指标用在刀刃上,推动经济高质量发展;另一方面,要积极做好项目筛选工作,努力争取省预留指标。建议市县政府加大项目工作力度,把项目做深、做实,争取更多的项目进入省重点项目库,使用省预留用地指标。

(2)大力推进城乡低效用地再开发。健全城乡低效用地再开发激励约束机制,在确保城乡建设用地总量不增加、新增建设用地规模逐步减少的前提下,针对农村居民点用地普遍粗放利用和城镇低效利用等现象,推进城乡建设用地增减挂钩和城镇低效用地再开发,保障城乡建设用地有效供给。通过第三次全国国土调查,2019年全市村庄用地面积为68 208.54 hm²,农村人口人均用地面积为279.14 m²,如按国家规定的人均150 m²建设用地标准计算,村庄建设用地具有31 554.98 hm²的潜力可挖。建议各地在尊重农民意愿,严格规范操作的前提下,用足用好城乡建设用地增减挂钩政策,进一步释放农村集体建设用地潜力,解决土地供需矛盾。采用协商收回、鼓励流转、协议置换、退二优二、退二进三、收购储备等差异化处理政策,加大城镇低效用地再开发力度,对老旧小区、棚户区、城中村、低效工业用地、低效商业用地等城镇低效用地进行盘活利用。落实建设用地标准控制制度,开展节约集约用地评价,推广应用节地技术和节地模式。

(3)实行差别化的产业用地管理。针对不同行业和产业,推进产业用地市场化配置改革,研究推动不同产业用地类型合理转换机制,探索增加混合产业用地供给,完善城镇土地供应结构和方式,促进产业转型升级。依据自然资源部产业用地政策指引,聚焦"3+3"主导产业,即文化旅游医疗康养、钒钛新材料及制品、绿色食品及生物医药三大优势产业和大数据、清洁能源、特色智能制造三大支柱产业,实行差别化用地政策,助推优势产业转型升级,培育支柱产业做优做强。通过完善国有土地资产处置政策和国有土地二级市场,促进国有企业改革。完善房地产用地调控政策,区分不同房地产类型,实行差别化计划指标和供地政策,促进房地产业平稳健康发展。适应农业专业化、规模化、复合化、市场化、产业化发展的趋势,加强土地政策支持,促进传统农业向现代农业加快转变。鼓励企业采用新技术,引进新工艺,对现有厂区的建设用地进行追加投资、挖潜利用,在符合规划、不改变用途的前提下,利用翻建现有厂区、扩建厂房盘活存量土地,提高土地利用率和容积率的企业不再增收土地价款。完善城市更新等土地二次开发利用机制,以亩均效益和税收为导向实行国土资源要素差别化配置。积极推行弹性出让、先租后让、租让结合等工业用地供应方式。此外,科学编制地下空间开发利用规划,制定优惠政策鼓励地下空间开发利用,提高土地利用效率,扩大城市空间容量,加强城市聚集作用。

4. 健全以产权保护为核心的土地管理制度体系

(1)全面推行不动产统一登记制度。不动产登记是土地市场步入健康规范管理的前提,为开展土地流转、调处土地纠纷、完善税收和补贴政策、进行征地补偿和抵押担保提供重要依据,有助于强化不动产物权保护,保证交易安全。要不断总结和完善不动产登记法律和制度体系,加强城乡建设用地地籍管理,逐步形成"权属清晰、权责分明、保护严格、流转顺畅"的现代土地产权制度。严格按照党中央、国务院关于生态文明体制改革部署要求,依照《自然资源统一确权登记暂行办法》,以不动产登记为基础,充分利用第三次全国国土调查成果,对全市自然保护区和自然公园等各类自然保护地、主要河流湖泊、生态功能重要的湿地和草原、国有林场等具有完整生态功能的自然生态空间和全民所有单项自然资源开展统一确权登记,逐步实现对水流、森林、山岭、草原、荒地、滩涂以及探明储量的矿产资源等全部国土空间内的自然资源登记全覆盖,清晰界定各类自然资源资产的产权主体,逐步划清全民所有和集体所有边界,划清全民所有、不同层级政府行使所有权边界,划清不同集体所有者边界,划清不同类型自然资源边界,推动建立归属清晰、权责明确、保护严格、流转顺畅、监管有效的自然资源资产产权制,为建立国土空间规划体系并监督实施,统一行使全民所有自然资源资产所有者职责,统一行使所有国土空间用途管制和生态保护修复职责,为加快建设高质量发展的"生态强市、魅力承德"提供基础支撑和产权保障。

(2)健全土地市场体系,发挥市场在资源配置中的决定性作用。一是转变土地管理方式。从侧重于行政手段向综合运用多种管理手段转变,处理好"放""管""服"的关系。改革行政审批制度,由注重事前审批向注重事中、事后监管转变,由注重微观管理向加强和改善宏观调控转变,由偏重行政手段向经济、法律、技术和必要的行政等手段综合运用转变。二是完善土地市场规则和定价机制,定期更新和发布城乡建设用地、农用地基准地价或标定地价,建立"信息发布—达成意向—签订合同—交易监管"的交易流程,依法清除各种市场壁垒,切实提高土地使用权配置程度。三是完善信用体系。健全以"双随机、一公开"为基本手段、以重点监管为补充、以信用为基础的监管机制,加强对交易方和中介服务机构的信用监管。结合本地实际,制定土地市场信用评价规则和约束措施,将失信主体记入信用档案,推送至全国信用共享平台,并实施联合惩戒措施,推进土地市场信用体系共建共治共享。

(3)稳步推进农村土地制度改革,逐步建立城乡统一的土地市场。一是依照修正的《中华人民共和国土地管理法》,进一步完善土地征收制度,逐步缩小土地征收范围,严格界定公共利益用地范围,规范土地征收程序,完善对被征地农民合理、规范、多元保障机制。二是建立城乡统一的建设用地市场,在符合规划和用途管制的前提下,稳妥推进农村集体经营性建设用地与国有建设用地同等入市、实行同权同价,提高国土资源配置效率和公平性。三是改革完善农村宅基地制度。针对农户宅基地取得困难、利用粗放、退出不畅等问题,完善宅基地权益保障和取得方式。探索对因历史原因形成超标准占用宅基地和一户多宅实行有偿使用模式。探索进城落户农民在本集体经济组织内部自愿有偿退出或转让宅基地模式。积极稳妥推进农村宅基地所有权、资格权和使用权"三权分置"。

5. 构建标本兼治的土地生态保护体系

(1)积极推进土壤污染防治。一是开展土壤污染状况调查和污染地块风险排查,全面掌握全市重点行业企业用地中的污染地块分布情况及其环境风险,完成疑似污染地块的环境风险评估,确保再开发利用地块土壤的调查与风险评估率达到95%以上。二是坚决打赢"净土"攻坚战,以确保土壤环境安全为核心,坚持预防为主、保护优先、风险管控、示范带动的原则,实施分类别、分阶段治理与修复土壤。有序推进工业企业搬迁遗留地块等重点区域的污染地块土壤修复,建设一批土壤污染治理修复试点,强化建设用地土壤污染风险管控,保障农产品质量和人居环境安全。到2025年,全市土壤环境安全得到有效保障,受污染耕地安全利用率和污染地块安全利用率达到95%以上。三是推进农用地土壤污染治理与修复。推动完成全市耕地土壤质量类别划定,建立全市耕地土壤环境质量档案和分类清单。优先保护清洁耕地,推进中轻度污染耕地的安全利用,制订重度污染耕地种植结构调整或退耕还林还草计划,科学实施污染耕地治理与修复。科学划定农田综合整治区域,将生态理念贯穿于农田土地平整、农田水利、田间道路、农田防护林建设,村庄建设用地整治等的各环节和全过程,开展田、水、路、林、村综合整治。到2025年,高标准农田建设规模达1200km^{2}以上。四是加强建设用地环境风险管控。严格建设用地准入管理,将建设用地土壤环境管理要求纳入国土空间规划和供地管理,土地开发利用必须符合土壤环境质量要求。强化工业园区环境监管与治理,防范关停、搬迁企业土壤环境风险,开展污染地块分级分用途管理。五是建立土壤污染治理与修复全过程监管制度,加强污染地块治理与修复中的二次风险防控,强化土壤污染治理修复效果评估,实行土壤污染治理与修复终身责任制。

(2)开展全域土地综合整治。一是强化土地沙化治理。依托京津风沙源草地治理、退化草原生态修复、草原生物灾害防治和草原管护体系工程建设,大力实施草原生态修复治理工程,持续改善草原生态质量,全面提升草原生态功能、生产价值和服务价值。到2025年,全市完成退化草原生态修复5万hm^2,草原植被盖度达到75%以上。二是推进农田综合整治。实施以农田使用有机肥为主要内容的"沃土"工程,大力发展循环农业,培肥地力,增加土壤有机质含量,提高农田质量。采取农田深耕、测土配方施肥,农田喷灌滴灌等保土节水治理措施,促进农田的永续利用。在土地瘠薄的地区有计划采取休耕、轮耕等措施,防止土地沙化退化。多措并举,推进农田基本建设。三是加强土地复垦和综合利用。开展工矿废弃土地复垦潜力评价,合理安排复垦土地的利用方向、规模、布局。坚持以生态化为导向,综合采用工程措施(表土剥覆工程、充填工程、挖深垫浅工程、坡面工程等)和生物措施(植被恢复工程、农田防护林网建设和土壤培肥改良等),开展工矿废弃地复垦利用。在工矿废弃地复垦中,不破坏区域内原有自然生态系统,积极构建生态友好的土地再利用局面,合理布局水、路、林等配套设施,恢复重建复垦区域脆弱的生态系统。按照"宜耕则耕、宜林则林、宜养则养、宜建则建"原则,将工矿废弃地打造为工业遗址公园、生态旅游地、休闲农林等。到2025年,力争土地复垦规模达到3169hm^2,新增耕地1400hm^2,建成国家绿色矿业发展示范区。

(3)实施矿山地质环境综合治理。全面推进国家绿色矿山示范区建设,促进尾矿资源高效利用。实行新建(在建)矿山严格执行环境影响评价和生态环境准入制度,明确采矿权人在矿山地质环境保护方面的责任和义务。生产矿山做到"边开采、边治理",对可治理区域进行山体修复和矿山复绿,减少矿山开采活动对矿山地质环境的影响和破坏。矿山闭坑前须进行矿山地质环境全面治理恢复和土地复垦。历史遗留矿山由当地政府统筹规划治理。创新治理模式,构建"政府主导、政策扶持、社会参与,开发式治理、市场化运作"的矿山环境治理新机制,综合开展生产矿山、露天矿山污染深度整治专项行动,使矿区及周边生态环境得到较大改善。到 2025 年,全市重要自然保护区、风景名胜区、地质遗迹区、城镇周边、主要交通沿线、河湖水库沿线(岸)300m 内的矿山地质环境可治理区域全部得到治理,其周边 2000m 范围内的矿山地质环境可治理区域基本得到治理;全市"三区两线"可视范围内历史遗留和闭坑矿山实现山体修复,重点区域矿山地质环境问题基本得到治理;新建、在建和生产矿山地质环境实现全面治理、土地全面复垦,历史遗留矿山地质环境治理恢复面积达 516hm^2,全面完成全市 2015 年底前形成的 287 处、860hm^2 采矿迹地整治工作。

主要参考文献

承德市人民政府,2021.承德市国民经济和社会发展第十四个五年规划和二〇三五年远景目标纲要[N].承德日报,2021-06-15(6).

承德市人民政府,2021.承德市生态文明示范建设规划(2021—2025年)[R].承德:承德市人民政府办公室.

承德市生态环境局,2020.2019年承德市环境状况公报[R].承德:承德市环境宣传教育中心.

承德市统计局,国家统计局承德调查队,2020.承德市2019年国民经济和社会发展统计公报[N].承德日报,2020-03-02(7).

承德市统计局,国家统计局承德调查队,2021.承德统计年鉴2020[M].北京:中国统计出版社.

承德市第二次土地调查领导小组办公室,承德市国土资源局,河北省区域地质矿产调查研究所,2014.承德土地资源[M].北京:中国大地出版社.

李金鹿,赵艳霞,赵建利,等,2019.河北土地资源利用[M].北京:地质出版社.

刘艳东,钱金平,2011.承德市生态功能区划研究[M].北京:中国环境科学出版社.

中华人民共和国国土资源部,国务院第二次全国土地调查领导小组办公室,2017.中国土地资源与利用[M].北京:地质出版社.

全国国土资源标准化技术化委员会,2019.第三次全国国土调查技术规程:TD/T 1055—2019[S].北京:地质出版社.